国家社会科学基金一般项目（15BJL110）资助

西南地区村落演变与空间优化模式

李孝坤 等 著

科学出版社
北京

内 容 简 介

本书以生态文明、美丽乡村与乡村振兴等国家战略为指引，吸取地理学、经济学、生态学等理论与方法，通过构建“背景—基础—过程—特征—规律—机制—模式”研究框架，对西南地区村落发展演变进行系统综合研究。以西南地区乡村地域分异认识为基础，科学划分乡村地域类型；进而系统探讨西南地区村落演变过程及特征、驱动因素及机制、典型地域村落人地系统协调性和村落人居环境适宜性与其村落分布的适应性；探索提出村落优化发展的系列导向模式，并从理念创新、机制创新、规划创新、环境支撑、保障创新等方面提出推进村落空间优化模式实施对策。

本书具有较强的理论性、实践性和应用性，可供从事经济社会发展特别是农村发展规划与管理工作的相关人员参阅，也可作为地理学、经济学、社会学、城乡规划等相关专业研究人员、研究生及本科生的参考阅读书目。

图书在版编目（CIP）数据

西南地区村落演变与空间优化模式 / 李孝坤等著. —北京：科学出版社，2022.5

ISBN 978-7-03-067611-5

Ⅰ. ①西… Ⅱ. ①李… Ⅲ. ①村落－空间结构－研究－西南地区 Ⅳ. ①K927

中国版本图书馆 CIP 数据核字(2020)第 264524 号

责任编辑：武雯雯 / 责任校对：彭　映
责任印制：罗　科 / 封面设计：义合文创

科 学 出 版 社 出版
北京东黄城根北街 16 号
邮政编码：100717
http://www.sciencep.com
成都锦瑞印刷有限责任公司印刷
科学出版社发行　各地新华书店经销
*
2022 年 5 月第　一　版　开本：787×1092　1/16
2022 年 5 月第一次印刷　印张：16 3/4
字数：398 000

定价：138.00 元

（如有印装质量问题，我社负责调换）

前　言

目前，我国仍有约 40%的人口以常住或非常住的形式居住生活在乡村，即使今后我国的城市化水平不断提高，但在相当长的时期内仍将有数以亿计的人口居住生活在乡村。因此，包括村落建设在内的乡村全面振兴成为我国经济社会发展的优先问题而受到政府和学界的关注。已有对村落或乡村的研究主要集中于村落形态类型与演变、农户居住行为选择、村落空间格局特征、村落生态系统、山区村落发展战略与管理、传统村落开发与保护、乡村或村落空心化、乡村转型发展、乡村经济与社会发展等方面。在国家战略层面，2005 年，党的十六届五中全会提出建设社会主义新农村的重大历史任务；2013 年，中央一号文件提出建设“美丽乡村”奋斗目标，新农村建设以更符合时代要求和中国实际的“美丽乡村”建设的提法出现；习近平同志在党的十九大报告中指出：“实施乡村振兴战略。农业农村农民问题是关系国计民生的根本性问题，必须始终把解决好‘三农’问题作为全党工作重中之重。”更是把乡村发展推到一个新高潮、新高度。在一系列的国家战略推动下，各地通过强化乡村产业发展、基础与公共服务设施建设、生态建设、小流域综合治理、精准扶贫、生态移民搬迁安置等方式推动乡村经济社会发展，为美丽乡村及美丽村落建设积累了有益的经验。对西南地区乡村发展的研究，主要是结合小流域综合治理、农村污染防治、生态建设、旅游开发、人居环境景观设计、移民新村与小城镇建设等进行中微观的乡村发展能力建设研究与示范，积累了一些好的经验。但缺乏对西南地区及其不同地域类型村落演变、驱动因素与机制、人地协调状况、空间优化模式的中宏观系统研究，在实践上，对该地区不同地域类型村落演变中存在的问题与空间优化的突破口和路径把握不准，导致乡村人居环境建设效果不甚理想。

近年来，随着城市化的快速发展，西南地区乡村经济社会发展进步明显，各地区乡村及村落动态演变剧烈，但西南地区地域辽阔，不同地域乡村的自然条件、生态本底、资源禀赋、交通区位、社会经济基础和产业结构、政策与制度安排等因素及其影响差异明显，使得各地域乡村经济社会发展速度及质量差异较大，村落变动差异也十分明显。探求不同乡村地域类型的村落演变特点、驱动因素与机制，判明典型地域村落人地协调性与宜居性，探寻村落演变与空间优化的一般模式，是我国区域（乡村）发展和乡村地理学领域的前沿学术问题，其具有重要的学术意义。同时总结提炼出的村落空间优化模式，可为西南地区及其他类似区域因地因时制宜选择美丽乡村建设路径，推进乡村人地和谐共发展，实现乡村振兴、繁荣发展提供实证案例和实践指导。

本书选取西南特定地区为研究空间（简称为西南地区，下同），这里所指的西南地区特指2012年国务院扶贫开发领导小组确定的国家扶贫开发工作重点县、2011年中共中央和国务院印发的《中国农村扶贫开发纲要（2011—2020年）》中明确的全国集中连片特困区涉及西南地区（重庆、四川、云南、贵州、广西）的267个贫困县（区、市）。尽管这些县域已陆续退出贫困县范畴，并于2020年底全部脱贫，但其乡村与村落发展的基础具有相似性、面临的问题具有共同性，如村落空间分布与优化发展、乡村振兴等问题，而且贫困概念本身具有相对性，许多县域后续将面临巩固扶贫成效及解决相对贫困问题，因此，将此地区作为本书的研究地域具有合理性。西南地区包括四川盆地及盆周山地、横断山区、川西高原、云贵高原、广西盆地等地形区，涉及武陵山区、滇桂黔石漠化区、乌蒙山区、滇西边境山区、秦巴山区、四川和云南藏族聚居区等地区，土地面积98万km^2，占全国土地总面积的10.2%，2016年底有行政村48669个，自然村落529528个。该区域自然与人文环境复杂、区域差异鲜明、生态环境问题突出、社会经济发展整体滞后，尤其是乡村与村落人地关系失衡状况频现、发展水平低且差异大，乡村可持续发展面临严峻挑战。因此，西南地区乡村发展进步对乡村振兴战略的实施及目标实现具有非常重要的意义。

本书以乡村可持续发展为目标，借鉴国内外研究成果，从地理学的独特视角出发，运用地理学、经济学、生态学、人口学、社会学等学科的思想方法，对西南地区的村落演变与空间优化模式进行系统研究。全书分为四大部分。第一部分，研究背景与理论基础，包括研究背景与意义、研究目的与内容、研究思路与方案、研究区域界定与数据来源；国内外相关研究进展；村落演变与空间优化模式研究框架。第二部分，西南地区乡村地域分异研究，采用定性定量方法认识西南地区乡村地域分异特征、划分乡村地域类型，并进行乡村性评价分析，为村落演变与空间优化提供研究基础。第三部分，西南地区村落演变特征与机制研究，采用宏微观、定性定量结合方法探讨西南地区整体及典型乡村地域村落演变过程与特征、村落演变驱动因素与机制、村落人地系统协调性与宜居性评价，为村落空间优化模式凝练奠定基础。第四部分，探索提出人地共生型村落空间优化模式及实施对策，借鉴国内外乡村发展与村落建设成功经验，结合西南地区自然、生态、社会、经济、文化发展背景与条件，从驱动村落发展的主导因素出发，提出了 11 种村落优化发展导向模式，并就各种模式的内涵、模式图、实施路径、适应地域、典型案例进行探讨，最后从理念创新、机制创新、规划创新、环境支撑、保障创新等方面提出推进村落空间优化模式实施对策。

本书构架、章节提纲和修改定稿等工作由李孝坤负责。全书共九章，其中第一章至第二章由李孝坤完成，第三章由李孝坤、谢玲完成，第四章由谢玲、李孝坤、李赛男、任秋爽完成，第五章至第七章由李孝坤完成，第八章由李孝坤、王超超完成，第九章由王超超、李孝坤完成。研究生王小烂参加了第二章和第七章，陈冬梅参加了第五章，姚磊参加了第六章和第八章，唐倩参加了第七章的资料整理、图表制作、数据分析和部分初稿内容撰写工作，谨表示衷心的感谢！

本书是在国家社会科学基金一般项目（15BJL110）、教育部人文社会科学研究规划基金项目（11YJAZH049）资助下完成的，在此衷心地感谢相关基金单位提供的资助。在课题的调研过程中，得到了许多部门的大力支持和协助，如重庆市扶贫开发办公室（现“重庆市乡村振兴局”）、重庆市万州区太安镇党委、重庆市秀山县扶贫开发办公室（现“重庆市秀山土家族苗族自治县乡村振兴局”）、重庆市酉阳县扶贫开发办公室（现“重庆市酉阳土家族苗族自治县乡村振兴局”）、重庆市石柱土家族自治县黄水镇人民政府、重庆市丰都县江池镇人民政府、四川省叙永县马岭镇人民政府、贵州省湄潭县人民政府办公室、贵州省麻江县人民政府办公室、贵州省三都水族自治县人民政府办公室、云南省富源县委宣传部、广西壮族自治区隆林各族自治县人民政府办公室等，在此，对相关部门及领导和工作人员的支持表示由衷感谢。本书的出版及课题研究还得到了重庆师范大学尹珂教授、高鑫副教授、翁才银老师、陈琴副研究员、刘春霞副教授、孙建敏老师、杨俊老师、官永彬教授等的大力支持和帮助，借此一并表示衷心的感谢！本书写作过程中参考了国内外许多相关研究成果和文献，已尽可能在书中标注，但仍恐有遗漏之处，特向相关作者表示诚挚的谢意！

尽管本书经过了较长时间的酝酿、研究和撰写，也试图将相关研究成果与读者分享，但由于学术修养和资料有限，特别是地域范围大造成资料收集难度大的限制，书中不足之处在所难免，敬请各位专家、学界同仁和读者批评指正。

目　　录

第一章 绪　论

第一节　研究背景与意义

一、研究背景

（一）现实背景

中国自古以来都是农业大国，农耕文化历史悠久、底蕴深厚。改革开放以来，随着工业化、城市化加速发展，我国乡城人口流动加速，城市人口比重大幅提高，2018年城市常住人口比重达到58.5%，城市地域范围也不断扩展。但仍有近6亿人口居住生活在乡村，乡村人口数量众多、乡村地域广阔仍是我国城乡分布的基本格局。村落既是乡村人口的居住、生活、生产、生存空间，也是我国居民点体系的重要类型（孙晓红，2016）。村落是中华文明时空沉淀的载体，蕴藏着厚重的历史印记和人文价值，并具有鲜明的地域特性。因此，通过探寻村落人口、数量、规模、区位、人居环境、空间结构等的地域分异与格局演变过程，往往能揭示不同时空条件下的人地互动足迹（马晓冬等，2012）与客观规律。

一般而言，随着工业化与城镇化进程的推进，城乡互动关系频繁并逐渐强化，一方面，城市对要素的吸引力不断加强，大量的劳动力、资金、土地、技术等要素由乡村流向城市，形成集聚效应和极化效应，城市化不断加速发展，城市地域及功能不断扩展（敖丽红等，2016）；另一方面，城市也对乡村起着经济、技术、交通、物流、现代服务中心的作用，乡村地域在空间、景观面貌、功能等方面都会发生剧烈的变化；与此同时，乡村为城市发展提供资源、劳动力、资本、农副产品、环境、生态功能的系列支撑，保障了城市与城市化的持续推进。因此，城市和乡村形成相互作用、相互依存、彼此促进、共进共荣的“命运共同体”是现代城乡发展的客观规律，城乡一体化发展成为必然趋势（岳文海，2013）。

然而，在我国工业化、城市化快速发展阶段，由于对客观规律认识和政策调控滞后，城市的极化效应或“虹吸”效应异常强大，在乡村要素向城市集聚的同时，城市对乡村的扩散带动效应没有最大限度地发挥，导致城乡之间近乎单向的要素流动机制和模式一再被强化（张传勇和张永岳，2013；何仁伟，2018），造成乡村发展长期不足或停滞不前，甚至衰落。在城乡关系不断发展变化与总体融合趋势的背景下，城市快速发展及日趋现代化与乡村缓慢进步及相对衰落的城乡二元发展态势，必然加剧城乡发展不平衡，导致城乡差距加大，城乡矛盾日益凸显，也自然形成乡村相对贫困、基础设施建设及公共服务水平落后、乡村萧条加剧、村落空废化持续、村落人居环境恶化等诸多问题（冯文勇等，2008；韩非和蔡建明，2011；郭晓东等，2013；刘锐和孟丽丽，2015），这是与全面建成小康社会、美丽乡村建设、乡村振兴战略以及实现中国梦相悖的。因此，强化并持续推进乡村发展和乡村现代化建设是当下我国经济社会发展的一项重大任务。

我国乡村发展的区域差异十分明显，整个西南地区（四川、重庆、云南、贵州、广西）曾是我国贫困县域的主要分布区，包括全国11个集中连片特困区中的6个，即秦巴山区、武陵山区、乌蒙山区、滇桂黔石漠化区、滇西边境山区、四川及云南涉藏地区，具有贫困面广、贫困度深的特征，2017年西南地区的国家级贫困县占全国贫困县总数的45.1%，贫困人口总数约占全国人口总数的39.6%，在全国贫困人口超过500万人的6省中，西南五省市区占据四席（谢玲等，2017）。西南地区因自然环境复杂、区位相对偏远、生态脆弱、开发起步晚、政策影响弱等内外部因素的作用，使得乡村传统生产方式仍占优势、生产技术落后、人们思想观念固化严重，导致乡村经济发展滞后、社会发展整体水平低、乡村居民生活质量较差、村落人居环境质量较低。因此，探讨西南地区乡村发展地域差异和村落发展演变过程与机理，探索村落进一步发展的模式是西南地区乡村振兴、生态文明建设中面临的重要现实任务。

（二）理论背景

国外对村落的研究起步早且较为系统，特别是20世纪后期以来，受乡村工业化、城市化的快速推进影响，乡村复兴、新乡村建设、乡村绅士化兴起，乡村与村落空间发生了深刻变化（朱晓翔等，2016），乡村重构、村落模式演变、村落结构转化等研究受到国外研究者的重视，村落研究内容、方法日益多元化，多学科交叉、对村落新问题和新变化展开研究是其重要特征（李红波和张小林，2012；席建超等，2014）。

在国内，20世纪末特别是2010年以来，全面建成小康社会、美丽乡村建设、生态文明建设、乡村振兴等一系列国家战略的实施，解决发展不平衡和不充分问题、实现全体人民共享美好生活愿景成为新时代特色社会主义建设的新目标，乡村繁荣发展是新时代社会主义建设极其重要的方面。因此，乡村与村落研究具有不可替代的时代价值，并得到社会各界的广泛关注，经济学界、社会学界、生态学界、地理学界、管理学界、建筑学界等都在持续加强乡村研究。如建筑学界举办的“中国民居学术会议”“中国传统民居国际学术研讨会”等一系列学术会议对村落保护和可持续发展进行了丰富的交流、探讨，引领了传统村落研究潮流（刘磊，2016）；生态经济学界举办“美丽乡村・健康乡村”系列学术会议，关注美丽乡村、美好生活、健康家园建设等。国家社会科学基金也不断加强对村落研究的支持力度。近年来，国家社会科学基金年度、青年、西部、重大项目的题名中有“村落”二字的研究项目呈逐年增加趋势（表1.1、图1.1），2013～2018年分别有10项、11项、11项、14项、18项、23项，涉及社会学、管理学、经济学、哲学、中国历史、民族问题研究、体育学、政治学等多个学科领域，深入研究时代变迁、地域差异下的村落形态演变、经济变革、文化变迁与保护、社会治理机制等问题，挖掘村落内涵价值，探索村落演变规律，寻找村落可持续发展路径，并在研究内容和方法上不断创新和深化。

表 1.1　近年来国家社科基金资助的"村落"相关研究项目

批准号	学科分类	项目名称
13CMZ031	民族问题研究	从黎族村落看城镇化背景下的少数民族乡村文化的发展和传承
13CZS053	中国历史	蒙汉关系视域下的归化城土默特村落社会研究
13BSH047	社会学	快速城市化过程中徽州古村落文化变迁机制研究
13CTY014	体育学	社会转型背景下村落体育生态变迁研究
13BZZ052	政治学	城镇化背景下西部村落离散与基层社会治理转型研究
13XSH029	社会学	热贡移民社区与传统村落的文化开发保护研究
13XZS014	中国历史	明清以来云贵高原村落景观演变与生态环境变迁关系研究
13CSH061	社会学	城镇化进程中村落的价值及其发展研究
13CMZ048	民族问题研究	基于生态文明建设的新疆南疆民族地区古村落旅游开发适宜性评价研究
13BZX016	哲学	文化自觉视野下的西部村落化人文现状与现代性研究
14CTY022	体育学	福建原生态村落体育研究
14XSH009	社会学	蒙古族村落变迁与蒙古族聚居区新型社区建设研究
14BMZ050	民族问题研究	贵州传统村落民俗数学调查研究
14BGL083	管理学	传统村落文化遗产保护与旅游发展共赢机制研究
14BZS094	中国历史	明清至民国五台山境域庙会与村落生活研究
14BMZ100	民族问题研究	新型城镇化进程中侗族村落空间优化与生态人居环境建设研究
14CMZ014	民族问题研究	城镇化背景下新疆维吾尔族村落民俗文化变迁研究
14BSH061	社会学	陕北延川县黄河沿岸古村落抢救保护研究
14CSH010	社会学	新型城镇化背景下村落社会秩序研究
14BZS113	中国历史	近代以来传统农区村落文化共同体研究
14WSH005	社会学	一个华北村落的百年变迁
15XSH002	社会学	新型城镇化与中国传统村落现代化转型研究
15XGL027	管理学	闽东古村落风貌保护规划与文化传承研究
15CMZ025	民族问题研究	乡村"过疏化"背景下湘鄂民族地区传统村落的可持续发展研究
15BTQ083	图书馆、情报与文献学	西部少数民族传统村落档案管理与利用研究
15BTQ072	图书馆、情报与文献学	古村落档案"泛化"现象及管理路径研究
15BSS017	世界历史	社会史视野下的日本中世村落研究
15BJL110	理论经济	基于生态文明视角的西南贫困地区村落演变与空间优化模式研究
15BGL125	管理学	基于互联网众筹模式的传统村落保护与旅游开发协同研究
15AMZ010	民族问题研究	新型城镇化进程中西南民族地区传统村落保护路径研究
15ZDB119		中国西南少数民族传统村落的保护与利用研究
15ZDB118		中国西南少数民族传统村落的保护与利用研究
16CSH058	社会学	云南边境少数民族村落"留守儿童"的现状、问题及对策研究
16XZS021	中国历史	宁夏村落文化研究
16XTY007	体育学	社会变迁中两广（广东、广西）村落民俗体育的保护与发展研究
16XTY005	体育学	基于"服务三角"模型的村落公共体育服务平台的政府购买研究

续表

批准号	学科分类	项目名称
16XMZ049	民族问题研究	闽东畲族古村落文化传承及现代性建构研究
16BTY078	体育学	武陵山片区区域发展中村落体育的社会功效与实现路径研究
16BSH108	社会学	我国民族地区村落学前儿童成长问题研究
16BSH050	社会学	西南少数民族特色古村落保护与申遗应对策略研究
16BSH049	社会学	台湾社区营造经验对传统村落文化生态整体建设的借鉴研究
16BSH047	社会学	传统村落的集体记忆建构与乡村价值传承保护机制研究
16BSH028	社会学	民族地区旅游精准扶贫与传统村落复兴的协同路径
16BMZ122	民族问题研究	蒙古族村落特色生态农牧业发展现状的调查研究
16BMZ084	民族问题研究	客家村落文化与乡村治理的多点民族志研究
16BGL115	管理学	网络嵌入、社区重构与传统村落旅游创新演化研究
17BDJ066	党史・党建	中央苏区红色村落变迁研究
17BMZ055	民族问题研究	图们江地区朝鲜族传统村落文化遗产保护研究
17BMZ061	民族问题研究	城镇化进程中少数民族传统村落景观同质化风险及对策研究
17BMZ067	民族问题研究	青海少数民族易地搬迁村落可持续发展研究
17BSH038	社会学	传统村落物质实体构成及内涵价值研究
17BSH041	社会学	精准扶贫背景下西部村落公共空间重构与协同治理研究
17BSH050	社会学	结构变迁视域中的乡土文化资源与村落治理机制研究
17BSH089	社会学	村落内部的社会组织场域及其文化机制研究
17BSH092	社会学	中国传统村落的现代转型与空间生产研究
17BTQ032	图书馆、情报与文献学	小世界生活情境下的西南民族村落信息贫困研究
17BXW076	新闻学与传播学	传统村落文化影像记录与传播研究
17XMZ026	民族问题研究	广西少数民族村落保护及乡村旅游发展研究
17XMZ051	民族问题研究	云南“民族直过区”佤族村落社会文化变迁研究
17CSH020	社会学	甘青人口较少民族村落文化变迁与比较研究
17CSH034	社会学	城镇化背景下中国村落社会的比较研究
17ZDA165	社会学	中国岭南传统村落保护与利用研究
17WJY008	应用经济	村落的终结——羊城村的故事
18BKS131	马列・科社	乡村振兴战略中传统村落文化的活化发展研究
18BJY117	应用经济	生态视角下革命老区传统村落乡村振兴战略研究
18BSH084	社会学	基于拯救老屋行动下传统村落景观“文化母本”的话语变迁及其社区培育研究
18BSH089	社会学	城乡融合中村落传统文化生态沙漠化应对机制研究
18BSH092	社会学	新时代西南地区传统村落文化的活态传承与创新发展研究
18BSH133	社会学	传统村落的内涵式发展与路径研究
18BMZ067	民族学	长白山区民族村落旅游业与乡村振兴耦合发展研究
18BMZ070	民族学	西南少数民族古村落演变机理及发展模式研究
18BMZ072	民族学	乡村振兴背景下畲族传统村落的保护与发展路径研究

续表

批准号	学科分类	项目名称
18BMZ074	民族学	乡村振兴战略视阈下彝族传统村落的保护与发展研究
18BMZ073	民族学	乡村振兴战略视阈下川滇藏交界地带特色藏族村寨建设研究
18BMZ075	民族学	乡村主体视野下武陵民族地区传统村落振兴发展研究
18BMZ087	民族学	西南少数民族传统村落振兴中的社会风险防范研究
18BMZ098	民族学	湘西土家族村落景观优化对策性研究
18BTY017	体育学	基于田野考察的西北村落民间体育文化生态的统摄研究
18BGL277	管理学	传统村落动态保护机制及活化路径研究
18BZZ038	政治学	“一带一路”比较分析视角下村庄传统制度对中印农村妇女参与村级治理的隐性建构研究
18ASH002	社会学	村庄治理现代化的区域差异研究
18CSH041	社会学	精准扶贫视阈下宁夏生态移民村庄政治生态与治理秩序研究
18CSH021	社会学	精准扶贫背景下农村少数民族的教育期望及形成机制：基于恩施村落的比较研究
18XTY004	体育学	华南少数民族村落体育组织机制研究
18XSH007	社会学	社会组织协同参与下的西北地区传统村落复兴与营建策略研究
18ZDA161		西南地区传统村落保护与利用研究

注：数据来源于全国哲学社会科学办公室 http://www.npopss-cn.gov.cn/GB/219468/index.html

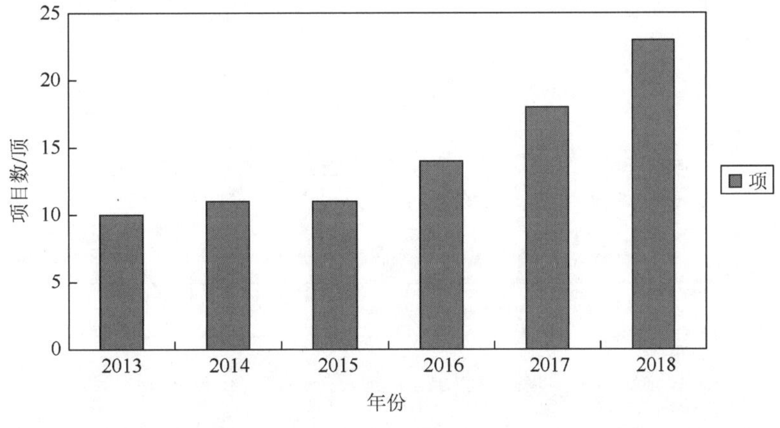

图 1.1 2013～2018 年国家社会科学基金资助与“村落”相关的研究项目数

学术期刊论文成果在一定程度上也反映了乡村与村落研究逐渐走强的趋势。以地理学类期刊中具代表性的综合性学术期刊——《地理学报》《地理研究》《地理科学》以及偏人文-经济地理的《人文地理》《经济地理》5 刊为例，2012～2018 年各期刊与乡村、村落相关的研究论文成果普遍呈增加趋势（数据截止时间 2018 年 12 月 21 日），2015～2018 年增加尤其明显（图 1.2、图 1.3）。特别是《经济地理》以“乡村”为主题共检索出 181 篇文章（1984～2018 年），其中 2012～2018 年分别刊发了 9 篇、11 篇、8 篇、12 篇、15 篇、17 篇、19 篇，共计 91 篇，占比 50%；“村落”主题的文章共检索出 39 篇，2012～

2018 年分别发表了 1 篇、2 篇、2 篇、4 篇、4 篇、8 篇、3 篇，共计 24 篇，占比 62%。可以看出，乡村、村落研究受到地理学及其他学科研究者的持续高度关注，必将推动乡村及村落研究的繁荣发展。

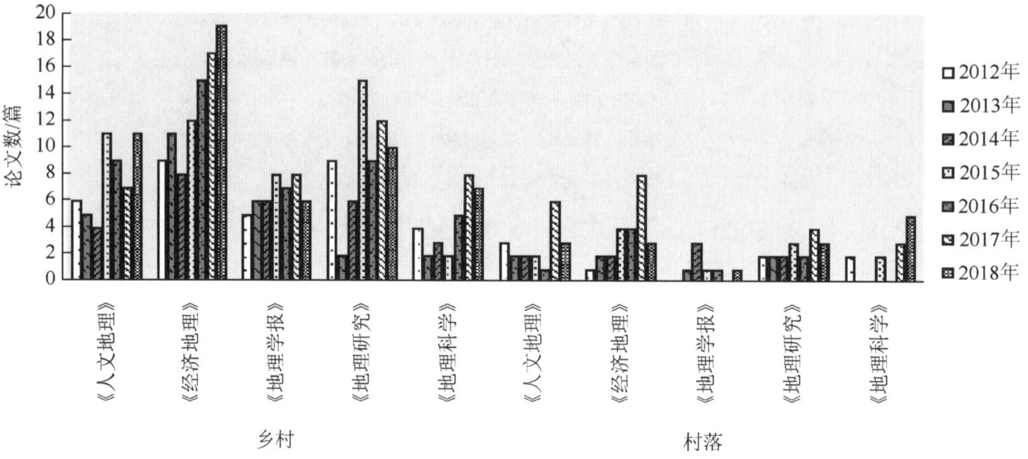

图 1.2　2012～2018 年 5 刊发表“乡村”及“村落”主题论文数

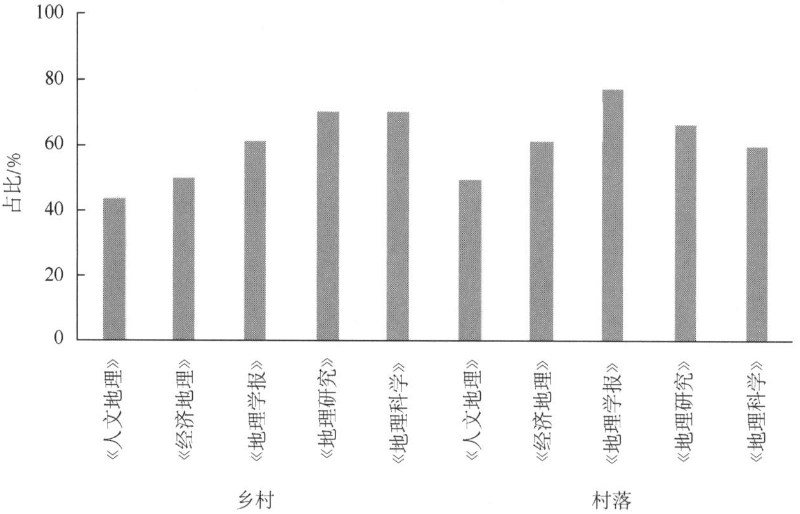

图 1.3　2012～2018 年 5 刊发表“乡村”及“村落”主题论文占检索论文总数的比重

（三）实践背景

国家层面高度重视乡村建设与村落发展，党和国家领导人对此发表了系列重要讲话和指示批示。2013 年，习近平总书记在鄂州市长港镇峒山村考察中指出，建设美丽乡村，不是“涂脂抹粉”，不能大拆大建，特别是古村落要保护好。党的十八大以来，习总书记多次强调“三农”工作的重要性，发表了一系列重要论述，提出了“坚持重中之重战略地位，切实把农业农村优先发展落到实处；坚持绿色生态导向，推动农业农村可持续发展；坚持遵循乡村发展规律，扎实推进美丽宜居乡村建设”等一系列新理念新思想新战略。李克强总理对全国改善农村人居环境工作会议的批示指出：“改善农村人居环境，是实施乡村振兴战略的重大任务，也是全面建成小康社会的基本要求……因地制宜，突出实效，扎实推进农村人居环境治理各项重点任务，通过持续努力，加快补齐突出短板，改善村容村貌，不断提升农村人居环境水平，为建设生态文明和美丽中国作出新贡献。”可见，党和国家领导人高度关切乡村建设和村落保护，并强调各级政府要持续推进乡村发展与村落建设。

2004～2018 年，在中共中央、国务院发布的中央一号文件中，对农业和农村基础设施建设、现代产业发展、农民持续增收、健全强农惠农政策体系、村庄规划、人居环境建设等方面给予了深度关注。2005 年党的十六届五中全会通过的《中共中央关于制定国民经济和社会发展第十一个五年规划的建议》，提出建设社会主义新农村的重大历史任务，加快农村全面小康和现代化建设步伐。党的十八大提出“推动城乡发展一体化，深入推进新农村建设和扶贫开发”“努力建设美丽中国”，为乡村发展提供新的机遇。党的十九大报告明确提出实施乡村振兴战略，农业农村优先发展，并推进农业农村现代化。在全面建成小康社会、建设社会主义新农村、统筹城乡发展、美丽乡村建设、乡村振兴进程中，国家层面关于乡村建设与发展的文件和意见相继出台（表 1.2），乡村的价值和意义得到极大重视，推进乡村繁荣发展的步伐愈加坚实有力。

表 1.2 国家层面关于乡村发展的系列支持政策

发布时间	政策文件	内容
2012-12-31	《关于加快发展现代农业进一步增强农村发展活力的若干意见》（中发〔2013〕1 号）	科学规划村庄建设，保持乡村功能和特色；加大力度保护有历史文化价值和民族、地域元素的传统村落和民居
2014-05-29	《关于改善农村人居环境的指导意见》（国办发〔2014〕25 号）	提出整治村庄环境，全面改善农村生产生活条件，到 2020 年建成一批各具特色的美丽宜居村庄
2015-08-07	《国务院办公厅关于加快转变农业发展方式的意见》（国办发〔2015〕59 号）	提升休闲农业与乡村旅游示范创建水平，加大美丽乡村推介力度
2015-12-30	《国务院办公厅关于印发国家标准化体系建设发展规划（2016—2020 年）的通知》（国办发〔2015〕89 号）	加强农村公共服务、农村社会管理、农村生态环境保护和人居环境改善等标准的制修订，提高农业农村可持续发展能力，促进城乡经济社会发展一体化新格局的形成
2016-02-06	《国务院关于深入推进新型城镇化建设的若干意见》（国发〔2016〕8 号）	辐射带动新农村建设，加大对传统村落民居和历史文化名村名镇的保护力度，建设美丽宜居乡村，深化农村社区建设试点
2016-10-20	《国务院关于印发全国农业现代化规划（2016—2020 年）的通知》（国发〔2016〕58 号）	紧紧扭住发展现代农业、增加农民收入、建设社会主义新农村三大任务；强化历史文化名村（镇）、传统村落整体格局和历史风貌保护，传承乡土文化
2016-12-02	《国务院关于印发“十三五”脱贫攻坚规划的通知》（国发〔2016〕64 号）	在贫困地区扶持建设休闲农业聚集村、休闲农庄；认定推介一批休闲农业和乡村旅游示范县、中国美丽休闲乡村，加大品牌培育力度，逐步形成品牌体系
2017-02-04	《国务院关于印发全国国土规划纲要（2016—2030 年）的通知》（国发〔2017〕3 号）	调整优化农村居民点用地布局，加快“空心村”整治和危旧房改造，稳步推进美丽宜居乡村建设，保护自然人文景观及生态环境，传承乡村文化景观特色

续表

发布时间	政策文件	内容
2017-02-06	《国务院办公厅关于创新农村基础设施投融资体制机制的指导意见》（国办发〔2017〕17 号）	创新投融资体制机制，优化投融资模式，全面提高农村基础设施建设和管理水平；推进县域乡村建设规划编制，统筹农村基础设施建设布局
2017-06-06	《国务院办公厅关于印发兴边富民行动“十三五”规划的通知》（国办发〔2017〕50 号）	保护边境地区历史文化名城名镇名村，推进传统村落保护和特色景观旅游村镇建设；加强少数民族特色村镇保护与发展，建设边境少数民族特色村镇廊带
2018-01-29	《国务院办公厅关于推进农业高新技术产业示范区建设发展的指导意见》（国办发〔2018〕4 号）	以科技创新为引领，通过试验示范将科研成果转化为现实生产力，更好为农业农村发展服务，走质量兴农之路
2018-03-22	《国务院办公厅关于促进全域旅游发展的指导意见》（国办发〔2018〕15 号）	打造一二三产业融合发展的美丽休闲乡村；大力实施乡村旅游扶贫富民工程，健全完善“景区带村、能人带户”的旅游扶贫模式
2018-06-15	《中共中央国务院关于打赢脱贫攻坚战三年行动的指导意见》	加快推进农村危房改造，结合地方实际推广现代生土农房等改良型传统民居
2018-09-26	中共中央国务院印发《乡村振兴战略规划（2018—2022 年）》	科学安排县域乡村布局；划定乡村建设的历史文化保护线，保护好传统村落、民族村寨、传统建筑等；实施“拯救老屋”行动，促进古村落的保护和振兴

党中央、国务院将新农村建设、美丽乡村建设、乡村振兴纳入国家发展战略，国家各职能部门积极落实并制定系列配套政策措施，为乡村发展指明方向。地方各级政府积极响应国家政策，结合地方实情，纷纷出台乡村振兴、美丽乡村建设、村落保护的政策措施，给乡村发展与村落建设创造了有利环境，使得乡村振兴战略、美丽乡村建设各项举措不断得到落实（表 1.3～表 1.5）。

表 1.3　部分省级政府制定的美丽乡村建设政策措施

地方	政策	主要内容
浙江省	《浙江省美丽乡村建设行动计划（2011—2015 年）》	按照“重点培育、全面推进、争创品牌”的要求，实施美丽乡村建设行动计划；推进历史文化村落保护利用和中心村培育建设，全面整治农村环境、改造农民住房，打造宜居宜业宜游的美丽乡村
河北省	《关于加快推进美丽乡村建设的意见》	大力推进“四美五改”（改房、改水、改路、改厕、改厨，做到环境美、产业美、精神美、生态美），实施 12 个专项行动，不断提高美丽乡村建设水平，到 2020 年，基本实现美丽乡村建设全覆盖
安徽省	《安徽省美丽乡村建设工程实施办法》	启动实施省级中心村规划建设，支持和引导有条件的地方结合发展乡村旅游、休闲农业，串珠成线、连线成面打造一批精品村，逐步形成一批体现徽风皖韵的“升级版”美丽乡村
宁夏回族自治区	《宁夏美丽乡村建设实施方案》	把城乡一体化作为美丽乡村建设的战略方向，实施规划引领、农房改造、收入倍增等“八大工程”，构建布局合理、功能完善、质量提升的美丽乡村发展体系
贵州省	《2015 年“四在农家·美丽乡村”基础设施建设六项行动计划工作要点》	着重推进城乡统筹、突出特色、产业培育、融资运营，主打“美丽乡村贵州游”品牌，重点打造 100 个省级综合示范村和一批省级单项示范村，加快建设宜居宜业宜游美丽乡村

表 1.4 部分省级政府制定的乡村振兴规划及实施政策措施

地方	政策	主要内容
福建省	《关于实施乡村振兴战略的实施意见》	实施农村人居环境整治三年行动方案，梯次推动乡村山水林田路房整体改善；开展乡村旅游“百镇千村”提质升级行动，建设“一镇一品、一村一景”工程
山东省	《山东省乡村振兴战略规划（2018—2022 年）》	统筹生产、生态、生活一体布局，全力打造“三生三美”融合发展的乡村振兴齐鲁样板；优化城乡空间，立体化布局乡村发展，差异化推进村庄发展，绘就多样化的“齐鲁风情画”
湖南省	《湖南省乡村振兴战略规划（2018—2022 年）》	深入实施“百城千镇万村”工程，坚持“一户一宅”“建新拆旧”，开展“空心房”整治，实施“湖湘农民新居工程”“点亮乡村”行动，打造湖湘特色乡村风貌
安徽省	《关于推进乡村振兴战略的实施意见》	强化新建农房规划管控，加强“空心村”服务管理和改造，保护保留乡村风貌；推进美丽乡村建设，打造宜居宜业、徽风皖韵美丽乡村，到 2020 年全省 80%布点中心村达到美丽乡村建设要求
广西壮族自治区	《关于实施乡村振兴战略的决定》	实施特色农业强优、生态环境优化、文化繁荣兴盛、治理能力提升、脱贫惠民富民、体制机制创新“六大工程”，强化组织、规划、政策、金融、人才、法治“六大保障”，分阶段持续推进乡村振兴
四川省	《四川省乡村振兴战略规划（2018—2022 年）》	重点推动乡村产业高质量发展、建设美丽四川宜居乡村、打造乡风文明新乡村、健全现代乡村治理体系、切实保障和改善农村民生及高质量推进精准扶贫精准脱贫

表 1.5 部分省级政府颁发的村落建设与保护政策

地方	发布时间	政策文件	主要内容
四川省	2014-06-27	《关于改善农村人居环境的实施意见》（川办发〔2014〕58 号）	深化县域新村建设总体规划、完善新村聚居点和旧村落改造提升规划、加快制定传统村落保护发展规划；完善历史文化名村、传统村落和民居名录
	2018-06-04	《关于印发 2018 年县域经济改革发展重点工作推进方案的通知》（川办〔2018〕38 号）	分类推进涉藏地区新居、彝家新寨、巴山新居、乌蒙新村建设，统筹推进川中丘陵地区和川西平原地区幸福美丽新村建设，全年建成幸福美丽新村 5000 个
贵州省	2015-05-05	《省人民政府关于加强传统村落保护发展的指导意见》（黔府发〔2015〕14 号）	用 3～5 年时间，使传统村落文化遗产得到基本保护。保持传统村落空间、文化、价值的完整性；注重传统村落生态环境的延续性，创建一批生态村
	2017-08-10	《贵州省传统村落保护和发展条例》	保持村落空间、历史和价值的完整性，不得改变与其相互依存的自然景观和环境；改善传统村落生产生活条件，防止传统村落空心化、过度商业化
山西省	2018-08-10	《关于 2018 年实施乡村振兴若干政策措施的通知》（晋政〔2018〕32 号）	安排资金 13.2 亿元，优先支持改善农村人居环境 11 个示范县、1000 个示范村建设。其中 1 亿元用于选择 100 个村通过以奖促治推动美丽宜居示范村创建
浙江省	2016-08-01	《关于加强传统村落保护发展的指导意见》（浙政办发〔2016〕84 号）	建立健全传统村落、传统建筑和非物质文化遗产的名录保护机制，加快形成传统村落保护体系。据村落历史形成时的规划营建理念并结合现状实际，开展生态修复治理，努力保持村落与周边环境相协调

二、研究意义

村落是人类聚居的起点，是中华文明重要的历史文化遗产，是环境与文化信息最丰富的载体。村落是随着社会历史的发展而不断演变的，其演变过程能深刻地反映自然环境、社会、经济、文化的变迁。村落的时空动态演变可直观、生动地反映出社会经济环境、生产力等因素的作用历程。在多种因素共同作用下，村落演变具有渐进性特点，从长尺度时空看村落区位、空间格局态势等具有相对稳定性（闵婕，2015）；从中短尺度看，村落形态、建筑风格及材料、微区位等也会发生明显变化甚至突变。本书以西部发展滞后地区村落发展为研究对象，研究村落演变过程、揭示村落发展特征与客观规律，探寻村落发展模式，对于协调该区域人的发展与地理环境之间的关系即人地关系，保障人类自身可持续发展具有重大的理论和实践意义，同时，也为该区域减贫消贫、美丽乡村建设、生态文明建设、乡村振兴战略的实施提供理论支撑和实践依据。

（一）理论意义

1. 有助于丰富区域发展理论

长期以来我国一直是一个农业大国，乡村范围广大，村落数量庞大，传统农业、传统村落、传统农村生活始终稳定存在。我国经过 40 年工业化、城市化的快速发展，城市现代化水平和城市居民生活质量大大提高，但是，在这一过程中乡村始终处于被动依附地位，城乡发展不平衡、乡村发展极不充分、乡村居民生活质量较低仍是严峻现实。而且，40 年快速的工业化、城市化发展也积累了系列经验教训，如资源过度、粗放开发利用，单向强调人的需求，追求数量发展等行为，导致资源稀缺加剧、生态环境局部恶化、部分区域人地关系失调等严重后果。自 2005 年社会主义新农村建设提出以来，乡村发展与村落建设也出现过“一刀切”“面子工程”等盲目行为，因此，在美丽乡村建设、乡村振兴战略实施中，乡村与村落发展道路应该怎么走？如何健康持续地推进？这是社会主义新时代新乡村发展的重大理论问题。通过对西南地区这一特殊区域乡村地域差异的解析，关注村落演变过程与特征，探索村落演变的驱动因素与机制、村落人地关系机制，揭示不同地域村落空间发展特点与规律，在新时代背景下，从人文关怀、人地共生、可持续发展出发，依据区域实际提炼出村落优化发展模式，有助于丰富区域（乡村）发展理论。

2. 有助于丰富和发展乡村地理学理论

村落研究一直是乡村地理学的主要研究内容之一，乡村地理学分支之一的村落地理学是研究村落形成、发展及分布规律的学科，既研究村落位置、规模、分布、结构、职能、体系，也研究村落与周围环境的关系、与社会经济发展的相互作用（周国华等，2010）。诸多学者的研究侧重村落空间形态、空间格局、类型分布、影响因素、职能规划、发展对策等方面，并取得了较为丰富的成果（李亚娟等，2013；杨忍等，2016；易桂秀和胡而思，2017），但在工业化、城市化大背景下较大时空尺度的村落演变研究成果比较缺乏。本书以西南地区为研究区域，根据乡村地域分异特点，选择典型乡村地域深入研究村落变化的规律性，揭示村落演变特点、人地协调状况、村落演变驱动机制等，在理论上深化对村落发展演变特征与本质的分析，可以丰富村落地理中宏观层面的理论研究，有利于丰富和发展乡村地理学理论。

（二）实践意义

1. 村落优化发展是探索解决“三农”问题、缓解城乡发展不平衡的有效路径

村落是人类生活、生产、生态即“三生”融合的地域综合空间，目前我国乡村地区特别是西部发展滞后地区，乡村与村落生产方式传统、生产水平较低、产业发展单一，居民生活质量不高、居住条件较差，局部区域生态脆弱、生态保障能力弱，通过对发展滞后地区村落演变与机制的研究，探索村落优化发展模式，可以指导乡村“三生”优化实践。因地制宜的村落建设，在一定程度上可以推进第一、二、三产业融合发展，促进乡村产业兴旺、经济繁荣，如依托村落发展乡村旅游业；也可以改善村落人居环境、提高乡村居民生活质量，如加强并完善村落基础与公共设施建设提高乡村居民生活幸福感；还能促进乡村生态文明建设，实现宜居宜业、人地共生的生态文明愿景目标，如调整优化村落区位选择、加强生态与环境保护设施建设，从而提高生态保障能力。因此，村落演变与空间优化模式研究，可以提升乡村生产功能、生活功能、生态功能，村落优化发展是解决“三农”问题、缓解城乡发展不平衡的重要途径。

2. 村落演变与村落优化发展研究是加快发展滞后地区乡村振兴的迫切需要

2020年底，中国脱贫攻坚战取得全面胜利，现行标准下的农村贫困人口全部脱贫，贫困县城全部摘帽。但这些区域相对贫困现象仍然突出，是我国实现乡村振兴、减轻区域发展不平衡和不充分的重点地区。因此，探索基于地理环境基础及特殊社会文化背景下的西南地区村落空间优化模式与可持续优化对策，有利于该地区物质、精神、政治和生态文明一体化发展，有助于丰富完善新农村建设实践活动，为我国特别是西部地区美丽乡村建设和乡村振兴提供实证案例和实践指导，对其村落进行因地制宜的规划建设、基础与公共服务设施规划与建设、景观的科学规划建设等都具有重要实践意义。

3. 村落优化发展有助于推动生态文明建设，符合国家生态安全目标

西南地区涉及我国长江上游、珠江上游大部分地区，是我国重要的生态屏障区，其生态服务功能的水平直接影响西南地区的生态安全。该区域资源条件得天独厚，但生态脆弱、经济水平低、乡村人口特别是相对贫困人口多、散居的村落与传统落后的生产生活方式相伴生、新农村建设中的盲目性等客观现实严重制约其生态文明建设。通过对该区域村落人

地系统协调性与宜居性的剖析，探寻人地协调共生的村落空间发展模式，对于推进该区域美丽乡村建设、大江河上游地区生态文明建设、美丽中国建设，保障西南地区的生态安全具有重大现实意义。

第二节　研究目的与研究内容

一、研究目的

在国家持续大力推动农业农村现代化、城乡协调发展、新农村建设、美丽乡村建设、生态文明建设、乡村振兴战略等的大背景下，基于地理（生态）环境（以下简称地理环境）的基础作用，选择西南地区为研究空间，以乡村地域分异的认识为基础，探寻村落时空演变、驱动机制、人地系统协调性，揭示村落发展与自然、经济、社会、文化等因素相互作用的规律性，探索提出人地共生型村落优化发展模式与推进措施，为西南地区乡村发展与振兴提供理论依据和实践指导。

二、研究内容

围绕西南地区乡村地域分异、村落演变与机制、村落优化发展模式及实施策略展开系统研究，具体内容如下。

（1）进行乡村与村落研究相关文献梳理，明确村落系统、村落演变、村落空间优化模式的内涵，建立基于地理环境基础的村落演变和空间优化模式分析理论框架，为本书的研究奠定基础。

（2）基于地理学地域分异原理，定性定量认识西南地区乡村自然、经济、社会、文化的地域差异，进而科学划分乡村地域类型，并对其进行乡村性评价及发展趋势分析，为分区分类研究村落发展与地理环境相互作用的内在机制奠定基础。

（3）以上述分类及评价为基础，采用参与性农村评估（PRA）方法、统计分析、GIS及遥感技术手段与方法，深入调查分析典型乡村地域在特定地理环境下的村落演变过程与特点，追踪探寻村落时空变迁与其地理环境相互关系的历史与现实，明确地理环境的基础性作用。

（4）采用综合分析法，从自然条件、生态基础、资源禀赋与开发状况、区位与交通条件、经济社会发展、民族差异、政策等方面进行村落演变驱动力及机制分析，揭示地理环境特别是自然生态环境约束下村落发展演变的内在机制和规律性。

（5）运用人地关系理论和系统分析法，定性定量分析典型乡村地域村落人地系统耦合状态、协调水平和宜居性程度，为确定村落优化发展方向提供依据。

（6）以人地协调共生（人与自然协调）、可持续发展、公平发展等与生态文明相关的思想为指导，依据各乡村地域类型及村落人地系统评价分析结果，选择典型乡村地域，综合研究其自然—生态—区位—经济—社会—文化—村落的系统关联性，依据村落人地系统特征及村落发展主要驱动因素，探寻与地理环境共生的村落空间优化模式与实施路径。如生态约束与保护驱动、自然资源约束驱动、农业产业化与现代化驱动、基础与公共服务设施建设驱动、特色优势资源驱动、文化传承驱动、休闲旅游需求驱动、政策驱动、资本驱动、科技引领驱动、区位与人口迁移驱动、“互联网+”驱动等推动村落搬迁撤并、集中扩展、萎缩撤并、新建扩并等村落发展模式。

（7）可持续村落发展推进对策探讨。着眼于村落空间优化模式需要解决的关键问题，从理念创新、机制创新、规划引领、环境建设、保障创新等方面，提出可持续村落优化模式的实施对策。

第三节 研究思路与研究方案

一、总体思路

本书研究的总体思路可以分为3阶段6环节（图1.4）。

（一）乡村及村落发展基础研究

通过梳理文献，明确研究问题内涵、研究目标、任务；构建研究的理论框架，总结村落、村落系统、村落演变、村落发展模式等的研究内涵；初步调研研究区域乡村与村落发展的自然、经济、社会、文化发展基础，建立指标体系进行乡村地域类型划分，并对其乡村性进行评价分析，揭示地理环境基础与乡村发展相互影响的规律性，为村落演变与优化研究提供基础。

（二）村落演变及其驱动机制分析研究

在前期分析研究基础上，对西南地区具有代表性的乡村、村落进行实地调研，对村民、基层管理工作者、企业等相关人员进行走访、问卷调查，获取当地概况、资源、环境、经济、社会和管理等方面的资料，为后续研究提供借鉴和依据。在每个省域选取了部分乡村作为重点案例进行焦点调查，为典型村落演变、驱动机制分析、人地协调性分析、模式优化提供强有力的支撑。

（三）村落优化发展模式凝练与研究总结

以前期乡村地域分异特征、村落演变特征与机制等理论和实证研究为基础，明确村落优化发展的目标与原则，从模式内涵、关系图式、实施路径、推进措施、适应地域、案例解析等方面探索提出与西南地区地域环境协调共生的村落空间优化发展模式及实施对策。

图 1.4　技术路线

二、研究方案

（一）研究方法

运用地理学、经济学、人口学、生态学等学科的思想方法和手段，对西南地区村落空间发展进行系统研究。

（1）学科整合综合集成研究：本书为跨学科交叉研究，汲取经济学、地理学、社会学、生态学、管理学等相关学科的理论与思想方法，重点采用地域分异原理、人地协调共生、可持续发展、现代区位选择、区域空间结构、复合系统等理论与方法，以及 SPSS 分析、GIS 分析、遥感影像解译等方法与手段，进行综合集成研究。

（2）宏观定性与微观定量分析相结合：采用宏观定性分析和典型地域村落微观定量分析相结合的方法研究村落分布、演变、驱动力差异、人地协调性，从而明确村落空间优化方向。

（3）参与性农村评估（PRA）方法与专家咨询相结合：从西南地区中选取具有代表性的乡村或村落，采用 PRA 与专家咨询法进行实地调查访问，获取研究需要的翔实资料。

（4）规范研究与实证案例研究相结合：运用规范研究方法对乡村居民点优化的相关

理论、村落类型划分、村落演变及驱动力、村落与资源环境关系及发展趋势进行梳理，同时运用实证研究方法对不同地域典型村落演变过程、机制、人地系统状况与趋势、村落空间优化进行实证研究。

（二）调研方案

1. 调研要求与目的

以认真负责的态度，深入细致地进行调研设计工作，并按计划进度开展实地调研工作，及时分析、总结调研情况。为把握西南地区乡村发展基础、村落演变态势、美丽乡村建设情况，对西南地区五省市区典型乡村与村落开展调研，为研究村落演变与空间优化发展提供资料和案例支撑。

2. 调研过程与内容

调研工作分为三个阶段，第一阶段调查研究区乡村发展基本情况，收集基础资料；第二阶段选择典型乡村及村落进行焦点调查，获取村落发展演变的翔实资料；第三阶段进行必要补点调研，完善理论依据，丰富案例实证。各阶段的调查对象均包括村民、村组负责人、县乡相关人员、相关企业主等，以获取丰富有效的第一手资料。

调研内容主要为：乡村发展基础调查（区位、资源禀赋、社会、经济、基础设施、文化背景等）；村落发展演变历程与特征调查（区位选择、分布、数量、结构、基础设施、公共服务条件、内外环境等）；新农村、美丽乡村建设典型案例调查（建设依据、条件、投入、设施情况、效应等）。

3. 调研方式与安排

采取抽样调查、焦点调查相结合的办法进行调研；通过查询、访谈、问卷等方式获取调研资料。调研工作开展步骤分为：①研究、起草、确定调研方案；②组成调研小组，部署调研工作；③分组到西南五省市区各调研点开展实地调研；④资料整理、分析、集中讨论、研究，完成调研分析报告等。

三、研究特色与创新点

本书采用宏观与微观相结合的研究方法，借助 SPSS、ArcGIS、模型分析、遥感影像解译、PRA、案例实证等分析方法或手段，以地理环境分析为基础，以人地协调为主线，首先建立村落演变与空间优化发展模式研究的理论框架；然后，定性定量认识西南地区乡村地域分异，划分乡村地域类型，进行乡村性与乡村转型评价；再次，分析各乡村地域类型村落演变过程及特征、驱动因素及机制、村落人地系统协调性状况；最后，探寻人地共生型村落优化发展模式及实施对策。

（1）研究视角创新。村落是特定地域人类与地理环境相互作用、不断协调的结果，并随社会历史发展而演变与协调，乡村人口聚居的历史、现状以及未来，地理环境起着基础制约作用，因此，重视地理环境基础作用，谋求人地（村落与环境）协调成为本书的研究主线。首先，建立基于地理环境的村落演变与空间优化发展模式研究的理论框架；然后，以西南地区乡村地域分异与类型划分入手，认识乡村发展现状，使村落研究建立在对研究区乡村全面准确认识的基础上，并将地理环境基础作用贯彻在整个村落演变与机制分析、村落人地系统分析、空间优化模式研究中，体现地理学在村落生态文明发展中的优势和特殊作用。

（2）研究方法有特色。借助 SPSS、ArcGIS、模型分析、遥感影像解译、PRA、案例实证等分析方法或手段，宏观地域分异与微观实证案例研究相结合并突出中宏观研究、定性与定量研究方法相结合，研究方法的综合性特色明显，且关于西部地区中宏观尺度的村落研究成果也较少。

（3）研究地域选择创新。西南地区乡村发展与村落建设受生态环境总体脆弱和经济社会发展总体滞后的双重约束，该区域的人类发展（包括村落发展）需求与地理及生态环境基础即人地关系矛盾尖锐，且极不平衡，使其成为我国乡村振兴战略实施的难中之难区域，选择该区域作为村落演变与发展模式的研究对象具有典型性，因此，本书在研究区域选择上具有代表性和鲜明的地域特色。

第四节　研究区域与数据来源

一、研究区域界定

（一）研究区选择缘由

西南地区是我国地理环境最复杂、地理差异最鲜明的区域，同时也是我国相对贫困面较广、程度较深、分布集中的区域，也是我国少数民族集中分布、革命老区较多的区域。整体而言，西南地区乡村分布广泛、乡村发展极不平衡、乡村生活水平悬殊，其村落数量众多、规模庞大、类型丰富多样、发展水平差异明显，是集山地、高原、盆地、丘陵、老、少、边、穷于一体的特殊地区。因此，西南地区自然成为我国乡村振兴战略实施与目标实现的难点区域，选择其中的特殊地域作为村落演变与发展的研究对象区域具有典型性和代表性。

（二）研究区范围

本书选择西南的特殊地区作为空间范围（简称西南地区，下同），包括 2012 年国务院扶贫开发领导小组确定的国家扶贫重点县、2011 年《中国农村扶贫开发纲要（2011—2020 年）确定的 14 个集中连片特困区贫困县中涉及四川、重庆、云南、贵州、广西五省（市、区）共计 267 个国家级贫困县，土地面积 98 万 km^2，占全国土地总面积的 10.2%，2016 年年底有行政村 48669 个，自然村落 529528 个。尽管这些县域已陆续退出贫困县范畴，并于 2020 年底全部脱贫，但其乡村与村落发展的基础和面临的问题具有共同性，如乡村持续发展与乡村振兴、村落空间分布与优化发展、村落人居环境建设等问题，而且贫困概念本身具有相对性，研究区的许多县域后续仍将面临巩固扶贫成效及解决相对贫困问题，因此，本书将这一特殊地区作为研究空间具有合理性。该区域自然环境复杂多样，地跨青藏高原、横断山脉、四川盆地及盆周山地、云贵高原、广西盆地，地形复杂多样，以高原、山地、盆地、丘陵为主，河谷平坝较少，许多区域高山峡谷相间、高原与盆地连接、丘陵山地连绵，地形崎岖、坡度变化大、喀斯特面积较大，生态环境比较脆弱；气候类型复杂多样，包括高原气候、山地气候、亚热带季风气候、高原季风气候等；同时，该区域集革命老区、民族地区、边远地区、发展低水平于一体，相对于其他地区，该区相对贫困面大且比较稳定，乡村性强，乡村发展滞后，大部分地区交通连接度较差、教育医疗卫生事业发展缓慢、生产生活条件较差、社会保障不健全等问题突出。因此，本书研究的西南地区是我国实现乡村繁荣发展的难中之难区域，选择该区域作为村落演变与优化发展的研究对象区域更具有代表性。

二、数据来源与处理

（一）数据来源

本书所采用的数据主要有以下两大来源。

（1）各类数据资源库。自然与人文数据主要来源于中国统计信息网、国家地球系统科学数据共享平台西南山地数据资源站、地理国情监测云平台、地理空间数据云等，西南地区涉及县（区）的统计年鉴和国民经济与社会发展统计公报等。

（2）实地调研数据。重庆、贵州、云南、四川、广西部分县域的乡村实地调研数据，包括问卷、访谈获得数据和收集的电子及纸质文献所含数据。

（二）数据处理

借助 ArcGIS、SPSS、RS、Excel 等应用软件，采用聚类分析、多元回归、GIS 分析、遥感影像解译、地理计量法等多种方法进行数据获取与处理。

参考文献

敖丽红，韩远，贺翔，2016. 中国新型城镇化发展与供给侧结构性改革的路径研究[J]. 中国软科学（11）：98-108.

冯文勇，郑庆荣，李秀英，等，2008. 山区农村聚落空心化的初步研究[J]. 干旱区资源与环境（2）：118-121.

郭晓东，马利邦，张启媛，2013. 陇中黄土丘陵区乡村聚落空间分布特征及其基本类型分析——以甘肃省秦安县为例[J]. 地理科学，33（1）：45-51.

韩非，蔡建明，2011. 我国半城市化地区乡村聚落的形态演变与重建[J]. 地理研究，30（7）：1271-1284.

何仁伟，2018. 城乡融合与乡村振兴：理论探讨、机理阐释与实现路径[J]. 地理研究，37（11）：2127-2140.

李红波，张小林，2012. 国外乡村聚落地理研究进展及近今趋势[J]. 人文地理，27（4）：103-108.

李亚娟，陈田，王婧，等，2013. 中国历史文化名村的时空分布特征及成因[J]. 地理研究，32（8）：1477-1485.

刘磊，2016. 中原地区传统村落历史演变研究[D]. 南京：南京林业大学.

刘锐，孟丽丽，2015. 城乡一体化背景下的乡村规划探讨——以天津市津南区“美丽乡村”规划为例[A]//中国城市规划学会. 新常态：传承与变革——2015 中国城市规划年会论文集[C]. 北京：中国建筑工业出版社，13.

马晓冬，李全林，沈一，2012. 江苏省乡村聚落的形态分异及地域类型[J]. 地理学报，67（4）：516-525.

闵婕，2015. 三峡库区典型区域农村聚落空间演化研究[D]. 重庆：西南大学.
孙晓红，2016. 咸阳市渭城区乡村聚落空间形态演变研究[D]. 西安：西北大学.
席建超，王新歌，孔钦钦，等，2014. 旅游地乡村聚落演变与土地利用模式——野三坡旅游区三个旅游村落案例研究[J]. 地理学报，69（4）：531-540.
谢玲，李孝坤，任秋爽，等，2017. 西南地区贫困乡村地域类型划分及减贫对策研究[J]. 农业现代化研究，38（5）：818-826.
杨忍，刘彦随，龙花楼，等，2016. 中国村庄空间分布特征及空间优化重组解析[J]. 地理科学，36（2）：170-179.
易桂秀，胡而思，2017. 省域视角下传统村落保护发展对策研究——以江西传统村落为例[A]//中国城市规划学会. 持续发展 理性规划——2017 中国城市规划年会论文集[C]. 北京：中国建筑工业出版社，9.
岳文海，2013. 中国新型城镇化发展研究[D]. 武汉：武汉大学.
张传勇，张永岳，2013. 再议城乡一体化发展：理论沿革、实现路径与模式探讨[J]. 中国房地产（14）：12-19.
周国华，贺艳华，唐承丽，等，2010. 论新时期农村聚居模式研究[J]. 地理科学进展，29（2）：186-192.
朱晓翔，朱纪广，乔家君，2016. 国内乡村聚落研究进展与展望[J]. 人文地理，31（1）：33-41.

第二章　国内外村落相关研究进展

第一节　国内外村落研究概述

一、国外村落研究历程及内容聚焦

西方国家工业化、城市化起步时间早，经济水平相对较高，人居环境优化研究与建设实践也开始得较早，村落系统性理论与实证研究的历史悠久，并积累了颇为丰富的成果。19 世纪初，法国、德国地理学家初步拉开村落研究的序幕，对农村聚落、农村经济地理、农村土地利用、农村聚落景观等展开了研究（贾梦婷，2018）。由于地理位置、资源条件、文化理念等的差异，法国、英国、美国等国家的地理学家对村落的研究各有侧重点，对村落形态特征、影响因子、演变机制等进行了大量研究，留下了丰富的论述与成果。总体来看，村落研究内容随时间推移而逐步丰富，从研究村落物质空间实体转向社会问题和生活问题的综合研究，研究视角从村落个体单要素转向区域大尺度多元化，研究方法从以主观定性为主转向定量与定性研究结合，研究内容或要素呈现从单一到综合、从简单到复杂的递进过程（汪民，2016）。

（一）国外村落研究历程

国外对村落的研究大致经历了 19 世纪至 20 世纪初、20 世纪 20～60 年代、20 世纪 60～80 年代、1980 年至今 4 个主要阶段（陈宗兴和陈晓键，1994；李红波和张小林，2012）。

1. 起步阶段

从 19 世纪至 20 世纪初，由于社会生产力水平整体较低，国外学者对村落的研究聚焦于地理环境并倾向于自然地理环境与村落之间的关系，主要采用定性描述方法。德国地理学家科尔在《交通殖民地与地形之关系》一书中，对集镇、村落等不同类型的聚落进行了较为系统的对比研究，着重论述了村落区位与地形差异之间的关系（张文奎，1993）。梅村以德国北部的村落为例，分析聚落分布形态和影响因子，研究聚落形成与其社会经济的关系，初步奠定了村落研究的理论基础（方志戎，2012）。路杰安详细探讨了村落区位与地形、地貌、日照等自然环境要素的关系（金其铭，1988a）。这一时期杜能提出的“农业区位论”，在一定程度上启发了地理学家开展聚落区位研究的思路。法国地理学家白兰士、白吕纳等学者基于实地调查，用历史的方法系统分析了地理环境与村落的相互关系（李红波，2012；刘美伶，2018），是较早一批研究村落的先行者。白吕纳（1935）在《人地学原理》一书中，对村落和环境关系进行了系统论述，着重说明了自然环境对村落及房屋位置的影响。

这一阶段对村落的研究视域较局限，研究方法以描述、说明为主；受限于当时低水平的社会生产力等条件因素，对村落的研究层次相对较低，研究内容主要集中于村落形态、分布、类型，并侧重于阐述自然环境与村落的关系（陈宗兴和陈晓键，1994）。

2. 发展阶段

20 世纪 20～60 年代，二战结束后西方各国经济快速恢复以及城市重建、工业振兴引发的城市化浪潮，促进了城市地理学的蓬勃发展，在一定程度上推动了乡村地理学的发展，村落研究逐渐兴起，并取得较为丰富的理论研究成果（朱晓翔等，2016）。1933 年德国地理学家克里斯塔勒以德国南部居民点为研究区，基于对市场中心和服务范围的大量调查研究，提出了中心地理论，对中心村选址、镇乡体系规划做出重要理论指导，为村落研究提供了重要的理论基础。德芒戎（Demangeon）在《人文地理学问题》中以法国农村为研究对象，探讨聚居形式与农业职能之间的关系，将村落划分为集聚和散布两种形态，并以聚落个体形态为划分标准对村落类型进行了扩展研究，进一步探讨了 4 种村落类型的形成与自然、社会、人口、农业等因素之间的关系（阿 • 德芒戎，1993）。1953 年，伦纳德（Leonard）从位置概况、人口变化、农业区位、土地利用情况及聚落模式等方面，对意大利坎帕尼亚区的村落进行了综合研究（郭晓东，2007）。在此阶段，苏联学者初步认识到乡村居民点等问题，并将其归为人口地理学的研究范围，萨乌什金和科瓦列夫等对该方面进行了系列探讨（陈宗兴和陈晓键，1994）。

这一时期针对村落的研究多为小范围内某一特定区域的实证研究，已有成果偏重于描述村落的原始形态、分布特征、区位条件等方面，研究内容较为丰富，主要涉及村落的发展进程、类型划分、模式特征、功能及规划等方面（李红波和张小林，2012），对村落的研究视角也从侧重自然环境逐步转向社会环境。

3. 计量变革阶段

20 世纪 60～80 年代，探寻地理研究定量化与科学化而兴起的计量地理学和行为地理学为地理学科及村落研究带来了重大突破，研究内容体系更加充实，在技术方法层面也有所突破，逐步趋于定量与定性优化组合。1963 年，美国地理学者鲍顿正式提出西方地理学“计量革命”的运动口号，运用数学方法和模型的计量地理研究潮流迅速蔓延，不仅更新了地理学研究思路，还对村落研究发挥了实质性的促进作用（李红波和张小林，2012）。美国地理学教授 Hoffman（1964）从自然因素、人口迁移等方面，对保加利亚村落的产生与发展历程进行了较为系统的研究。1970 年，美国学者道温斯提出“行为革命”口号，此后行为地理学在现代人文地理学中快速发展并逐渐得到重视，在村落研究成果中表现出：考虑心理因素，研究人与环境的平衡与反馈原理，强调人类决策行为对聚落分布、形态和结构的影响（董明辉，1992）。20 世纪 70 年代之后，随着生态环境危机的加剧、逆城市化等现象的出现以及可持续发展理念的推广，乡村可持续发展主题受到研究学者的青睐，欧美国家的乡村地理学出现“再生”现象；乡村研究主题逐渐多样化，涉及农业、人口、聚落、乡村环境、乡村发展与规划等多个专题，同时建立了大量研究机构，有关乡村地理学的出版物数量快速增长（张小林和盛明，2002；李红波等，2018）。

这一阶段，村落在研究方法和研究领域方面都取得了显著进步，研究的论著不断增多，如基士姆的《乡村聚落和土地利用》、邦斯的《都市世界的乡村聚落》以及哈德森的《聚落地理学》等（陈飞龙，2016），研究内容不断丰富，更加注重定量研究，较多学者关注土地利用模式、村落空间结构及其未来的发展（朱彬，2015）。

4. 转型重构阶段

20世纪80年代以后，村落研究呈现出鲜明的时代特征，在后现代主义、存在主义、理想主义等哲学思潮以及人本主义地理学、结构主义地理学和激进主义地理学等人文地理学派思想的影响下，国外村落研究视角逐渐从空间分析转向社会和人文层面；研究内容多样化，涉及村落变迁及模式演变、社会政策、基础设施建设、发展规划、环境可持续发展等方面（李红波和张小林，2012；林涛，2012）。20世纪90年代，在人文社会科学“文化转向”的影响下，乡村文化地理学研究出现热潮，并带动了研究村落不同社会群体乡村生活的新局面（Roche，2002），研究领域更加广泛，从社会学、经济学、建筑学等多学科角度进行综合研究较为常见，农村社区、城乡关系、人口与聚落、农村社会问题等成为聚落研究焦点（惠怡安，2010；朱晓翔等，2016）。近年来，国外学者较多关注村落的生态建设、景观研究等，例如澳大利亚生态学家比尔·墨利森（Bill Mollison）和戴维·洪葛兰（David Holmgren）提出“永恒文化村”的概念和实践（王超超等，2015）、丹麦学者罗伯特·吉尔曼（Robert Gilman）提出的“生态村（eco-village）”概念（陈勇，2005）、Zomeni等运用RS技术阐释希腊村落的农业景观演变（陈飞龙，2016）。此外，西方乡村城镇化与农业现代化的持续推进，村落空间形态与体系模式出现明显变化，越来越多的国外研究者致力于乡村重构研究，涉及乡村的聚落重构、空间重构、社会经济重构等方面（朱晓翔等，2016）。

（二）国外村落研究内容聚焦

1. 村落分布影响因素

总体趋势是由以前只注重自然条件、经济因素到综合考虑自然、社会、经济、文化、政治诸因素的复合作用，从单因素向多因素转变，研究逐渐趋于全面、综合。Hoskins（1955）在《英格兰景观的形成》中提出，土地富饶程度和原有居民点类型影响村落的空间分布状态。瓦·维·波克希舍夫斯基（1987）认为，自然条件对村落及其形态的影响仅通过生产分布和地域组织表现出来，同时肯定自然条件作为区域条件之一对村落选址仍具重要性。Everson和Fitzgerald（1969）、Hill（2003）等通过实证研究发现，居民点的分布受土地肥沃程度、土地利用类型、生产方式、海拔高度、经济力量及当地政府对村庄的规划等因素的影响。Peter通过研究南非Qaukeni地区居民点分布对农村地区基础设施、服务和发展机遇的影响，发现居民点分布形态是影响村落基础设施可达性的主导因素（李君和李小建，2008）。Mclaughlin等（2001）、Carmen和Elena（2004）、Wasilewski和Krukowski（2004）等研究了城镇化、政府决策、社会文化等对村落布局的影响。随着村落研究的不断深化，人口迁移、人口密度、人类决策行为、交通设施、人居环境等对村落分布的影响受到学者的深度关注。

2. 村落分类与空间演变

国外学者基于大量的文献记载和实地考察资料，对村落类型划分和空间演变等问题进行了较为系统的研究，并取得了丰硕的成果。

1931年美国罗伯特·伯内特·霍尔（Robert Burnett Hall）在自然环境及文化环境差异的基础上对日本聚落类型进行总结和分类（汪民，2016）；克里斯塔勒（Christaller）在《德国南部的中心地》中推导出理想状态下地表聚落分布模式，把村庄类型分为不规则的和规则的群集村庄两个大类（李红波和张小林，2012）。总的来看，20世纪60年代以前村落分类大多以聚落个体形态为标准，指标趋于单一简单，具有一定的片面性和局限性。Roberts（1979）根据村落形状、规则程度等指标，提出了划分村落类型的标准。Pacione（1984）对村落形态与村落类型划分的关系和特点做出了详细论述。2001年萨利赫（Saleh）提出沙特阿拉伯南部原有村落形态和乡土建筑在现代化和外来文化的冲击下发生了不同程度的衰退（黄家平，2014）。Hill（2003）将村落空间分布类型划分为规则型、随机型、集聚型、线型、低密度型和高密度型6类。Sevenant和Antrop（2007）提出可基于GIS等现代信息技术方法研究村落分布与景观类型。国际地理联合会曾提出村落一般类型的划分方法，包含功能、形态位置、起源及未来发展的4个基本标准分为66个亚标准（陈宗兴和陈晓键，1994），该方法较注重村落空间地域功能，一定程度上完善了村落分类指标体系。

同时，从研究文献中可发现，国外学者对村落空间演变的探讨历程颇为久远。19世纪20年代，法国地理学家白兰士及其学生德芒戎探讨了村落类型、形态演变的特征与规律（洪惠坤，2016）。20世纪末，弗雷德·丹姆斯（Fred Dahms）以加拿大多伦多为样点，研究其周边小城镇、村落居民点的变迁和演变机制（汪民，2016）。尔斯·普莱蒂（Jules Pretty）提出，影响乡村空间演变的主要因素为工业化、逆城市化、全球化、乡村旅游活动等（洪惠坤，2016）。总体上，大区域多时相的村落分类与空间演化研究成果逐渐增多，研究视角、方法、内容愈加多元化、系统化。

3. 村落景观与生态研究

近几十年来，在不合理的农业生产活动、城镇建设及逆城市化不断推进的综合影响下西方国家的乡村景观已发生多样性变化，其根本原因在于乡村城市化和农业工业化（周心琴，2007）。Antrop（2004）指出，城市化背景下乡村和城镇的集化作用以及村镇之间交通、信息网络的通达性是引起景观演变的主要驱动力。国外对村落生态的研究主要体现在两方面：发达国家对于“生态村”的理论研究和实践探索；发展中国家对村落定居、迁移和环境变迁的景观生态学、人类生态学的研究（李红波和张小林，2012）。1991年丹麦学者吉尔曼（Gilman）率先提出生态村是“一个以人类为尺度的全特征的聚落”。生态村运动已在丹麦、英国、德国、美国、澳大利亚等西方国家展开实践（陈勇，2005）。日本学者竹内（Takeuchi）等将生态村阐述为自我支持区域，并根据乡村受城市影响程度的不同，设计出3种生态村模式，为日本村落可持续发展提供了理论依据与指导（陈勇，2005）。

Saleh（2000）应用景观生态学对位于沙特阿拉伯西南高地，在传统农耕方式和聚落景观具代表性的 Al'kas 村庄进行了研究，揭示该村庄良好文化景观的维持机制。

4. 村落规划

国外城乡建设起源较早，探索历程较长，对城乡发展问题进行了较为全面的探讨，在城乡规划方面已开展了颇为丰富的理论研究与实践探索。英国在西方诸国中最早实施城乡规划，在城乡规划领域发挥着世界性影响作用，拥有大量关于乡村地区及其规划的研究成果，并形成较为完善的系统性体系（周游，2016）。对英国乡村规划的发展历程、乡村规划内容进行了详细叙述，乡村规划内容已延伸到林业、农业、旅游业、环境保护等主题。Gilg（1996）对英国乡村规划进行了系统性研究，高度归纳了英国村落规划目标，并对规划类型进行了具体划分。1968 年，德国实施全国性的村落更新计划，人们逐渐意识到村落改造必须结合当地实际情况，与村落历史和文化相适宜。奥地利未来学家约翰·米伦多夫（Johann Millendorfer）提出的“LILA”中指出，村落规划中，生活领域应优先于生产领域，要以多种选择性取代“不是—就是”式的单一思维（王国维，2012）。日本、韩国等也在村镇建设方面对村落的规划布局进行了较为深入的论述研究。

二、国内村落研究历程及内容聚焦

（一）国内村落研究历程

相对于西方国家乡村聚落地理的研究进展，我国近代乡村聚落地理研究起步较晚，在研究方法和结构体系等方面深受国外乡村聚落地理思想的影响。据不同时期的研究内容和发展特点，我国对村落的研究可大致分为以下四个阶段。

1. 起步阶段

我国对村落的专门研究始于 20 世纪 30 年代，当时我国少数学者开始注意到西方的学术新思潮并逐渐加以吸纳转化，随着法国学派的人地学说传入中国，《人地学原理》等国外学术著作被译成中文，我国乡村聚落地理研究逐渐起步（金其铭，1988b）。到中华人民共和国成立前，我国地理研究者开展了较多的村落调查研究工作，并发表了一定的论文成果。林超（1938）、严钦尚（1939）、陈述彭和杨利普（1943）等老一辈地理学家对村落与农村土地的关系、村落类型划分、村落分布的影响因素等进行了论述研究。

在这一时期，我国人文地理学研究开始起步，乡村经济活动和村落研究开始获得专门的发展；研究学者对村落所体现的人地关系进行了多方面的探讨，研究区域多为尺度较小的具体聚落，内容上侧重于阐述村落与地理环境间的因果关系，以描述说明为主。

2. 初步发展阶段

20 世纪 50 年代初期，人文地理学研究一度陷入低迷状态，关于村落的专门研究寥寥无几；50 年代末到 60 年代初，我国农村迅速转入农村集体化，村落规划作为农业地理研究的一部分受到重视。1950年吴传钧发表的《怎样做市镇调查》，对聚落等级进行了划分，认为介于乡村和城市之间存在市镇类型，并提出以“市镇度”概念来衡量聚落的发展程度（吴传钧，1998）。张同铸等（1959）发表的《农村人民公社经济规划的初步经验》，提出了人民公社居民点规划的内容及原则。

20世纪50～70年代末，乡村聚落地理研究历经波折起伏，总体进展较为缓慢，少数学者在研究理论与方法上进行了一定的探索，对村落类型、等级划分以及规划研究进行了初步探讨，从理论上提出了乡村居民点规划布局的基本原则。

3. 快速发展阶段

改革开放后，学术思想氛围活跃，国内外地理学术界的交流不断升温。1979年，李旭东在第四届中国地理学会全国大会上率先提出复兴人文地理的号召，乡村聚落研究作为人文地理学的重要组成部分也迈向了复兴阶段（赵荣等，2006）。随后，诸多学者对村落发展变迁、类型划分、规划布局以及乡村人居环境改善进行了探索研究（陈桥驿1980；叶舜赞，1985；吴必虎和张晶，1988），针对具体区域村落建设面临的问题，归纳出详尽可行的整治策略（李旭旦和金其铭，1983）。涌现出大量的专业化系统研究论著，如《农村聚落地理》《中国农村聚落地理》等，对我国村落的形成与发展、区域差异及其分布特点、分类等进行了系统研究（金其铭，1989）。20世纪90年代，我国学术界不断吸纳新的研究方法和技术，为进一步拓展村落研究领域提供了条件，研究水平也得到大幅提升。从社会结构与文化习俗、人口与土地利用、村落分布影响因素等角度出发，探讨村落的等级体系和空间结构、空间演变趋势以及空间发展模式的研究成果大量出现（沈克宁，1992；陈晓键和陈宗兴，1993；范少言和陈宗兴，1995）。部分学者从生态学视角，对不同地域村落体系的生态分布特征进行比较分析，概括出区域性村落生态分布的一般性原则（王智平，1993）。

在该时期村落研究成为热点，研究内容日益丰富，村落职能性质、空间结构、等级体系、规划布局等方面得到较多关注，研究视野也逐步开阔，部分国外的理论经验以及国内开拓性的生态学观点被引入村落研究，研究方法从定性描述为主走向动态分析和应用趋向，定量化的研究方法被更多地采用（肖路遥等，2016）。

4. 多元并进繁荣发展阶段

进入21世纪以来，城乡差异格局更加凸显，关注乡村、村落的研究热度空前高涨。城镇化背景下，村落“空心化”问题突显，生态学成为重要的研究思路，同时村落空间特征、转型重构、文化变迁、演变机制及优化策略等成为地理研究热点。学者们对村落的研究区域划分更加细化，典型独特地域研究与共性地域综合研究都有所加强，在时间尺度上追溯成百上千年的历史（任慧子等，2012）。不少学者运用GIS技术、景观格局指数、分形理论、Logistic回归等方法对村落景观、形态、空间格局、时空演变等特征与规律进行了丰富的研究（杨忍等，2015；梁发超等，2017；马利邦等，2018）。部分学者从生态环境、农户地理、文化景观等视角研究了村落环境演化趋势、专业村的形成与演化机理、村落分区特征等（刘邵权等，2001；李小建等，2009；郑文武等，2016）。

这一阶段，借助于 GIS 空间信息技术、数学模型、计算机软件等，研究视角更加多元化，融合社会学、历史学、经济学、心理学等理论，推陈出新，村落研究内涵更加丰富，同时更加注重对非物质因素、人地关系的研究，更加强调村落的和谐发展与可持续发展。

（二）国内村落研究内容聚焦

1. 村落影响因素

我国对村落影响因素的研究在早期着重关注自然环境，现已逐渐扩展到综合考虑自然、社会、经济等不同因素的影响（郭晓东等，2010），众多学者进行了一系列的调查研究。万晔等（2002）以云南傣族聚落为例，深入分析聚落与自然、经济和社会文化环境要素的关系。饶伟新（2003）通过研究赣南村落的历史过程，发现村落围寨建筑、乡族力量对村落形态具有重要影响。金其铭等（1990）、胡志斌等（2006）、邢谷锐等（2007）、王焕等（2008）、李君和李小建（2009）等分别研究了地形、海拔高度、交通设施及交通网络、生活水平与观念、政策制度等对我国村落分布的影响。师满江等（2016）以西北地区黑河流域作为研究区，验证了城市和水系对于农村居民点空间分布的“极化效应”和“亲水性”特性。总体上看，对村落影响因素的分析从定性分析为主到定量研究逐渐增加，自然环境要素是村落形成、发展的基础条件，人文社会要素是村落发展及动态变化的主要驱动因素。

2. 村落形态与分类

中国村落分布地域辽阔，自然、人文环境的组合条件各具特色，村落形态特征表现各有差异，国内学者对此进行了广泛的研究。张振（2005）研究传统聚落的类型，提出了集中型、带状型、象征型等 6 类常见的聚落形态。申秀英等（2006）以地理环境文化背景、建筑景观等为区划要素，将南方传统聚落划分为 8 个聚落景观区。马晓冬等（2012）基于遥感影像，通过构建聚落形态测度指标体系，采用系统聚类法将江苏省村落划分为 8 种类型。谢新杰等（2011）、朱彬和马晓冬（2011）基于 RS 和 GIS 技术，运用多种空间分析方法，进行空间聚类分析，分别将苏北沿黄河地区村落、苏北地区村落划分出 4 种不同的典型类型。郭晓东等（2013）从县域尺度，运用 GIS 技术与统计分析方法，基于村落形态、规模、地形和经济特征等系统划分出村落基本类型。

3. 村落格局及演化

村落格局及演化研究中以区域空间为背景进行实例分析占多数，借助“3S”等地理统计分析技术较为常见，而在研究区域、维度和指标测度选取上有所不同。尹怀庭和陈宗兴（1995）对陕西 3 大地区传统农业村落的形成及发展的空间类型、原因进行比较研究，发现当地村落农宅式样趋同化、村落分散与集聚双向发展等空间演变趋势。汤国安和赵牡丹（2000）利用 GIS 空间分析方法提取海拔高程、距水源公路城镇距离等基础要素信息，探讨陕北榆林地区的村落空间分布规律。田光进等（2003）利用元胞自动机和人工神经网络模型从全国尺度分析了 20 世纪 90 年代中国农村居民点用地的时空演化特征。邢谷锐和徐逸伦（2007）从城市化角度将村落空间演变的类型归纳为主动型、被动型和消极型。王传胜等（2011）、李全林等（2012）、贺艳华等（2013）借助多种统计分析方法对不同地区的村落格局及演化开展了系统研究。

4. 村落景观与生态研究

近年来，我国经济快速增长，人地矛盾日渐显现，随着可持续发展观念的渗透，生态村、低碳村、村落生态系统概念在国内出现，相关学者在村落研究中融入许多景观学和生态学思想（陈勇和陈国阶，2002）。朱跃龙等（2005）提出生态农村的系统结构包括庭院、村落、农业、社会、经济5个生态子系统，并探讨生态农村理想模式及其主要建设内容。申秀英等（2006）、刘沛林等（2010）基于聚落景观“意象”，综合考虑相对一致性、地域完整性等多项原则，对中国南方地区和全国范围的传统聚落景观进行了系统划分。惠怡安和徐明（2010）基于陕北丘陵沟壑区生态修复与村落耦合发展研究，认为村落发展必须注重生态环境保护与修复。周心琴（2006）、邓明艳等（2010）、房艳刚和刘继生（2012）分别从城市化进程、旅游发展背景、理想类型叙事视角探讨了村落景观格局变迁与优化策略。吴江国等（2013）从县域层面，定量研究各类型、各等级交通与村落景观格局的相互关系。姚梦园等（2016）、张莉（2017）等综合多视角，运用景观指数定量分析，探讨了安徽村落景观格局与生态效应。

第二节　国内外村落演变与村落优化研究进展

一、国外村落演变与村落优化研究进展

（一）村落演变研究进展

在国外，关于区域多时相村落演变的研究成果呈现递增趋势，研究视角和内容愈加多元化，主要表现在以下4个方面。

1. 村落演变的影响因素

近30年来国外学者广泛考虑各类社会人文因素对村落形态、规模、环境变化的影响。Goodwin等（1984）通过大量研究工作，认为社会、经济、人口等多要素共同推动了村落演变，并细化到居住环境、就业情况、服务设施、年龄构成等因素。Lewis和Mrara（1986）依循19～20世纪的时间序列，在研究Transkei村落的演变历程中发现，近300年来政府规划决策对村落形态由分散到集聚的变化具有重要作用。Hall（1998）对20世纪90年代中期阿尔巴尼亚国内外移民对聚落演化的影响作用进行了研究。不少学者研究发现，乡村非农化和村落城镇化是村落演变的重要影响因素，如Ruda（1998）提出，随着农业工业化，村落人口居住逐渐集中，村落聚居规模不断扩大，而同时出现小村落衰退，甚至消亡的现象，导致村落结构发生根本改变。Antrop（2004）发现城镇化形成的便捷性交通、信息网络是推动村落景观演变的关键因素。Isabel（2001）提出，传统文化继承、政局稳定、

市场发展、社会结构、人口密度是村落演变的主要人文因素。也有部分学者分析了大型水利工程建设对村落演变的影响（Kuslu，2008）。

2. 村落演变过程

国外学者往往基于大量的历史资料，构建分析框架或模型，从较长的时间尺度研究村落演变历程。Plattaer 从商业、市场角度将村落演变分为 3 个时期：未中心化阶段、没有乡村市镇的中心化阶段、乡村市镇中心化阶段（张京祥等，2002）。Turner 等从景观生态学视角研究聚落景观的生态机能模式和过程（周心琴，2007）。Deadman 等（1993）运用元胞自动机模型对加拿大 Ontario 地区农村居民点的扩张过程进行模拟研究。Hall（1998）利用空间分析模型研究近 70 年 Nebraska 地区聚落体系的格局演化过程。Roberts（1996）选取农业、矿区和牧业 3 种村落类型，从自然与社会环境、居民环境感知等多方面系统研究村落长时段的演变历程。Skowronek 等（2005）研究了荷兰两个村落在数百年间的演变。

3. 村落演变的动力机制

近年来，国外普遍认为人类自身需求是村落演变的主要推动力（López-Carra et al.，2012）。Naveh 从文化角度探讨乡村景观变化的动力机制（朱彬，2015）。Ruda、Rigg 等认为乡村工业化、城市化以及非农化是乡村聚落演变的驱动力（潘娅莉，2016）。Wasilewski 和 Krukowski（2004）通过研究波兰城郊乡村居民点用地变化，认为在城市郊区化背景下，受产权制度、政府管理等因素影响，农村土地所有者、地方政府、土地开发者等主体的利益博弈是村落演变的直接驱动力。Argent 和 Giffin（2005）对澳大利亚东南部聚落体系密度的变化驱动力进行了研究。

4. 村落演变趋势和模式

国外学者通过具体区域研究，从中发现村落的演变趋向并总结出典型演变模式。Vesterby 和 Krupa（2002）通过研究发现，美国 1980～1997 年乡村居民点用地呈现持续增长态势，且乡村居民点用地规模达到城市居民点用地的两倍。Paquette 和 Domon（2001）以加拿大 Quebeez 区域为例，探讨村落住宅空间演变的复杂过程以及不同景观背景下的居民住宅模式，发现城乡交界带的乡村景观逐渐向居民住宅演变且乡村人口持续变化。Bylund 基于对瑞典聚落中心的研究，提出聚落扩散的 6 个假设模式（陈宗兴和陈晓键，1994）。Ironside（2000）选择自下而上和自上而下的模式研究加拿大北部聚落的演化。在村落演变模式的研究中，白兰德的聚落扩散模式、麦吉的 Desakota 模式、卡迪尔的 Ruralopolises 模式等具有较强的代表性（孙晓红，2016）。

（二）村落优化发展研究进展

19 世纪到 20 世纪初，由于当时乡村人口的知识水平普遍较低，且社会生产力低下，工业化尚在蓬勃发展中，“去乡村化”趋势逐渐加重，因此学界对于村落的研究尤其是对于村落优化的研究十分不足。到了20世纪中叶，许多国家重视国内民生和环境问题，城市重建与乡村建设受到重视，随着全球经济复苏以及科技发展，村落演变机制、驱动力、空间优化模式等得到广泛而深入的探讨，并进一步从理论和实践上推动村落人居环境的优化。20世纪70年代以来，西方发达国家开始出现“逆城市化”趋势，乡村发展更受重视，田园城市不断兴起，引发人们重新思考现代化进程下乡村的定位、功能，乡村研究成为关注的焦点，村落的优化研究也持续走热。

在社会经济条件不断提升，村落研究大力推进的基础上，美国、英国、德国等发达国家在村落布局优化研究方面，出现了一系列前沿理论思想，实践探索也取得较好的成效，探索出系列居民点优化模式。

20世纪30年代，美国田纳西河流域的居民低收入、生态环境问题，严重限制了该区域的发展。政府成立专门的管理机构，在对该区域展开一系列调查研究的基础上，系统开展田纳西河流域综合开发治理工程。之后，结合政策、经济和技术手段，采取了农田保护、乡村景观保护、限制农用地最小规模等一系列举措，对区域的村落布局进行调整和优化（Hansen，1959）。

英国在二战后提出村庄重点发展模式，主要通过系列宏观调控措施，推动居住、工业、商业服务等城市功能部门向中心村聚集，并划分出农村居民点用地及其发展区与耕地保护区的界线，严格控制村落建设规模以及区域范围，从而保护耕地并促使村庄集约用地（匡垚瑶，2017）。

德国提出村庄更新计划，制定相应的乡镇建设规划，通过土地整理的途径加以落实。在实施过程中，通过对原有的旧建筑物进行改造、修缮，加以充分利用，同时重视传统建筑和特色村庄的保护，并完善村内公共基础设施，满足居民生产生活需求，改善整体人居环境，为乡村创造较好的生活和就业条件（樊天相，2015）。

法国在20世纪50年代中期实行“农村改革”，由农村产业化带动村落优化，主要采取补贴、投资、减税、贷款等政策，发展农业产业链，以工业带动农业方式实现对农业的支持与反哺；并开展国土整治，加快农村落后地区的发展（陆洲等，2010）。

日本于1955年颁布《町村合并促进法》，以政府为主导，通过町村合并扩大村落规模、农地产业化经营、基础设施建设、环境治理、农地集中等措施，优化町村发展与乡村转型（陆洲等，2010）。1950～1975年日本村庄数量减少了70%，得以保留、新规划建设的村庄拥有良好的基础设施，村落生态环境及生活条件大为改善（袁中友等，2012）。

韩国从20世纪70年代开展新村运动，以政府为主导，出台法令法规为农村建设提供相关的政策支持和资金保障，并组建专门机构和程序提供服务、协调和规划（陆洲等，2010）。实践中，根据各村庄的自然与社会经济情况进行土地整理，因地制宜，在原自然村布局的基础上进行优化，主要采用新村型、合村型以及改造型布局模式。新村运动从政策、规划、教育等层面齐力推进，充分发挥了政府主导和民众参与的积极性，在缩小城乡差距的同时较大程度地保留了乡村地域特色（樊天相，2015）。

除上述国家外，瑞士、印度、匈牙利等国也进行了农村居民点布局优化实践，主要采用土地整理方式对村落布局加以调整和优化，并大致分为简单土地整理阶段、特定内容的土地整理阶段和综合土地整理阶段（丁恩俊等，2006；谢德体，2007；李灿和罗海波，2008；

周霖，2017）。现代化进程中城市转型升级，城乡互动作用下乡村转型、重构成为社会转型发展的必然趋势，国外提出的村落优化策略及模式探讨为我国村落优化提供了宝贵经验，具有重要的借鉴意义。

二、国内村落演变与村落优化研究进展

（一）村落演变研究进展

以“中国知网”为数据来源平台，以“村落演变”“乡村聚落演变”“农村聚落演变”为主题词，在期刊、博硕论文、会议论文、报纸等类目中进行检索，1994～2018年共统计出524篇文献（数据截止时间2019/1/10），其研究趋势见图2.1。近25年来，村落演变研究成果增加了26倍，2004年以来村落演变研究成果快速增加，2018年比2004年增加14倍。村落演变研究随着城镇化进程与新农村建设的加速推进而成为相关学科特别是聚落地理学研究的热点，我国学者更关注村落演变影响因素、时空演变过程、演变动力机制等方面的研究。

1. 村落演变影响因素

对村落演变影响因素的分析，多从自然要素、社会环境、人类活动等层面进行。蔡为民等（2004）研究黄河三角洲近20年村落景观格局，发现村落布局最初与农业自然条件、开发历史密切相关，在后期则较多地受到经济发展、国家政策、人类活动等的影响。胡志斌等（2006）研究得出，岷江上游的农村居民点分布格局与海拔存在一种非线性关系。邢谷锐和徐逸伦（2007）在城市化背景下多村落空间演变进行分析、归纳，认为其演变受人口、用地、产业等方面因素的影响。张荣天等（2013b）利用景观格局分析、GIS空间分析方法，探讨镇江市丘陵区村落影响因素，发现乡村聚落与耕地空间分布具有显著的趋同性。李孝坤等（2013）通过实地调研并结合文献资料，采用PSR法剖析影响重庆三峡库区乡村聚落分布及演变的自然力和非自然力作用，揭示了重庆三峡库区乡村聚落

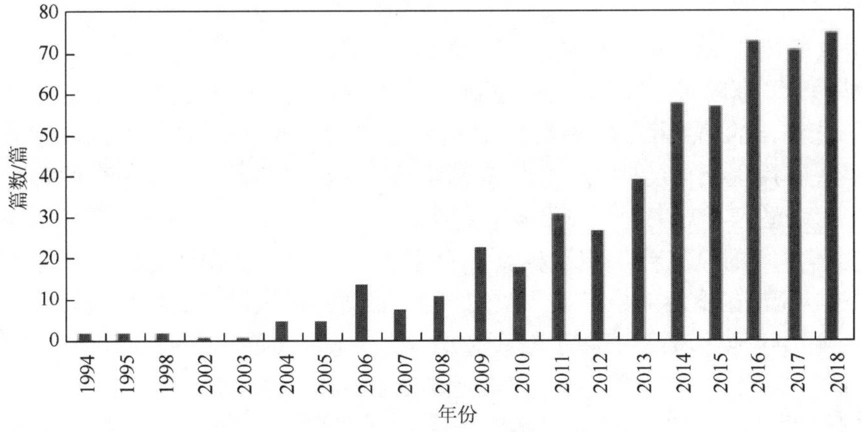

图2.1　国内有关“村落演变”研究趋势

的空间分布及其演变特征。杨忍（2017）以遥感解译数据为基础，定量分析了 1990～2013 年广东省的村落空间分布，发现道路交通可达性是影响村落空间分布的主导因素，高程、坡度是影响村落分布、规模、形态的基础性因素。

2. 村落时空演变过程

对村落时空演变过程的研究主要集中在演变阶段划分、演变特点认识等方面。近年来关于东部沿海地区的研究成果逐渐丰富。村落的空间演化过程较为漫长，整体上呈向心集聚趋势，同时也受外界因素的影响不断外迁扩散。李瑛和陈宗兴（1994）从宏观整体、村庄个体、院落单元 3 个层次揭示陕南村落空间结构的演变动向。李立（2007）从聚落形态变迁的角度，探讨江南乡村的演变过程与原因，以及新发展环境中聚落形态的发展趋势。韩茂莉和张暐伟（2009）研究地处环境敏感地带的巴森左旗聚落的空间扩展过程及其与环境、农业人口的关系，揭示聚落由疏至密的空间演变过程及机理。王勇等（2012）基于空间生产理论，将改革开放以来的苏南乡村空间转型划分为乡村自主、市场推动和政府主导 3 个阶段。张荣天等（2013a）通过构建乡村性指数（RI），借助 GIS-ESDA 空间分析，运用空间自相关、变差函数等空间测度模型研究江苏省乡村性空间格局演变特征与机理。陆俊宇等（2013）通过对多时相 Landsat 遥感影像的处理分析，发现 1987～2010 年苏锡常地区聚落总体规模增长了近 5 倍，但不同区域聚落规模的变化过程存在一定的节律性差异。吴可人（2015）以长三角地区为研究区，探讨了乡村空间变迁特点、存在的问题及对策建议。

3. 村落演变动力机制

诸多研究发现，城镇化、人口增长、经济水平、政策制度、农村工业化、基础设施等因素成为村落空间演变的重要驱动力，地形地貌等自然要素为村落演变的基础因子（闵婕，2015）。高珊和张小林（2002）分析江苏省农村城镇化进程中村庄规模的变化，得出城镇地域扩展和基础设施建设是村庄规模变动的主要外因，内部建设用地变动为主要内因。龙花楼等（2009）结合区域自然与经济社会条件，划分出中国空心村演化类型及类型区域，并结合实证研究剖析了空心村演化的特征与动力机制。王勇等（2012）基于“时空分离”理论，揭示改革开放以来苏南乡村空间转型动力大体经历了“乡村自主→市场推动→政府主导”的过程。刘彦随等（2011）基于沿海、平原农区村庄空心化演化的案例研究，剖析了农村空心化演化的动力机制。袁洁等（2008）从微观的农户主体角度探讨湖北孝感市孝南区农村居民点用地变化的驱动机制。周国华等（2011）将影响村落演变的各种因素划分为基础因子、新型因子与突变因子 3 类，各类因子对农村聚居的驱动作用各有侧重点，共同构成了村落演变的“三轮”驱动机制。孙丕苓（2012）以聚落规模为主体，综合研究 1990～2010 年商州区聚落规模扩展、空间形态演变特征及其驱动因素。马恩朴等（2016）重点研究半城市化地区城乡聚落的消长规律，以具体村落单元为例，探讨近 15 年来村落的空间格局演化特征及其动力机制。李阳兵等（2018）基于长时间序列的遥感影像，研究近 50 年贵州典型峰丛洼地地区村落在多重背景下的演变模式、机制等，发现外部因素和聚落农户的自我调适是村落演变的主要驱动力。

（二）国内村落优化发展研究进展

我国在城乡建设发展中，对城乡关系、城乡互动的认识和实践在不断深化。但在乡村发展过程中，也出现了村落土地低效利用、乡村相对贫困加剧、村庄空心化、村落分散、公共设施建设成本高且难度大、人居环境差、污染严重等诸多问题。20世纪90年代以来，随着人地协调观、可持续发展理念、生态文明等观念被人们广泛认可，探讨村落的科学发展显得非常必要和紧迫，村落优化也越来越受到政府、社会、学界的高度关注。

村落发展方向在哪里？村落优化道路怎么走？村落转型发展的模式有哪些？国内学者以村落自然条件、现状布局、演化机制等方面的研究为基础，从农村居民点空间布局、居民点用地整理、村落转型等视角对村落发展优化进行了较多探讨，针对具体地区提出了一些各有侧重的优化发展模式和实施策略，具体如下。

1. 村镇微观尺度

谢炳庚等（2010）以廖田镇为例，从宏观上构建农村居民点优化布局的等级体系，从微观上设计出3种优化模式：城乡融合型、中心村重构型和产业优先型。赵帅华等（2012）以具体村域为研究区，构建农户农村居民点整合响应模型，基于农户调研情况，从农户家庭资源条件、住房情况和未来生计来源分析不同类型农户的响应程度，整理出4种农村居民点整合方式：农业发展型、兼业型、非农发展型和保留型。匡垚瑶等（2017）运用转移矩阵法，通过构建指标体系对农村居民点布局进行适宜性评价，结合规划政策导向概括出城镇转化型、村庄重点拓展型、村庄合并型等5种农村居民点布局优化类型，并制定差异化布局优化策略。刘鹏等（2017）基于“三生空间”协调理念，研究了农村居民点布局优化的策略和方向。

2. 县或市域中观尺度

胡智清等（2003）分析经济发达、村镇密集分布区域的城边村发展困境，提出具有针对性的改造方式，并将改造实施模式分为政府主导型、开发商主导型、村庄自主型。杨庆媛和张占录（2003）以北京顺义区为例，根据农村居民点整治内容和目标，提出4种优化模式：征用式、归并式、迁弃式和包入式。姜磊等（2013）借助ArcGIS软件，从自然、社会、经济因素评价农村居民点布局的适宜性，对各类农村居民点提出对应的布局优化策略，并将研究区农村居民点分为城镇扩建、居民点拆旧、建设中心村和居民点内部改造4种整理模式。冀亚哲（2013）采用GIS空间分析方法，选取最佳分析粒度，对镇江市村落景观格局的现状及影响因素进行研究，提出3种村落空间结构优化模式。耿旭辉（2014）基于GIS空间网络分析、空间统计分析等定量分析方法研究莱西市农村居民点空间布局，探究优化布局模式及体系。周霖（2017）借助空间数据分析等组合方法，通过居民点斑块分析农村居民点空间分布、规模和景观格局特征，将居民点划分为不同整治类型，探索农村居民点差异化优化布局策略。朱少春（2018）、赵怀威（2018）等选取不同实例研究区，采用景观指数法、GIS空间分析法等方法，划分出不同的农村居民点布局类型，结合地方区域规划、社会经济等情况加以分析，提出适应性的村落优化模式。

3. 省域与全国宏观尺度

叶艳妹和吴次芳（1998）基于我国农村居民点土地整理潜力研究，总结出农村城镇化型、自然村缩并型、中心村内调型和异地迁移型4类农村居民点用地整理优化模式。边振兴等（2007）从农村居民点整理的资金和运作模式对辽宁省农村居民点整理模式进行了详细探讨。张正芬和王德（2009）对上海4种村落整理模式的实践案例进行了考察评价。贺艳华等（2014）、唐承丽等（2014）基于丰富的村落空间优化研究成果，构建出乡村聚落空间结构优化模式——乡村公路导向发展模式（RROD模式），并对该模式的内涵、结构、参数取值等进行了系统论述。杨忍等（2016）提出村庄和集镇格局的空间优化重组形态可采用放射均衡、放射非均衡、多核心均衡、走廊式布局模式及混合模式。

近年来，村落研究区域广泛，涵盖经济发达地区和欠发达地区的传统村落、旅游村落、城边村等（郑吉，2016；席建超等，2016；段宝玲和马振兴，2010）。研究理论体系多元化，GIS和景观格局分析方法等空间定量分析工具和方法广泛应用于研究村落形态演变、空间布局等方面，也有学者通过访谈和问卷调查进行研究（曲衍波等，2012），进而提出具有针对性的村落优化路径及模式。

第三节　村落演变与村落优化发展研究评述

一、国外已有相关研究成果借鉴

通过对国外文献及研究动态的梳理，发现国外对于村落的研究经历了定性描述—计量革命—人文转向的演进，其理论研究积累了丰富的经验，实践运用已取得较为显著的成效。在研究视角上，较多从地理学、社会学、生态学角度切入，愈加侧重于研究社会经济等人文要素对村落的影响。在研究区域上，主要定位在美、英、德等西方发达国家，随着经贸全球化浪潮与发展中国家经济的快速崛起，中国、印度等发展中国家的村落演变与发展模式逐渐受到国外学者的关注，研究范围具有全球广泛性和区域独特性；尺度方面，涵盖宏观、中观、微观的多尺度多时相探讨，并逐步由宏观向具体微观聚落细化研究。在研究方法上，从以定性描述为主向定量和定性相结合再转变到多学科多手段综合研究，方法运用、指标选取、体系构建逐渐系统完善；在研究范式上逐步由空间分析转向更多地结合社会和人文视角（李洪波和张小林，2012）。国外对于村落演变与优化发展的系列理论研究和实践，为我国村落研究、建设提供了启示或借鉴。

1. 充分发挥政府主导作用，推动全社会参与和支持村落建设

从美、英、法等国地理学者的研究和政府实践可看出，政府规划决策行为对村落建设、发展发挥着导向作用，往往改变或长期影响村落的发展，几乎主导着地区村落的兴衰命运。

政府角色发挥资源调配的重要作用，从规划设计、管理机构、资金投入等方面推动村落发展，并重视社会各阶层民众意愿及参与度，从民意调查、民众参与规划、民众教育宣传、人才培训等方面争取各阶层人士的支持，有效协调政府、企业、民众等利益相关方。

2. 制定相关制度和执行程序，完善法律法规体系建设

制定和完善与村落建设、整治规划实施相关的法律法规，对推进、规范村落更新的有序进行有着重要作用。日本、韩国等国家从法律层面，为村庄改造优化提出了指导意见，从宏观层面作出了规范性的参考依据，明确村落建设、保护的总体方向。乡村土地整理、大型水利工程建设等项目需符合环保、建设用地等相关法令规定，经过严格的审查、监督程序才可实施，从而保障村落环境改变的相对有序、稳定性。

3. 坚持规划基础先行，强化设计的科学合理性

国外在农村居民点的优化实践中，几乎都以政府规划为引领，从解决区域发展困境、优化城乡发展格局出发，通过大量调查研究，分析村落发展面临的问题和实际需求，从而确定规划目标和原则，制定科学合理的系统规划设计，提出相应的实现路径。如法国在村落规划与建设中，强调居民参与乡村规划设计的惯例，使村落发展建立在符合民众意愿与支持的前提下。

4. 完善基础设施建设，重视生态建设和历史文化保护

国外长期的村落建设经验中，特别是城镇化加速推进阶段，改善村落交通、信息网络的通达性，完善乡村公共服务设施，是村落人居环境质量提升的重要助推力。国外学者高度强调村落建设的生态可持续性，倡导保护并合理利用村落特色历史文化资源，更加注重人文要素对村落演变及规划建设的影响，其关注的社会性较明显，具有前瞻性和切实价值。

国外在村落演变研究方面，主要趋向演变过程、影响因素、动力机制、特征规律等方面，研究内容日益广泛与多元化，其采用的理论体系、评价指标、测度模型等可对国内村落研究提供参考思路。对村落发展模式的研究，虽选取的视角、方法各有差异，但存在共性，其实践主要以政府为主导力量，以土地利用为切入点优化布局，致力于改善乡村居民的生产、生活条件，缩小城乡、区域发展差距，实现城乡、区域协调发展。

二、国内已有相关研究成效与不足

国内在村落发展的研究内容方面主要侧重于村落分布影响因素、村落分类与演变、村落格局类型、村落土地利用、村落景观与生态、村落转型发展、村落环境保护、新农村和美丽乡村建设等相关内容的研究。研究方法也由传统的定性描述说明向定性与定量分析、综合模型构建相结合等转变。总体来说，与国外相关研究比较，我国村落研究起步较晚、发展较慢、研究内容系统性和综合性相对不足。就西南地区而言，在

村落研究方面已取得了部分成果，主要研究集中在微观尺度上对村落区位布局、土地适宜性评价、村落保护、村落格局演变及原因等的探讨。因此，国内关于村落研究存在的问题或尚需进一步加强的领域如下。

1. 空间研究重格局轻功能，在区域特色和实际操作性方面尚有不足

国内地理学界对村落的空间研究主要侧重于空间格局的静态特征、动态演变、内在机制等方面，实证和理论研究成果都较为丰富。21 世纪以来，村落土地利用/土地覆被的研究逐渐兴起，人居环境综合整治受到重视，对村落功能研究也是明显趋势，但目前还是起步阶段，针对“格局演变—功能建构”则更是处在定性描述阶段。已有村落演变和优化研究成果的模拟及理论层面仍较明显，在操作性和实践性方面稍显不足。

2. 研究内容与方法同质化明显，具体案例研究多于理论探索

借助 RS、GIS 技术对村落的分布因素、景观演变、土地利用变化、空间演变、空心化等进行研究，研究方法主要为相关分析、聚类分析、空间统计分析，指标体系相对单一，创新性略显不足；偏案例分析，多以中观或微观层面的某一地域或某一要素进行分析，而方法、结论重叠，缺乏经验升华与理论总结，对大区域范围提供的借鉴意义和参考价值较为有限。

3. 案例研究区域集中，研究尺度以各级行政区为主，宏观研究较少

研究区域集中于东中部地区，或山地、黄土高原、典型平原等特殊区域，以地域自然地理特征特别是地形地貌差异划分为主，考虑人文要素特别是综合各要素的类型划分较为少见；研究尺度主要以省、市、县或行政村等行政空间为主，对西部地区村落发展的系统研究较少。

4. 研究领域显单一，对村落时空演变一般规律、驱动机制、与地域协调的空间优化缺乏系统研究

目前村落研究涉及的学科以社会学、管理学、历史学、民族问题研究等为主，并积累了丰富的研究成果，但需加强学科交叉研究、多学科综合研究。同时，在已有的村落研究成果中，多以局部区域或微观村庄的时空演变、村落空间转型发展进行研究，大区域背景下结合地域类型与特点，系统探讨村落时空演变与驱动机制、村落人地系统协调发展、人地协调共生优化模式等的综合研究比较缺乏。

中国正大力推进生态文明建设和乡村振兴战略，村落面临着经济、社会、空间和环境等多重转型，系统研究大区域各类村落时空演进规律及驱动机制，探讨村落与自然条件、生态环境、经济、社会、文化互动作用的人地耦合系统发展规律与协调性，探索村落空间优化发展模式及实施策略，对发展滞后地区乡村振兴战略实施、乡村可持续发展具有重要现实意义。

参考文献

阿·德芒戎，1993. 人文地理学问题[M]. 葛以德，译. 北京：商务印书馆.

巴里·卡林沃思，文森特·纳丁，2011. 英国城乡规划[M]. 陈闽齐，周剑云，戚冬瑾，等，译. 南京：东南大学出版社.

白吕纳，1935. 人地学原理[M]. 任美锷，李旭旦，译. 南京：钟山书局.

边振兴，李丽平，王秋兵，等，2007. 辽宁省农村居民点整理的资金与运作模式探讨[J]. 农业经济（5）：42-43.

蔡为民，唐华俊，陈佑启，等，2004. 近20年黄河三角洲典型地区农村居民点景观格局[J]. 资源科学（5）：89-97.

陈飞龙，2016. 基于GIS的山东省乡村聚落空间格局研究[D]. 济南：山东师范大学.

陈桥驿，1980. 历史时期绍兴地区聚落的形成与发展[J]. 地理学报（1）：14-23.

陈述彭，杨利普，1943. 遵义附近之聚落[J]. 地理学报，10：69-81.

陈晓键，陈宗兴，1993. 陕西关中地区乡村聚落空间结构初探[J]. 西北大学学报（自然科学版）（5）：478-485.

陈勇，2005. 国内外乡村聚落生态研究[J]. 农村生态环境（3）：58-61，66.

陈勇，陈国阶，2002. 对乡村聚落生态研究中若干基本概念的认识[J]. 农村生态环境（1）：54-57.

陈宗兴，陈晓键，1994. 乡村聚落地理研究的国外动态与国内趋势[J]. 世界地理研究（1）：72-79.

邓明艳，曾菊新，余斌，等，2010. 旅游发展背景下乡村景观格局变迁与优化[J]. 生态经济（2）：82-86+97.

丁恩俊，周维禄，谢德体，2006. 国外土地整理实践对我国土地整理的启示[J]. 西南农业大学学报（社会科学版）（2）：11-15.

董明辉，1992. 人文地理学[M]. 长沙：湖南地图出版社.

段宝玲，马振兴，2010. 农村居民点整理模式研究——以天津市为例[J]. 农村经济（12）：17-20.

樊天相，2015. 重庆丘陵地区农村居民点空间布局优化研究[D]. 重庆：西南大学.

范少言，陈宗兴，1995. 试论乡村聚落空间结构的研究内容[J]. 经济地理（2）：44-47.

方志戎，2012. 川西林盘文化要义[D]. 重庆：重庆大学.

房艳刚，刘继生，2012. 理想类型叙事视角下的乡村景观变迁与优化策略[J]. 地理学报，67（10）：1399-1410.

冯健，张小林，1999. 苏南小城镇发展与现代乡村社区变迁研究[J]. 地理科学进展（3）：222-229.

高珊，张小林，2002. 江苏省农村城镇化的村庄规模变动研究[J]. 地理学与国土研究（4）：47-50.

耿旭辉，2014. 基于GIS的农村居民点空间优化布局研究[D]. 青岛：中国海洋大学.

郭晓东，2007. 黄土丘陵区乡村聚落发展及其空间结构研究[D]. 兰州：兰州大学.

郭晓东，马利邦，张启媛，2013. 陇中黄土丘陵区乡村聚落空间分布特征及其基本类型分析——以甘肃省秦安县为例[J]. 地理科学，33（1）：45-51.

郭晓东，牛叔文，吴文恒，等，2010. 陇中黄土丘陵区乡村聚落空间分布特征及其影响因素分析——以甘肃省秦安县为例[J]. 干旱区资源与环境，24（9）：27-32.

韩茂莉，张暐伟，2009. 20世纪上半叶西辽河流域巴林左旗聚落空间演变特征分析[J]. 地理科学，29（1）：71-77.

贺艳华，曾山山，唐承丽，等，2013. 中国中部地区农村聚居分异特征及形成机制[J]. 地理学报，68（12）：1643-1656.

贺艳华，唐承丽，周国华，等，2014. 论乡村聚居空间结构优化模式——RROD模式[J]. 地理研究，33（9）：1716-1727.

洪惠坤，2016. "三生"功能协调下的重庆市乡村空间优化研究[D]. 重庆：西南大学.

胡志斌，何兴元，李月辉，等，2006. 岷江上游居民点分布格局及影响因子分析[J]. 辽宁工程技术大学学报（4）：623-625.

胡智清，周俊，洪江，2003. 城市边缘区域村庄规划策略研究——以经济发达、村镇密集地区为例[J]. 规划师（11）：19-21.

黄家平，2014. 历史文化村镇保护规划技术研究[D]. 广州：华南理工大学.

惠怡安，2010. 陕北黄土丘陵沟壑区农村聚落发展及其优化研究[D]. 西安：西北大学.

惠怡安，徐明，2010. 陕北丘陵沟壑区生态修复与农村聚落耦合发展初探[J]. 水土保持通报，30（2）：83-86.

冀亚哲，2013. 基于最佳分析粒度的市域乡村聚落景观格局及其优化模式研究[D]. 南京：南京师范大学.

贾梦婷，2018. 街子河流域川水型传统乡村聚落空间格局研究[D]. 西安：西安建筑科技大学.

姜磊，雷国平，张健，等，2013. 农村居民点空间布局及优化分析[J]. 水土保持研究，20（1）：224-229，307.

金其铭，1988a. 我国农村聚落地理研究历史及近今趋向[J]. 地理学报，43（4）：311-317.

金其铭，1988b. 农村聚落地理[M]. 北京：科学出版社.

金其铭，1989. 中国农村聚落地理[M]. 南京：江苏科学技术出版社.
金其铭，董昕，张小林，1990. 乡村地理学[M]. 南京：江苏教育出版社.
匡垚瑶，2017. 基于适宜性评价的城乡结合部农村居民点布局优化研究[D]. 重庆：西南大学.
匡垚瑶，杨庆媛，王兆林，等.2017.低山丘陵区城乡结合部农村居民点布局优化——以重庆市渝北区古路镇为例[J].山地学报，35（03）：399-411.
李灿，罗海波，2008. 土地整理研究进展综述[J]. 农村经济与科技（7）：15-17，29.
李红波，胡晓亮，张小林，等，2018. 乡村空间辨析[J]. 地理科学进展，37（5）：591-600.
李红波，张小林，2012. 国外乡村聚落地理研究进展及近今趋势[J]. 人文地理，27（4）：103-108.
李君，李小建，2008. 国内外农村居民点区位研究评述[J]. 人文地理，（4）：23-27.
李君，李小建，2009. 综合区域环境影响下的农村居民点空间分布变化及影响因素分析——以河南巩义市为例[J]. 资源科学，31（7）：1195-1204.
李立，2007. 乡村聚落：形态、类型与演变——以江南地区为例[M]. 南京：东南大学出版社.
李全林，马晓冬，沈一，2012. 苏北地区乡村聚落的空间格局[J]. 地理研究，31（1）：144-154.
李小建，罗庆，樊新生，2009. 农区专业村的形成与演化机理研究[J]. 中国软科学，（2）：71-80.
李孝坤，李忠峰，冯敏，2013. 重庆三峡库区乡村聚落空间分布探析[J]. 水土保持研究，20（4）：242-247，252.
李旭旦，金其铭，1983. 江苏省农村聚落的整治问题[J]. 经济地理，（2）：132-135.
李阳兵，李睿康，罗光杰，等，2018. 贵州典型峰丛洼地区域近50年村落演变规律及驱动机制[J]. 生态学报，38（7）：2523-2535.
李瑛，陈宗兴，1994. 陕南乡村聚落体系的空间分析[J]. 人文地理，（3）：13-21.
梁发超，刘诗苑，刘黎明，2017. 基于分形理论的乡村聚落景观空间特征及演变——以厦门市为例[J]. 应用生态学报，28（8）：2640-2648.
林超，1938. 聚落分类之讨论[J]. 地理，6（1）：17-18.
林涛，2012. 浙北乡村集聚化及其聚落空间演进模式研究[D]. 杭州：浙江大学.
刘美伶，2018. 川西林盘尺度和乔木覆盖率对周边环境微气候的辐射影响研究[D]. 成都：西南交通大学.
刘沛林，刘春腊，邓运员，等，2010. 中国传统聚落景观区划及景观基因识别要素研究[J]. 地理学报，65（12）：1496-1506.
刘鹏，陈荣蓉，杨朝现，等，2017. 基于“三生空间”协调的农村居民点布局优化研究[J]. 水土保持研究，24（2）：283-288.
刘邵权，陈国阶，陈治谏，2001. 农村聚落生态环境预警——以万州区茨竹乡茨竹五组为例[J]. 生态学报（2）：295-301.
刘彦随，2011. 中国新农村建设地理论[M]. 北京：科学出版社.
刘彦随，龙花楼，陈玉福，等，2011. 中国乡村发展研究报告——农村空心化及其整治策略[M]. 北京：科学出版社.
龙花楼，李裕瑞，刘彦随，2009. 中国空心化村庄演化特征及其动力机制[J]. 地理学报，64（10）：1203-1213.
陆俊宇，刘茂松，徐驰，等，2013. 苏锡常地区聚落粒级结构特征及其演化[J]. 生态学杂志，32（3）：689-695.
陆洲，许妙苗，朱喜钢，2010. 乡村转型的国际经验及其启示[J]. 国际城市规划，25（2）：80-84.
马恩朴，李同昇，卫倩茹，2016. 中国半城市化地区乡村聚落空间格局演化机制探索——以西安市南郊大学城康杜村为例[J]. 地理科学进展，35（7）：816-828.
马利邦，田亚亚，郭晓东，等，2018. 基于格网的河西绿洲乡村聚落时空演变及其与水土资源的空间耦合关系[J]. 自然资源学报，33（5）：775-787.
马晓冬，李全林，沈一，2012. 江苏省乡村聚落的形态分异及地域类型[J]. 地理学报，67（4）：516-525.
闵婕，2015. 三峡库区典型区域农村聚落空间演化研究[D]. 重庆：西南大学.
潘娅莉，2016. 精准扶贫影响下重庆“纳凉村”聚落发展研究[D]. 昆明：云南大学.
曲衍波，姜广辉，张凤荣，等，2012. 基于农户意愿的农村居民点整治模式[J]. 农业工程学报，28（23）：232-242.
饶伟新，2003. 明清时期华南地区乡村聚落的宗族化与军事化——以赣南乡村围寨为中心[J]. 史学月刊（12）：95-103.
任慧子，曹小曙，李丹，2012. 传承性视角下乡村聚落历史时空格局特征及演化研究——以广东省连州市为例[J]. 人文地理，27（2）：87-91.
申秀英，刘沛林，邓运员，等，2006. 中国南方传统聚落景观区划及其利用价值[J]. 地理研究（3）：485-494.
沈克宁，1992. 富阳县龙门村聚落结构形态与社会组织[J]. 建筑学报（2）：53-58.

师满江，颉耀文，曹琦，2016. 干旱区绿洲农村居民点景观格局演变及机制分析[J]. 地理研究，35（4）：692-702.
孙丕苓，2012. 1990 年来商州区聚落规模扩展及其空间演变研究[D].西安：西北大学.
孙晓红，2016. 咸阳市渭城区乡村聚落空间形态演变研究[D]. 西安：西北大学.
汤国安，赵牡丹，2000. 基于 GIS 的乡村聚落空间分布规律研究——以陕北榆林地区为例[J]. 经济地理（5）：1-4.
唐承丽，贺艳华，周国华，等，2014. 基于生活质量导向的乡村聚落空间优化研究[J]. 地理学报，69（10）：1459-1472.
田光进，刘纪远，庄大方，2003. 近 10 年来中国农村居民点用地时空特征[J]. 地理学报（5）：651-658.
瓦・维・波克希舍夫斯基，1987. 人口地理学[M]. 南致善，王钊贤，顾鉴塘，等，译. 北京：北京大学出版社.
瓦尔特・克里斯塔勒，2010. 德国南部中心地原理[M]. 常正文，王兴中，译. 北京：商务印书馆.
万晔，司徒群，朱彤，等，2002. 云南傣族农村聚落分类体系与建设整治途径研究[J]. 经济地理（S1）：58-62.
汪民，2016. 江汉平原水网地区农村聚落空间演变机理及其调控策略研究[D]. 武汉：华中科技大学.
王超超，李孝坤，谢玲，等，2015. 重庆三峡库区乡村聚落人地系统协调性评价[J]. 水土保持研究，22（4）：298-304.
王传胜，孙贵艳，孙威，等，2011. 云南昭通市坡地聚落空间特征及其成因机制研究[J]. 自然资源学报，26（2）：237-246.
王国维，2012. 地域化背景下安塞地区若干村落空间形态的演变研究[D]. 西安：西安建筑科技大学.
王焕，徐逸伦，魏宗财，2008. 农村居民点空间模式调整研究——以江苏省为例[J]. 热带地理（1）：68-72.
王勇，李广斌，2012. 基于“时空分离”的苏南乡村空间转型及其风险[J]. 国际城市规划，27（1）：53-57.
王勇，李广斌，王传海，2012. 基于空间生产的苏南乡村空间转型及规划应对[J]. 规划师，28（4）：110-114.
王智平，1993. 不同地区村落系统的生态分布特征[J]. 应用生态学报（4）：374-380.
吴必虎，张晶，1988. 乡村聚落社会的形成、扩展与整合——苏北一个自然村的分析[J]. 农村经济与社会（5）：10-18，42.
吴传钧，1998. 人地关系与经济布局（吴传钧文集）[M]. 北京：学苑出版社.
吴江国，张小林，冀亚哲，等，2013. 县域尺度下交通对乡村聚落景观格局的影响研究——以宿州市埇桥区为例[J]. 人文地理，28（1）：110-115.
吴可人，2015. 长三角地区乡村空间变迁特点、存在的问题及对策建议[J]. 农业现代化研究，36（4）：666-673.
席建超，王首琨，张瑞英，2016. 旅游乡村聚落“生产－生活－生态”空间重构与优化——河北野三坡旅游区苟各庄村的案例实证[J]. 自然资源学报，31（3）：425-435.
肖路遥，周国华，唐承丽，等，2016. 改革开放以来我国乡村聚落研究述评[J]. 西部人居环境学刊，31（6）：79-85.
谢炳庚，曾晓妹，李晓青，等，2010. 乡镇土地利用规划中农村居民点用地空间布局优化研究——以衡南县廖田镇为例[J]. 经济地理，30（10）：1700-1705.
谢德体，2007. 国外土地整理实践及启示[J]. 国土资源（9）：30-33.
谢新杰，马晓冬，韩宝平，等，2011. 苏北沿故黄河地区乡村聚落的格局特征与类型划分[J]. 国土与自然资源研究（5）：82-86.
邢谷锐，徐逸伦，2007. 城市化背景下乡村聚落空间演变特征研究[J]. 安徽农业科学，35（7）：2087-2089，2159.
邢谷锐，徐逸伦，郑颖，2007. 城市化进程中乡村聚落空间演变的类型与特征[J]. 经济地理，27（6）：932-935.
严钦尚，1939. 西康居住地理[J]. 地理学报（1）：43-58.
杨庆媛，张占录，2003. 大城市郊区农村居民点整理的目标和模式研究——以北京市顺义区为例[J]. 中国软科学（6）：115-119.
杨忍，2017. 基于自然主控因子和道路可达性的广东省乡村聚落空间分布特征及影响因素[J]. 地理学报，72（10）：1859-1871.
杨忍，刘彦随，龙花楼，等，2015. 基于格网的农村居民点用地时空特征及空间指向性的地理要素识别——以环渤海地区为例[J]. 地理研究，34（6）：1077-1087.
杨忍，刘彦随，龙花楼，等，2016. 中国村庄空间分布特征及空间优化重组解析[J]. 地理科学，36（2）：170-179.
姚梦园，晏实江，吴艳兰，2016. 基于理想生态系统模式与三维景观指数的徽派村落空间特征解析——以呈坎为例[J]. 应用生态学报，27（12）：3905-3912.
叶舜赞，1985. 关于村镇布局的宏观特点[J]. 地理科学（2）：153-159.
叶艳妹，吴次芳，1998. 我国农村居民点用地整理的潜力、运作模式与政策选择[J]. 农业经济问题（10）：54-57.
尹怀庭，陈宗兴，1995. 陕西乡村聚落分布特征及其演变[J]. 人文地理，10（4）：17-24.
袁洁，杨钢桥，朱家彪，2008. 农村居民点用地变化驱动机制——基于湖北省孝南区农户调查的研究[J]. 经济地理，28（6）：991-994.

袁中友，杜继丰，王枫，2012. 日本土地整治经验及其对中国的启示[J]. 国土资源情报（3）：15-19.
张京祥，张小林，张伟，2002. 试论乡村聚落体系的规划组织[J]. 人文地理（1）：85-88，96.
张莉，2017. 皖南古村落景观文化生态格局与特征研究[D]. 南京：南京师范大学.
张荣天，张小林，李传武，2013a. 基于县域尺度的江苏省乡村性空间格局演变及其机理研究[J]. 人文地理，28（2）：91-97.
张荣天，张小林，李传武，2013b. 镇江市丘陵区乡村聚落空间格局特征及其影响因素分析[J]. 长江流域资源与环境，22（3）：272-278.
张同铸，宋家泰，苏永煊，等，1959. 农村人民公社经济规划的初步经验 [J]. 地理学报，25（2）：107-119.
张文奎，1993. 人文地理学概论[M]. 长春：东北师范大学出版社.
张小林，盛明，2002. 中国乡村地理学研究的重新定向[J]. 人文地理，17（1）：81-84.
张振，2005. 传统聚落的类型学分析[J]. 南方建筑（1）：14-16.
张正芬，王德，2009. 经济发达地区农村居民点拆并和整理模式实践与评价——上海的经验[J]. 规划师，25（4）：14-18.
赵怀威，2018. 农村居民点布局优化模式研究[D]. 天津：天津工业大学.
赵荣，王恩涌，张小林，等，2006. 人文地理学[M]. 北京：高等教育出版社.
赵帅华，王成，李晓庆，等，2012. 基于农户行为响应的农村居民点整合模式探析——以重庆市合川区兴坝村为例[J]. 资源科学，34（8）：1477-1483.
郑吉，2016. 传统村落保护与空间优化——以富阳大源镇蒋家村民宿规划为例[J]. 中国农业信息（12）：49-50.
郑文武，邓运员，罗亮，等，2016. 湘西传统聚落文化景观定量评价与区划[J]. 人文地理，31（2）：55-60.
周国华，贺艳华，唐承丽，等，2011. 中国农村聚居演变的驱动机制及态势分析[J]. 地理学报，66（4）：515-524.
周霖，2017. 万州农村居民点空间布局特征及优化研究[D]. 重庆：西南大学.
周霖，黄云，廖铁军，等，2017. 万州区农村居民点空间布局特征与调控[J]. 土壤通报，48（4）：800-808.
周心琴，2006. 城市化进程中乡村景观变迁研究[D]. 南京：南京师范大学.
周心琴，2007. 西方国家乡村景观研究新进展[J]. 地域研究与开发，26（3）：85-90.
周游，2016. 广东省乡村规划体系框架的构建研究[D]. 广州：华南理工大学.
朱彬，2015. 江苏省县域城乡聚落的空间分异及其形成机制研究[D]. 南京：南京师范大学.
朱彬，马晓冬，2011. 苏北地区乡村聚落的格局特征与类型划分[J]. 人文地理，26（4）：66-72.
朱少春，2018. 农村居民点空间分布演变及优化布局研究[D]. 杭州：浙江大学.
朱晓翔，朱纪广，乔家君，2016. 国内乡村聚落研究进展与展望[J]. 人文地理，31（1）：33-41.
朱跃龙，吴文良，霍苗，2005. 生态农村——未来农村发展的理想模式[J]. 生态经济（1）：64-66.
Antrop M，2004. Landscape change and the urbanization process in Europe[J]. Landscape and Urban Planning，67（3）：9-29.
Argent N M，Griffin S T，2005. Tracing the density impulse in rural settlement systems：A quantitative analysis of the factors underlying rural population density across South-Eastern Australia，1981—2001[J]. Population and Environment，27（2）：151-190.
Carmen C F，Elena G I，2004. Determinants of residential land-use conversion and sprawl at the rural-urban fringe[J]. American Journal of Agricultural Economics，86（4）：889-904.
Deadman P，Brown R D，Gimblett H R，1993. Modelling rural residential settlement patterns with cellular automata[J]. Journal of Environmental Management，37（2）：147-160.
Everson J，Fitzgerald B，1969. Settlement Patterns[M]. London：Longman.
Gilg A W，1996. Countryside Planning（Second Edition）[M]. New York：Routledge.
Goodwin H L，Doeksen G A，Oehrtman R L，1984. Determination of settlement patterns in rapidly growing rural areas[J]. Annals of Regional Ence，18（3）：67-80.
Hall D R，1996. Rural development，migration and uncertainty[J]. GeoJournal，38（2）：185-189.
Hall R J，1998. Analyzing rural settlement patterns of Nebraska（1880-1950）using GIS[R]. ESRI User Conference.
Hansen W G，1959. How accessibility shapes land-use[J]. Journal of the Americal Institute of Planners，25（2）：73-76.
Hill M，2003. Rural Settlement and the Urban Impact on the Countryside[M]. London：Hodder & Stoughton.

Hoffman G W，1964. Transformation of rural settlement in Bulgaria[J]. Geographical Review，54（1）：45-64.

Hoskins W G，1955. The Making of the English Landscape[M]. London：Hodder & Stoughton.

Ironside R G，2000. Canadian Northern Settlements：Top-down and bottom-up influences[J]. Geografiska Annaler，82（2）：103-114.

Isabel M，2001. Historic Anthropogenic Factors Shaping the Rural Landscape of Portugal's Interior Alenteio[M]. Arizona：Arizona University Press.

Kuslu Y，2008. Effects of an irrigation project in prevention of migration from rural areas[J]. Water Resour Mange，22：611-619.

Lewis C A，Mrara A Z，1986. Rural settlements，mission settlements and rehabilitation in Transkei[J]. GeoJoural，12（4）：375-386.

López-Carra D，Davisa J，Jankowska M M，et al.，2012. Space versus place in complex human-natural systems：Spatial and multi-level models of tropical land use and cover change（LUCC）in Guatemala[J]. Ecological Modelling，229：64-75.

Mclaughlin D K，Stokes C S，Nonoyama A，2001. Residence and income in equality：effects on mortality among U.S. counties[J]. Rural Sociology，66（4）：579-598.

Pacione M，1984. Rural Geography[M]. London：Harper&Row.

Paquette S，Domon G，2001. Trends in rural landscape development and sociodemographic recompositon in southern Qubec[J]. Landscape and Urban Planning，55（4）：215-238.

Roberts B K，1979. Rural Settlement in Britain[M]. London：Hutchinson.

Roberts B K，1996. Landscapes of Settlement Prehistory to the Present[M]. London：Rutledge.

Roche M，2002. Rural geography：searching rural geographies[J]. Progress in Human Geography，26（6）：823-829.

Ruda G，1998. Rural buildings and environment[J]. Landscape and Urban Planning，41（2）：93-97.

Saleh M A E，2000. Value assessment of cultural landscape in Alckas Settlement，Southwestern Saudi Arabia[J]. AMBIO A Journal of the Human Environment，29（2）：60-66.

Sevenant M，Antrop M，2007. Settlement models，land use and visibility in rural landscapes：two case studies in Greece[J]. Landscape and Urban Planning，80（4）：362-374.

Skowronek E，Krukowska R，Swieca A，et al.，2005. The evolution of rural landspaces in mid-eastern Poland as exemplified by selected villages[J]. Landscape and Urban Planning，70（1-2）：45-46.

Vesterby M，Krupa K S，2002. Rural residential land use：Tracking its growth[J]. Agricultural Outlook-Washing，（8）：14-17.

Wasilewski A，Krukowski K，2004. Land conversion for suburban housing：A study of urbanization around Warsaw and Olsztyn，Poland[J]. Environmental Managenment，34（2）：291-303.

第三章　村落演变与空间优化模式研究的理论框架

村落演变与空间优化模式的研究框架是通过文献梳理，以地理学、经济学、生态学等相关学科的理论为基础，明确界定村落、村落系统、村落演变、村落优化发展模式的内涵，定性与定量结合认识研究区乡村地域分异特征并划分乡村地域类型，进行乡村性评价，进而深入剖析村落时空演变特点与驱动机制、评价村落人地系统协调性与宜居性、分析现状村落分布与村落宜居性的适应关系，在此基础上探索提出村落演变与空间模式及实施对策（图 3.1）。

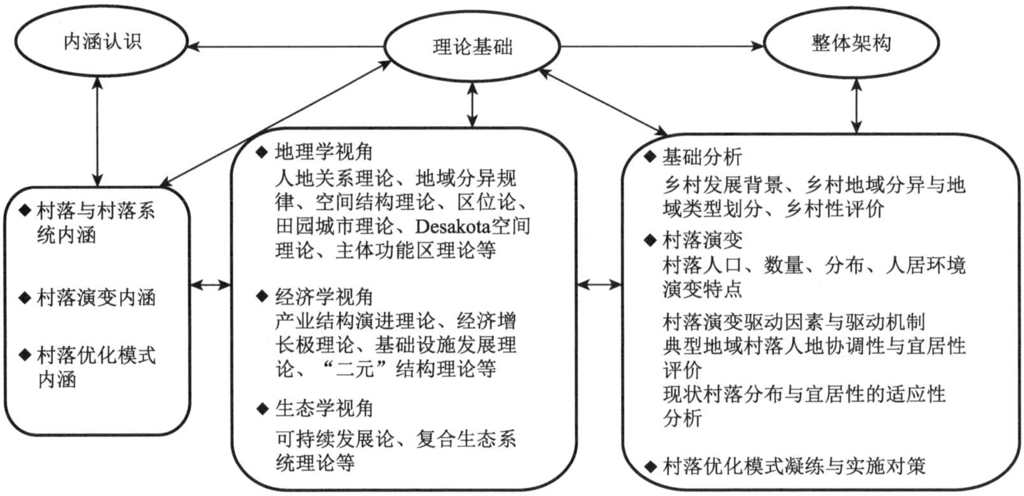

图 3.1　村落演变与空间优化模式研究的理论框架

第一节　村落发展的相关理论基础

党的十八大报告提出建设“美丽中国”的总要求，事实上建设“美丽中国”的难点、重点和亮点都在乡村（马光仁，2014）。美丽乡村建设是一套系统工程，该工程把人与自然、生产与生活、物质与精神、传统与现代融合在一起，不单单停留在乡村表面的生态环境优化、基础设施建设上，更涉及村落的历史、文化、生产、生活等方方面面（陶良虎等，2014）。党的十九大提出了乡村振兴战略，并明确了分“三步走”实现乡村全面振兴，近年来，在相关政策推动下乡村发展突飞猛进。美丽乡村和乡村振兴是“中国梦”的重要组成部分（胡卫华和高涛，2018），美丽乡村建设和乡村振兴的重要内容和根本任务是村落优化发展，美丽乡村建设和乡村振兴必须建立在对村落综合全面认识、深入探究村落发展演变的内在规律的基础上，这也是村落优化发展的首要条件。本章将重点阐述与村落发展相关的规律和理论，以此为基础进一步明确村落演变与空间优化研究的理论框架。

自19世纪末至20世纪初以来，西方学者开始展开了对人类聚落的理论研究，基于聚落研究的理论是村落发展理论的基石，也是村落发展的重要实践指导，如Howard的田园城市、Saarinent的“有机疏散”理论等。村落演变及其空间优化不仅是地理学的研究议题，也是社会学、经济学等学科的研究领域之一，因此，村落的演变、空间优化、重构研究应建立在多学科理论基础之上，如地理学中的地域分异理论、人地协调共生论、区位理论、空间结构理论等，经济学的产业结构演变理论、二元结构理论、基础设施建设理论、经济发展理论等，生态学的可持续发展理论、复合生态系统理论等，这些理论在不同程度上都对村落发展与优化有理论指导作用。

一、地理学视角下村落研究的理论基础

（一）人地关系理论

人地关系理论（theory of man-land relationship）的产生和发展经历了漫长的历史过程，自人类在地球上出现，人类与地理环境之间的相互作用即人地关系就诞生了，随着人类对自然环境的改变及利用程度的加深，人类与自然环境之间的关系日益深化、复杂化。18世纪欧洲率先完成了工业革命，工业革命所带来的技术进步，极大地改变了人类与自然环境之间的关系，人地关系理论也随着技术的进步而发生变化，随着人地关系的演化，先后出现系列人地关系理论。人地关系论作为地理学的重要理论，近代地理学的奠基人洪堡和李特尔对人地关系论的发展做出了很大贡献。洪堡认为，人是自然统一体中非常重要的一分子，因为地理环境中的自然现象和人文现象都与人类息息相关，他更加强调人在自然统一体中的重要地位。李特尔则认为自然界的一切自然现象和人文现象都应该统一起来研究，这是不可分割的两个部分，彼此制约，彼此影响，把地球看作人类活动的舞台，认为人地关系的核心思想是：自然界的一切现象和形态都与人类活动密不可分，人类的各种活动都在自然环境的约束之下进行。人地关系理论并不是单一的理论或观点，因为人类与地理环境之间关系的认识有其发展过程，同时在不同的发展阶段，人类与自然环境之间的关系表现也不同（表3.1），因此，人地关系理论是有关人类在发展过程中与地理环境关系认识的思想和学说。在人类社会的发展过程中，人类为了追求和满足自身生存与社会发展的需要，不断地利用和改造自然环境，以更好地适应环境。由于这种利用与改造能力的提升，增强了人类自身适应地理环境的能力，加速了地理环境面貌的改变，同时地理环境也将这种加速的变化反馈给人类，从而直接影响人类活动。对人地关系认识的理论经历了环境决定论、或然论、人类中心论、冲突论到调控论、协调论、共生论或可持续发展论等主流理论（方创琳，2003，2004，2007）。人地关系理论中，作为非常重要部分的可持续发展理论被广泛关注。可持续发展理论从一个更广泛的视角重新审视了人类与自然环境所构建的空间发展的价值。系列人地关系论揭示了不同历史阶段人与自然环境之间关系的理论认知（表3.2），研究内容跨越宏观整体研究、微观个例剖析和两者的综合分析；研究方法也从定性描述到定性与定量研究相结合。

乡村或村落发展过程，也是人类与地理环境相互作用的过程，人地关系的演变也反映在乡村与村落发展进程中（陈海等，2014）。到20世纪末，人地协调共生、可持续协调成为人地关系理论的主流思想。充分体现生态文明思想的现代人地关系理论、人地共生理论及方法为西南地区乡村发展、村落发展研究指引了方向。

表 3.1　人地关系发展阶段与特点

阶段	人口特点	人地关系	原因浅析	人地关系的具体表现
原始农业文明	增长尤其缓慢	崇尚自然	生产力水平低下，最基本的物质需求未能满足	被动地适应环境，表现为环境的强大限制作用和人类对环境的微弱改造作用
农业文明	波动增长	利用和改造自然	农业生产力提高，粮食供给能力逐渐提高	有限开发利用土地、水、气资源，人与自然的对抗性增强，人地关系出现局部不平衡发展，如黄土高原从郁郁葱葱的森林变成今天千沟万壑的地表形态
工业文明	快速增长	改造与征服自然	生产力水平不断提高，人类物质需求不断增加	强调人类的能力，出现人类掠夺式开发自然资源的行为，人地关系冲突增加，出现局部或全球不协调，人地关系矛盾迅速激化
生态文明	增长减缓	谋求人地和谐共生	生产力水平高，物质需求满足度高，对物质、精神、环境的需求增强	合理开发利用资源、保护生态环境成为共识，并采取相应行动，以谋求人地关系的和谐共生

表 3.2　人地关系主要理论

人地关系理论	核心思想
环境决定论	强调自然环境对人类生理、心理甚至社会发展的决定作用
可能论（或然论）	地为人提供多可能性，人地双向作用，人在利用环境过程中有选择性
适应论	强调人类对自然环境的文化适应
生态论	强调人与自然环境的相互影响
环境感知论	人类在人与自然环境关系中的各种可能性选择不是随意的、随机的和毫无规律的，而是有一定的客观规律可依循的，是受一定知觉、认知、思想意识支配的
文化决定论	文化的发展水平决定着人对环境的影响程度，每一种文化特征水平都对应于特定的人地关系
协调论、共生论	资源环境承载是有限的，人地相互作用、依存，二者必须协调才能共生共存，人类必须也有能力实现共生

（二）地域分异规律

19世纪50年代，德国著名地理学家李希霍芬第一次提出“地域分异”这一专业术语。“地域分异”从此成为地理学理论研究的核心之一，传统地理学关于“地域分异”理论研究主要集中于自然地理景观（或称自然综合体）的地域分异规律（地带性和非地带性），而现代地理学关于“地域分异”的理论研究则主要集中于地表自然要素和人文要素地域分异的综合与耦合问题。区域性或地域性是地理学的特性之一，地域分异的研究正是建立在这一特性基础上，地理学对过程和类型的综合研究表现在探讨区域之间的分异、组合、相互联系，这是地理学研究的主要方向之一。因为区域内的自然因素与人文因素是相互联系、耦合互动的，这是认识人类活动对自然界的作用以及自然界对人类的反馈影响的有效途径，也是地理学探讨和协调人地关系的必要途径（胡兆量，1991）。

地域分异规律是认识乡村、村落差异的理论基石，西南地区的乡村与村落的自然环境基础、经济社会发展等方面存在很大差异，因此，按照一定的原则或者标准对乡村进行地域类型划分可以更深入地认识和掌握不同类型乡村或村落发展的条件、特点和分布规律，从而有针对性地提出不同类型村落的优化与重构策略，科学制定村落发展规划，协调村落与环境的关系。

（三）空间结构理论

人类活动以一定空间为依托，空间结构理论就是揭示人类活动在空间内的优化布局规律和合理组织形式的理论，如何优化组织人类活动达到空间整体效益最大化或最优化是空间结构理论研究的主要目标。空间结构理论包括中心-外围理论、梯度理论、点-轴理论、增长极理论等。

中心-外围理论由阿根廷经济学家劳尔·普雷维什于1949年提出，并由弗里德曼、克鲁格曼等人进一步发展完善。主要内容是空间结构由中心和外围构成，中心集中各种要素并产生革新，成为区域发展动力源；外围接受中心的扩散而发展，二者形成了相互依存的完整的空间结构。这一结构中外围依赖中心，受控于中心，二者之间的关系是不平等的。

我国地理学家陆大道（1986，1988，2001，2002）提出了关于社会经济活动空间发展规律的点-轴理论，该理论认为社会经济客体在发展过程中总是先集中于个别优区位，通过空间集聚力与空间扩散力作用，渐近式由点沿线形成各级发展轴，最终网络化，并通过点、轴的集聚-扩散效应带动影响区域社会经济发展。

在一定区域范围内，城市成为区域发展的中心，乡村可能成为外围，如何使城乡发展得以协调？各级城镇作为社会经济发展核心或点如何有效推动乡村地区发展？乡村地区也存在如集镇、中心村、重点村落等各种乡村中心或集聚点，随着乡村基础设施网络的逐渐完善，乡村地区如何实现点-线-网络-区域一体化高效发展？无疑中心-外围理论和点-轴理论是优化城乡空间、乡村空间结构的重要理论基础。

（四）区位理论

1. 农业区位理论

农业区位理论是由冯·杜能于19世纪20年代在德国（普鲁士时期）的特殊经济背景下提出的。他讨论了在最大地租收入驱动下的农业生产方式的地域配置原则与规律。杜能假设在均质空间上，不考虑地形、气候、水文、土壤肥力等因素的差异（建立起农业生产空间模式后再具体考虑这些因素对模型的影响），这个假设的空间被称为“孤立国”，农业产品生产地与市场之 间有一定的距离，运费与距离及农产品质量成比例，运费率因农产品重量及其特性的不同而有差异，农产品的生产以追求最大地租收入为目的，这样农业生产方式随距离城市的远近出现规律性分异，在空间上形成以城市为中心由内而外的农业生产方式地域配置同心圆结构，由内向外依次出现自由式农业圈、林业圈、轮作式农业圈、谷草式圈、三圃式农业圈、畜牧业圈，农业生产集约化程度也呈现由内向外递减的规律性变化。

杜能的农业区位理论作为农业生产空间优化的经典理论，回答了当时德国农业空间合理配置问题，在理论和实践上对乡村的农业活动和村落的布局都具有一定的意义。生产距离作为影响农业生产的基本因素，影响着农户农业生产的区位选择，耕作半径大小及其变化将直接影响乡村农业活动的空间变化，也在一定程度上影响村落区位选择与空间优化。

2. 中心地理论

德国地理学家克里斯塔勒的中心地理论和德国经济学家廖什的市场区位论都是关于居民点布局研究的重要理论。克里斯塔勒的中心地理论也是建立在假设条件和限制条件下“理想地表”的均质区域内的，克里斯塔勒的研究起初是以农村市场服务中心为基础的，他在考察当时农业用地占优势的德国南部时，用抽象演绎的方法借助服务半径这一概念，建立了城乡空间结构体系理论。他首次提出以“六边形”的市场区为最优市场区，并设计出市场、交通、行政原则下中心地与市场区的空间结构优化体系。他认为聚落作为一个系统，系统之间是有机结合起来的，各个组成部分存在严格的规模等级差异，规模愈大，等级愈高的聚落，中心性愈强，职能愈复杂，腹地范围愈大，数量愈少；并且在不同原则支配下的中心地数量、规模和分布都遵循一定的规律（赵思敏，2017）。他还推演了三原则作用下中心地等级、数量、结构体系。廖什的市场区位理论是基于经济学的相关理论，通过数学推导和演绎的方法提出了市场区位的最佳空间形式为“六边形”的形式，提出聚落密集和聚落稀少扇面，即所谓的“廖什景观”，他指出交通系统在聚落密集和聚落稀少扇面是有差异的，同时指出了克里斯塔勒三原则下的 K 值应具有更大的灵活性（Christaller，1933；沃尔特·克里斯塔勒，2011）。

中心地理论（市场区位理论）是村落发展优化过程中重要的理论基础，它揭示了不同聚落之间的关联，对于村落优化和重构具有重要的理论和实践意义。一是确定了聚落具有严格的等级体系，两大理论的核心思想即聚落等级体系，无论是克里斯塔勒还是廖什的理论都强调聚落是一个完整系统，聚落之间有明确的等级划分，不同等级的聚落职能不同，规模也不同。二是高等级聚落提供的货物与服务种类多、数量多、级别高，低等级聚落则反之。三是高等级聚落对于低等级聚落有辐射作用，低等级聚落受益于高等级聚落提供的货物和服务。四是聚落的等级越高，数量越少，等级越低，数量则越多。五是基于市场区的聚落有服务范围限制，各级聚落有自己的最大服务、最低门槛服务范围，高级聚落功能完整覆盖低级聚落（罗雅丽和张常新，2018）。因此，中心地理论与市场区位理论为村落区位、数量、等级、结构合理安排与整体优化提供了方向。

（五）“田园城市”理论

为解决产业革命造成的城市人口过度膨胀、城市环境持续恶化及农村人口向城市大规模流动带来的社会问题，英国城市学家霍华德提出了“田园城市”的概念以及城市和农村融合的理论，明确规定了城镇的发展规模和功能结构，城乡在双磁力的作用下，内部空间如同心圆层层环绕，构成了基本的“田园城市”理论。“田园城市”的实质是乌托邦思想的延展和深化（叶超和蔡运龙，2009），霍华德强调城市和乡村各有优缺点，倡导城乡一体化的新型社会结构取代城乡分离的旧的社会结构。

“田园城市”理论的初衷是为了解决近代城市发展中出现的社会问题，但其理论思想依然对新形势下乡村发展、村落建设具有启示作用。随着美丽乡村建设的不断推进和乡村振兴战略的实施，国家层面出台了一系列促进我国乡村建设的政策，为进一步构建宜居、宜业、宜游的文明和谐乡村，“田园综合体”势必成为城乡融合发展的重要载体，成为农业和农村可持续发展的新形态，同时也是新时代背景下村落规划建设和发展的新模式，也顺应了新时代背景下的生态文明建设发展的主流。

（六）Desakota 空间理论

20 世纪 50 年代，发展中国家的工业化和城市化进程明显加快，中心城市的外围出现了规模庞大的城乡交错带，即城市的边缘区，这一特殊地带随着中心城市的不断扩张而波动变化。这些特殊的地带不属于城市，也非乡村，表现出城市与乡村的双重性，被学者称之为“灰色区域”。20 世纪 80 年代中期，加拿大学者麦吉（McGee）针对这种新型空间提出了 Desakota（在印尼语中，desa 是村庄，kota 是城市）概念，Desakota 即城市和乡村的接合体，顾名思义即出现在城市周边的城乡接合区，城乡接合区因与城市的经济结构形成巨大的反差，与乡村也有明显区别，有些城市城乡接合部的贫困现象非常突出。Desakota 通常会在人口密集的亚热带或热带地区出现，处于城市之间的交通走廊地带，通过城乡之间强烈的相互作用，带动当地劳动密集型的工业、服务业和其他非农产业快速发展，实现了居民职业活动和生活生产方式不同程度的转变（张榕容，2017）。

麦吉的 Desakota 空间理论，为亚洲许多国家的城市化研究和城乡关系研究提供了新的思路。西南地区乡村与村落类型多样，许多地区处于城乡交互影响下的灰色地带，与深处集中连片乡村或远离城市的乡村有显著差异，因其具有独特性，作为城市和典型乡村地区的缓冲带，是城市和乡村联系的纽带，区位条件、开放度更具有优势，Desakota 空间理论对研究城乡空间统筹发展路径、处理缓冲区聚落发展优化问题具有现实意义。

（七）主体功能区理论

主体功能区概念是我国首先提出的。2005 年，国家发改委委托中国科学院地理与资源研究所樊杰研究员为首席科学家进行“全国主体功能区划方案”的研制，2010 年 12 月国务院发布《关于印发全国主体功能区规划的通知》（国发〔2010〕46 号），并在国家“十二五”规划中明确提出“实施主体功能区战略”，这标志着国土空间发展规划成为国家战略。主体功能区指的是基于不同区域现有的环境承载力、开发密度和发展潜力等情况，将特定区域确定为特定主体功能定位类型的一种空间单元，一般可以将国土空间划分为优化开发、重点开发、限制开发和禁止开发四类主体功能类型，明确区域主体的功能对统筹谋划未来人口分布、经济布局、国土利用和城镇化格局，推进人口、经济、资源环境相协调的空间开发格局的形成有积极影响（樊杰，2007）。

在开发理念上，主体功能区规划符合生态文明建设的要求，主体功能区理论是对优化国土空间开发格局的全新理性阐释。主体功能区规划已成为我国经济社会发展、资源开发、环境建设的重要指导思想，为乡村与村落发展路径、产业选择、资源开发方式、环境保护与建设路径、城市化推进等提供了科学支撑，在主体功能区定位框架下实施乡村振兴战略，有利于推动乡村有序和科学发展。

二、经济学视角下村落研究的理论基础

（一）产业结构理论

现代产业结构理论形成于20世纪30～40年代。对产业结构理论形成做出突出贡献的主要有费希尔、克拉克、赤松要、里昂惕夫和库兹涅茨等。产业结构理论揭示了在社会再生产过程中，一个国家或者地区产业发展规律，包括资源在产业间的配置与各产业发展的水平即各产业所占比重，以及产业间技术经济要素的联系，即产业间相互依存、相互作用的方式等方面（陈强，2013）。

产业结构理论的思想源头可追溯到17世纪。配第在17世纪第一次发现因产业结构不同，而导致世界各国的国民收入水平的差异和经济发展所处阶段的差异。产业结构理论中，影响较大的是刘易斯理论、罗斯托的主导部门理论、赫希曼的不平衡增长理论。刘易斯理论以三个基本假设为基础：①农业的边际劳动生产率为零或者接近于零；②农业的人均生产水平决定了农业部门转移出的劳动力的工资收入水平；③从事其他产业的储蓄率远远高于农业的储蓄率。由于农业的边际劳动生产率为零，或者接近于零。剩余劳动力对城市工业的市场供给价格低，且工业的边际劳动生产率远远高于农业剩余劳动力的工资。因此，工业发展就能够从农业中获得无限廉价的劳动力，在劳动力供给价格与边际劳动力差额中获得巨大利润。又由于工业利润中的储蓄率高，使得城市工业发展对农村剩余劳动力的吸纳能力进一步提高，农业剩余劳动力向工业转移，实现了农业产业结构向工业产业结构的升级转换，由此形成一种积累性效应。这种积累作用会使农业劳动力的边际生产率提高，工业劳动力的边际生产率下降，最终达到工、农业劳动力边际生产率相等的目的。

把有限的资源有选择、有目的地投入到某些行业和区域，最大限度地发挥有限资源促进经济增长的效果，这是不平衡发展理论的核心思想。不平衡增长的途径有两种：一种是“短缺的发展”，是指首先对直接生产资本进行投资，使社会资本出现短缺，而社会资本短缺会导致直接生产成本提高，从而迫使投资向社会资本转移，以使二者平衡，接着再通过对直接生产成本的投资掀起新一轮的不平衡增长；另一种是“过剩的发展”，即对社会资本有所投资，令两者达到平衡后再重复该过程。产业经济学更擅长于对产业发展阶段的研究，用来说明经济发展水平、经济发展总态势同产业结构类型之间相互的对应关系（樊杰和蔡运龙，1997）。

我国改革开放最初20多年的经济发展模式基本上走的是一条“不平衡增长”道路，长期以来重视城市发展、发达地区发展，而忽视乡村地区、落后地区发展，这也正是导致发展不平衡、不充分的根本原因。我国乡村地区产业结构亟待调整，由于传统农

业依然占据主导地位，绝大多数乡村地区的产业结构不能适应现代农村经济的发展，乡村地区脱贫的核心在于产业结构得到升级和优化，广大乡村地区的产业结构需要因地制宜地进行升级。因此，产业结构理论对农业和农村经济的发展具有重要的理论和现实意义，乡村经济发展与重构是建立在产业结构优化的基础上的，通过对乡村地区的供给和需求结构调整，实现资源优化、整合配置，推进贫困地区的产业结构优化升级是推动乡村发展的必然选择。

（二）增长极理论

20世纪50年代，增长极理论由法国经济学家佩鲁（Perrorux）提出，后经欧美经济学者布德维尔、谬尔达尔、赫希曼等学者进一步发展（张瑞，2011）。增长极理论是对发展经济学、区域经济学影响较大，也是应用很广泛的经济空间理论，该理论被认为是西方区域经济学中经济区域观念的基石，是不平衡发展论的依据之一。佩鲁讨论的增长极，是一个具有推动作用的经济单位，或是具有空间聚焦特征的推动性单位的集合体。一个地区或者一个国家的经济增长率会率先发生在增长极上，然后通过其扩散作用，带动整个区域的经济发展。区域发展中的增长极是具有推动性的主导产业和创新行业在地理空间区域上的集聚，从而形成区域的经济中心。在产业发展中，增长极可以通过与周围地区的经济技术等要素的相互联系而成为区域产业发展的组织核心；在空间形态上，增长极能够通过与周围地区的空间发生相互关系而成为支配经济活动空间分布与整合的重点；在物质形态上，增长极是区域中的中心城市，增长极也有规模等级之分（罗雅丽和张常新，2018）。

20世纪70年代，英国经济学家利普顿认为，农村的贫困原因是城市的偏向性，城乡地区的不平等也是因为发展政策偏向于城市，城乡关系的不平等是乡村贫困的根源。发展中国家通过城市偏向政策使各种资源不同程度地流向城市地区，从而阻碍了乡村地区的发展，导致乡村更加贫困。道格拉斯与弗里德曼提出乡村城市共同发展理论。该理论认为，与城市的发展在地方层面上联系起来，乡村才可能会得到较好的发展。城市应该被作为行政管理功能与非农业的重要区域，而不能被简单作为增长极。20世纪80年代，在新马克思主义发展思想的影响下，主张自下而上的发展方式，将乡村作为中心，实现农村地区资源利用最大化，以农村地区的人文、自然与制度为基础，以满足当地村民基本需要为首要目标，实现政治制度上高度自主权，改变要素单向地从城市流往乡村的局面；城乡之间、村镇之间创建便利的交通体系以及通信系统，同时，注重在乡村发展过程中以某些发展势头较好的地区为依托，在产业和地理空间两个层面上，培育出乡村发展增长极，以推动更大范围乡村的经济社会发展。

（三）基础设施发展理论

实现区域经济效益、社会效益和环境效益统一的重要条件是建立和完善公共基础设施，公共基础设施对区域经济发展具有重要的作用。关于基础设施发展理论主要包括同步论、滞后论、优先论三种。优先论倡导优先发展区域的基础设施，1943 年，英国经济学家罗森斯坦·罗丹在《经济学》杂志上发表的《东南欧工业化》一文，提出了“社会分摊资本”的概念和超前建设的观点，认为在消费品工业建立以前，有必要大规模地筹集不可分割的社会分摊资本，建立起基础设施部门，为工业部门创造投资机会，也可为直接生产部门提供外部经济效益，从而达到收益递增的目的（闫丹丹，2011）。美国经济学家赫希曼主张滞后论，主张优先发展直接生产部门，他从投资效益的角度思考，认为有限资本应首要发展工业部门，然后才建设基础设施部门。他还批判了优先发展基础设施的传统理论，认为那是一种“超能力的发展”，不能有效地刺激投资市场，优先发展生产部门，虽然是一种“不平衡的增长”，但能够产生最为有效的投资结果，进一步刺激投资。在有限的资本情况下，应当把投资集中在直接的生产部门，尽快获得收益以增加收入，随着直接生产部门的发展，有了较大的收益后，再利用一部分资金用于基础设施的建设和投资，从而促进基础设施的建设和发展。从经济学角度看，这是一种利用低成本追求利润最大化的经济行为，以加速资本积累，从而实现扩大再生产。基于中立观点的同步论，即基础设施与其他国民经济部门按照比例进行投资，共同发展。1953 年，经济学家纳克斯在《不发达国家的资本形成问题》一书中，认为落后地区之所以贫困是因为经济落后、收入太低，以致经济供给水平过低，需求方面市场容量过小，投资引诱不足，致使贫困恶性循环；他倡导对工业、农业、外贸、消费品生产、资本品生产、基础设施等国民经济部门，同时按照不同比例进行投资，从而实现区域间的平衡增长。

区域空间结构中的基础设施通道，承载着空间节点之间人流、物流和信息流的传输功能，是空间节点之间相互联系、相互作用的桥梁。基础设施通道是基础设施建设的重要内容，其中路网系统是区域经济社会发展的载体，交通通道的优化是区域空间结构优化的基础，区域经济发展主轴的确定不仅要考虑区域内城镇空间结构的现状特征，还要从更高一级区域层面上进行主要经济联系方向的分析，流量最大的方向即是主要的经济联系方向，区域经济发展的主轴要与区域对外的主要经济联系方向一致，区域间联系主要包含社会、文化、经济、政治等的联系，其中经济联系主要通过各种物流、人流、资金流、信息流的形式来实现，这也是最基本的联系。其中以物流和人流的方式对区域发展的影响最为直接（罗雅丽和张常新，2018）。因此，区域与外部联系的主要途径是交通运输，是实现社会劳动地域合理分工的重要途径和纽带。城乡基础设施和公共服务设施差异化悬殊现已成为制约广大乡村发展的瓶颈，从我国现有基础设施存量看，乡村生产型基础设施因为资金缺口，普遍存在荒废已久、功能老化、更新改造缓慢等问题，但随着新农村建设、美丽乡村建设、乡村振兴战略等的实施，乡村地区基础与公共服务设施发展必将进入快车道，必然对乡村或村落重构优化产生重要影响，因此，基础设施发展理论也是乡村规划与建设的重要依据。

（四）“二元”经济理论

“二元”经济最初由荷兰经济学家伯克（Booke）于 20 世纪 60 年代提出，他对印度尼西亚的社会经济考察研究后，将该国划分为传统部门和资本主义部门两大类（王奇，2013）。“二元经济”一词通常来说，是指发展中国家经济体系，大多数发展中国家的经济结构是“二元”经济结构，因此成为二战后发展中国家经济发展的一种普遍形式。“二元”经济结构建立在市场机制基础上，发达国家“二元”经济结构在市场作用下通过漫长而曲折的演化与发展走向“一元”经济结构；而如今大多数发展中国家在现代化的道路上已不存在发达国家所走现代化道路的有利条件，发展中国家现代化道路面临着工业化加速、城市与农村出现大量剩余劳动力、市场需求萎靡等问题。因此，有学者将将凯恩斯理论引入“二元”经济结构框架中，其中拉克西特（Rakshit）的发展模型是典型代表，“二元”经济模型经过后来诸多学者的开拓性研究而不断完善，如刘易斯模型、拉尼斯-费景汉模型、乔根森模型、哈里斯-托达罗模型（陶良虎等，2014）。

在中华人民共和国成立初期，为了实现国家经济快速发展、国家实力快速提升，实行优先发展重工业战略，利用剪刀差让农业为工业提供资本累积，农业发展受到严重限制。改革开放以来，随着国家的一系列变革，工业化、城市化快速发展，但也出现乡村地区发展滞后、农业发展落后、“三农”问题突出、城乡差距不断扩大（赵思敏，2017）等发展不平衡、不充分问题，未来城乡发展模式怎么选择？乡村振兴如何突破？“二元”经济理论为其提供经验与启示。对于西南地区的乡村发展、转型重构而言，减小城乡发展差距推动城乡均衡发展应是关键点，应当繁荣发展经济、社会事业，办好农村教育事业、促进农村医疗卫生事业发展、健全农村社会保障体系，加强农村基础设施建设和环境建设，加强农村防灾减灾能力建设、强化农村社会管理，改变农村长期落后于城市的局面，持续推进城乡一体化发展，缩小“二元”经济结构差异（傅春等，2017）。

三、生态学视角下村落研究的理论基础

（一）可持续发展理论

20世纪50～60年代，人们对“增长等同于发展”的模式逐渐产生怀疑，直到1962年，环境科普著作《寂静的春天》出版。10年后，讨论全球环境问题的著作《只有一个地球》问世，该著作及相关的学者对人与环境之间关系的认识出现了革新——可持续发展思想兴起。1972年罗马俱乐部发表的名为《增长的极限》的研究报告中提出了“持续增长”和“合理持久的均衡发展”的理念。1987年联合国世界环境与发展委员会发表《我们共同的未来》报告，明确人类应走可持续发展道路，并对可持续发展的概念进行了准确和科学的界定。可持续发展是既满足当代人的需求，又不对后代人满足其需要的能力构成危害的发展。可持续发展的主要内容包括经济可持续发展、社会可持续发展、生态可持续发展三项基本内容。可持续发展的基本思想是发展、可持续以及社会的全面进步，即不仅重视经济增长的数量，更要重视经济增长的质量；追求经济增长的效率和社会发展不能够超负荷于资源和环境的承载能力；追求环境友好下的经济高效增长，资源和生态环境是发展的前提基础。乡村经济可持续发展是促进乡村地区造血功能的重要途径，是实现乡村地区经济良性循环、健康发展的有效保障，根据乡村要素禀赋差异性、产业结构的不均衡性，发展具有区域特色的乡村经济，对乡村经济可持续发展具有重要的作用，以此吸引人才、资金等生产要素的聚集，点面结合，形成彼此促进、共同发展的良性循

环，实现乡村经济腾飞（姜笑山，2003）。乡村社会可持续发展涵盖文化、体制、观念等。乡村社会发展有其自身的特点，其中社会文化的差异性，传统文化对于社会生活的控制性，现代文化的渗入性及其与传统文化的冲突性，不平衡的发展结果进一步导致不同乡村之间的社会文化差异。同时，不同乡村地区人口的文化背景、生存方式等决定其资源获取的方式、生产方式，社会行为对环境的作用方式，它们及其产生的结果往往影响乡村地区社会的可持续发展。乡村生态可持续是建立乡村生态文明可持续发展的必由路径，人类赖以生存的基本条件是和谐的生态环境，乡村地区的生态环境也是乡村地区经济可持续发展和社会不断进步的基础，同时，乡村生态空间是乡村空间优化必须关注的，生态空间关乎村落发展是否可持续，乡村生态空间表现为乡村绿地、农田、草原、湖泊、森林以及道路交通绿地、村落绿化等的空间组合及其发展变化。西南地区的乡村与村落发展优化也必须建立在可持续基础上，产业上应重视对新兴产业发展的认可和包容，构建农村一、二、三产业融合的产业体系，大力发展乡村特色产业，倡导和支持在乡村地区兴办环境友好型产业，增强生态服务和生态环境功能，持续满足乡村经济、社会可持续发展的需求（姜长云，2018）。

（二）复合生态系统理论

复合生态系统理论是建立在生态系统理论基础上的。该理论认为社会、经济、自然 3 个系统本质不同,但是任何一个系统的发展都会受到其他系统在功能与结构方面的影响，从而构成一个复合系统，即社会-经济-自然复合生态系统。复合生态系统由 3 个子系统构成，包括社会、经济、自然生态子系统（马世骏和王如松，1984）。社会生态子系统包括文化、体制和人的观念；经济生态子系统以人类的生产和交换活动为基础，人类通过劳动将自然物质转换为维持自身生活需要的产品，并且将多余的产品用于流通，在流通的产品市场上，会出现对这些产品的消费及享用；自然生态子系统是人类的生存环境，包括阳光、空气、水、土、生物、矿物质等，是人类生存和发展的基础。社会、经济、自然各子系统之间彼此联系又相互独立，彼此支持又相互制约（黄曦红，2016）。

复合生态系统理论在指导乡村发展、美丽乡村建设、乡村发展规划实践中都具有非常重要的意义。乡村或村落具有典型的复合生态系统特征，由乡村社会子系统、乡村经济子系统、乡村环境子系统、乡村文化子系统构成乡村“社会-经济-环境-文化”复合生态系统（黄曦红，2016）。乡村复合生态系统需要从外界输入本身发展所需要的资金、技术、信息、自然资源等要素，并且会向外界输出多余的或者本身不需要的物质、能量、信息流，通过不断的输入输出交换推动乡村发展。乡村复合生态系统构成复杂，系统构成越复杂，其稳定性也就越高，乡村生态系统的复杂性，决定乡村发展的多元性，也要求乡村发展必须维持、更新、保护乡村系统的复杂多元性；乡村复合生态系统强调系统发展的整体性、各要素之间的协调性，同时强调要处理好人类与自然、经济增长与环境保护、人类与社会、当代人与后代人发展的需要等方面的关系（傅春等，2017）。因此，应建立和完善乡村系统与外部环境之间、乡村内部各子系统之间及各要素之间的协同机制，促进融合发展，减少负外部效应，从经济、社会、自然、技术、管理等多方面着手，实现系统内外物、能、人、信息“流”有序流动转换，增强子系统对外部干扰因素的适应性、抗风险性，促进系统协同性不断优化提高。

第二节 村落演变与空间优化模式内涵

一、村落与村落演变的内涵

（一）村落是一个有机动态系统

乡村是由多层次的集镇、村庄及其所管辖的区域组合而成的空间系统（洪惠坤等，2017）。乡村的发展经历各朝代的更替，基于其地缘、血缘、族缘所形成的自生次序下延续生存。它作为城镇生长的雏形、城市文化的转接地，其存在具有巨大的社会意义和空间价值，其发展和演变不容忽视。村落作为乡村最基本的构成单元，是乡村聚居社会的环境载体和村民生存发展的容器，同时也是乡土社会的实态表征，并始终伴随着聚居社会的发展而变化（王成等，2014）。

村落，即乡村居民点，也称乡村聚落。早期的村落概念是指长期生活、聚居、繁衍在一个边缘清楚的特定地域的农业人群所组成的空间单元（刘沛林，1997）。随着城市的兴起和城市化发展，乡村非农产业不断发展，乡村产业结构发生变化，非农产业比重增加，乡村人口非农就业增多，村落人口从业结构随之发生变化，乡村人口兼业从业现象比较普遍。显然，在现代社会发展阶段，仅从人口从业结构也无法准确理解村落的内涵。目前地理学关于村落的理解一般是指乡村居民居住、生产与生活的基本场所，由住宅、道路、街道等各类生产和生活设施构成，在我国一般包括所有自然村、村庄、寨子、自然集市等（张善余，2018；陈兴中和周介铭，1989）。

地理学对村落关注的重点在于乡村人口的居住空间选择及其与地理环境的关系，村落与环境的互动影响是其重要方面（沈茂英，2006），这也成为本书理解村落的起点。我们认为，村落是乡村居民居住与生产及生活地，是一定社会生产方式下人们在自然、经济、社会、文化等因素影响下的生活与生产空间选择，或者说是对这些影响因素的响应。村落始终作为一个系统而存在，一方面，村落由住宅、道路、公共空间、公共设施等要素组成，在不同社会发展阶段，这些要素的组合、结构、水平不同，形成不同的村落特点和村落发展模式；另一方面，村落在其形成与发展过程中不断与外界环境进行物质、能量、信息、人员的交流，不同生产力条件下这种交流的广度与深度也不同，这就决定了村落会随着社会经济等环境条件的发展变化而不断演进，村落规模、结构、形式、用材、风格、兴旺、空废、消亡等都与系列环境因素相关联，因此，村落始终处于动态变化中。

一般而言，村落具有生活、生产、生态功能，即“三生功能”，与此相应形成村落生活、生产、生态空间，也称“三生空间”。村落的生活功能包括乡村居民及部分城镇居民居住、消费、休闲娱乐、社会交往等方面，此类功能的场所构成村落的生活空间；村落同时具有生产功能，人们利用村落资源进行生产活动，如古村落旅游、乡村农家乐等生产功能，相应场所构成村落的生产空间；村落还具有生态功能，村落自然环境、地理区位、人地协调性等方面反映村落生态功能，相应场所构成村落的生态空间。村落的生态功能好坏决定其对村落生态保障作用的大小，如人地和谐型村落其生态功能好，利于村落可持续发展。村落“三生功能”之间、“三生空间”之间，以及村落“三生功能”与“三生空间”之间相互联系、相互作用，形成耦合互动的有机整体（李伯华等，2018），随着社会经济的发展，村落“三生功能”和“三生空间”及其相互关系也是动态变化的。

本书从认识村落所依存的乡村地域客观分异出发，探讨在地理环境基础影响下村落人口、村落数量、村落规模与分布、村落人居环境等的演变特点，在此基础上研究村落演变驱动因素及机制、村落人地关系状态与协调、人地共生型村落模式等问题，人地关系与协调贯彻始终。

（二）村落演变的内涵

村落演变即村落随着社会历史发展而发生的变化。村落自产生开始一直处于变化中，当然，在传统社会村落变化比较缓慢，而近代社会以来，由于生产力的进步，工业化、城市化快速发展，对村落影响也越来越明显，村落变化也明显加快。我国村落在当前城市化、工业化、信息化的多重驱动下，其空间发展经历着快速的转变，村落数量、区位、规模、结构、建筑样式、村落中心衰败而外围无序扩张等趋势加剧了村落演变，传统的村落空间发展秩序被打破，农户多元化需求与现状村落空间环境制约影响村落的空间重构，因此，村落的空间优化和有序发展也成为社会各界广泛关注的问题。

村落演变可以从不同视角研究，其中，不同的学科关注的重点有差异，比如社会学更加侧重村落居民社会关系、族群关系、社区发展等，民族学则更关注民族村落的演变、文化传承、宗族演变等，而地理学更多关注村落区位选择与分布、数量与规模、形态与结构、与环境关系等方面的变化。本书正是基于地理学的视角，主要探讨村落与地理环境因素尤其是自然生态基础相互作用下的村落人口规模、村落数量、村落区位与分布、村落人居环境、建筑结构与样式及其与地理环境关系等的动态变化特征及规律。

二、村落空间优化模式内涵

模式是指用来说明事物结构的主观理性形式，经过理性分析从实践经验中提炼出的核心知识的表达，是理论和实践之间的中介环节，标志事物的内在规律性（龚迎春，2014）。模式具有一般性、简单性、重复性、结构性、稳定性、可操作性的特征，如经济发展模式、企业管理模式等。但模式在实际运用中必须结合具体情况，某些自然现象与自然过程的规律性由于具体地域实际也会有差异性，更不用说人类社会现象或过程，其影响因素与发展变化具有复杂性、多样性，因此，村落空间优化模式是对村落发展与其环境（自然与人文）相互联系、相互作用的一般特征和趋势进行总结提炼出的有利于实现人地协调共生的村落空间发展方向与基本形式。这些模式的实践运用需与特定的自然、人文环境密切结合，不能照搬硬套。

在漫长的传统农业社会时期，村落发展始终与农村生产力和生产关系相适应，村落与农业生产发展相伴随，村落发展与农业自然环境条件紧密相关，家庭式的农业经营方式下农户居住地周围的农地首先得到开发，村落被农田环绕，形成田园式村落。由于生产力水平整体低下且发展缓慢，村落形态、结构、景观、分布的变化也不十分明显，村落的变化多与战乱、自然灾害、移民戍边、农垦开发等相关联，属于被动的调整。但随着我国进入改革开放特别是特色社会主义新时代以来，工业化、城市化不断发展，城乡关系日益密切，工业化与城市化对农村、农业、农民的影响不断加强，农业生产效率有了大幅提高、农村产业结构多样化、农村基础与公共设施不断改善，城乡互动日趋频繁，传统家庭式农业向产业化与规模化转型、农村劳动力兼业化与城镇就业成为常态、乡村生态环境与田园景观及传统文化对城镇人口的吸引力增强、国家政策对农地流转的大力推动等。传统耕作模式下的务农半径被打破，家庭式经营方式下的居民点布局已不合时宜，急待优化（张瑞頔等，2016）。本书结合这些发展大背景，在实地调研、分析、总结的基础上，从驱动村落发展的主要因素出发并结合村落人地系统特点凝练出西南地区村落空间优化发展模式。

第三节　村落演变与空间优化模式研究整体架构

生态文明是继工业文明之后，以谋求人与自然和谐共生的人类文明形态，人与自然和谐共生是生态文明的本质要求，也是本书研究的核心观点。人类自产生以来，人类与自然（地理与生态）环境之间的关系（简称人地关系）就形成客观关系，二者始终是相互作用、相互依赖、相互制约的耦合关系。

本书基于生态文明视角的村落演变与空间优化模式研究有三个基本认识：①地理与生态环境（以下简称地理环境）为包括村落发展在内的人类活动提供基础支撑条件或依托基底，包括物质、能量、空间等，人类须臾不能离开地理环境，因此，地理环境的基础作用是客观的、持续的，人类活动必须建立在地理环境可持续的前提下，如果一味强调人的需要，掠夺式、破坏式开发利用自然必然导致自然环境退化危及人类发展，如全球环境公害、全球气候变暖、水土流失与污染、城市环境劣化等导致生态功能下降带给人类的危害；②在人地关系中人类无疑具有主动性，人类可以通过不断地发展自身，如推动科技进步、提高生产力水平等，使人地和谐共生从低水平向高水平发展，在不同的技术水平下实现人地和谐发展，这一过程中人类的主动性也是客观的，因此在实现人地共生、生态文明中人占主导地位；③应正确认识人地关系中人的主导作用，一方面，人类通过发展生产力，不断提高对自然的开发利用和适应能力；另一方面，这种主导性更重要的体现是人类能够主动认识到人地和谐共生是人类可持续发展的必由之路，从而主动约束自身以协调人地关系，可以把人类命运掌握在人类自身手中，这也说明人地关系中人的主动性是有限度的，不能被无限夸大。

人类活动与地理环境关系演进的历史、现实和趋势，充分说明尊重自然基础、协调人地关系，地理环境与人类发展的可持续性就趋好，否则就会出现系列矛盾，甚至危机。如工业革命以来，人类对地理环境盲目过度干预导致全球环境公害、全球气候变暖加剧并危及人类生存与发展；在我国发展实践过程中，轻视地理环境作用造成的人地冲突同样突出，“大跃进”时期全民大炼钢、农业“放卫星”等违背自然规律行为造成生产、生活、生态的灾难性后果，改革开放以来，工业化与城市化快速发展过程中，由于忽视资源环境承载能力和生态建设导致局部地区水土流失与污染、大气环境污染、城市生态功能衰退等，极大地约束了部分区域的可持续发展。因此，自党的十七大首次提出加强生态文明建设以来，生态文明、美丽中国建设行动持续深入推进。近年来，正不断推进的国家重大战略如京津冀协调发展、长江经济带生态大保护、黄河流域生态保护与高质量发展以及中国特色社会主义生态文明建设，这既是对我国长期经济社会发展过程中忽视地理环境影响的补救或矫正，也进一步肯定了地理环境作用的客观性，在不同历史时期，人类都必须尊重自然环境，主动去协调人地关系，否则人类发展难以持续。

因此，生态文明理念下，人类的必然选择自然是重视地理环境对人类活动包括村落发展的基础影响，村落发展、乡村振兴中必须主动协调人地关系谋求人地共生，这也是“绿水青山就是金山银山”发展理念的本质要求。本书始终将地理环境基础作用和人地关系分析作为村落演变与优化的主线。

一、村落演变分析框架

以地理学研究的视角看，学术界更关注地理事物或现象的过程与特征研究，在乡村地理学研究中，对村落演变的研究重点是村落时空演变过程、特征、驱动力和机制分析。村落是自然、社会经济、历史多因素影响的结果，其发展演变受自然力和非自然力的综合影响（李孝坤等，2013），而自然生态环境是基础制约力，这也是本书着力于地理环境背景下村落演变研究的理论依托。遵循自然规律，加强生态文明建设，协调好人地关系是人类可持续发展的必然选择，无论是工业化与城市化发展，还是乡村或村落振兴发展，都必须立足地理环境基础，充分利用经济社会条件，谋求人类发展与地理环境协调共生是唯一正确的发展之路。因此，本书遵循“乡村及村落发展的地理基础—村落地域分异—各类村落时空演变过程与特征—村落发展驱动力与机制分析—典型地域村落人地耦合协调性与宜居性评价—村落分布及其与村落宜居性的适应性分析”的逻辑思路对村落演变及机制进行分析研究。即研究因地理环境基础影响导致的乡村地域分异，进而识别乡村地域分异类型，进而探讨各类地域村落如何演变？其基本特征有哪些？是什么因素在影响其演变？机制如何？同时，选择典型地域评价村落的人地系统耦合协调性、现状村落分布与宜居性的匹配状况，地理环境在其中起着重要而基础的作用。上述村落演变分析构成本书的基础和重点内容，这也是探索村落优化模式的必要依据。

（一）村落发展的地理基础

从现实背景、理论背景、实践背景进行分析，明确村落发展中乡村转型与乡村衰落并存；理论上，乡村地理学研究乡村复兴与转型；实践上，新农村建设、美丽乡村建设、乡村振兴战略相继实施，乡村或村落发展面临机遇和挑战，各地乡村建设实践蓬勃开展但不乏盲目性。如何正确认识乡村地域的共性与差异？乡村与村落分异特点？各地域村落演变的时空过程是怎样的？其演变的基本特征是什么？村落演变驱动因素和机制又是什么？村落人地关系状态、协调性、宜居性怎样？这些问题是进行村落理论研究深化和建设实践操作的基础工作，通过这些工作可以充分认识乡村及村落地域差异及其形成机理，也可以明确地理（生态）环境在其中的基础作用。

本书首先基于地域分异规律、人地相关性原理，采用 ArcGIS 空间分析、SPSS 统计分析、多因子分级聚类分析、遥感影像解译、GIS 分析等研究方法与手段，揭示西南地区乡村地域分异特征并划分乡村地域类型，然后进行乡村性评价，为村落演变与空间优化发展模式研究奠定基础。

（二）村落时空演变特征

从时空维度分析研究西南地区村落的演变特征。从西南地区乡村分异类型出发，以实地调查、统计数据为基础，采用模型分析、GIS 分析、PRA、案例解剖等方法和手段，分析近 10 年来西南地区及各乡村地域村落人口数量、村落数量及密度、村落空间分布、居住状况、基础与公共服务条件、人居环境等的时空演变特征，揭示不同乡村地域类型村落演变特征，认识各地域地理环境影响下的村落演变规律。

（三）村落演变驱动力与机制

村落演变是影响村落发展的自然力与非自然力、内驱力与外促力共同作用的结果。本书通过实地调查、计量分析、模型分析、案例分析等方法，深入分析村落演变的系列驱动因素及其影响，并以此为基础分析其驱动机制，绘制出动力传输系统图。正确认识村落发展各影响因素的作用机制、明确地理（生态）环境因素对村落发展的影响及其差异特点，为村落优化提供支撑。

（四）村落人地系统协调性

村落是人与地理环境相互作用形成的生活、生产、生态空间系统，即村落人地系统。西南地区村落人地系统是人类活动与其地理环境相互影响、相互作用形成的，地理环境支撑人类活动并提供生态保障，人类活动须臾不能脱离地理环境，同时人类聚居活动也深刻影响甚至改变地理环境。因此，村落人地系统两大子系统的协调或冲突必然制约村落发展。本书通过模型分析、遥感影像解译、GIS 分析、案例分析等方法，从宏、中、微观空间尺度上评价分析特殊地理环境条件下西南地区典型地域村落的人地系统耦合协调状态、村落分布现状与村落宜居性之间的适应状况，为探寻村落优化发展模式与实施路径提供指引。

二、村落空间优化发展模式分析框架

村落空间优化是以村落空间分布现状、地理环境条件、村落功能为基础，结合时代与社会发展变化趋势对乡村及村落发展的影响和对乡村及村落功能的需求，对村落进一步发展进行谋划，目标是促进村落人地协调、健康可持续发展，不断适应人们对村落生活、生产、生态功能的更高要求。

本书以西南地区的乡村地域分异认识与类型划分、乡村性评价、村落演变特征与驱动机制分析、村落人地系统耦合协调性、村落分布与宜居性匹配关系分析为基础，结合新农村建设、美丽乡村建设、乡村振兴系列实践案例，依循典型特定地域环境—判明村落发展主导驱动力—凝练村落空间优化模式—模式实施路径—模式适应地域—典型案例解剖的逻辑思路探索村落空间优化导向模式，并提出村落空间优化模式的实施对策。

由此可见，村落演变与空间优化模式是本书研究的两大内容，村落演变（演变特点、演变驱动因素与机制、村落人地系统协调性）分析是基础，也是重点，通过对村落演变的分析，明确村落演变特征、驱动因素与机制、村落人地系统耦合关系、村落人居环境适宜性与村落分布的适应性等，并以此为基础，探寻村落空间优化模式。因此，村落演变分析是基础、重点，村落优化以村落演变为基础，也是村落演变分析的目的，两者都是本书的重要组成部分。

参 考 文 献

崔功豪，魏清泉，刘科伟，2006. 区域分析与区域规划[M]. 北京：高等教育出版社.

陈海，梁小英，王涛，2014. 生态脆弱区土地集约利用、景观复杂性、村落专业化的关系研究——以陕西省米脂县为例[J]. 资源科学，36（10）：2183-2193.

陈强，2013. 县域城镇体系规划设计思路[J]. 科技资讯（29）：232.

陈兴中，周介铭，1989. 中国乡村地理[M]. 成都：四川科学技术出版社.

龚迎春，2014. 县域乡村地域功能演化与发展模式研究——以河南省修武县为例[M]. 北京：人民出版社.

傅春，唐安来，吴登飞，2017. 乡村振兴——江西美丽乡村建设的路径与模式[M]. 南昌：江西人民出版社.

方创琳，2003. 区域人地系统的优化调控与可持续发展[J]. 地学前缘，10（4）：629-635.

方创琳，2004. 中国人地关系研究的新进展与展望[J]. 地理学报，59（4）：256-259.

方创琳，2007. 区域规划与空间管治论[M]. 北京：商务印书馆.

樊杰，2007. 我国主体功能区划的科学基础[J]. 地理学报，62（4）：339-350.

樊杰，蔡运龙，1997. 从经济地理学角度对区域经济学理论体系的理解[J]. 地理研究，16（1）：39-44.

洪惠坤，谢德体，郭莉滨，等，2017. 多功能视角下的山区乡村空间功能分异特征及类型划分[J]. 生态学报，37（7）：2415-2427.

黄曦红，2016. 湘乡市“美丽乡村”建设模式及效益评价[D]. 长沙：湖南师范大学.

胡卫华，高涛，2018. 基于自然特征的湖北省乡村聚落空间格局分析[J]. 中国农业资源与区划，39（10）：143-148.

胡兆量，1991. 地理学的基本规律[J]. 人文地理（1）：9-13.

姜长云，2018. 乡村振兴战略：理论、政策和规划研究[M]. 北京：中国财政经济出版社.

姜笑山，2003. 小城镇建设与农村经济社会可持续发展[D]. 武汉：华中师范大学.

李伯华，曾灿，窦银娣，等，2018. 基于“三生”空间的传统村落人居环境演变及驱动机制——以湖南江永县兰溪村为例[J]. 地理科学进展，37（5）：677-687.

李孝坤，李忠峰，冯敏，2013. 重庆三峡库区乡村聚落空间分布探析[J]. 水土保持研究，20（4）：242-247.

陆大道，1986. 2000 年我国工业生产力布局总图的科学基础[J]. 地理科学，6（2）：110-118.

陆大道，1988. 区位论及区域研究方法[M]. 北京：科学出版社.

陆大道，1995. 区域发展及其空间结构[M]. 北京：科学出版社.

陆大道，2001. 论区域的最佳结构与最佳发展[J]. 地理学报，56（2）：127-135.

陆大道，2002. 关于“点-轴”空间结构系统的形成机理分析[J]. 地理科学，22（1）：1-6.

罗雅丽，张常新，2018. 乡村振兴背景下县域村镇空间优化研究[M]. 北京：经济管理出版社.

刘沛林，1997. 古村落：和谐的人聚空间[M]. 上海：三联书店.
刘艳芳，2018. 经济地理学——原理、方法与应用[M]. 北京：科学出版社.
勒施，1995. 经济空间秩序：经济财货与地理间的关系[M]. 王守礼，译. 北京：商务印书馆.
马光仁，2014. 归德镇："美丽乡村"建设突出人文特色[J]. 乡镇论坛（18）：11.
马世骏，王如松，1984. 社会-经济-自然复合生态系统[J]. 生态学报，4（1）：1-8.
沈茂英，2006. 山区聚落发展理论与实践研究[M]. 成都：四川出版集团巴蜀书社.
陶良虎，陈为，卢继传，等，2014. 美丽乡村：生态乡村建设的理论实践与案例[M]. 北京：人民出版社.
沃尔特·克里斯塔勒，2010. 德国南部的中心地原理[M]. 常正文，王兴中，译. 北京：商务印书馆.
王成，费智慧，张玉英，2014. 统筹城乡进程中丘陵山区村落空间重构机理与途径探讨[J]. 西南大学学报（自然科学版），36（7）：96-102.
王奇，2013. 农村二元金融结构的理论分析[J]. 生产力研究（8）：38-40.
闫丹丹，2011. 长春市基础设施发展研究[D]. 长春：东北师范大学.
叶超，蔡运龙，2009. 地理学方法论：主观与客观的思辨[C]//中国地理学会百年庆典论文集.
约翰·冯·杜能，1986. 孤立国同农业和国民经济的关系[M]. 吴衡康，译. 北京：商务印书馆.
周建明，2013. 区域规划理论与方法[M]. 北京：中国建筑工业出版社.
张瑞頔，杨庆媛，范垚，等，2016. 村域功能分区与农村居民点空间优化模式研究——以潼南区中渡村为例[J]. 西南大学学报（自然科学版），38（8）：107-112.
赵思敏，2017. 基于城县统筹的乡村聚落体系重构研究[M]. 北京：中国发展出版社.
张榕容，2017. 城中村改造拆迁安置补偿的法律问题研究[D]. 太原：太原科技大学.
张瑞，2011. 城乡一体化统筹发展理论和实证研究——以连云港市东海县为例[D]. 苏州：苏州大学.
张善余，2018. 中国人口地理[M]. 北京：科学出版社.
张文忠，2000. 经济区位论[M]. 北京：科学出版社.
Christaller W，1933. Central Places in Southern Germany[M]. Englewood Cliffs：Prentice-Hall.
Krugman P R，Venables A J，1995. Globalization and the inequality of nations[J]. Quarterly Jounal of Economics，110（4）：857-880.

第四章　西南地区乡村地域分异

西南地区地跨四川盆地及其周边山地、云贵高原中高山山地丘陵区、川西北高原山地、横断山区、广西丘陵盆地等自然单元，土地面积 98.06 万 km^2。西南地区的县域主要分属于滇黔桂石漠化区、四川涉藏地区及滇西边境地区、秦巴山区、乌蒙山区、武陵山区。因所跨越地域单元较多，不同地域自然基础也有很大差异，该区域地形差异大，有河谷、丘陵、盆地、平原，低山、小起伏中山、中山、高原、高山、极高山、峡谷等地形类型；气候类型包括亚热带季风气候、高原季风气候、亚热带高原季风气候以及高原气候、山地气候；区内水系发达，可开发水能蕴藏量丰富，有色金属矿产资源富集，资源组合优势明显，生物物种多样，为发展多样化产业提供了优越的条件。同时，西南地区自改革开放以来特别是西部大开发以来，乡村的经济发展、基础设施建设、生态建设、社会事业发展取得了明显进步，这些条件都为西南地区乡村的进一步发展提供了良好的基础。但是，区域地理环境劣势和脆弱的生态基础，加之经济社会发展整体滞后，决定了该区域的乡村发展与乡村振兴具有复杂性和艰巨性。因此，通过对西南地区乡村地域分异的认识并划分乡村类型，有利于因地因时制宜地进行乡村建设，实现乡村可持续发展。

第一节　西南地区乡村发展类型

一、乡村发展类型划分方法

（一）乡村发展类型划分方法简述

一直以来，产业作为衡量乡村发展程度从落后到相对发达的一个标志，承载着乡村发展的整个过程，然而乡村的发展受限于很多的实际因素，所以对其发展类型的划分一直都是一个值得探索的课题。而且在乡村发展过程中，类似于政府政策导向、经济形势、资源禀赋、社会环境、文化教育等因子都会影响乡村的发展，但这些因子的量化具有一定难度，因此长期以来，此类研究一直都没有形成相对成熟或者明晰的指标体系。再者，单独划分出乡村和城市随着城乡一体化进程的发展，已不具有实际内涵，所以，研究者从对区域的经济发展现状进行评估分类，尝试从产业的占比成分、区域发展定位、地域所属类型和乡村职能出发，对乡村发展类型进行分类。

龙花楼等（2009）在东部沿海地区县域乡村发展类型划分中，将 615 个市（县）通过三大产业在地区生产总值中的占比划分为 4 个类型：农业主导型、工业主导型、商旅服务型和均衡发展型；李孝坤等（2013a）在对重庆三峡库区的各县域进行划分时进一步结合三大产业相对所占比重，从而划分出第一产业主导型、工矿业主导型、商旅服务型和均衡发展型4种乡村发展类型；孟欢欢等（2013）在研究安徽省乡村发展类型中，从县域角度出发，利用乡村经济对于区域经济发展的贡献程度，将其划分为农业主导型、非农主导型以及均衡发展型3种类型。

但也有研究者对于乡村发展类型的划分采用乡村从业人员比重作为量化指标，如Ramachandrana等（2005）在印度乡村发展类型划分研究中，将乡村地区的非农从业人员比例作为衡量乡村发展的标志，得出乡村发展水平等级为水平很高、水平较高、水平较低和水平很低4个级别；刘自强等（2011）在研究中更注重研究区域的职能和价值体现，将乡村发展类型划分为农产品基地型、生态保育型、特色产业型、城郊型、文化价值型5类；吴梦肖和尹洁（2007）在研究陕西西安农村时，同样依照该乡村的区域职能将研究区域划分为文化主导型、特色经济主导型、劳务经济主导型、生态农业主导型、新兴工业主导型、旅游休闲主导型、合作经济组织主导型、商贸流通主导型以及畜牧养殖主导型9种类型。

本书将依据产业发展与结构状况，对乡村发展类型进行划分。主要步骤如下：分别计算统计数据中三大产业占国内生产总值的比重，然后对西南地区267个县域进行平均值和标准差求值，将平均值和标准差求和作为确定该县域相对主导产业的临界值，若某县域的某一产业占比大于该临界值，就判定该产业为该县域的相对主导产业，若三大产业的占比均小于临界值，则属于均衡发展类型。

（二）乡村发展类型划分方法及标准

产业是乡村发展的载体和基础，也是乡村发展的核心和标志，因此，本书借鉴龙花楼等（2009），利用产业发展来反映区域乡村发展类型的研究成果对西南地区县域乡村的发展类型进行划分。具体方法：以2016年各县域产业发展数据为基础，通过求取产业贡献率（各产业分别占地区生产总值中的比重），进而求出三大产业各自的平均值和标准差，通过平均值和标准差分别体现研究区内县域的平均发展水平与县域之间的个体差异（其中，标准差越大说明研究区内县域单元离散程度越大，即偏离平均水平程度越大，县域单元差异性越大，反之同理），对平均值与标准差求和，将其作为产业发展主导类型划分的临界值，比如，研究区内某县域的第一产业产值对该地区生产总值的贡献率大于整个研究区县域第一产业贡献率的平均值与标准差之和，则判定该县域是以第一产业为主导的乡村发展类型，即农业主导型。

在西南地区的267个县域中，第二产业对研究区地区生产总值的贡献率是34.56%，标准差是11.73%，其平均值和标准差之和是46.29%，若有X县，第二产业产值对该县域地区生产总值的贡献率是48%，那么可判定X县是以第二产业为主导的发展类型，即工业主导型；所以，通过求三大产业分别占地区生产总值的平均值和标准差，再进行求和，即可得出相对应的贡献率，从而确立研究区乡村发展类型的划分体系（表4.1）。第一产业对地区生产总值的贡献率用GDP1表示，第二产业对地方生产总值的贡献率用GDP2表示，第三产业对地方生产总值的贡献率用GDP3表示。

表 4.1　乡村发展类型划分指标（%）

指标	平均值	标准差
GDP1	28.30	9.97
GDP2	34.56	11.73
GDP3	36.89	10.13

若某一县域其某项指标的贡献率超过研究区内该指标的平均值和标准差之和，即可界定该指标是该县域乡村发展的主导因素（龙花楼等，2009）。例如，GDP1 在所有样本中的平均值为 28.30%，标准差为 9.97%，如果某一县域第一产业贡献率超过这两者之和，即超过 38.27%，那么可以界定该县域的乡村发展类型属于农业主导型。根据以上界定办法划分出乡村发展类型（表 4.2）。

表 4.2　西南地区县域乡村发展类型划分标准

类型	产业占比范围
农业主导型	GDP1≥38.27%
工业主导型	GDP2≥46.29%
商旅主导型	GDP3≥47.02%
均衡发展型	不属于以上三种情况

二、乡村发展类型及其特征

（一）乡村发展类型划分结果

基于龙花楼等（2009）的乡村发展类型研究方法，初步构建西南地区乡村发展类型划分体系，通过测度各县域三大产业产值对地区生产总值的贡献率来描述乡村发展类型特征，以此将西南地区 267 个县域划分为 4 种乡村发展类型：农业主导型、工业主导型、商旅主导型和均衡发展型（表 4.2）。具体分类结果见表 4.3。

表 4.3　西南地区县域乡村发展类型

类型	县域
农业主导型	隆安县 上林县 三江县 西林县 环江县 巧家县 彝良县 景东县 镇沅县 孟连县 姚安县 勐腊县 甘孜县 德格县 石渠县 色达县 大新县 宣威市 师宗县 盈江县 陇川县 平武县 剑阁县 沐川县 汶川县 理县 茂县 松潘县 金川县 马尔康市 炉霍县 道孚县 雅江县 九龙县 红原县 白玉县 乡城县 万山特区 平坝区 瓮安县 昭觉县 美姑县
工业主导型	城口县 丰都县 石柱县 秀山县 酉阳县 黔江区 开州区 万州区 融水县 龙胜县 田东县 德保县 靖西县 大化县 东川区 会泽县 昭阳区 永善县 永胜县 文山市 云龙县 鹤庆县 叙永县 古蔺县 朝天区 旺苍县 嘉陵区 南部县 阆中市 宣汉县 万源市 平昌县 黑水县 木里县 盐源县 布拖县 金阳县 雷波县 水城县 盘县 贞丰县 纳雍县

续表

类型	县域
商旅主导型	绥江县 西盟县 临翔区 泸水县 福贡县 贡山县 香格里拉市 德钦县 维西县 广安区 壤塘县 长顺县 三都县 阿坝县 康定县 若尔盖县 稻城县 桐梓县 赤水市 玉屏县 镇宁县 关岭县 紫云县 石阡县 思南县 德江县 沿河县 望谟县 册亨县 黄平县 施秉县 三穗县 岑巩县 锦屏县 剑河县 台江县 黎平县 雷山县
均衡发展型	云阳县 云县 永德县 镇康县 双江县 奉节县 墨江县 江城县 澜沧县 巫山县 巫溪县 马山县 隆林县 昭平县 昭化区 青川区 巴川区 罗城县 巴马县 都安县 忻城县 金秀县 龙州县 施甸县 龙陵县 昌宁县 鲁甸县 宁蒗县 宁洱县 凤庆县 彭水县 武隆区 沧源县 双柏县 南华县 织金县 威宁县 富川县 大姚县 永仁县 武定县 屏边县 泸西县 元阳县 红河县 金平县 马关县 丘北县 广南县 弥渡县 天等县 禄劝县 寻甸县 富源县 南涧县 巍山县 永平县 洱源县 盐津县 大关县 镇雄县 威信县 剑川县 梁河县 兰坪县 苍溪县 马边县 仪陇县 屏山县 通江县 南江县 绿春县 砚山县 西畴县 麻栗坡县 小金县 理塘县 罗甸县 资源县 隆安县 田阳县 宁明县 罗平县 牟定县 石屏县 隆阳区 玉龙县 景谷县 耿马县 勐海县 祥云县 宾川县 潞西市 北川县 九寨沟县 丹巴县 泸定县 新龙县 得荣县 巴塘县 湄潭县 凤冈县 碧江区 七星关区 黔西县 西秀区 镇远县 贵定县 龙里县 惠水县 普格县 喜德县 越西县 甘洛县 六枝特区 正安县 道真县 务川县 习水县 普定县 那坡县 凌云县 乐业县 田林县 江口县 印江县 松桃县 兴仁县 普安县 晴隆县 安龙县 大方县 凤山县 东兰县 赫章县 天柱县 榕江县 从江县 麻江县 丹寨县 荔波县 独山县 平塘县 富宁县 漾濞县

（二）乡村发展类型的特征

1. 农业主导型

1）划分标准

农业主导型乡村发展类型，第一产业产值在地区生产总值的占比平均值为 28.20%，标准差为 9.97%，因此，第一产业贡献率大于样本平均值与标准差之和，即超过 38.27%的属于农业主导型。

2）区域范围

该类型包括 42 个县域，分别为四川炉霍县、甘孜县、德格县、康定等 22 个县域，广西隆安县、上林县、三江县、西林县等 6 个县域，贵州万山特区、平坝区和瓮安县 3 个县域，云南孟连县、姚安县、巧家县等 11 个县域。分布区域较广，包括以畜牧业、林草业、青稞种植为特色的青藏高原东部区，以畜牧业、林草业为主的川西高原区，以高原种植业、林草业、畜牧业为特色的云贵高原区，以种植业、林草业为特色的广西丘陵盆地区。

3）发展条件

该类型涉及区域地形差异较大，除了高海拔的青藏高原、云贵高原，还包括中低海拔地形；地貌类型多样，在青藏高原东部、川西高原地区存在一些石山，而在云贵高原地区则是以喀斯特地貌类型为主，石漠化则比较普遍。气候条件多样化，包括高海拔地区的高原和山地气候，热带、亚热带地区的季风气候，年降水量为 400～6000mm，年日照时数为 800～2600h，年太阳总辐射量为 4000～8000MJ/m^2；流域内河水补给有多种方式，包括高海拔冰雪融化而成冰雪融水、降水，以及地下储藏水，这些自然条件对于本区域的农业发展具有重要作用，为多样化农业发展提供了比较优越的条件，但农业发展受到地形和地貌因素，以及土壤适宜性、灾害性条件，农业基本建设等因素影响，因此，本区域农业的低效率、低收益比较明显，农业在地区生产总值中贡献有限，但地位却相对重要。

4）发展方向

乡村发展类型为农业主导型的县域，应根据自然条件适宜性、生态脆弱性、自然灾害程度、人口集聚程度以及土地资源、水资源和环境承载量，确定区域功能定位及未来发展方向。必须在保护生态前提下开发，依据“逐点开展，由点到面”的标准，综合评估地域环境可承载力，根据评价结果发展与环境相协调的农业或者旅游业等产业，打造具有特色的优势产业。同时，从保护生态环境大局出发，依据区域内生态系统和开发环境的差异性，因地制宜地制定人口转移策略，以提高生态服务质量，充分发挥生态功能区的作用。如该类型的典型石漠化区域，也是国家级重点生态功能区，必须致力于生态环境建设，包括石漠化治理、生物多样性保护工程、保护水源、生态恢复工程等。再如，隆安县作为重要的农产品供应区，其主体功能定位是农产品输出，所以该区域的长期发展规划应首先保证农产品输出稳定，控制耕地红线不退线；其次对生产率较低的耕地进行科学改造，或者利用现代化技术提高作物产量；再者利用优势产业扩大生产区域，合理进行产业布局，抓好农业生产经营环节中的专业化程度，集约化生产，标准化生产程序，把优势农业产业逐步打造为具有特色的、颇具规模的支柱性产业，并形成专门的产品基地。当然，在大力发展的同时一定要控制开发强度，避免土地资源污染，不以生态环境为代价促发展，切实做到绿色、高效、可持续的农业发展。

2. 工业主导型

1）划分标准

工业主导型乡村发展类型，第二产业产值在地区生产总值的占比平均值为 34.56%，标准差为 11.73%，因此，第二产业贡献率大于样本平均值与标准差之和，即超过 46.29% 的属于工业主导型。

2）区域范围

该类型涉及县域 42 个，包括四川古蔺县、朝天区、旺苍县、嘉陵区、南部县、宣汉县等 16 个县（区），重庆城口县、石柱县、秀山县、酉阳县、黔江区、万州区等 8 县（区），广西龙胜县、田东县、德保县、靖西县、大化县等 6 县，贵州水城县、盘州市、贞丰县、纳雍县 4 县，云南东川区、会泽县、昭阳区、永善县、永胜县、文山市、云龙县、鹤庆县 8 县（市、区）。该类型涉及区域多位于高海拔、高山分布较多的川西高原、秦巴山地、乌蒙山区，广西盆地西南部、渝东南和黔东北地区，岷山以西、猫儿山以西中高山地区也有分布。

3）发展条件

该类型所属区域内海拔较高、地势高差比较大，地形地貌主要以中高山居多。区域内矿藏储量巨大，如水城县的铅和锌储藏量较多，东川区的矿产资源主要是铁金属，而这些矿产资源大多位处内陆、边远地区，距工业区较远，由于地形限制，交通条件相对较差，极大地妨碍了资源开发与经济发展。该类型许多县域虽然自身的资源条件比较好，矿产资源比较丰富，但受技术、人才因素制约，生产多处初级阶段，产品结构单一、质量不高、管理相对落后。

4）发展方向

工业主导型乡村发展类型的发展方向总体上应瞄准生产集约、精深加工、延长产业链，工业工艺技术化、管理科学化和标准化方向，大力提升工业发展内涵；同时，要解决地形制约，改善现有铁路、公路、水路等主要道路交通设施条件，并加大生态环境保护及生态修复力度。

如川陕渝交汇处的南部县、朝天区和川东北的嘉陵区，区域内人口众多，农业产品以及副产品资源丰富，天然气、煤炭等的储量比较丰富。该区域作为省级层面的重点开发区域，应充分利用特色旅游资源、特色农产品、丰富的矿产资源等，深度挖掘潜力形成并加强优势产业，延长产业链，积极与周边地区协同合作、资源共享，打造川陕渝交汇经济核心区、西南能源工业区、农副产品精深加工和特色旅游功能区。又如宣汉县和平昌县，地处四川盆地的丘陵低山区，应充分利用区域内资源所形成的产业优势，生产并加工工业原料、种植中药材、培育新型经济果蔬、养殖牛羊等，最终形成各类优质产品的规模化基地。并推进集约化、科学化、现代化的粮食生产、牛羊肉深加工等产业发展。再如黑水县、木里县、盐源县、万源市、旺苍县和南江县，是重要的生态涵养区，维系着区域生态系统平衡，关系全省、全国甚至全球的生物多样性，也是保障区域水源水质和防治水土流失的重点区域，应针对已经破坏的生态环境进行生态修复工程建设，恢复生态环境，遏制资源的浪费，加强对水资源的保护，做好水土保持工作，重视维持和保护生物多样性。

3. 商旅主导型

1）划分标准

商旅主导型乡村发展类型，第三产业产值在地区生产总值的占比平均值为36.89%，标准差为10.13%，因此，第三产业贡献率大于样本平均值与标准差之和，即超过47.02%的属于商旅主导型。

2）区域范围

该类型涉及县域38个，包括四川稻城县、阿坝县、康定市等6个县市，贵州三都县、雷山县、石阡县等23个县，云南香格里拉市、绥江县、西盟县、临翔区等9个区市县，集中分布在川西藏族聚居区，黔东南、黔北和滇西以苗族、壮族等为代表的少数民族聚居区。

3）发展条件

该类型涉及的区域，许多地区的自然资源、旅游资源禀赋好，旅游资源以高海拔自然风光和水域观光体验为代表，如地势落差形成的河流水域景观、冬季高山雪场、夏季避暑胜地、喀斯特景观等，已经成熟的旅游景区有贵州荔波小七孔和云南香格里拉形成的自然景观旅游圈等。但受地理环境以及基础设施限制，此类县域经济发展水平较低使得商旅业缺乏良好的经济基础支撑，导致产业发展过程中问题比较多，如旅游资源开发缺乏科学性、可持续性，旅游市场的监管不力，以及其他诸多因素影响导致的部分恶性事件，一定程度上降低了游客对于旅游行业的期待和体验欲望，对旅游业发展造成了一定影响。

4）发展方向

该类型区域旅游资源基础条件良好，要进一步引导消费者进行更深层次的旅游体验。建立科学管理机制促进商旅服务质量提升，规范旅游市场各个环节，加强监管，及时收集和反馈消费者的意见，完善旅游行业体系，为商旅业的发展保驾护航，形成良性循环。既要从先天的资源条件着手，开发具有潜力的旅游资源，挖掘特色旅游产品，延长旅游产业链，提高旅游经济收益；同时，注重旅游基础配套设施的完善，加强旅游软环境建设，并加大生态环境保护力度，真正做到资源开发、经济发展、基础建设、制度建设、生态保护相互促进。

稻城县位于甘孜州南部，地处川滇两省三州五县交界之地，是中国大香格里拉旅游区的核心区域，属康巴文化区，是康巴文化的重要组成部分，县域内气候、海拔区域差异明显，地貌结构复杂，形成了颇具特色的自然景观和人文景观。该县应进一步实施“生态立县、旅游强县”策略，围绕核心景区优势，积极打造旅游品牌，整合资源提升营销效率，整治规划，规范市场秩序，加大招商引资力度，充分发挥旅游扶贫作用。

黔中及黔南部分县域，地处黔中城市圈或受城市影响大，对农产品、生态功能、旅游休闲功能的需求大，但区域环境相对脆弱，为重点水土保持区、石漠化防治区、生物多样性保护区，在发展中一定要严格把握生态环境容量标准，严格控制乡村发展中的开发强度和工业生产等，降低人类活动对生态环境系统的干扰或者破坏，在城镇基础设施建设和其他产业开发中，首先对环境承载力进行评估，再针对性实施“对点对面”式布局开发，并严守产业和项目进入的标准关，保证生态系统不被破坏，在此基础上适度进行旅游产业开发、农产品加工、发展特色农业等，提高地区经济收入。从区域角度看，可以进一步巩固剑河县、三都县、施秉县、黄平县、册亨县、台江县等县的旅游产业；开发雷山县、平塘县、江口县、印江县、石阡县等县的旅游资源，打造乡村休闲旅游品牌；沿河县、关岭县、罗甸县、望谟县等则依托天然的地理位置优势，打造依托交通干线的物流型商贸城镇；具有丰富矿产资源的赫章县、咸宁县、锦屏县等可加强矿产资源深加工产业发展。

4. 均衡发展型

1）划分标准

均衡型乡村发展类型，各产业对地区生产总值的贡献率相差不大。

2）区域范围

该类型涉及的县域有 145 个，在 4 种乡村发展类型中，涉及的县域数量最多，占西南地区县域总量的 54.3%。包括四川叙永县、苍溪县等 22 县（市），重庆云阳县、奉节县等 6 县，广西隆林县、昭平县等 21 县，贵州六枝特区、正安县等 36 县（区），云南禄劝县、寻甸县等 60 个县。

3）发展条件

该类型县域三大产业对地区生产总值的贡献差距不大，相对均衡，但其乡村发展受到自然环境、区位、农业基础、交通基础等因素限制且县域间的受限程度差异比较大，县域发展水平较低，且县域间发展水平差距较大。

4）发展方向

该类型县域首先要进行产业结构调整，利用优势要素，壮大优势产业，进行产业优化升级，促成乡村发展转型。在转型发展中，通过科学技术运用，转化传统、低层次、落后的产业，促进高附加值农产品、工业品和休闲观光等产业和产品的发展。加强基础设施建设；在工业发展中，通过制造工艺的提升，实现工业产品的附加值提高，促进农村一、二、三产业融合发展，大力推动乡村旅游业升级转型发展。

该类型的县域以云南分布最多，云南的旅游产业、矿产业和特色农副产品及加工业是其特色，如攀枝花—片马经济走廊沿线，即攀枝花—丽江—兰坪—泸水—片马，以思茅、临翔和景洪为核心的滇西南特色旅游区，宁洱县、澜沧县、云县、永德县等县的特色橡胶产业、茶叶种植、蔗糖、木本油料等多样化的特色农业基地等。第一，积极进行产业整合，推进品牌提升战略，基础产业如制糖、油茶、核桃、咖啡、果蔬、食用菌、畜产品、橡胶等，加强区域合作、产业整合，提高产品加工程度和精细化层次，形成丰富多样、特色明显、品牌突出的产业和产品体系。第二，加大有色金属资源为代表的矿产资源勘察、开发力度，运用技术延长产业链，加深矿产资源加工程度，积极探索和开发新兴产业。第三，探索发展民族医药事业，进一步完善医药产业体系，既要继续推广现有名医名药品牌产品，也要积极开发中药、民族药、天然药品、药用化妆品、天然提纯保健品、疫苗等。第四，依托民俗风情特色和成熟的自然景区资源，如国家级名胜风景区、国家级森林公园、国家级自然保护区等，重点发展民俗风情、民间技艺、高原画廊、自然风光等特色体验旅游品牌，打造一批旅游特色县、镇、村；积极开发旅游商品，提升旅游质量和文化内涵，形成一批精品度假酒店和地方特色餐饮品牌企业集群。第五，积极探索政府主导作用的发挥，如统一规划产业发展区域，加强基础配套设施建设，安全防护与应急救援能力建设，进行人才培训、技术指导、统一推宣等。

第二节　西南地区乡村地域类型

上述乡村发展类型差异仅反映了乡村经济发展的差异。由于西南地区范围广大，地域间的自然条件及经济、社会、文化发展水平差异明显，乡村经济、社会、文化发展呈现多样性和差异性，因此，综合分析影响西南地区乡村发展因素的作用，对其进行综合地域类型划分尤其必要。乡村（综合）地域类型划分是全面、系统研究西南地区村落发展的基本前提，也是乡村地理学重要的研究课题。乡村地域类型划分有助于揭示西南地区乡村地域分异特征，把握不同地域乡村发展优势、潜力、机遇与挑战，明确不同地域乡村的发展方向，对因地制宜推进乡村发展包括村落发展具有十分重要的意义，可以为村落空间优化与重构、区域村落体系持续健康发展提供科学依据（罗雅丽等，2015）。

一、乡村地域类型划分研究简述

村落的形成及其分布受多种因素的影响，不同地域类型的村落，其发展类型和特征也有很大差异，而且西南地区的自然、人文环境差异明显，乡村地域差异很大、乡村地域类型迥异。对西南地区乡村地域类型划分的研究，可以为因地制宜地进行乡村扶贫开发、农村产业发展、村落建设、乡村振兴提供科学依据和实践指导。

关于地域类型划分的研究较多，划分方法、结果呈多样化特点。主要包括关于美国农村和城市地区致贫因素差异的探讨及分类（Wang and Kleit，2012）、农村贫困的形成主要有物质匮乏类和文化的脱节断裂类（Milboume and Brian，2016）、基于乡村性指数的乡村发展类型划分（龙花楼等，2009；孟欢欢等，2013）、探索性数据分析和 *K* 均值聚类方法对乡村类型的划分（马力阳等，2015）、人工神经网络聚类算法对乡村发展类型的划分（李裕瑞等，2011）、利用探索性空间数据分析和空间韵律测度模型分析江苏省村落形态的空间分异和地域类型（马晓冬等，2012）、中国乡村类型划分基础上的空间优化（杨忍等2016）、主体功能区视角下的乡村聚落类型划分及乡村聚落重构（李传武等，2015）、乡村转型发展背景下的地域类型划分（龙花楼等，2012）、运用空间分布-规模-形态测度模型对乡村聚落类型的划分（闵婕和杨庆媛，2014）等研究。

可见，关于相对贫困地域乡村类型划分的研究相对较少，对西南地区的相关研究也不够。本书借鉴相关学者的地域类型划分思想及方法，利用 GIS 空间分析功能，结合聚类分析方法，从乡村经济发展状况、地形地貌、距省会城市的距离、少数民族人口占比等方面认识乡村空间分异特征，并划分乡村地域类型（谢玲等，2017），为村落演变与空间优化提供基础。

二、基于单一要素的乡村地域类型划分

（一）按照地形地貌差异划分

不同地形地貌区条件，其用地条件、乡村特征和社会经济发展情况等差异较大，对于乡村体系的优化重构也有非常大的影响。按照地形地貌（高程、坡度）可将西南地区的乡村划分为 4 个类型（表 4.4），其中，丘陵及盆地边缘区乡村主要分布在四川盆地边缘及川东平行岭谷区，地形较为平坦，地势较低，农业生产发展基本不受地形和用地条件的限制。低山区乡村主要分布在黔南、黔东南、桂西北，海拔 1000m 以下的地区，其中用地受限较为严重的主要原因是该区域石漠化发育明显，影响农业生产的开展。中山区乡村主要分布在川西、秦岭大巴山区及云贵高原，海拔 1000～3500m，地势起伏较大，用地破碎，聚落分布分散且规模小，乡村发展在一定程度上受到地形的限制较大。高山区乡村密集分布在滇西的怒江、保山、德宏、临沧四地及川西地区，地形以高山峡谷为主，因该地有怒江、澜沧江、金沙江等大江穿流，此处群山高耸，峡谷深切，从地形地貌上看，乡村聚落选址不尽理想。

表 4.4　按照地形地貌差异划分的乡村类型

类型	地形地貌	主要覆盖范围	特征
丘陵区乡村	盆地及盆地边缘中低丘陵	四川盆地及盆地边缘区和川东平行岭谷区	地势起伏较小、坡度小
低山区乡村	低山区海拔 500～1000m	黔东南、黔南、桂西北	低山熔岩区、海拔较低
中山区乡村	中山区海拔 1000～3500m	川西、秦岭大巴山区、云贵高原	海拔较高的中山、高原台地等
高山区乡村	高山区海拔 3500m 以上	滇西、川西	地势高、坡度大

（二）按照经济发展程度差异划分

西南地区的乡村经济发展水平差异较大，本书以各县/区人均 GDP 进行乡村类型的划分。各地区人均 GDP 的差距较大，这也是一个用于表征经济发展程度较好的指标，能够体现出区域之间的差异性。人均 GDP 作为衡量农村经济发展程度最为重要的指标，是对乡村经济发展程度最为直接客观的反映，因此本书选取人均 GDP 作为表征经济发展程度的指标，参照相关研究，将西南地区的乡村划分为经济严重滞后型、经济滞后型、经济欠发达型、经济较发达型四类（表 4.5）。其中，经济严重滞后型乡村人均 GDP 低于 2015 年研究区县域平均人均 GDP，可以说经济发展滞后，该类型的县域占研究区县域总数的 50%以上；经济滞后型乡村的人均 GDP 处于五省区平均人均 GDP 和研究区县域平均人均 GDP 之间，该类型的县域占研究区县的 37%，经济严重滞后型和经济滞后型的占研究区县总数的 95%以上，而经济欠发达型和经济较发达型的县域人均 GDP 仅高于五省区平均人均 GDP 水平，在西南地区 267 个县/区中人均 GDP 达 45000 元以上的仅两地，人均 GDP 最低的为都安仅 9000 多元，最高人均 GDP 是最低人均 GDP 的近 5 倍之多。从分类结果看，西南地区一半以上县域的人均 GDP 都未能达到 21091 元的平均水平，属于经济严重滞后型的乡村，具体表现为大部分县域处于较低水平，“贫血”现象严重，生产再投资能力弱，因此形成恶性循环，相对贫困突出。

表 4.5　按照人均 GDP 划分的乡村类型

人均 GDP/元	指标解释	县域数/个	类型
＜21091	低于 2015 年研究区县域平均人均 GDP	157	经济严重滞后型
21092～35600	低于 2015 年五省区平均人均 GDP，高于 2015 年研究区县域平均人均 GDP	98	经济滞后型
35601～46354	低于 2015 年全国平均人均 GDP，高于 2015 年五省区平均人均 GDP	10	经济欠发达型
＞46354	高于 2015 年全国平均人均 GDP	2	经济较发达型

（三）按照民族结构差异划分

根据中华人民共和国国家民族事务委员会对于少数民族地区划分的标准，选择 10%和 30%为划分标准，其中定义少数民族人口占比 30%的为少数民族聚居分布区，少数民族人口比例大于 30%的县域占研究区县域总数的 70%以上，在空间上集中表现为少数民族人口比重越高的乡村集中连片分布。本书按照少数民族人口占比将西南地区的乡村分为少数民族零星、杂居、聚居三类（表 4.6）。其中，川西全部，滇西边境、武陵山区、滇黔桂石漠化区大部分地区的少数民族人口占比高，相对贫困乡村分布也较集中。根据西南五省（市、区）2016 年人口资料显示，研究区少数民族人口从事农林牧副渔业所占比重为 74%，从业结构、生活方式、生产力水平、思维、世界观、文化水平等都可能是其相对贫困发生的诱发因素（王永明等，2017）。

表 4.6　按照少数民族占比划分的乡村类型

少数民族占比/%	指标解释	县或数/个	类型
<10	少数民族人口占县域总人口比例 10%以下	46	少数民族零星
10～30	少数民族人口占县域总人口比例介于 10%和 30%之间	33	各民族杂居
>30	少数民族人口占县域总人口比例 30%以上	188	少数民族聚居

（四）按照区位条件差异划分

本书以乡村距省会城市距离，具体采用县级行政中心到省会城市的公路最短距离为衡量依据判定乡村的区位条件优劣。

根据研究对象受省会城市的影响大小将其区位类型划分为开放型（省会城市二小时经济圈范围内）、半开放型（省会城市二至三小时经济圈范围内）、半封闭型（省会城市三至五小时经济圈范围内）、封闭型（省会城市五小时经济圈以外）四类（表 4.7），距省会城市的距离影响乡村整体的经济发展水平、发展方向和贫困乡村的常住人口规模等。开放型贫困乡村主要是在距省会城市 150km 范围内，该范围内的乡村受省会城市的影响较大，经济发展水平较高，且从事非农产业的农民就业人口多，因此，常住人口规模较大，乡村的密度大且规模较大，因受到省会城市的经济辐射，产业发展多元化，农民收入多样化特征明显。半开放型、半封闭型贫困乡村受到大城市的经济辐射较前者弱，其乡村的乡村性更强，发展水平不如开放型乡村好，但也有个别半开放型、半封闭型贫困乡村凭借良好的资源禀赋得到了较好的发展。封闭型乡村相对处于较为偏僻的地区，受到大城市的影响较弱，乡村发展相对落后，发展水平相对较低。“距省会城市直线距离”划分下的贫困乡村空间分布，在空间上表现为围绕省会城市呈环带状分布，距省会城市较远者交通相对闭塞，近者相对开放，距离省会城市越近，贫困乡村数量也相对略少，如研究区距省会城市小于 150km 的县仅 24 个。距省会城市的远近，直接关系是否能够在省会城市的基础设施、服务设施和经济辐射范围内。

表 4.7　按照距省会城市远近划分的乡村类型

距省会城市直线距离/km	指标解释（汽车车程划分经济圈）	县域数/个	类型
<150	距省会城市二小时经济圈范围内	24	开放型
150～250	距省会城市二至三小时经济圈范围内	54	半开放型
251～500	距省会城市三至五小时经济圈范围内	135	半封闭型
>500	距省会城市五小时经济圈以外	54	封闭型

三、基于多要素的乡村综合地域类型

乡村地域类型具有综合复杂性，基于单要素对西南地区乡村地域类型的划分远不能满足本书研究的需求，本书需要综合各要素，对西南贫困地区进行乡村综合地域类型划分，从而更全面地认识乡村地域差异，并为深入研究乡村性、村落演变与空间优化奠定基础。

（一）划分方法

1. 指标体系构建及分级标准确定

本书综合考虑影响乡村发展的自然环境、区位、社会、经济等因素，同时考虑数据可得性、保持行政单元界限完整性等原则，进行乡村地域类型划分。

考虑自然、社会、经济 3 个方面选取 5 个指标构建西南地区乡村地域类型划分指标体系。指标体系是划分西南地区乡村类型的依据。用海拔、坡角表征乡村所处的地形、地貌状况等自然基础条件，这些条件是乡村与村落发展的基础；用人均 GDP 表征西南地区乡村整体经济发展程度；用少数民族人口占比反映文化背景差异；用距省会城市距离近似表征乡村的区位条件。同时，各指标的差异对乡村发展的影响程度明显不同，因此，进一步对指标进行分级以衡量其对乡村发展的影响程度，如根据海拔高度可以分为丘陵、低山、中山、高山、极高山 5 级，不同海拔影响下的乡村产业选择、产业结构、交通出行、村落分布、人居环境条件等都呈现差异性。西南地区乡村综合地域类型划分指标体系及指标分级标准见表 4.8。

表 4.8　西南地区乡村综合地域类型划分指标及分级体系

指标	分级范围	解释	类型
海拔高度/m	＞5000	大起伏山地、极大起伏山地	极高山
	3500～5000	中起伏、大起伏中高山地	高山
	1000～3500	中起伏山地	中山
	500～1000	小起伏山地	低山
	200～500	微起伏	丘陵
坡角/(°)	＜10	微起伏	微斜坡
	10～20	中等起伏	斜坡
	20～40	中高等起伏	陡坡
	＞40	高度起伏	峭坡
人均 GDP/元	＞46354	高于 2015 年全国平均人均 GDP	经济较发达
	46354～35601	低于 2015 年全国平均人均 GDP，高于 2015 年五省区平均人均 GDP	经济相对发达
	35600～21092	低于 2015 年五省区平均人均 GDP，高于 2015 年研究区县平均人均 GDP	经济滞后
	＜21091	低于 2015 年研究区县平均人均 GDP	经济严重滞后
少数民族人口占比/%	＜10	少数民族占县域总人口比例 10%以下	少数民族零星
	10～30	少数民族占县域总人口比例介于 10%和 30%之间	杂居
	＞30	少数民族占县域总人口比例 30%以上	聚居
距省会城市直线距离/km	＜150	省会城市二小时经济圈范围内	开放
	150～250	省会城市二至三小时经济圈范围内	半开放
	250～500	省会城市三至五小时经济圈范围内	半封闭
	＞500	省会城市五小时经济圈以外	封闭

2. 类型聚类方法

（1）数据基础。以西南地区县域自然、社会经济数据和矢量数据为基准，采用叠加分析和聚类分析法对其进行乡村综合地域类型划分，以全面把握该区不同类型乡村的空间分异。本书采用的数据包括社会经济数据和基础地理空间数据两部分，前者主要来源于国务院扶贫办发布的 2012 年集中连片区贫困县名单、2015 年各县统计数据和社会经济统计调查报告及相应省市统计年鉴；后者包括研究区 90m×90m 数字高程模型（DEM）数据、研究区县域行政边界矢量数据来源于中国科学院资源环境科学数据中心，以及以 90m×90m DEM 数据为基础提取的坡度数据（谢玲等，2017）。

（2）聚类过程。采用聚类分析这一多元统计分析的方法，基于所选指标将具有相同或相似数量值的划分为一类，聚类分析的目标就是在相似的基础上收集数据进行分类。从自然、经济、社会 3 个方面选择海拔、坡角、人均 GDP、少数民族人口占比、距省会城市距离 5 个指标对研究区 267 个贫困县进行系统聚类，逐一归类性质相近或有差异性的样本。本书采用的是 Euclidean 距离，类与类间的聚类过程采用平均距离法。首先，计算出 N 个样本相互之间的距离 $\{d_{ij}\}$，记为 $D=\{d_{ij}\}$，即构造 N 个类别，每一个类别只包含一个样本；其次，合并最近距离的两个类别为一个新类别，并计算出新类别与当前各类别的距离，通过两两样本间的相似系数、关联系数、方差对比分析，采用平均距离法确定类别数（Gustafsson and Li，2003）；然后，根据划分的类别数，利用 mean test 方法进行检验，以检验各类别在所有变量上的差异，差异显著则认为分类结果可靠。

设 H 和 K 是两个聚类，则两类的距离为

$$D_{HK}=\sqrt{\frac{1}{n_H+n_K}\sum_{i\in H,j\in K}d_{ij}^2}$$

式中：H、K 两类的平均距离为 D_{HK}；n_H 为 H 类的样本数；n_K 为 K 类的样本数；d_{ij} 为 H 类中 i 样本与 K 类中 j 样本之间的距离（谢玲等，2017）。

通过对 5 个指标的重分类，将 267 个贫困县域数据通过系统聚类，聚类表（表 4.9）给出了所有县域乡村聚为一类的整个过程。以第 5 行为例，“阶”表示聚类的步骤数，此步，把第 111 和 129 合并为一类，最终 267 个样本，观测 266 步聚为一类，另 SPSS 数据输出窗口，可见生成 9 个新的变量，分别保存了聚为 9 类的分类结果。经聚类分析与叠加分析，同时，考虑海拔、坡角是村落分布的基础甚至主要影响因素，以此对部分县域的类型归属进行适当调整，使之更符合实际。西南地区乡村综合地域类型划分为 10 类（表 4.10，表 4.11）

表 4.9　聚类表

阶	集群组合		系数	首次出现阶级群		下一阶
	群集 1	群集 2		群集 1	群集 2	
1	128	151	0.027	0	0	114
2	14	21	0.059	0	0	55
3	117	120	0.094	0	0	82
4	97	124	0.131	0	0	30

续表

阶	集群组合		系数	首次出现阶级群		下一阶
	群集 1	群集 2		群集 1	群集 2	
5	111	129	0.238	0	0	51
6	122	145	0.295	0	0	134
7	48	76	0.356	0	0	106
⋮	⋮	⋮	⋮	⋮	⋮	⋮
266	1	3	1057.557	262	263	267
267	1	20	1325.000	264	266	0

表 4.10 西南地区乡村综合地域类型及其基本特征

平均海拔/m	平均坡角/(°)	人均GDP/元	平均少数民族人口占比/%	平均直线里程/km	县区个数/个	类型编号	乡村综合地域类型
1003	6.2	33661	43.69	265	17	I	中低山半封闭少数民族聚居经济滞后型
1876	7.6	19738	22.5	151	17	II	中山开放多民族杂居经济严重滞后型
992	15.9	19464	72	303	108	III	中低山半封闭少数民族聚居经济严重滞后型
1306	25.1	30420	58.49	250	9	IV	中山半开放少数民族聚居经济滞后型
3994	33.3	43080	68.8	429.6	4	V	高山半封闭少数民族聚居经济相对发达型
578	13.9	24736	1.35	309.5	17	VI	低山丘陵半封闭少数民族零星分布经济滞后型
3529	32.4	18000	65.3	478	13	VII	高山半封闭少数民族聚居经济严重滞后型
1564	24.4	19002	15.07	371	22	VIII	中山半封闭少数民族杂居经济严重滞后型
3158	16.4	17070	89.27	691	15	IX	高山封闭少数民族聚居经济严重滞后型
2124	18.6	19549	74.05	867	45	X	中山封闭少数民族聚居经济严重滞后型

表 4.11 西南地区乡村综合地域类型

编码	地域类型	数量/个	县域
I	中低山半封闭少数民族聚居经济滞后型	17	田阳、隆安、大新、宁明、龙里、盘州、兴仁、城口、万州、广安、南部、马尔康、黑水、康定、宾川、祥云、昭阳
II	中山开放多民族杂居经济严重滞后型	17	姚安、禄劝、寻甸、鲁甸、富源、师宗、泸西、威宁、赫章、纳雍、大方、黔西、瓮安、平坝、西秀、普定、普安
III	中低山半封闭少数民族聚居经济严重滞后型	108	巴马、北川、册亨、岑巩、从江、大化、丹寨、道真、德保、德江、东兰、都安、独山、洱源、凤山、奉节、富宁、甘洛、关岭、广南、红河、环江、黄平、惠水、剑河、江城、江口、金平、金秀、锦屏、靖西、开州、乐业、雷山、黎平、理塘、荔波、临翔、凌云、龙州、隆林、泸水、潞西、罗城、罗甸、绿春、麻江、麻栗坡、马边、马山、美姑、墨江、沐川、那坡、南江、彭水、平塘、平武、屏边、屏山、巧家、晴隆、丘北、榕江、融安、融水、三都、三江、三穗、上林、施秉、石屏、石阡、石渠、双柏、水城、思南、台江、天等、天柱、田东、田林、铜仁、万山、望谟、维西、巫山、武定、务川、西林、忻城、秀山、宣威、沿河、砚山、印江、永仁、酉阳、玉屏、元阳、越西、云阳、长顺、昭平、镇宁、镇远、织金、紫云
IV	中山半开放少数民族聚居经济滞后型	9	石柱、武隆、黔江、龙胜、贵定、六枝、贞丰、文山、茂县

续表

编码	地域类型	数量/个	县域
Ⅴ	高山半封闭少数民族聚居经济相对发达型	4	理县、汶川、九龙、香格里拉
Ⅵ	低山丘陵半封闭少数民族零星分布经济滞后型	17	朝天区、旺苍、平昌、巴州、仪陇、阆中、苍溪、昭化、剑阁、嘉陵、丰都、叙永、古蔺、赤水、习水、桐梓、湄潭
Ⅶ	高山半封闭少数民族聚居经济严重滞后型	13	壤塘、丹巴、小金、金川、松潘、九寨沟、新龙、泸定、玉龙、永胜、漾濞、景东、镇沅
Ⅷ	中山半封闭少数民族杂居经济严重滞后型	22	巫溪、通江、青川、正安、凤冈、毕节、盐津、永善、绥江、大关、彝良、威信、会泽、东川、罗平、西畴、大姚、牟定、南华、巍山、弥渡、南涧
Ⅸ	高山封闭少数民族聚居经济严重滞后型	15	阿坝、色达、甘孜、德格、炉霍、白玉、道孚、雅江、巴塘、乡城、得荣、稻城、木里、德钦、贡山
Ⅹ	中山封闭少数民族聚居经济严重滞后型	45	若尔盖、红原、万源、宣汉、松桃、资源、富川、镇雄、安龙、马关、雷波、金阳、布拖、普格、昭觉、喜德、盐源、宁蒗、福贡、兰坪、剑川、鹤庆、云龙、隆阳、永平、盈江、梁河、陇川、龙陵、施甸、昌宁、凤庆、镇康、永德、云县、耿马、双江、沧源、景谷、西盟、澜沧、孟连、勐海、勐腊、宁洱

（二）乡村综合地域类型

1. 中低山半封闭少数民族聚居经济滞后型（Ⅰ型）

该类型乡村分布于桂西南及秦巴山区、川西高原与四川盆地交界区及滇西的中山区，如宁明、大新、田阳、南部、祥云等县。此类贫困乡村表现出少数民族人口所占比例较大，平均为40%左右，桂西南的县地处低山区。该类型乡村的人均GDP为33661元，属于经济发展较为滞后的乡村。从该类型乡村距省会城市的平均距离看，除龙里、隆安两县距省会城市较近之外，其他区县的交通通达性较差，平均达到265km，道路交通及其他基础设施落后是制约其发展的主要因素。

2. 中山开放多民族杂居经济严重滞后型（Ⅱ型）

该类型乡村集中分布于滇东北和黔西南交界的中山地区，因其处于乌蒙山区，地势变化较为明显。该类乡村2015年的人均GDP仅为19738元，低于研究区的人均GDP，乡村经济发展严重落后。少数民族人口分布属相间分布型，所占比例平均约22%，各县在道路交通的通达性方面较好。地处于山区及高原，且有部分地区石漠化现象普遍，产业发展及经济基础薄弱，是该类乡村发展滞后的主要影响因子。

3. 中低山半封闭少数民族聚居经济严重滞后型（Ⅲ型）

该类型乡村所占数量较多，研究区近 40%的乡村都属于该类型。中低山乡村以贵州的分布较为集中，主要以武陵山以西的部分县，苗岭和乌蒙山东南缘的一些中低山区县，九万大山及广西河池、百色等地的县，滇西无量山以东、哀牢山以西的部分县为构成主体。其具体表现为少数民族人口分布聚居，平均在70%以上，经济发展严重滞后，2015年的人均GDP较Ⅱ型低，仅19464元。且交通通达性也较Ⅱ型稍差，大部分区县处于Ⅱ型外围，因此在交通方面也较Ⅱ型稍封闭，此类乡村海拔自北向南、自东向西逐渐降低，坡度也依势减缓，坡角在15°～20°，其中沿云岭至元江谷地高山平坝星罗棋布，种植业的发展也以此为依托。该类型乡村经济发展程度也处于五省区县域人均GDP线以下，多数区县经济发展较为滞后，少数民族自治县分布集中。导致该类乡村发展滞后的因素也较为复杂，一方面是产业发展基础薄弱，另一方面是因距省会城市距离较远，省会城市对其经济辐射受到空间因素的制约。

4. 中山半开放少数民族聚居经济滞后型（Ⅳ型）

该类型乡村所占数量较少，在五省区兼有分布，分布也相对较为分散。该型乡村多分布于海拔1000m以上、坡度较大的中山区，少数民族人口占比较大，平均每县少数民族人口占比在60%左右，人均GDP平均达30420元，对外交通大多在省会城市三小时经济圈内，其交通的连接度和可达性较高。制约该类型乡村发展的主要因子是经济基础较薄弱，发展潜力不足。

5. 高山半封闭少数民族聚居经济相对发达型（Ⅴ型）

主要以九龙、香格里拉、理县、汶川的乡村为代表，其所处海拔较高，县域坡度变化显著，少数民族人口占比平均达68%之多。该类型乡村最突出的特点是发展以自然风光兼具民俗风情的旅游业，一方面是具有资质良好的旅游资源禀赋利于旅游业发展，另一方面是随着旅游业的发展也带动经济社会发展，如交通基础设施条件相对较好，旅游业及相关产业发展带来经济收入的提高，人均GDP高达43080元。该类型乡村相对来说发展潜力更大，但目前九龙和香格里拉的交通条件相对略显闭塞，也对旅游业和经济社会发展有一定制约作用。

6. 低山丘陵半封闭少数民族零星分布经济滞后型（Ⅵ型）

该类型乡村大多分布在四川盆地以东以北的秦巴山区南麓段、川东平行岭谷及低山丘陵北缘和黔北地区，这些地区山地与盆地、山地与河谷相间分布，地势起伏不大，较平缓。该区域的民族以汉族为主，少数民族人口仅占1%左右。因所处地势较低，坡度相对较缓，水热条件好，交通便利，适宜农业耕作与人类生活，该类型区域从事生产生活的成本及难度较低，经济发展水平能够达到西南地区的平均水平。影响该类乡村发展的因素主要是受到强有力的城市经济辐射带动有限，产业发展基础较为薄弱。

7. 高山半封闭少数民族聚居经济严重滞后型（Ⅶ型）

该类型乡村地域分布较为分散，相对集中分布在云南无量山、哀牢山北部，川西阿坝州的部分县，与Ⅸ型乡村相比，在交通的通达性方面略好，且少数民族人口所占比重也较Ⅸ型低，因位于无量山及澜沧江河谷区，交通等基础设施也较落后，距省会城市距离均在400km以上。就经济发展看，该型乡村的人均GDP仅18000元左右，也未达到西南地区的平均水平。

8. 中山半封闭少数民族杂居经济严重滞后型（Ⅷ型）

此类乡村主要分布在滇西云岭、无量山以西地区，滇西山脉河流纵谷区，高山深谷相间，相对高差大，地势变化显著，水系发达，水能及矿产资源富集，生态环境脆弱，自然灾害频发，石漠化发育普遍，少部分乡村分布在石山区。少数民族人口比重约 15%，经济发展水平低，人均 GDP 落后于研究区平均水平，仅为 19000 元左右，经济发展滞后。其交通通达性、交通基础设施也较差，致使资源的开发利用难度大，如沧源县距省会城市昆明有 503km 之遥，稀有金属铅、锌、锡等储量丰富，受制于交通条件，与外界物质、信息交流较少，难以对该区的矿产资源充分开发利用。该类乡村地域经济发展水平滞后、区位闭塞，加之崩塌、滑坡、泥石流等灾害易发，自然、经济、区位因素成为制约乡村发展的主要因素。

9. 高山封闭少数民族聚居经济严重滞后型（Ⅸ型）

此类乡村主要分布在川西北高原、滇西北地区的部分县域。该类型乡村所处海拔较高，川西北高原海拔在 4000～4500m，横断山脉及山谷相间地形，坡度变化较大，地貌属于典型的高山；同时该类乡村少数民族人口所占比例高，平均少数民族人口比例高达 94%以上；经济发展严重滞后，该区 2015 年的人均 GDP 在 17000 元上下。在交通方面，通达性较差，距省会城市平均距离达 700km 左右。

10. 中山封闭少数民族聚居经济严重滞后型（Ⅹ型）

此类乡村集中分布在滇西，川南少有分布，该类乡村数量较多。其特点表现为少数民族人口占比较高，平均达 94%。2015 年该型县域的人均 GDP 达 19549 元左右，经济发展滞后。相对其他类型乡村，该类型乡村距省会城市距离平均达 550km。其致贫因素中，大山脉阻碍了对外信息、物流的通畅，少数民族集中分布，思想和接受教育的观念相对滞后，社会发育程度相对不足。

总体而言，西南地区乡村发展深受地形因素制约，山地与高原面积大，分布广泛，因地形条件造成这些地区交通不便，阻碍乡村与外界的联系，乡村分布相对较密集；而四川盆地、桂东南、滇中少部分区域地势较平坦、坡度变化小，乡村发展水平较高。同时，西南地区中低山半封闭少数民族聚居类型的乡村也比较多，该类型乡村占西南地区乡村比例高达 30%之多，西南五省市区均有分布，因数量较大，也是乡村发展的重点；该类型虽地形条件属中低山区，相对来说较中高山区交通条件更好，但经济发展仍然严重滞后，因此，乡村发展中非自然因素作用更明显。再者，同一类型乡村集中分布相对明显，具体表现为：高山封闭少数民族聚居经济严重滞后型乡村、中山封闭少数民族聚居经济严重滞后型乡村、中低山半封闭少数民族聚居经济严重滞后型乡村相对集中分布，主要分布于川西高原、滇西、武陵山区、黔南、桂北、桂西北地区，因此乡村综合地域类型呈现“大集聚、小交错”的分布特点。另外，因自然、经济、社会、文化的差异大，乌蒙山区乡村地域类型呈现多样化特点。

（三）结语

从区位自然、社会、经济、文化等方面选取5类指标，通过ArcGIS叠加分析和SPSS聚类分析，得到以下结论。

（1）高程和坡度等自然环境因子是影响乡村分布的重要因素：地势较低，坡度相对较缓的地区，发展滞后、乡村密度相对较低；反之，地势较高、坡度变化较大的地区，发展滞后、乡村分布较为集中。因此，高程、坡度等自然因子与乡村发展滞后呈正相关。

（2）区位、经济、社会文化因素直接制约乡村发展水平。乡村经济发展水平差异明显，并呈现低水平与低水平乡村类型聚集；少数民族人口比重较高的区域其低发展水平乡村相对集中；距省会城市的距离，是该地区开放程度的体现，一方面反映时间距离，另一方面直接决定区域对外经济联系频繁程度即经济距离，西南地区乡村类型差异与距省会城市距离密切相关，呈现出距省会城市距离越远，低发展乡村分布越广泛的现象。

（3）通过聚类分析，将西南地区乡村划分为10大综合地域类型，乡村地域类型的划分，有利于针对关键影响因子加强扶持力度、因地制宜推进乡村发展。

西南地区乡村的空间异质性，是多维因素影响所导致的。对西南地区乡村的空间分布特征认识及乡村类型的划分，可以为因地制宜进行乡村发展与村落建设提供科学依据。①在中高山自然环境恶劣、生态脆弱，受高程和坡度制约明显的乡村应退耕还林还草、生态移民；部分丘陵低山地域的乡村应加强生态建设与生态经济互动发展，生态农业、生态工业、生态服务业、生态城镇、生态村落建设，如自然环境优美、民俗文化丰富多彩等具有旅游业发展基础和潜力的地区可重点发展旅游业，推动乡村发展。②经济水平与人均收入水平较低的乡村，应大力发展区域特色产业、延伸产业链、强化乡村三大产业融合发展，以自身特色吸引社会资本投入并加大财政转移支付力度，促进农业由生产环节向产前、产后环节延伸，提高农产品加工转化率和附加值，不断提升乡村“造血”功能。③受文化背景、区位等因素约束明显的乡村，一方面，各级政府应加强文化基础设施建设、教育和职业培训等，并给予重点资金支持，同时，扶持优惠政策等方面要考虑向特殊地区加大倾斜力度；另一方面，着力推进基础与公共服务设施建设，削弱乡村与经济中心经济距离与时间距离的双重约束，前者需要加强贫困乡村到省会城市的骨干交通设施的建设，提升交通运输工具的可达性，后者需要提高各贫困乡村之间交通网的密度，在提升现有公路等级的基础上，尤其注重加强网络基础设施建设，实现互联互通、提高农村信息化水平，以促进农村电子商务的发展，以此推进乡村可持续发展。

第三节　西南地区县域乡村性评价

一、乡村性及其相关研究概述

（一）乡村性内涵

乡村性（rurality）在西方乡村地理研究中占有重要地位，其定义有多种理解。目前，国内学界对乡村性的理解也不一致，结合我国学者的相关研究，本书认为，乡村性是指有别于城市的乡村所特有的基本属性（刘彦随，2007；李孝坤等，2013a），表现在与自然的关系、景观、城市化水平、产业与就业结构、对外联系频度、建筑型式与结构等方面与城市有明显差异。一般而言，乡村与自然的关系更紧密，田园景观更普遍，城市化水平不高，产业与就业结构较单一，与外部的人流、物流、信息流联系频度不高，低层独立建筑与传统民居普遍等。乡村的这些特点与城市有明显差异，因此，可以利用乡村人口职业结构、城市化水平、经济发展状况、土地利用结构与强度、社会发展、资源环境等指标度量乡村性程度（吕祖宜和林耿，2017）。本书对乡村性的评价也主要基于这些方面。

由于自然、经济、社会发展地域差异的客观性，乡村性自然呈现明显的地域分异，如距城市距离不同的乡村其乡村性差异就非常大。同时，随着工业化、城市化发展对乡村影响程度的增强，乡村始终处于动态变化中；而且由于各地客观条件差异，使工业化、城市化对乡村的影响程度也具有明显的地域差异，因此，乡村性的地域差异同样呈现明显的动态变化特征。明确乡村性及其地域差异不仅可以认识乡村发展状态，也能针对性地推进乡村转型发展。

（二）国外乡村性相关研究进展

1. 研究历程

从乡村性研究进程看，国外相关研究主要经历了以下几个发展阶段。以 19 世纪德国地理学家 Kohl 对聚落地理的研究为代表，国外开始了乡村聚落的研究。自 20 世纪 20 年代以来，以 Eratzel 和 Blache 为代表的地理学家主要研究乡村聚落和环境之间的相互关系，同时对聚落形态与形成机理也有一定程度的研究。由于受到社会生产力发展水平的限制，这时期的研究侧重于自然环境对乡村聚落影响的研究，用一般原则去认识客观存在的地理现象并进行科学解释，且研究地域范围比较小。1933 年，德国地理学家 Christaller 建立了聚落地理的“中心地理论”，标志聚落地理理论研究的新进展；第二次世界大战后的一段时间内，学者们将研究重点转向城市地理研究，乡村地理的研究在成果数量、理论、方法等各个方面均无明显突破，且研究范围依然较小，研究内容也主要在乡村的形成、发展、类型认识等方面。20 世纪 60～80 年代，由于乡村发展过程中的问题逐渐凸显，各国地理学家从聚落规划、发展类型等方面入手展开新一轮的研究，在研究中更加强调人类决策行为的影响，在研究方法上开始重视定性与定量结合方法的运用。20 世纪 80 年代以后，在众多哲学思潮的影响下，乡村聚落研究内容日益丰富，涉及乡村规划、乡村发展模式的演变、乡村可持续发展等方面（刘彦随等，2011；何仁伟等，2012；李红波和张小林，2012）。遥感（RS）和地理信息系统（GIS）技术等新技术使乡村研究在观察、资料搜集和处理手段上有了根本性的变化，微、中、宏观地域研究并进。

2. 乡村类型研究

乡村类型的研究方面以 Meitzen 为代表，他首先对德国北部的农业聚落类型进行了划分（郭晓冬，2007），后续的研究者们划分乡村类型时几乎还在使用他所提出的聚落单元类型。Christaller 对村庄类型进行研究，将其分为规则集聚的村庄（包括街区村庄、田园村庄等）和不规则集聚的村庄两大类型（陈宗兴和陈晓键，1994）。Roberts（1979）主要考虑乡村聚落形态的规整程度、乡村开阔地面积两方面来划分乡村类型。国际地理联合会曾提出普遍适用的乡村类型划分方法，包括初始条件、位置形态、综合功能及发展方向4个基本标准，该方法改善了前期研究中评价指标体系设计的缺陷。Pacione（1984）在《乡村地理》一书中详细论述了乡村聚落的形态和类型。Hill（2003）采用现代方法将城市影响下的乡村聚落的空间类型分为6种。Sevenant 和 Antrop（2007）采用沉降模型等方法对希腊的两个案例进行研究，按照乡村景观的差异对乡村进行分类。

3. 乡村性研究

地理学界很早就开始关注乡村性研究（李红波和张小林，2015），在20世纪70年代随着乡村发展理论研究的深入，乡村性概念出现。Cloke（1977）最早构建包含人口密度、就业结构、交通格局等16项指标的体系来反映乡村性，并创立乡村性指数，并和 Edwards 一起使用乡村性指数评价1971年英格兰和威尔士地区的乡村性，将其划分为5种类型，并指出乡村作为生活场所的独特性，乡村的社区形态、生活方式、文化等都是乡村性的特征。后来 Halfacree（1993）、Woods（2005）等对乡村性研究的要点与方法、指标体系构建、权重确定、划分间隔进行更深层次的研究。随着乡村性变化与乡村发展关系愈来愈紧密，同时受到结构主义和后现代主义的影响，重新构建反映乡村性特征及其变化过程机理成为近期研究趋势。

（三）国内乡村性相关研究进展

1. 研究历程

相对于国外乡村地理研究，中国的相关研究则开始得较晚。近代以来，有少数学者受国外乡村聚落地理研究理论的影响，开始了乡村地理研究。20世纪30年代，严钦尚（1939）等开始研究中国乡村聚落发展，乡村经济活动和乡村聚落成为这一时期小区域研究的中心议题。中华人民共和国成立后，20世纪50年代初至70年代中期的土地改革及制度使中国农村转入农村集体化，国内相关研究一直围绕农业、农村集体化展开，这一时期，以吴传钧等学者为代表，结合中国的生产实际进行了大量研究，在研究理论和方法上取得新成果。20世纪80年代开始，由于中国农村经济体制大改革，乡村农业产业快速发展，乡村产业单一化也有所突破，乡村工商业、交通运输业、旅游业等发展迅速。随着城市化的快速发展，城镇化与聚落体系成为这一时期的主要研究领域，金其铭（1988）、郑天祥和王旭升（1985）等学者结合中国乡村发展实际对乡村聚落形成、发展及其与环境关系等领域开展了大量研究，推动了乡村地理研究理论与方法的迅速发展。20世纪90年代以来，乡村地理学出现研究方向拓展、研究内容丰富、研究技术与方法革新等特点，众多学者的研究方向转向了乡村产业集群、乡村空间变化、乡村转型等方面（何仁伟等，2012）；采用丰富多样的方法研究乡村，在乡村空间结构、分布特征、演化规律等方面取得了大量成果。

2. 乡村类型研究

早在 19 世纪 Meitzen 就对德国北部乡村聚落形式进行了划分，这标志着乡村分类研究的开始，而我国对乡村分类的研究开始得较晚，目前也没有统一的乡村分类标准和分类方法（刘永伟等，2013）。韩非和蔡建明（2011）通过分析得出半城市化地区乡村的布局形态演化会经历三个阶段，从转型前期到后期分别呈现出传统均质化形态、异质异构的混杂形态和功能区块布局形态。万晔等（2002）研究了云南傣族地区的乡村分类体系，朱彬和马晓冬（2011）对苏北地区乡村进行类型划分。马晓冬等（2012）选用系统聚类的方法，针对江苏省构建乡村聚落形态评价指标体系，并根据评价得分划分出 8 个乡村聚落类型。

3. 乡村性及其评价研究

龙花楼等（2009）综合选取乡村性评价指标对我国东南沿海 615 个县市进行评价，将县市分为以第一产业为主导的农业主导型、第二产业为主导的工业主导型、第三产业为主导的商旅服务型、三大产业均等发展的均衡发展型。李孝坤等（2013b）选用统计数据，将重庆三峡库区生态经济区的县域划分出四种乡村发展类型，并在此基础之上构建评价指标体系测算各县域的乡村性指数。冯淑华和沙润（2007）通过实证研究，经理论分析共选取 22 个指标（包括 5 个潜在因素、17 个观测因子）构建乡村性评价指标体系，并运用结构方程原理建立乡村性 CFA 测评模型，体现出建构与再现江西婺源的乡村性过程。

龙花楼等（2012）以“苏南—陕北”样带为研究区划分乡村地域类型与功能分区并评价乡村转型发展的特征。李婷婷和龙花楼（2014）以人口、土地、产业三要素为基础构建三维评价模型，对山东省乡村转型发展的协调程度进行评价，同时分析其分布的时空格局。

学界对乡村性与乡村转型发展关系研究成果相对较少。周华和王炳君（2013）、李明娟（2017）先后测算了江苏省乡村性水平，并借助力学平衡模型研究江苏省乡村性在乡村转型发展过程中的偏离度，最后探讨二者之间的耦合关系。

二、乡村性评价方法

纵观以往研究者关于乡村性研究的成果，评价模式比较单一，一般有以下两种，即单层次测度和双层次测度评价模式。单层次测度人为地将城市和乡村分割评价，构建的指标体系缺乏整体性的考虑，单一的城市或乡村指标不能准确测度乡村发展水平。相比单层次测度，双层次测度评价模式则较好地体现了城市与乡村关联评价指标，反映城市与乡村的连绵性，也凸显城市和乡村的差异性，这使得双层次测度评价模式得到较为广泛的应用，如孟欢欢等（2013）利用乡村发展水平在县域整体发展中所占比重来测度安徽省乡村空间分异现状，陈阳等（2014）探究浙江省乡村性的空间分异现状和形成因素，赵涛涛等（2016）充分考虑乡村和城市的连贯性，多方面结合城市与乡村进行陕西省乡村性县域空间分异分析。综上，本书选择双层次测度评价模式对西南地区进行县域乡村性及其变动的评价与分析。

（一）乡村性评价指标体系构建

1. 初始指标选取

由于区域内自然条件和社会经济条件差异，乡村发展程度参差不齐，乡村发展程度差异即可用乡村性来表示（龙花楼等，2009）。“乡村性”的概念是由 Cloke 等首先提出的（Cloke，1977；Cloke and Edwards，1986），学者们利用社会经济统计数据构建乡村性评价体系对乡村进行分类。国际上曾流行一种称作社会表征的方法定义乡村性，该方法更具灵活性，但龙花楼等（2009）认为其在操作性和可比性方面有所欠缺。张小林（1999）探究乡村性的理论时，在包含城乡的区域内考察乡村性质的强弱，兼顾到操作性、可比性和我国乡村发展过程中的实际情况。

乡村性初始评价指标选取考虑的途径：一是文献分析法，在中国知网搜索关于乡村性评价指标体系的研究文献并进行全面检索，同时参考国内外学者关于乡村性评价研究领域的最新研究成果，充分吸收和借鉴其合理的内容，结合我国乡村发展实践，初步确定乡村性评价指标体系；二是调查问卷法，选择西南地区不同类型的区域，发放问卷给乡村管理者和乡村居民，选择当地人针对乡村性的认识给出对评价指标的意见。

2. 评价指标筛选

乡村可以由人口与聚落、经济与产业、社会发展、自然景观、生态环境等多种含义来定义。构建乡村性评价指标体系一定要准确明晰、凸显乡村特点，深刻理解乡村内涵，充分考虑研究区乡村的基本特征和其所承载的功能，兼顾乡村演变趋势。本书结合相关研究成果（李孝坤等，2013b；孟欢欢等，2013；张荣天等，2013；孙玉等，2015），遵循指标体系建立的科学性、综合性、地域性、可获得性等原则，对数据信息进行综合、有效的处理，构建由人口发展、经济发展、社会发展和资源环境组成的一级指标，对应 20 个二级指标的乡村性评价指标框架，如图 4.1 和表 4.12 所示。

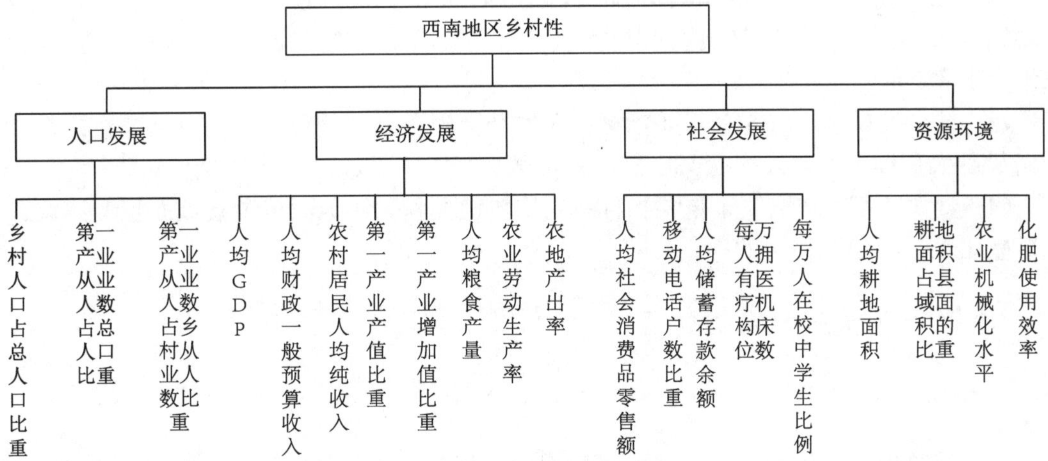

图 4.1　乡村性评价指标体系

表 4.12　乡村性评价指标体系及权重

类型	代码	释意	权重 w_j	类别
人口发展	D_1	乡村人口占总人口比重/%	0.0698	正指标
	D_2	第一产业从业人数占总人口比重/%	0.0910	正指标
	D_3	第一产业从业人数占乡村从业人数比重/%	0.0922	正指标
经济发展	D_4	人均 GDP/元	0.0110	负指标
	D_5	人均财政一般预算收入/元	0.0578	负指标
	D_6	农村居民人均纯收入/元	0.0035	负指标
	D_7	第一产业产值比重/%	0.0703	正指标
	D_8	第一产业增加值比重/%	0.0856	正指标
	D_9	人均粮食产量/t	0.0324	正指标
	D_{10}	农业劳动生产率/（万元/人）	0.0602	负指标
	D_{11}	农地产出率/（万元/hm^2）	0.0875	负指标
社会发展	D_{12}	人均社会消费品零售额/万元	0.0975	负指标
	D_{13}	移动电话户数比重/%	0.0057	负指标
	D_{14}	人均储蓄存款余额/万元	0.0118	负指标
	D_{15}	每万人拥有医疗机构床位数/张	0.0539	负指标
	D_{16}	每万人在校中学生比例/%	0.0494	负指标
资源环境	D_{17}	人均耕地面积/hm^2	0.0085	正指标
	D_{18}	耕地面积占县域面积的比重/%	0.0600	正指标
	D_{19}	农业机械化水平/（kV/hm^2）	0.0240	负指标
	D_{20}	化肥使用效率/（万元/t）	0.0279	负指标

（1）人口发展。选取 3 个指标：乡村人口占总人口比重、第一产业从业人数占总人口比重、第一产业从业人数占乡村从业人数比重。

（2）经济发展。选取 8 个重要指标：人均 GDP、人均财政一般预算收入、农村居民人均纯收入、第一产业产值比重、第一产业增加值比重、人均粮食产量、农业劳动生产率、农地产出率。

（3）社会发展。选取 5 个重要指标：人均社会消费品零售额、移动电话户数比重、人均储蓄存款余额、每万人拥有医疗机构床位数、每万人在校中学生比例。

（4）资源环境。选取 4 个重要指标：人均耕地面积、耕地面积占县域面积的比重、农业机械化水平、化肥使用效率。

（二）评价模型选择及数据处理

1. 数据标准化

为了消除数据量纲的影响，需要对数据进行极值标准化处理。设该地区有 m 个县，n 项评价指标（$1\leqslant i\leqslant 267$，$j\leqslant 20$，且 i、$j\in \mathbf{Z}$），x_{ij} 表示第 i 个县区第 j 个指标的原始指标值，对逆向指标按式（4.1）做变换处理。同时为了避免求熵值时对数的真数为零而无意义，对原始指标值处理得到标准化值（李裕瑞等，2010；龙冬平等，2013），表达式为

$$y_{ij}=\begin{cases}\dfrac{x_{ij}-\dfrac{\min(x_j)}{1.05}}{\max(x_j)-1.05-\dfrac{\min(x_j)}{1.05}}(\text{正向指标})\\[2ex]\dfrac{\max(x_j)-1.05-x_{ij}}{\max(x_j)-1.05-\dfrac{\min(x_j)}{1.05}}(\text{逆向指标})\end{cases} \tag{4.1}$$

为了保证在评价过程中，相同指标在不同统计年份中具有可比性，本书在标准化时针对各指标的极值，在两个年份中对各县区的同一个指标数值分别比对确定出最大值和最小值。

2. 熵权法确定指标权重

本书选用评价分析方法中常用的熵权法（张凤太等，2016），客观地确定各项指标的权重。根据标准化后的数据可计算出第 i 个县区第 j 个指标的指标值占所有年份中该指标值之和的比重 p_{ij}。

$$p_{ij}=\frac{y_{ij}}{\sum_{i=1}^{m}y_{ij}} \tag{4.2}$$

根据式（4.2）可表示出信息熵冗余度 d_j：

$$d_j=1+\frac{1}{\ln(m)}\cdot\sum_{i=1}^{m}[p_{ij}\cdot\ln(p_{ij})] \tag{4.3}$$

依式（4.3）可求得指标层各指标的权重 w_j，如表 4.11 权重栏。

$$w_j=\frac{d_j}{\sum_{j=1}^{n}d_j} \tag{4.4}$$

3. 县域乡村性指数模型

研究区县域的乡村性指数 RI_i 采用加权求和法得到，即该县各指标标准化值与其权重乘积的和，反映该县的乡村性强弱，计算公式为

$$RI_i=\sum_{j=1}^{n}w_jy_{ij} \tag{4.5}$$

式中：w_j 是各指标权重；y_{ij} 是各指标标准化值；RI_i 是县域乡村性指数，数值越大表明乡村性越强，反之则越弱。

4. 全域及省域乡村性指数

研究区整体或省域乡村性指数 RI_q 采用县域乡村性指数求和平均得到，反映区域整体乡村性强弱，计算公式为

$$RI_q = \left(\sum_{i=1}^{m} RI_i \right) \Big/ m \tag{4.6}$$

式中，RI_q 为全域或省域乡村性指数；i 是县域($i = 1, \cdots, m$)；m 为县域数。

5. 乡村性分级

标准差分类法可用于显示各指标值与平均值之间的区别（陈松林和王天星，2009），因此，基于各县乡村性的值采用该方法进行分级。运用 Excel 可算得研究区的整体平均值、标准差，借助平均值和标准差数值以 1/3 倍的标准差为间隔成比例地确定出分类间隔。因此某县的平均值 μ 可表达为

$$\mu = \frac{1}{534} \sum_{i=1}^{534} RI_i \tag{4.7}$$

根据式（4.7）可表示出该县的标准差 δ：

$$\delta = \sqrt{\frac{1}{534} \sum_{i=1}^{534} (RI_i - \mu)^2} \tag{4.8}$$

通过式（4.7）和式（4.8）计算得出乡村性评价的等级划分标准，如表 4.13 所示。

表 4.13　乡村性等级划分标准

等级	统计标准	乡村性指数区间
极弱	$[s_{\min}, \mu - 1.5\delta]$	[0.3078，0.5302]
弱	$(\mu - 1.5\delta, \mu - 0.5\delta]$	(0.5302，0.6073]
较弱	$(\mu - 0.5\delta, \mu]$	(0.6073，0.6458]
较强	$(\mu, \mu + 0.5\delta]$	(0.6458，0.6844]
强	$(\mu + 0.5\delta, \mu + 1.5\delta]$	(0.6844，0.7615]
极强	$(\mu + 1.5\delta, s_{\max}]$	(0.7615，0.7956]

6. 乡村性变动

采用 2005 年与 2016 年两个年份的乡村性指数作差，得到乡村性变化程度值 ΔRI_i，$|\Delta RI_i|$值愈大，则乡村性变化程度愈大，其表达式为

$$\Delta RI_i = RI_{i2016} - RI_{i2005} \tag{4.9}$$

借助 ArcGIS 10.1 制作乡村性变化示意图反映乡村性变化在二维平面上的分布状况，反映研究区不同乡村性变化程度的分布状态，也可以反映出乡村性与地域条件分异间的关系（汤国安和杨昕，2006）。

三、乡村性类型与动态变化

利用式（4.5）、式（4.6）计算得到各县域2005年和2016年的乡村性指数值（即RI_i、RI_q值），并通过标准差分类法对2005年和2016年各县域的乡村性进行统一分级，共分为6级。其中，2005年弱乡村性的县域1个、较弱乡村性的县域4个、较强乡村性的县域26个、强乡村性的县哉222个、极强乡村性的县域14个；2016年极弱乡村性的县域31个、弱乡村性的县域156个、较弱乡村性的县域66个、较强乡村性的县域13个、强乡村性的县域1个。

2005年的乡村性均值为0.7124，表明研究区整体为强乡村性；2016年的乡村性均值为0.5793，研究区整体为弱乡村性。

1. 极弱乡村性的县域

经过统一的评价分类，2005年西南地区没有极弱乡村性类型。2016年极弱乡村性的县区，主要分布在东北部，零星分布在中部及南部地区。极弱乡村性的县域共31个，具体包括重庆市的9个县区，四川省8个县（区、市），贵州省8个县（区、市），云南省5个县区和广西的宁明县。

研究区东北部是靠近重庆都市区的渝东和川东北地区。渝东地区资源环境承载能力低，而且处于三峡库区生态屏障区，不适宜大规模发展工业。渝东地区被划为渝东北生态涵养发展区和渝东南生态保护发展区，近十年来，以增强生态产品生产能力为主并得以健康快速地发展。2014年渝东北GDP达2466.37亿元，同比增长10.4%，渝东南的GDP为792.04亿元，同比增长9.7%。川东北地区交通便利，是四川东进两湖、北出甘陕的交通门户地区，同时也是四川重要的经济增长极，区内重点发展特色农业产品、科技技术含量高的制造业和服务业，清洁能源化工，以及依托区内国家级5A景区、4A景区等旅游资源发展生态文化旅游产业。

研究区中部为川滇黔三省交界区，南部为滇桂的边远区域。川滇黔交界区域地形崎岖，自然灾害频发，交通不便，但是旅游资源得天独厚，如贵州茶乡湄潭县深入开发、打造茶乡风情，拉动茶园观光、采摘旅游业发展、茶叶原产地加工直销等。滇桂的边远地区多为亚热带季风气候，山高壑深、峰峦重叠，是集边境、山地、热区于一体的少数民族聚居地区，工农业发展均受到一定限制。部分地区采取有力措施加强基础设施建设，推进旅游业发展，使得该地区乡村性指数减弱，如广西林业大县宁明县结合其本地丰富的资源，按照旅游促进发展的思路，带动当地贫困群众靠发展旅游业走向致富之路，让群众就地吃上“旅游饭”。

2. 弱乡村性的县域

乡村性弱的县域在2005年仅有四川省的康定；2016年其主要分布于四川盆地周围地区和云贵高原低纬高原区，共156个县域：重庆市的5个县区、四川省的29个县（区、市）、贵州省的51个县（区、市）、云南省的62个县区和广西的9个县。

康定旅游资源独特，旅游对乡村发展的带动作用比较明显。康定紧紧围绕建设“世界文化名城”和“全国涉藏地区旅游文化产业示范市”的奋斗目标，按照“一圈一城一线一节”的旅游发展布局，紧抓旅游基础设施建设、旅游信息化建设，突显康定旅游城镇化新亮点；加之，康定作为四川甘孜州的州府所在地，是重要交通枢纽，行政区域内还有高等学府，这些都能促进康定的城镇化发展。

四川盆地及周边丘陵山区积极改善区域生态条件，推进退耕还林还草工程、提高坡耕地农田灌溉水平等，科学规划城镇化发展。云贵高原低纬高原区加强高原特色农业是促进区域经济发展，也是推动农民现代化、农业和农村现代化和的基本途径（向丽红和胡先奇，2013）。在发展高原特色农业时结合低纬地区气温年较差小、降水充沛的优势，提高高原特色农业发展水平和能力，促进高原特色农业持续健康发展。

3. 较弱乡村性的县域

2005 年乡村性较弱的地区为铜仁市、汶川县、赤水市、马尔康县 4 个县市；2016 年乡村性较弱的县域主要分布在川西高原以及云贵高原向四川盆地和广西盆地过渡的地区，共 66 个县域：四川省 20 个县域、贵州省 7 个县域、云南省 19 个县域和广西 20 个县域。

2005 年有 4 个县市乡村性较弱，虽然生态条件脆弱、自然灾害频发，但发挥优越地理位置条件和丰富自然资源的优势推进乡村经济社会发展。“黔东门户”铜仁市、“黔北边城”赤水市、“熊猫家园”汶川县和阿坝州政府驻地马尔康县结合本地生态环境特点，对特色优势资源进行深度开发，并加强公共基础设施建设，促进农业和旅游业发展。如汶川县辖区内有以“熊猫之乡”享誉中外的卧龙自然保护区，积极打造“熊猫家园”的旅游品牌；同时，汶川也是中国羌族四大聚居县之一、华夏始祖大禹的出生地，将生态文化、藏羌文化、大禹文化融于一体，发展综合特色文化旅游产业。

至 2016 年，研究区内有近两成县域属于较弱乡村性。由于这些地区地形起伏和气候差异大，季节性、地域性自然灾害频发且危险性大，同时区域内人口受教育程度偏低、对资源的利用能力有限，对乡村经济社会发展形成一定限制，需要进一步加强基础与公共服务设施建设。

4. 较强乡村性的县域

乡村性较强的县域在 2005 年零星分布在四川盆地北部和东南部，以及云贵高原西南部的县域，共 26 个：重庆市 3 个县区、四川省 5 个县（市、区）、贵州省 10 个县（市、区）、云南省 8 个县区；在 2016 年分布在研究区西北—东南走向上，西北部的青藏高原东南缘地区分布较为集中，共 13 个县域：四川省 8 个县，贵州省的威宁彝族回族苗族自治县，云南省的彝良县，以及广西的隆安县、那坡县和东兰县。

2005 年乡村性较强的县区以传统农业发展为主，集约农业和现代化农业发展欠缺，同时受交通、电网等公共基础设施不足影响，第三产业发展与城市化水平不高，因此乡村性较强。如西盟佤族自治县境内地形复杂、山脉众多、沟壑遍布，矿藏丰富，主要种植粮食作物和经济作物；近年开始发展水力发电后，第二产业围绕经济作物初加工和矿物采掘开展起来；县内宗教、民族文化活动多，但对外开放程度低，旅游业发展缓慢。

2016 年乡村性较强的县域主要集中分布在青藏高原东南缘，由于受到其独特的地理环境，多元民族及宗教文化和经济结构的制约，依托民族与宗教文化，发展民族贸易及开发旅游资源，改善人居环境，打造“小规模、多层次、多中心、适当集中”的城镇（杨振之，2003）是其发展的主要途径。被称为“川藏第一高、川藏第一险”的德格县以牧业为主，工业基础薄弱，但宗教、民族文化旅游资源丰富，改善基础设施条件、发展特色农业和旅游业是促进乡村发展的重要路径。

5. 强乡村性的县域

2005 年研究区内 222 个县域均属于乡村性强的县域，仅少数地域不属于此种类别，具体包括重庆市 11 个县区、四川省 56 个县（区、市）、贵州省 42 个县（区、市）、云南省 80 个县（区、市）和广西 33 个县；而 2016 年仅研究区西北部的石渠县属于此类别。

2005 年乡村性强的县区主要分布在武陵山片区、秦巴山片区、乌蒙山片区以及滇黔桂石漠化区和滇西边境山区，区内地形属于典型的高原山地，且碳酸盐岩分布广泛、石漠化严重、喀斯特地貌发育；气候类型以亚热带湿润季风气候为主，其次为热带季雨林气候，流域众多，水能资源充沛，矿产资源富集、生物资源种类繁多，自然景观特色鲜明。但受区域内人口受教育程度、配套基础与公共设施滞后限制，丰富的水能、生物、特色农业、矿产、旅游等资源优势和潜力未得到充分发挥，导致整体乡村性强。

石渠县处于青藏高原东南缘四川、青海和西藏的交界处，气候类型是典型的大陆性高原气候，易发生暴风雪灾害，同时县境内草地沙化比较严重，石渠县也是四川省地理位置较偏远的县，以藏族人口为主，主要发展畜牧业且发展速度缓慢，旅游业起步也比较晚，石刻文化、锅庄文化、双格文化等文化旅游正在不断开发中。

6. 极强乡村性的县域

2005 年极强乡村性的县域均出现，主要分布在贵州省境内及其周边地区，共 14 个县域：四川省的美姑县和石渠县，贵州省的 11 个县，云南省的广南县。美姑县位于川滇黔接壤地区。这些区域为极易发生高强度自然灾害的地区，自然灾害对区域内社会经济发展的影响大，社会经济发展和扶贫开发中要注重区域内自然灾害防治（刘斌涛等，2014）。石渠县不利的自然地理环境严重阻碍其发展。部分乡村性极强的县区分布在滇桂黔石漠化区，该区域为我国石漠化分布最集中、面积最大的片区，区域内贫困人口、少数民族人口众多，石漠化为生态最脆弱的地貌区之一，对该区域石漠化的治理是乡村发展的重中之重。随着国家持续加强对这些区域的自然灾害治理、加大乡村建设投入，乡村经济社会发展进步明显，2016 年西南贫困地区已没有乡村性极强类型的县域。

四、乡村性时空演变的基本结论

1. 乡村性空间演变特征

通过对各县域 2005 年与 2016 年乡村性指数作差，依据式（4.9）得到该区域乡村性变化值 ΔRI_i。可以发现，乡村性变化值为–0.4544～–0.2110 的县域其乡村性指数发生较大程度的变化，这些县域分布在重庆东部以及川渝交界地区；乡村性变化值为–0.2110～–0.1591 的县域分布在四川盆地周边地区以及云贵高原西南地区；乡村性变化值为–0.1591～–0.1183 的县域主要分布在川西高原、云贵高原低纬地区以及广西盆地周边地区；乡村性变化值为–0.1183～–0.0478 的县域主要分布于青藏高原东南缘以及广西西南地区。

根据样本点控制区域范围看，乡村性变化程度存在区域差异，乡村性变化值在–0.4544～–0.0478 变化，且乡村性变化程度在空间上与研究区自然地理环境和区位条件的地域分异规律大体吻合。乡村性变化值较大的县域分布于研究区东北部四川盆地周边的低山丘陵和平行岭谷地形区，以及云贵高原的滇中、黔中与城市邻近的县域，这些地域自然环境基础较好，基础设施条件相对完善、通达性较高，区位优势突出，区域经济社会发展速度快，乡村性指数下降幅度较大，因此乡村性变化程度较大；其余的县域乡村性变化值相对较小，由于相对恶劣的自然环境和其他人文因素制约，研究区西北部青藏高原东南缘的高中山山区和东南部少数民族聚集区特别是行政区边界地区的乡村性变化最不明显。

2. 乡村性评价结论

通过构建包括人口发展、经济发展、社会发展、资源环境 4 个一级指标，20 个二级指标的乡村性评价指标体系，评价西南地区的乡村性，通过标准差分类法将研究区内县区的乡村性水平由极弱到极强分为 6 类，经分析得出 2005～2016 年的乡村性变化特征。①西南地区 2005 年乡村性均值为 0.7124，说明其整体乡村性强；2016 年乡村性均值为 0.5793，说明其整体乡村性减弱。②2005 年，弱乡村性的县区为四川省康定县；较弱乡村性的地区为铜仁市、汶川县、赤水市和马尔康县；较强乡村性的县区零星分布在四川盆地北部和东南部，以及云贵高原西南部；研究区内绝大部分县区均属于强乡村性；极强乡村性的县区主要分布在贵州省境内及其周边地区。而 2016 年，极弱乡村性的县区主要分布在东北部和零星分布在中部及南部边远地区；弱乡村性的县区主要分布于四川盆地的周边地区、云贵高原的低纬高原区；较弱乡村性的地区主要分布在川西高原以及云贵高原向四川盆地和广西盆地过渡的地区；较强乡村性的县区散落在研究区西北—东南走向上，西北部的川西高原分布较为集中；强乡村性的县区仅为研究区西北部的石渠县。总体而言，西南地区乡村性的空间分异与研究区地理环境分异大致吻合。

参考文献

陈松林，王天星. 2009. 等间距法和均值标准差法界定城市热岛的对比研究[J]. 地球信息科学学报，11（2）：145-150.

陈阳，李伟芳，马仁锋，等，2014. 浙江省乡村性空间分异及其影响因素分析[J]. 经济地理，34（12）：133-139.

陈宗兴，陈晓键，1994. 乡村聚落地理研究的国外动态与国内趋势[J]. 世界地理研究，（1）：72-76.

方方，刘彦随，龙花楼，等，2013. 中国环渤海地区县域土地适度非农化研究[J]. 自然资源学报，28（6）：889-897.

冯淑华，沙润，2007. 乡村旅游的乡村性测评模型——以江西婺源为例[J]. 地理研究，26（3）：616-624.

官冬杰，谭静，张梦婕，等，2017. 重庆市人口与经济发展空间耦合分布研究[J]. 人文地理，32（2）：122-128.

郭晓冬，2007. 黄土丘陵区乡村聚落发展及其空间结构研究[D]. 兰州：兰州大学.

韩非，蔡建明，2011. 我国半城市化地区乡村聚落的形态演变与重建[J]. 地理研究，30（7）：1271-1284.

何仁伟，陈国阶，刘邵权，等，2012. 中国乡村聚落地理研究进展及趋向[J]. 地理科学进展，31（8）：1055-1062.

金其铭，1988. 我国农村聚落地理研究历史及近今趋向[J]. 地理学报，43（4）：311-316.

李传武，梁双波，车前进，2015. 主体功能区视角下芜湖市乡村聚落的空间分类与重构[J]. 长江流域资源与环境，24（10）：1736-1743.

李红波，张小林，2012. 国外乡村聚落地理研究进展及近今趋势[J]. 人文地理，27（4）：103-108.

李红波，张小林，2015. 乡村性研究综述与展望[J]. 人文地理，30（2）：16-20，142.

李明娟，2017. 江西省乡村性与乡村转型发展耦合关系研究[D]. 南昌：江西师范大学.

李婷婷，龙花楼，2014. 山东省乡村转型发展时空格局[J]. 地理研究，33（3）：490-500.

李孝坤，任秋爽，2019. 西南贫困地区乡村性变化与乡村转型耦合协调关系研究[J]. 中国农业资源与区划，40（7）：37-45.

李孝坤，李忠峰，翁才银，等，2013a. 县域乡村发展类型划分与乡村性评价——以重庆三峡库区生态经济区为例[J]. 重庆师范大学学报（自然科学版），30（1）：42-47.

李孝坤，李媛，成国积，等，2013b. 重庆三峡库区县域乡村性评价[J]. 经济地理，33（6）：125-131.

李裕瑞，刘彦随，龙花楼，2010. 中国农村人口与农村居民点用地的时空变化[J]. 自然资源学报，25（10）：1629-1638.

刘斌涛，陶和平，刘邵权，等，2014. 川滇黔接壤地区自然灾害危险度评价[J]. 地理研究，33（2）：225-236.

刘彦随，2007. 中国东部沿海地区乡村转型发展与新农村建设[J]. 地理学报，62（6）：563-570.

刘彦随，龙花楼，张小林，等，2011. 中国农业与乡村地理研究进展与展望[J]. 地理科学进展，30（12）：1498-1505.

刘永伟，张阳生，李奕，2013. 近10年来国内乡村聚落研究进展综述[J]. 安徽农业科学，41（5）：2101-2103.

刘自强，李静，鲁奇，2011. 国外乡村经济类型的划分及对中国乡村发展政策制定的启示[J]. 世界农业，（4）：34-38.

龙冬平，李同昇，于正松，等，2013. 基于微观视角的乡村发展水平评价及机理分析——以城乡统筹示范区陕西省高陵县为例[J]. 经济地理，33（11）：115-121.

龙花楼，2012. 论土地利用转型与乡村转型发展[J]. 地理科学进展，31（2）：131-138.

龙花楼，邹健，2011. 我国快速城镇化进程中的乡村转型发展[J]. 苏州大学学报（哲学社会科学版），32（4）：97-100.

龙花楼，刘彦随，邹健，2009. 中国东部沿海地区乡村发展类型及其乡村性评价[J]. 地理学报，64（4）：426-434.

龙花楼，李婷婷，邹健，2012. 乡村转型发展特征评价及地域类型划分——以“苏南—陕北”样带为例[J]. 地理研究，31（3）：495-506.

罗雅丽，张常新，刘卫东，等，2015. 镇村空间结构重构相关理论研究述评[J]. 地域研究与开发，（4）：48-53.

吕祖宜，林耿，2017. 混杂性：关于乡村性的再认识[J]. 地理研究，36（10）：1873-1885.

马力阳，李同昇，李婷，等，2015. 我国北方农牧交错带县域乡村性空间分异及其发展类型[J]. 经济地理，35（9）：126-133.

马晓冬，李全林，沈一，等，2012. 江苏省乡村聚落的形态分异及地域类型[J]. 地理学报，67（4）：86-95.

孟欢欢，李同昇，于正松，等，2013. 安徽省乡村发展类型及乡村性空间分异研究[J]. 经济地理，33（4）：144-148，185.

闵婕，杨庆媛，2014. 岩溶山区乡村聚落的格局特征及类型分析——以重庆市巫山县为例[J]. 中国岩溶，33（1）：99-109.

孙玉，程叶青，张平宇，2015. 东北地区乡村性评价及时空分异[J]. 地理研究，34（10）：1864-1874.

汤国安，杨昕，2006. ArcGIS地理信息系统空间分析实验教程[M]. 北京：科学出版社.

万晔，司徒群，朱彤，等，2002. 云南傣族农村聚落分类体系与建设整治途径研究[J]. 经济地理，（S1）：64-68.

王永明，王美霞，吴殿廷，等，2017. 贵州省乡村贫困空间格局与形成机制分析[J]. 地理科学，37（2）：217-227.
吴传钧，1998. 人地关系与经济布局（吴传钧文集）[M]. 北京：学苑出版社.
吴梦肖，尹洁，2007. 乡村发展九模式——以陕西省西安市村庄发展规划为例[J]. 农村金融研究，（8）：24-28.
吴玉鸣，张燕，2008. 中国区域经济增长与环境的耦合协调发展研究[J]. 资源科学，（1）：25-30.
向丽红，胡先奇，2013. 云南高原特色农业发展探讨[J]. 现代农业科技，（16）：322-324.
谢玲，李孝坤，任秋爽，等，2017. 西南地区贫困乡村地域类型划分及减贫对策研究[J]. 农业现代化研究，38（5）：818-826.
严钦尚，1939. 西康居住地理[J]. 地理学报，（00）：43-58.
杨忍，刘彦随，龙花楼，等，2016. 中国村庄空间分布特征及空间优化重组解析[J]. 地理科学，36（2）：170-179.
杨振之，2003. 青藏高原东缘藏区旅游业发展及其社会文化影响研究[D]. 成都：四川大学.
张凤太，张军以，苏维词，2016. 基于熵权和主成分分析的岩溶区水资源安全评价——以毕节为例[J]. 环境工程，34（3）：174-179.
张荣天，张小林，李传武，2013. 基于县域尺度的江苏省乡村性空间格局演变及其机理研究[J]. 人文地理，28（2）：91-97.
张小林，1999. 乡村空间系统及其演变研究——以苏南为例[M]. 南京：南京师范大学出版社.
赵涛涛，白建军，尚忠慧，2016. 基于BP神经网络的陕西省县域乡村性分异研究[J]. 浙江大学学报（理学版），（2）：203-210.
郑天祥，王旭升，1985. 广东省宝安县经济发展与城镇化[J]. 经济地理，（4）：295-299.
周华，王炳君，2013. 江苏省乡村性及乡村转型发展耦合关系研究[J]. 中国人口·资源与环境，23（9）：48-55.
朱彬，马晓冬，2011. 苏北地区乡村聚落的格局特征与类型划分[J]. 人文地理，26（4）：66-72.
Cloke P，1977. An index of rurality for England and Wales[J]. Regional Studies，（11）：31-46.
Cloke P，Edwards G，1986. Rurality in England and Wales 1981：A replication of the 1971 index[J]. Journal of Rural Studies，（2）：289-306.
Gustafsson B，Li S，2003. The ethnic minority majority income gap in rural China during transition[J]. Economic Development and Cultural Change，51（4）：805-822.
Halfacree K，1993. Locality and social representation：Space，discourse and alternative definitions of the rural[J]. Journal of Rural Studies，（9）：23-37.
Hill M，2003. Rural settlement and the urban impact on the countryside[M]. London：Hodder & Stoughton.
Milbourne P，Brian W，2016. Rural poverty and well-being：material and sociocultural disconnections[J]. Springer Journal，7（9）：77-98.
Pacione M，1984. Rural Geography[M]. London：Harper&Row.
Ramachandrana A，Enserink B，Balchand A N，2005. Coastal regulation zone rules in coastal panchayats（villages）of Kerala，India vis-à-vis socio-economic impacts from the recently introduced people participatory program for local self-governance and sustainable development[J]. Ocean & Coastal Management，48（7-8）：632-653.
Roberts B K，1979. Rural Settlement in Britain [M]. London：Hutchinson.
Sevenant M，Antrop M，2007. Settlement models，land use and visibility in rural landscapes：two case studies in Greece[J]. Landscape and Urban Planning，80（4）：362-374.
Wang M，Kleit R G，Cover J，et al. ，2011. Spatial variations in US poverty：beyond metropolitan and non-metropolitan[J]. Urban Stud，49（3）：563-585.
Woods M，2005. Rural Geography：Processes，Responses and Experiences in Rural Restructuring [M]. London：Sage.

第五章　西南地区村落演变特征

西南地区地理环境复杂多样、经济社会发展差异明显、民族结构与分布及文化背景复杂纷呈，其村落发展与演变既存在村落演变的共性特征，又呈现出鲜明的地域性和特殊性。本书从村落常住人口变化、村落数量与分布演变、村落人居环境演变、各乡村地域村落演变、案例实证等方面讨论西南地区村落演变的基本特征。

数据来源于国家统计局、中国统计信息网、国家地球系统科学数据共享平台、西南山地数据资源站、民政部和各级政府门户网站等平台，获得2005年、2016年中国各省、市、县基本数据和农村统计数据，个别年份缺失数据，选择相近年份代替；案例研究部分数据来源于实地调研。数据处理采用反距离权重、地理集中指数、均值和标准差等方法，并运用ArcGIS、SPSS和Excel等软件进行统计分析与图表制作。

第一节　西南地区村落时空演变总体特征

一、村落常住人口变化特点

依据2005年和2016年各县域乡村常住人口统计数据，计算相应县域人口密度，并利用ArcGIS10.2图层属性中的分级色彩设置（graduated colors）进行可视化处理，选择自然间断点分级法和手动分类相结合的方法，将常住人口数与人口密度分为10类，可以得到2005年、2016年研究区县域乡村的常住人口数量及分布图。

（一）乡村常住人口数量明显趋于减少，整体分布格局基本稳定

1. 人口数量规模明显减少，乡村人口城镇化明显

研究区乡村常住人口总数与人口密度均有所降低，乡村常住人口总数由2005年的8121.440万人减少至2016年的6036.237万人，减少了2085.203万人，减幅25.68%；人口密度由2005年的86.43人/km^{2}降低至2016年的64.23人/km^2，降低了22.2人/km^2。乡村常住人口数量和人口密度下降，县域城镇化率不断提升。

研究区县域间乡村常住人口增减变化差异也比较明显。267个县域中仅有35个县域乡村常住人口增加，县均增加3.51万人；232个县域乡村常住人口减少，县均减少9.52万人。同时，35个县域的人口密度增加，县均增加13.91人/km^2，232个县的人口密度降低，县均减少38.17人/km^2。县域乡村常住人口最低值由2005年的2.1万人增加至2016年的2.15万人，县域乡村常住人口最高值由2005年的119.46万人降低至2016年的89.23万人，原有密度高的县域乡村常住人口下降明显，密度低的县域乡村常住人口略有增加，反映出

县域间乡村常住人口有微弱的均衡化趋势。但研究区县域城乡常住总人口（城乡）仅降低4.91%，其中还存在142个县域城乡常住总人口增加，县均增加3.5万人，故存在一大部分乡村人口流向县域城镇区域。

因此，研究区乡村常住人口发展呈下降趋势，乡村常住人口数量与人口密度变化的县域间差异明显，整体趋势是以乡村人口城镇化和人口流向城镇为主。

2. 人口分布始终呈现东多西少特点

2005年和2016年，研究区乡村常住人口地区差异始终比较明显，整体呈现东多西少的特征。依据自然间断点分级法和手动分类相结合的分类，乡村常住人口数与人口密度高值类型主要分布在东部，而低值类型主要分布在西部及东南部，始终存在明显的人口聚集区、过渡区与稀疏区，而且分布基本稳定；同时，267个县域乡村常住人口数量差异较大，县域乡村常住人口最低的低于3万人，最高的超100万人，县域乡村常住人口数量高值、低值类型的分布也呈现东高西低特点。

人口聚集区为川东北—渝东北地区、黔西北与滇东北交界地区。其中镇雄县乡村人口最密集，2016年乡村常住人口数量达89万多人，人口密度达241.43人/km^2；人口稀疏区为川西地区和滇西地区，川西地区县域的乡村常住人口数量为2万～10万人，约90%的县域人口密度不足16人/km^2，滇西地区县域的乡村常住人口数量多在2万～33万人，平均人口密度49.37人/km^2；其余地区为乡村常住人口分布的过渡区，县域乡村常住人口数量为19万～82万人，人口密度约80人/km^2。人口聚集区、过渡区与稀疏区始终明显存在，而且空间分布大格局基本稳定。

（二）省域间乡村常住人口呈多趋势变化

1. 乡村常住人口数量变化的省际差异明显

2016年与2005年比较，研究区五省区市之间乡村常住人口变化差异明显（表5.1）。云南省的乡村常住人口和人口密度均有所降低，乡村常住人口与人口密度变化率均不足20%，乡村常住人口减少471.44万人，人口密度减少14.71人/km^2。而其余四省区市乡村常住人口减少程度明显高于云南省，贵州省减少最明显，减少了781.10万人，减幅为33.99%，人口密度减少53.48人/km^2；四川省减少了420.44万人，减幅27.07%，人口密度减少12.50人/km^2；重庆市减少了173.80万人，减幅25.18%，人口密度减少36.06人/km^2；广西壮族自治区减少了238.43万人，减幅23.82%，人口密度减少26.02人/km^2。

2. 五省区市的县域乡村常住人口变化互有差异

1）重庆市县域乡村常住人口明显减少

重庆市14个区县分布在渝东北与渝东南区，该地区包括土家族、苗族等少数民族，乡村常住人口数量县域间差异较明显，城口县乡村常住人口数一直不足20万人，万州区与开州区乡村常住人口数量分别为62.4万人和67.56万人。

表 5.1　各省区市乡村常住人口变化

区域	2005 年		2016 年		人口数量变化/万人	人口密度变化/(人/km²)
	人口数量/万人	人口密度/(人/km²)	人口数量/万人	人口密度/(人/km²)		
研究区	8121.44	86.43	6036.24	64.23	−2085.04	−22.20
重庆市	690.26	143.24	516.47	107.18	−173.80	−36.06
四川省	1553.29	45.32	1132.85	32.82	−420.44	−12.50
贵州省	2298.22	157.34	1517.12	103.86	−781.10	−53.48
云南省	2578.84	83.00	2107.40	68.29	−471.44	−14.71
广西壮族自治区	1000.83	108.84	762.40	82.82	−238.43	−26.02

14 个县域的乡村常住人口总数由 2005 年的 690.26 万人减少至 2016 年的 516.47 万人，减幅为 25.18%。其中，云阳县、巫溪县、奉节县、巫山县、丰都县、石柱县、万州区 7 个县域的乡村常住人口较 2005 年减少 25%，共计 109.39 万人，分别减少了 22.87 万人、10.97 万人、18.81 万人、10.31 万人、13.46 万人、11.72 万人、21.25 万人；城口县、秀山县、酉阳县、彭水县、黔江区、武隆区、开州区 7 个县域的乡村常住人口分别减少了 3.41 万人、10.04 人、9.6 万人、10.27 万人、7.3 万人、4.94 万人、19.03 万人，减幅均低于 25%。随着万州区在渝东北地区战略定位的提升，其人口流动幅度加大，周围县域村落的人口有明显向万州城区流入的趋势，但万州区的人口有向重庆主城区流动的趋势，渝东南地区的县域人口也呈现向重庆主城流动的趋势。总体而言，人口流动遵循由经济欠发达县域流向经济条件较好县域、渝东北与渝东南流向主城区的基本规律。因此，未来渝东北与渝东南地区乡村常住人口将进一步减少。

2）四川省乡村常住人口增减趋势并存

四川省的 66 个县人口分布与四川省地貌格局大致吻合，地形起伏度不大的平原及丘陵区为人口分布热点集中区，盆周山地以及高原地形区为人口稀少冷点区（窦馨逸等，2015）。四川省县域乡村常住人口总数由 2005 年的 1553.29 万人减少至 2016 年的 1132.85 万人，减少了 420.44 万人，减幅 27.07%；其中，川东北地区县域乡村常住人口由 1010.57 万人减少至 613.02 万人，减少了 397.55 万人，减幅 39.34%；川西南和川西地区乡村常住人口分别减少 16.78 万人、6.11 万人，减幅分别为 4.71%和 3.27%，但川西南地区有 44.44%的县域和川西地区有 51.52%的县域乡村常住人口出现增加，分别增加了 57.98 万人和 10.06 万人，如川西南地区的屏山县、普格县、布拖县、美姑县等 7 个乡村常住人口增长率均在 45.10%～113.19%，增加数为 5.14 万～10.66 万人，川西地区的木里县、壤塘县、阿坝县、红原县等 17 个乡村常住人口增加的县域增长率在 2.48%～46.37%，增加数为 0.02 万～2.43 万人。因此，四川省县域乡村常住人口增加与减少并存。

3）贵州省乡村常住人口明显减少

贵州省 66 个县占贵州县域总数的 75%，几乎涵盖了贵州省的东中西部，其人口分布在空间上呈现中西部地区较东部地区密集的特征，从分布的地形区看，贵阳盆地及周边人口分布最密集，台地、丘陵次之，山地人口分布最稀疏（罗雅雪等，2018）。

贵州省的 66 个县域乡村常住人口总数由 2005 年的 2298.22 万人减至 2016 年的 1517.12 万人，减少了 781.1 万人，减幅达到 33.99%，远远超过研究区乡村常住人口总数变化幅度，也远超其他 4 省区市的变化幅度。减幅最明显的是黔东北地区的 21 个县，共减少了 322.27 万人，减幅 45.41%，县均减少 15.35 万人，占全省减少人口总数的 41.26%；其次是黔东南地区的 15 个县域，乡村常住人口减少了 162.89 万人，减幅 44.54%，县均减少 10.86 万人，占全省减少人口总数的 20.85%；黔西南地区的 20 个县域乡村常住人口减少了 186.94 万人，减幅 32.46%，县均减少 9.35 万人，占全省减少人口总数的 23.93%；黔西北地区的 10 个县域乡村常住人口减少了 99 万人，减幅 15.84%，县均减少 9.9 万人，占全省减少人口总数的 12.67%；66 个县中仅毕节市、万山区、铜仁市、水城县、赫章县 5 个县域乡村常住人口有微小增加，共增加了 38.63 万人，除毕节市增加 32.2 万人以外，其余 4 个县域增加人口数最多不超过 3.2 万人。贵州省县域乡村常住人口减少的县域数最多、人口数量最多、幅度也最大，因此，贵州省县域乡村常住人口减少明显。

4）云南省乡村常住人口数量出现轻微减少

云南省地处我国西南地区的西南部，辖区内 88 个贫困县之间的乡村常住人口数量差异大，贡山县和德钦县的乡村常住人口分别仅为 2.95 万人和 5.03 万人，但宣威市和镇雄县的乡村常住人口则高达 77.04 万人和 89.23 万人。2016 年与 2005 年比较，88 个县域乡村常住人口总数由 2578.84 万人减少至 2107.40 万人，减少了 471.44 万人，减幅 18.28%，有 37 个县域乡村常住人口减少率不超过 15%，县均仅减少 2.56 万人。分布在滇西地区的 55 个县域，乡村常住人口减少了 200.17 万，减幅达 16.68%，县均减少 3.64 万人；其余 33 个县域共减少了 271.28 万人，县均减少 8.22 万人。云南省随着其旅游资源的不断开发，致力打造旅游大省，其城乡常住总人口由 2005 年的 2912.5 万人增加至 2016 年的 3074.74 万人，增加了 162.24 万人，增幅为 5.57%；88 个县域的城镇化率也不断提升，由 10.81%提升至 30.87%，城镇地域不断扩张，故乡村数量不断减少，乡村常住人口不断降低。

5）广西壮族自治区乡村常住人口多流向城镇

广西的 33 个县域分布在滇桂黔石漠化地区，为全国集中连片特困区，经济发展较落后，流动人口相对较少。2005～2016 年，33 个县域乡村常住人口数由 1000.83 万人减少至 762.40 万人，减少了 238.43 万人，减幅 23.82%，县均减少 7.23 万人；其城乡常住总人口由 1084.4 万人降少至 1048.72 万人，仅减少了 35.68 万人，减幅 3.29%，故人口稳定发展，人口在区内流动较明显，向外流动较小。其中，13 个县域乡村常住人口减少数均低于 5 万人，12 个县域乡村常住人口减少在 5 万～10 万人，8 个县域乡村常住人口减少在 10 万～20 万人，仅西林县乡村常住人口出现增加，增加人口数为 0.58 万人。人口密度由 108.84 人/km^2 减少为 82.82 人/km^2，减少了 26.02 人/km^2，县均人口密度减少 27.34 人/km^2；24.24%的县域人口密度变化不超过 15 人/km^2，39.39%的县域人口密度变化值在 15～30 人/km^2，36.36%的县域人口密度变化值变化超过 30 人/km^2。因此，广西人口向区外流动较少，乡村常住人口多流向城镇区域，人口的城市化不断提升，乡村常住人口出现较明显地减少。

（三）县域间乡村常住人口变化差异明显

1. 县域间乡村常住人口分布疏密差异大

研究区内 267 个县域的乡村常住人口呈现明显差异，存在乡村常住人口聚集县域和稀疏县域。2005 年和 2016 年各县域乡村常住人口数量差异都比较明显，极差值由 117.36 万人减少为 87.08 万人，乡村常住人口不足 10 万人的县域由 44 个增加为 51 个，乡村常住人口 10 万～50 万人的县域由 182 个增加到 195 个，乡村常住人口 50 万～100 万人的县域由 35 个减少为 21 个，乡村常住人口超 100 万人的县域由 6 个降为 0 个。乡村常住人口较多的县域分布在川东北—渝东北地区的开州区、万州区、南部县等县区以及滇东北与黔西交界地区的威宁县、镇雄县、宣威市等，该类县域乡村常住人口一般在 70 万人左右，最高达 85 万人以上，人口密度均超 200 人/km^2；乡村常住人口分布稀疏区为川西地区县域，例如色达县、壤塘县、马尔康市等县域乡村常住人口不足 10 万人，人口密度多不足 10 人/km^2。

2. 县域间乡村常住人口增减并存，变化幅度差异大

县域间乡村常住人口数量变化差异明显。乡村常住人口减少的县域有 232 个，占 86.89%，其中，约 37.07%的县域乡村常住人口减少低于 5 万人，约 28.45%的县域乡村常住人口减少 5 万～10 万人，约 34.48%的县域乡村常住人口减少超 10 万人，共减少 2208.14 万人。人口增加县域 35 个，占 13.11%，其中，人口增长在 0～5 万人的占 71.43%，人口增加超 5 万人的占 28.57%，共增加 122.93 万人（图 5.1）。

由此可以看出，研究区县域乡村常住人口数量差异大，人口变化呈现轻微增加与明显减少并存的特点，但减少占主趋势，人口变化差异比较明显。同时，在西南地区乡村常住人口数量及密度较高的县域出现明显减少现象，乡村常住人口数量及密度较低的县域出现轻微增加现象，我们称为人口聚集区与稀疏区有微弱的人口反向变化，使得县域乡村常住人口极差值有缩小趋势。这与县域间的经济水平、人口迁移流动机会、民族结构、受教育水平、现代观念、生育意识等差异直接相关。

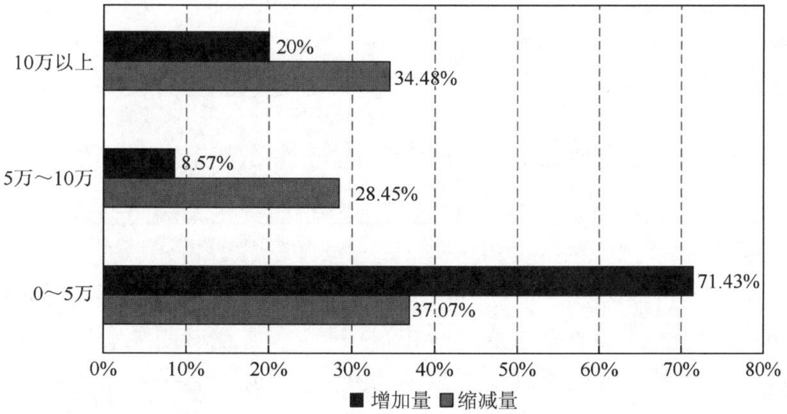

图 5.1　研究区县域村落人口增减变化

二、村落数量演变特征

利用 2005 年、2016 年研究区各县域村落数量统计数据和研究区域县域矢量化图层，采用 ArcGIS10.2 图层属性中的分级色彩设置进行可视化处理，分类方法选择自然间断点分类和手动分类相结合，将其分为 10 类，单位取个；可以得到 2005 年与 2016 年研究区各县域的村落数量分布图。

（一）村落数量整体呈递减趋势，递减区域差异十分明显

2005～2016 年研究区村落数量整体呈递减趋势，村落总数由 608542 个减少至 529528 个，共减少村落 79014 个，减幅为 13%。研究区 267 个县域中，有 170 个县域村落减少，占到研究区县域总数的 64%，村落共减少 84589 个；有 53 个县的村落数量微弱增加，占研究区县域总数的 19.85%，共增加村落 5575 个；有 47 个县域的村落数量保持不变，占研究区县域总数的 17.60%。

村落减少最明显的是贵州、川东北地区、川西南地区、渝东地区。其中，黔西地区县域村落减少 25868 个，部分县域增加 440 个，净减少了 25428 个村落，占村落减少总数的 32.2%；黔东地区县域村落减少 18137 个，部分县域增加 209 个，净减少了 17928 个村落，占村落减少总数的 22.7%；川东北地区减少 12544 个村落，增加 459 个村落，净减少 12085 个，占村落减少总数的 15.3%；渝东地区减少 5616 个村落，增加 594 个村落，净减少 5022 个村落，减少 6.4%；川西南地区减少 8914 个村落，增加 992 个村落，净减少 7922 个村落，占村落减少总数的 10%。

减少相对较少的是川西、滇西和广西壮族自治区，滇西地区村落减少 4178 个，增加 540 个，净减少 3638 个村落，占村落减少总数的 4.6%；广西壮族自治区减少 3170 个村落，增加 880 个村落，净减少 2290 个村落，占村落减少总数的 2.9%；云南省除滇西以外共减少 3553 个村落，增加 390 个村落，净减少 3163 个村落，占村落减少总数的 4%；川西地区减少 2609 个村落，增加 1071 个村落，净减少 1538 个村落，占村落减少总数的 1.9%。

村落及乡村人口数量分布较多的川东北地区、川西南地区、黔西北地区、黔西南地区、渝东地区的村落减少量和减幅更大；反之，村落及乡村人口分布稀疏区，村落减少量和减幅更小，村落相对稳定。

（二）省际村落数量变化差异大、不平衡性明显

2005～2016 年，西南地区 85%的村落集中分布在贵州、四川、云南三省，重庆及广西的村落数量始终只占 15%左右。2016 年与 2005 年比较，贵州、四川、云南三省村落减少量占西南贫困地区村落减少总量的 90.7%，村落数量递减十分明显，而重庆与广西村落减少量占西南贫困地区村落减少总量的 9.3%，村落数量递减明显缓慢，特别是广西的村落减少量仅占西南贫困地区村落减少总量的 2.9%，因此，省际村落数量变化不平衡性十分明显（表 5.2）。

西南地区村落数量变化的省际差异突出。贵州省减少的村落数量最多，村落减少了

43356 个，减幅 21.4%；四川省减少的村落数量次之，减少了 21545 个，减幅 11.40%；重庆市与云南省减少的村落数量分别为 5022 个和 6801 个，减幅分别为 12.53%和 5.26%，而减少数量最少的广西，减少了 2290 个，减幅为 4.78%。

表 5.2　研究区省域村落数量变化

省域	2005 年		2016 年		增减情况		
	数量/个	百分比/%	数量/个	百分比/%	数量/个	减少率/%	减少占比/%
重庆	40068	6.58	35046	6.62	–5022	12.53	6.36
四川	188849	31.03	167304	31.59	–21545	11.40	27.27
贵州	202532	33.28	159176	30.06	–43356	21.40	54.87
广西	47860	7.86	45570	8.61	–2290	4.78	2.90
云南	129233	21.24	122432	23.12	–6801	5.26	8.61
总计	608542	100.00	529528	100.00	–79014	12.98	100.00

（三）县域间村落数量变化差异显著

西南地区各县域的村落数量整体呈现减少态势，减少程度差异十分明显。各县域原有村落数量存在较大差距，村落数量为 338～9477 个，其中，贡山县村落数量仅为 338 个，南部县村落数量则高达 9477 个。2016 年与 2005 年比较，县域村落数量变化受村落原有基数的影响，整体呈现出村落数量基数较小的县域村落递减变化幅度较小，而村落数量基数大的县域村落递减幅度较大，如村落数量基数大的巴州区、仪陇县、叙永县、盘州市、水城县、织金县，村落数量减少量依次为 3848 个、2826 个、2871 个、3267 个、2503 个，村落数量基数较小的黑水县、康定、绥江县、景东县，村落减少量分别为 12 个、13 个、26 个、13 个。

三、村落分布演变特征

（一）研究方法

1. 反距离权重法

地理事物间相互作用及其影响下的相似性随着距离的增加而降低，即距离越近相同属性越明显，反之则越不明显。反距离权重法是地统计分析的一种，认为与插值点距离最近的样本点对插值点值的贡献最大，其贡献与距离成反比，通过计算以插值点为圆心、以 R 为半径的圆内样本点的加权平均值来确定插值（贾悦等，2016）。反距离权重法主要用样本区的测量值来预测任意采样位置的值，其公式为

$$Z = \sum_{i=1}^{n} \frac{Z_i}{d_i^p} \bigg/ \sum_{i}^{n} d_i^p \tag{5.1}$$

式中，Z 为估计值；Z_i 为第 i $(i=1,\cdots,n)$ 个样本值；d_i 是距离；n 为用于插值县域的村落数量；p 为距离的幂，它的选择标准是最小平均绝对误差，默认 $p=2$。上述步骤可以在 ArcGIS10.2 地统计向导的反距离权重插值工具中进行操作，最后得出反距离插值权重图，所得的 Z 值代表的是县域村落数量，Z 值越大村落数量集中越多，即颜色越接近红色，代表该区域的村落分布越多，反之，则村落分布越少。

2. 地理集中指数

地理集中指数是地理学中描述地理要素分布集中度的指数之一，多用于研究地理样本的集中程度，分析地理样本在研究区域分布的集中化程度。运用地理集中指数公式可以计算出研究区各省市村落分布的集中化程度，其公式为

$$K = 100 \times \sqrt{\sum_{i=1}^{n}\left(\frac{x_i}{M}\right)^2} \tag{5.2}$$

式中，K 为村落空间分布的地理集中指数；x_i 为 i 县域的村落分布数；M 为村落总数；n 为县域总数。K 取值为 0～100，K 值越接近 100，说明村落分布的空间集中程度越高，说明更多的村落源自少数几个县域，K 值越接近 0，说明村落分布越分散，说明县域之间的村落数量分布较均衡。但是，县域样本数量的多少会影响到 K 值，研究县域数越多，K 值越小，反之，K 值则越大。

3. 村落反距离权重插值图

运用 ArcGIS10.2 软件 Spatial Analyst 中集成的反距离权重工具，根据式（5.1），分别对 2005 年、2016 年研究区的村落分布进行反距离 Z 权重地统计分析，将其结果通过自然间断法与手动分类相结合的方法分为 10 类，并生成西南地区村落的反距离权重空间分布格局图。

4. 村落密度图

运用 ArcGIS10.2 软件图层属性中的分级符号分别对研究区 2005 年、2016 年的县域村落密度进行可视化处理，并将其结果通过自然间断法分为 5 类，得到 2005 年与 2016 年的县域村落密度图。

（二）村落分布演变基本特征

1. 村落分布聚散总体态势基本稳定

研究区内村落分布存在集中区、过渡区、稀疏区。2005～2016 年西南贫困地区三大村落疏密区的空间分布未发生大的变化，且始终存在川东北地区、黔西北与滇东北交界地区两大集中区。

村落分布密集区与稀疏区分布地区基本保持不变，空间格局基本稳定。村落的集中区一直为川东北地区、黔西北与滇东北交界地区，集中区的县均村落数量均超过 3000 个，

集中区村落分布约 3 个/km^2；稀疏区则为川西地区、滇西地区以及广西，县域村落数量平均在 1000 个左右，稀疏区村落分布约 0.5 个/km^2；过渡区为渝东地区和黔东地区，各县域村落数量平均在 2000 个左右，过渡区村落分布约 1 个/km^2。

2. 村落集中区范围及村落数量减少

2005 年～2016 年西南贫困地区村落分布的集中区始终为川东北地区和黔西北地区，其中变化最大的是川东北地区，15 个县域的村落总数由 80766 个减少至 68681 个，县域村落数量均值由 5384.4 个降至 4578.73 个；黔西北地区村落数量减少量次之，10 个县域的村落数量由 57310 个减少至 46270 个，县域村落均值由 5731 个降至 4627 个；两个集中区的村落数量都有明显减少，且村落数量超 6600 个的县域数量减少，其中村落密度达 5 个/km^2 左右的嘉陵区、南部县、仪陇县等，密度出现明显降低，村落密度变化值超过 1 个/km^2，而其他县域的村落密度变化幅度相对较小，变化值明显低于 1 个/km^2。整体而言，两大村落集中区范围有所缩小，但变幅不同，而且集中区村落密度高的县域变幅明显大于村落密度低的县域。

3. 村落分布类型由随机型逐步向集中型缓慢发展

2005～2016 年西南贫困地区村落密度变化整体以降低为主，研究区村落密度由 0.62 个/km^2 降至 0.54 个/km^2。其中，贵州省的村落密度变化最大，由 1.09 个/km^2 降至 0.85 个/km^2，重庆市的村落密度变化次之，由 0.83 个/km^2 降至 0.73 个/km^2，四川省由 0.55 个/km^2 降至 0.48 个/km^2，云南省由 0.42 个/km^2 降至 0.40 个/km^2，广西由 0.52 个/km^2 降至 0.50 个/km^2（表 5.3）。各省域的村落密度均呈现降低趋势，一方面，村民新建房屋选址趋向于地势平坦、区位交通便利、人居环境条件更好的地方；另一方面，政府主导和企业开发结合进行的新农村建设、美丽乡村建设、各类移民新村建设等，也特别考虑了区位条件、公共设施布局效益、人居环境改善等。这两方面都促进了村落趋向集中分布，因此，村落格局类型总体由随机分散分布向集中分布发展。

表 5.3　研究区各省域村落密度变化　（单位：个/km^2）

区域	2005 年	2016 年	变化值
研究区	0.62	0.54	–0.08
重庆	0.83	0.73	–0.10
四川	0.55	0.48	–0.07
贵州	1.09	0.85	–0.23
云南	0.42	0.40	–0.02
广西	0.52	0.50	–0.03

4. 村落密度总体下降，但省际不均衡性比较明显

村落数量及其变化的省域差异，必然导致村落密度及其变化差异。从 2005 年、2016 年村落数量看，贵州与四川两省的村落数量一直占总数的 63%左右，云南省占 22%左右，广西与重庆两区市的村落数量仅占 15%左右（图 5.2）。因此，研究区省际村落数量呈现不平衡的分布格局，村落密度存在明显的省际差异。

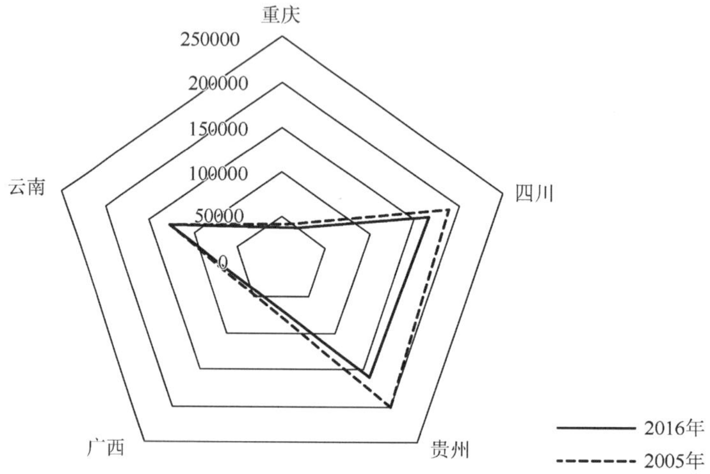

图 5.2　研究区各省区市村落数量分布

2005～2016 年研究区村落密度整体下降趋势明显，而且呈现明显的省际差异。结合研究区所处自然环境，东部和中部地区地势相对平缓，自然环境相对较好，村落分布相对较集中，密度较高，其村落密度在 0.7 个/km^2 以上。2005～2016 年，贵州省村落密度由 1.09 个/km^2 降至 0.85 个/km^2，始终为密度最高区；重庆村落密度由 0.83 个/km^2 降至 0.73 个/km^2。研究区西部多为中高山、高原地形区，村落分散在山间地势相对平坦处，村落密度较低，一般在 0.5 个/km^2 左右。2005～2016 年四川省村落密度由 0.55 个/km^2 降至 0.48 个/km^2；云南省村落密度由 0.42 个/km^2 降至 0.40 个/km^2。

5. 省际村落空间聚散变化不明显

根据式（5.2）计算出各省区市 2005 年、2016 年的 K 值（表 5.4），K 值反映村落集中程度，将 2016 年与 2005 年的 K 值作差，其绝对值大小反映村落空间聚散变化状况。由表 5.4 可知，各省区市 K 值的变化值均在 1 以下，说明各省区市村落空间分布的聚散状态变化微弱。西南五省区市的 K 值平均变化值为 0.02，五省区市变化范围为 0.02～0.80，故省际村落空间聚散变化不明显。其中，重庆市 K 值由 27.96 降至 27.94，四川省 K 值由 15.09 增至 15.24，贵州省的 K 值由 13.98 增至 14.78，广西的 K 值由 18.79 降至 18.22，云南省的 K 值由 12.01 降至 11.97；K 值变化相对最明显的是贵州省，其次是广西壮族自治区和四川省，最不明显的是重庆市和云南省。

表 5.4　西南地区各省村落分布的地理集中指数及变幅

地区	2005 年 K 值	2016 年 K 值	$\|K\|$ 值变化值
研究区	7.36	7.28	0.02
重庆	27.96	27.94	0.02
四川	15.09	15.24	0.15
贵州	13.98	14.78	0.80
广西	18.79	18.22	0.57
云南	12.01	11.97	0.04

6. 县域村落数量与分布受自然环境影响大

研究区内各县域的村落数量和密度存在极大差异，而其差异与村落所处地理环境相关，即与地理环境差异大致吻合。结合村落数量和密度的空间分布可知，地处川西高原以及横断山区的多数县域村落数量在 1000 个左右，村落密度约 0.2 个/km^2，如 2016 年，乡城县的村落数量为 1157 个，村落密度为 0.23 个/km^2，维西县的村落数量为 1027 个，村落密度为 0.22 个/km^2；而位于川东北地区的县域，因其处于四川盆地边缘，地势相对低平，地理环境条件相对较好，多数县域村落数量远超 5000 个，村落密度超 3 个/km^2，如广安区，2005～2016 年，村落数量由 5427 个减少至 4584 个，村落密度由 4.4 个/km^2 降至 3.5 个/km^2，村落数量和密度明显较高，村落分布的变化也较大。

四、村落人居环境演变特征

（一）村落人居环境状况整体改善明显

1. 居民住房质量明显提升

住房质量会随着经济社会的发展而不断改进，以满足人类追求更高生活水平的需要。

1）住房建筑用材和建筑品质不断提高

在中国几千年历史长河中，乡村居民的房屋历来都是以自建为主，随着社会经济的发展，乡村居民住宅建筑的质量不断提高，安全性、宜居性、现代性都得以提高。西南地区村落的建筑用材由最初就地取得的土、木、藤条、稻草，发展到砖、石、瓦等传统材料，目前，一般村落住房用材已由工厂提供统一规格的砖、钢筋、水泥等。当然，在川西、滇西、滇西南等地区，仍有不少村落住房的建筑材料就地取材，如傣族居住村落多选择竹子、木材为建房材料，处于大凉山地区的村落房屋墙体以竹子编织成骨架，然后浇筑稀泥，待其干结成块后作为墙体（许玉超，2018）。

2）住房更新加快，砖混结构占主体

20 世纪 90 年代及以前，西南地区村落的房屋以单层、人畜居住空间不分的土木或砖木结构为主。近 20 年来，随着国家经济社会快速发展，特别是西部大开发、美丽乡村建设、扶贫开发、精准扶贫、农民就业拓展等的推进，乡村经济社会发展加快，农民人均纯收入大幅度提升，有效推动了农村住房改建或新建，房屋由以前的单层土木结构转变为多层独栋的砖混结构，人均居住面积由 25m^2 左右增加至 35m^2 以上，人畜分层、分离，人居环境明显改善。

村落改建与新建的房屋不断增加，房屋质量不断提升。2016～2018 年，课题组在西南五省区市中各抽取 2 个县，每个县选择 2、3 个行政村进行村落住房重点调查，由结果可知，目前西南地区村落住房建造时间以 2005～2018 年的比例最高，占总量的 51.34%，2000～2005 年的占 38.25%，建于 2000 年以后的住房近 90%，砖混结构住房比例不断提高；1979～1990 年和 1990～2000 年所建的住房分别占总量的 5.03% 和 4.38%，20 世纪 80 年代以来，住房开始向砖石结构和砖混结构发展；1978 年以前的住房比例最低，仅占总量的 1%，该时期以一层土木石结构住房为主（图 5.3）。

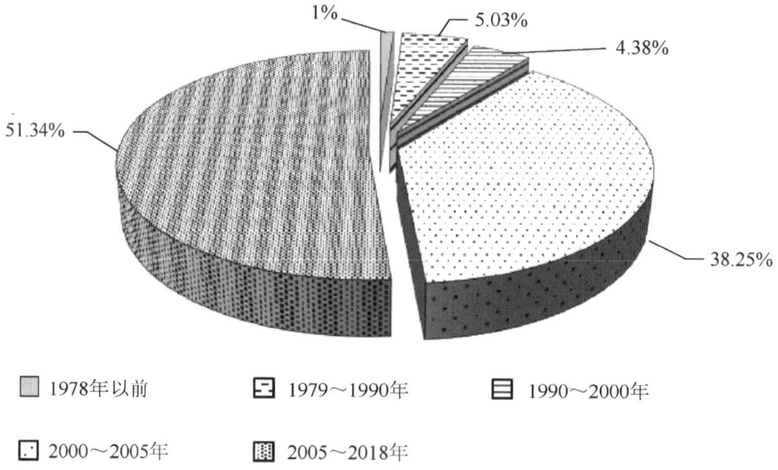

图 5.3　调研村落的住房建造时间

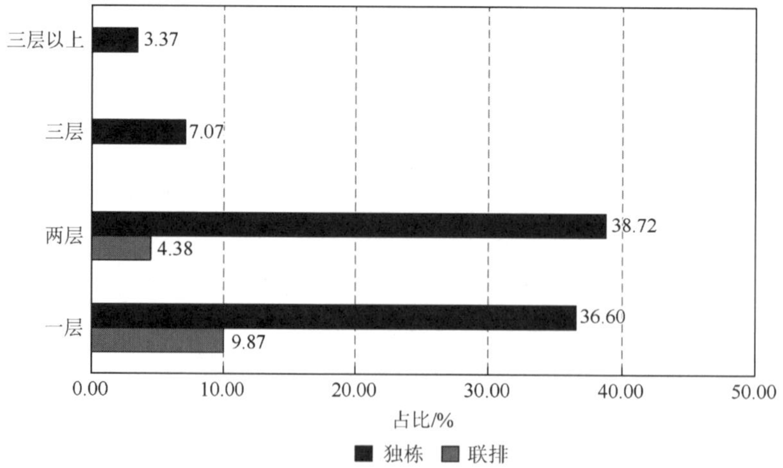

图 5.4　调研村落住房建筑样式

2000 年以来，房屋结构由单层土木结构或砖木结构向多层砖混结构转变。调研村落住房以独栋为主，其中，一层占36.60%，两层占38.72%，三层占7.07%，三层以上占3.37%，多户联排房屋中一层占9.87%，两层占4.38%（图5.4）。可以看出，西南地区绝大多数村落的住房以一至两层的独栋房屋为主，占75%以上，三层及以上的独栋和多户联排住房数量较少，住房建筑以砖石结构或砖混结构为主，近10年来的新建住房基本为砖混结构。

2. 基础与公共服务设施明显改善

在西部大开发、美丽乡村建设、扶贫政策、乡村振兴等系列因素作用下，西南地区乡村基础与公共服务设施逐步完善。其中，通电率达到 100%，西南地区 2005 年农村人均年用电量为110.16kW·h，2016 年农村人均年用电量达到147.59kW·h，自来水到户率接近100%，仅存在少部分高山独户未通自来水，自来水用水保障率和质量也有明显提高，能够基本满足村民的日常用水；电视及网络覆盖率达100%，每个家庭至少拥有一部能够上网的智能手机或电脑；100%的行政村已通乡村公路，85%以上的自然村有了村道，道路状况较 2005 年大大改善。行政村均建立幼儿园以及小学，70%以上村落的适龄儿童上幼儿园和小学的直线路程在 1km 以内，中学集中设立在乡镇或县城，教育资源与设施保障了适龄青少年受教育公平性得到保障；行政村设立了相应的卫生院或卫生所，满足村民日常看病的需求，村民前往卫生所时间为20～60min；村落内部商店、小超市数量明显增加，布局更加合理，村民购买生活必需品的距离大幅度缩短；村落主道路旁均已设立垃圾回收站点，垃圾车定时回收村民的生活垃圾，生活垃圾回收与处理方式得到改善，村民环境保护意识也逐步提高。

3. 村落生态环境质量有不同程度提高

随着新农村建设、美丽乡村建设的推进，农村环境整治不断实施，西南地区许多村落环境和卫生得到了明显改善。从硬件设施上看，农村旱厕改建、圈舍改造、农村道路升级、农村家庭垃圾箱、分类处理垃圾箱、垃圾回收车、垃圾处理站等在许多乡村地区开始普及，村落生态建设有序开展；从手段举措上看，农村通过中心村建设、空心村整治、政策鼓励、发展乡村旅游等举措促进村落生态建设，一些村落开始推出农村保洁服务、农村庭院美化、恢复农村绿地、废水废气污染治理、提升农村医疗教育水平等；从村民的思想观念上看，村民综合素质和环保意识也在提高，乱扔生活垃圾，随意堆放杂物、建筑垃圾，随意焚烧秸秆等现象不断得到扭转，基层政府对农村环境卫生的监管力度在加大，通过一系列整治措施，农村生态环境焕然一新。

4. 不同自然生态环境下的村落人居环境改善程度不同

自然与生态环境是人居环境的重要影响因素，自然生态环境适宜性影响人类居住选择，人类总是在不断地选择适宜的居住环境，而自然生态环境也在不断变化，因此，自然环境及其变化自然影响人居环境演变。如随着海拔升高，地形、气候及相应自然环境呈现垂直地带分异规律，同时其区位条件、生产条件等也呈现明显差异，人类居住生活环境自然出现差异。在高海拔地区，地理条件约束人类居住与生产生活，通达性也较差，人居适宜性较差，环境相对脆弱，承受人类干扰的能力也低，因此，一定条件下，人口迁出成为必然；低海拔地区地理条件优越，较适于人类活动，人居环境受人类影响的广度和深度加大，人居环境演变可能更明显（角媛梅等，2006）。

不同海拔地区村落布局、房屋结构、基础与公共服务设施等人居环境要素的变化速度与程度不同。如海拔较低的村落住房布局调整更容易而变化更明显，实现相对集中式布局也更容易；低海拔地区农业基础以及经济基础较好，村民经济收入来源渠道更多，更新房屋速度也较快；低海拔地区村落交通可达性以及可达时间明显优于高海拔地区，对外交流频率更高，村民接受外界物质与精神文化更快，从而促进村落更快发展；低海拔地区供电、供水、通信、道路等设施兴建难度明显低于高海拔地区，村落基础与公共服务设施建设、更新、普及更快。

5. 少数民族村落景观呈现两极分化，特色人居景观有逐渐弱化趋势

西南地区有较多少数民族分布，少数民族村落或多民族杂居村落比较多，富有民族特色的村落人居景观是宝贵的民族文化遗产。目前，西南地区少数民族村落景观发展呈现两极分化，民族村落加上其他旅游资源丰富的村落，在旅游业发展带动下，特色民族村落人居景观得以保护，人居环境改善明显，如云南西双版纳以及黔西南地区的少数民族村落景观保留更为完整，人居环境得到改善；相反，其他旅游资源缺乏的民族村落，多数经济基础较差，住房建设更多是考虑节省费用，或选择更容易建设的方式，而不会考虑民族特色、民族人居景观，新建住房内外千篇一律，风格趋于大众化。

西南地区，民族文化融合在很多地区已成主流，少数民族特色文化受到冲击，民族特色在逐渐弱化，民族与民族之间的文化界限逐渐消失。例如土家族依山傍水而建的吊脚楼、凉山彝族瓦板房、云南傣族竹楼等特色民居等在不断减少，各民族住房内外结构趋同，逐步向简单的两层楼房发展，建筑材料、风格、样式等逐步同一化。广西隆林县弄桑村苗族、彝族、壮族、汉族同处一村，语言、风俗、生活习惯大致相同，住房内外风格大体一致，民族特色也难以区分。

6. 村落人居环境演变的区域差异比较明显

西南地区自然地理条件复杂，海拔差异大，地形包括高原、山地、丘陵、平原、盆地等，村落相对于出镇、交通干线的区位差异决定村落的开放程度，村落人口数量以及村落经济发展水平等都对农村人居环境变化起着重要作用。

2005 年，西南贫困地区低山丘陵区村落人均耕地 0.8 亩，农村年人均用电量为 103.66kW·h，农村居民人均住房面积 26.42m^2，平均每县有普通中学数量 45.65 所，每千人拥有卫生技术人员数为 1.67 人，农民人均年纯收入 1881.76 元；中低山区村落，人均耕地 1.07 亩，农村年人均用电量为 114.06kW·h，农村居民人均住房面积 25.8m^2，平均每县有普通中学数量 25.29 所，每千人拥有卫生技术人员数为 2.2 人，农民人均年纯收入 1761.43 元；中山区村落，人均耕地 1.16 亩，农村年人均用电量为 99.84kW·h，农村居民人均住房面积 26.41m^2，平均每县有普通中学数量 25.34 所，每千人拥有卫生技术人员数为 2.17 人，农民人均年纯收入 1593.8 元；高山区村落，人均耕地 1.37 亩，农村年人均用电量为

188.1kW·h，农村居民人均住房面积 24.52m^2，平均每县有普通中学数量 9.97 所，每千人拥有卫生技术人员数为 3.3 人，农民人均年纯收入 1088.56 元。

2016 年，西南贫困地区低山丘陵区村落，人均耕地 0.98 亩，农村年人均用电量为 154.67kW·h，农村居民人均住房面积 38.53m^2，平均每县有普通中学数量 38.47 所，每千人拥有卫生技术人员数为 4.3 人，农民人均年纯收入 9114.53 元；中低山区村落，人均耕地 1.43 亩，农村年人均用电量为 209.83kW·h，农村居民人均住房面积 37.03m^2，平均每县有普通中学数量 23.13 所，每千人拥有卫生技术人员数为 4.53 人，农民人均年纯收入 8994.64 元；中山区村落，人均耕地 1.07 亩，农村年人均用电量为 114.91kW·h，农村居民人均住房面积 36.94m^2，平均每县有普通中学数量 27.82 所，每千人拥有卫生技术人员数为 4.61 人，农民人均年纯收入 8558.3 元；高山区村落，人均耕地 1.13 亩，农村年人均用电量为 137.93kW·h，农村居民人均住房面积 36.37m^2，平均每县有普通中学数量 10.76 所，每千人拥有卫生技术人员数为 4.13 人，农民人均年纯收入 8353.37 元。

总体而言，西南地区人居环境演变的区域差异较大。低山丘陵区、低中山区区位相对开放，自然、经济、区位条件有一定优势，在相关政策、资金、技术支持下，村落人居环境改善较为明显，村民住房、水电供应设施、教育医疗资源、乡村产业发展、厕所改造、垃圾收集与处理设施配备等均取得明显成效，村民的生态环境保护意识也得到一定程度提高。而在中山、高山区的村落海拔相对较高、相对封闭，人口规模较小，交通、区位、经济基础条件较差，政策、资金、技术落实较慢，村落人居环境整治取得一定成效，水电供应设施、旱厕改造、村民房屋改造、垃圾箱与垃圾站配套、教育医疗设施等有一定改善，但普及率和质量仍需要大力提高。

（二）各省域村落人居环境的演变

1. 重庆市村落人居环境加速改善

2005 年，重庆市的县域村落人均耕地 2.16 亩，人均用电量为 120.06kW·h，农村居民人均住房面积 31.25m^2，平均每县有普通中学数量 33.07 所，每千人拥有卫生技术人员数为 1.98 人，农民人均年纯收入 2182.43 元；2016 年，人均耕地 1.56 亩，人均用电量为 252.31kW·h，农村居民人均住房面积 42.05m^2，平均每县有普通中学数量 31.43 所，每千人拥有卫生技术人员数为 5.05 人，农民人均年纯收入 8986.93 元。

近 10 年来，重庆加强新农村建设和生态文明建设，使得乡村经济、新农村建设，农村用电、住房面积、教育卫生以及村民纯收入都得到明显的改善。2013 年，重庆市制定了《重庆市“美丽乡村”建设规划纲要》，切实推进人畜饮水工程建设，推进农村公路通畅工程和农村人行便道建设，夯实基础设施；建设以“巴渝民居”为主要特色风貌的多样化农民新村居民点，改善农村人居条件，人均居住面积增加了 11.26m^2；加强农村污染治理，开展环境连片整治，鼓励和支持农户实施改厨、改厕、改圈，逐步实现垃圾集中收集和生活污水治理全覆盖，加强环境整治；推广清洁能源，因地制宜，推广农村沼气、省柴节煤灶、高效低排生物质灶、太阳能热水器等技术和产品，农户清洁能源入户率达到 70%以上。

2. 四川省村落人居环境改善呈现明显的地区差异

四川省所辖县域分布在川东北地区、川西地区和川西南地区，三地因其地理位置以及经济发展基础差异，近 10 年来村落人居环境变化存在明显差异。川东北地区属于丘陵低山地区，经济发展与人居环境基础较好；川西南地区地理位置与交通较优越，经济与人居环境基础次之；川西地区因其地形地貌限制，经济基础与人居环境较差。

2005 年，川东北地区人均耕地 0.74 亩，人均用电量为 116.16kW·h，农村居民人均住房面积 25.13m^2，平均每县有普通中学数量 53.87 所，每千人拥有卫生技术人员数为 1.58 人，农民人均年纯收入 1759.67 元；川西南地区人均耕地 1.57 亩，人均用电量为 105.98kW·h，农村居民人均住房面积 23.87m^2，平均每县有普通中学数量 14 所，每千人拥有卫生技术人员数为 2.01 人，农民人均年纯收入 1544.44 元；川西地区人均耕地 1.31 亩，人均用电量为 87.09kW·h，农村居民人均住房面积 23.87m^2，平均每县有普通中学数量 3.57 所，每千人拥有卫生技术人员数为 3.07 人，农民人均年纯收入 1544.44 元。

2016 年，川东北地区人均耕地 0.91 亩，人均用电量为 138.73kW·h，农村居民人均住房面积 37.2m^2，平均每县有普通中学数量 48.13 所，每千人拥有卫生技术人员数为 3.58 人，农民人均年纯收入 9072 元；川西南地区人均耕地 1.17 亩，人均用电量为 127.98kW·h，农村居民人均住房面积 37.3m^2，平均每县有普通中学数量 13.44 所，每千人拥有卫生技术人员数为 3.51 人，农民人均年纯收入 9045.55 元；川西地区人均耕地 1.16 亩，人均用电量为 100.54kW·h，农村居民人均住房面积 35.45m^2，平均每县有普通中学数量 6.93 所，每千人拥有卫生技术人员数为 4.01 人，农民人均年纯收入 8290.15 元。

川东北地区人居环境基础最好，农民人均纯收入、教育设施配备等远高于其他两个地区；川西南地区地理环境条件较好，距重庆及宜宾等区域中心城市较近，人居环境基础也比较好，教育医疗设施配备较好；川西地区地处川西高原，人居环境基础较差，牧民用电用水、居住、就学问题基本解决，但县均教育、医疗设施与人员配置远低于其他两区，村落与人口分布比较分散，居民实际享受的医疗与教育设施的便利性仍较低。整体而言，三大地区人居环境有明显改善，但变化最为明显的是人居环境基础最差的川西地区，其次是川西南地区，最后是川东北地区。

3. 贵州省村落人居环境条件普遍改善

贵州省所辖县域的村落多位于山地高原区，平原坝子较少，人均耕地面积不足 0.9 亩，低于联合国粮农组织所确定的 0.8 亩耕地警戒线的县域有 30 个，村落建设要特别注意耕地保护与合理开发。

2005 年，贵州人均耕地 0.72 亩，人均用电量为 111.17kW·h，农村居民人均住房面积 25.15m^2，平均每县有普通中学数量 26.69 所，每千人拥有卫生技术人员数为 2.38 人，农民人均年纯收入 1672.36 元。2016 年，人均耕地 1.07 亩，人均用电量为 142.49kW·h，农村居民人均住房面积 37.54m^2，平均每县有普通中学数量 27.53 所，每千人拥有卫生技术人员数为 5.48 人，农民人均年纯收入 7958.66 元。

贵州省乡村与村落发展中要特别注意保护生态环境，加快废弃矿山和村庄土地整理、复垦利用，不断推进退耕还林以及石漠化防治工程，同时因乡村常住人口减少明显，2016 年人均耕地面积上升至 1.07 亩。近年来，贵州省不断强化村落基础设施建设，如黔北民居改造、农村沼气池建设、农村普遍建立垃圾箱与垃圾站等；加强移民集中安置点建设，加快基本农田、通村公路、水利设施、卫生室等村级公共设施建设；实施乡村道路通达通畅工程，切实改善了省域范围内的道路状况，实现了乡村公路通达行政村，硬化路基本通达社、自然村，村民出行便利性明显提升。

4. 云南省村落人居环境明显改善

2005 年，云南省所辖县域人均耕地 1.35 亩，人均用电量为 75.3kW·h，农村居民人均住房面积 25.63m^2，平均每县有普通中学数量 21.13 所，每千人拥有卫生技术人员数为 2.06 人，农民人均年纯收入 1373.84 元。2016 年，人均耕地 1.32 亩，人均用电量为 112.59kW·h，农村居民人均住房面积 36.44m^2，平均每县有普通中学数量 24.09 所，每千人拥有卫生技术人员数为 4.08 人，农民人均年纯收入 8423.88 元。

近 10 年来，云南省加大打造宜居乡村、改善人居环境的力度，乡村居民的住房、医疗、教育及生活环境得到明显的改善。住房条件全面改善，人均住房面积增加了 10.81m^2，新建住房趋向集中化，且各民族之间住房建设有趋同趋势；村落基础与公共服务设施不断完善，农村自来水普及率突破 80%，饮水安全得到解决，农村供电全覆盖；不断推进乡村医疗设施建设和人员配置，每千人拥有卫生技术人员数由 2.06 人提升至 4.08 人，初步形成“小病在乡村，大病住县级医院，重大疾病上省州级医院”的就医格局；在改善村民的卫生环境方面，基本建立起“户清扫、组保洁、村收集、镇转运、县处理”的农村垃圾收集处理长效机制。

5. 广西壮族自治区村落的宜居性明显增强

广西壮族自治区有 33 个县域属于滇黔桂石漠化连片特困区范围，近年来，大力实施“滇桂黔石漠化片区区域发展与扶贫攻坚规划”，不断完善农村基础设施，加快小城镇与村庄建设，夯实农业生产基础，改善人居环境。

2005 年，广西人均耕地 1.1 亩，人均用电量为 62.87kW·h，农村居民人均住房面积 25.18m^2，平均每县有普通中学数量 14.43 所，每千人拥有卫生技术人员数为 1.39 人，农民人均年纯收入 1877.24 元。2016 年，人均耕地 2.13 亩，人均用电量为 179.36kW·h，农村居民人均住房面积 35.51m^2，平均每县有普通中学数量 19.48 所，每千人拥有卫生技术人员数为 4.26 人，农民人均年纯收入 8691.52 元。

广西不断推进农村危房改造工程，逐步提高补助标准，重点解决贫困户住房安全问题，全面解决危房、茅草房问题，使村民住房问题得到解决，人均住房面积大幅增加；加强村落基础与公共服务设施建设，村落生活生产功能进一步完善；推进美丽乡村建设，开展改水、改厨、改厕、改圈，实现人畜分离，村落卫生环境明显改善；实施水、电、路、气、房、环境改善的“六到农家”工程，使村落供电到户率达 100%，农村饮水安全基本解决，有条件的地方已经建立集中供水设施；积极推广使用沼气，因地制宜发展小水电、太阳能、风能等可再生能源，加快省柴节煤炉灶改造；加强有机肥和无害化畜禽粪便还田等畜禽粪污综合利用，减少环境污染，绿化美化村屯，全面改善乡村环境；乡村路网进一步完善，实现乡镇、建制村通沥青（水泥）路，推进村道向村民小组、自然村延伸，部分有条件的地区已实现乡村客运公交化，推进城乡客运一体化。

第二节　西南地区各类乡村地域村落演变特征

西南地区乡村地域分异明显，其村落因所处自然环境、经济与社会环境及文化背景的差异，其发展也呈现明显的地域差异。本节以第四章第二节乡村综合地域类型划分（Ⅰ-中低山半封闭少数民族聚居经济滞后型、Ⅱ-中山开放多民族杂居经济严重滞后型、Ⅲ-中低山半封闭少数民族聚居经济严重滞后型、Ⅳ-中山半开放少数民族聚居经济滞后型、Ⅴ-高山半封闭少数民族聚居经济相对发达型、Ⅵ-低山丘陵半封闭少数民族零星分布经济滞后型、Ⅶ-高山半封闭少数民族聚居经济严重滞后型、Ⅷ-中山半封闭少数民族杂居经济严重滞后型、Ⅸ-高山封闭少数民族聚居经济严重滞后型、Ⅹ-中山封闭少数民族聚居经济严重滞后型 10 大乡村综合地域类型）为基础，从经济发展、常住人口规模、村落数量与密度、人居环境等方面剖析 10 类乡村地域类型的村落演变特征。

一、低山丘陵区乡村地域村落演变特征

（一）第Ⅵ类乡村地域村落演变特征

1. 经济发展

该类涉及 17 个县。2005～2016 年，县域经济增长较快，地区生产总值由 383.33 亿元增加至 1357.01 亿元，增加 254%；社会消费品零售总额由 130.59 亿元增加至 666.68 亿元，增加约 410%；人均 GDP 由 3458.17 元增加至 19402.12 元，增加约 461%，2016 年农民人均年纯收入达 9114.52 元。

2. 乡村常住人口变化

目前该类乡村地域县均乡村常住人口数超 30 万人，人口密度达 140 人/km^2 以上，属于人口较集聚区。10 多年来，县域乡村常住人口总数由 902.02 万人减少至 575.39 万人，减少了 326.63 万人，减幅为 36%，其人口密度也随着常住人口数量的减少有所降低，由 225.23 人/km^2 减少到 147.55 人/km^2。县域之间人口变化也存在差异，仪陇县的乡村常住人口由 48.56 万人增加至 60.23 万人，人口密度由 274.28 人/km^2 增加至 340.88 人/km^2；巴州区因新设恩阳区后面积减少至 1177km^2，乡村常住人口是该类地区县域中减少最多的，减少了 78.44 万人，人口密度由 417.77 人/km^2 降至 204.41 人/km^2；其余县域的乡

村常住人口和人口密度也呈现减少趋势，乡村常住人口县均减少了 17.32 万人，人口密度由 208.97 人/km^2 降低至 135.78 人/km^2（图 5.5）。

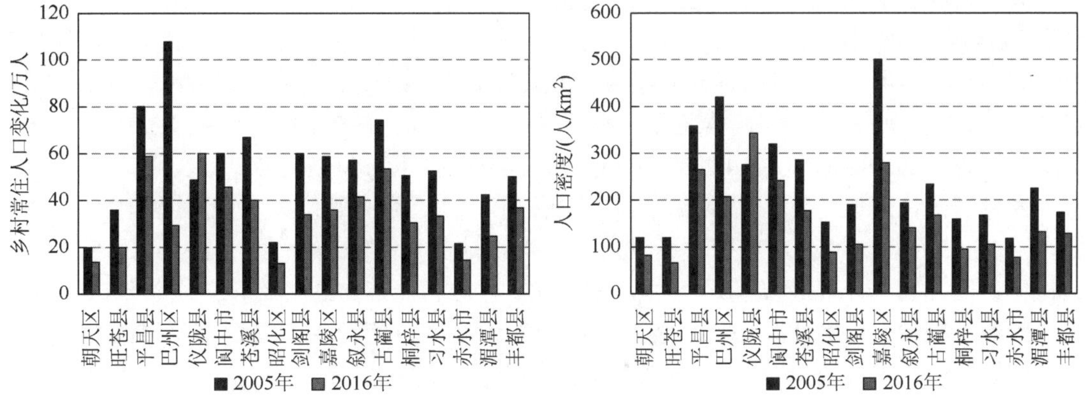

图 5.5　第Ⅵ类乡村地域县域乡村常住人口和人口密度变化

3. 村落数量演变

2005～2016 年，该类乡村地域由于自然村、行政村撤并，村落数量减少，村落密度有所降低，村落集中度有所提高。2016 年与 2005 年比较，减少了 15607 个村落，减幅 22.30%，村落密度由 1.75 个/km^2 减少至 1.39 个/km^2。

17 个县域中 8 个县域村落数量减少 25%以上，如巴州区、叙永县、古蔺县、仪陇县的村落数量分别减少 53.38%、58%、46.09%、36.01%，分别减少村落 3843 个、2871 个、2070 个、2826 个。其余 11 个县域的村落数量减少均不足 1000 个，朝天区、昭化区、苍溪县、丰都县 4 个县域村落数量减幅为 10%～25%，其他 7 个县域村落数量减少均低于 10%。从村落密度变化看，以四川的巴州区、叙永县、古蔺县、仪陇县减少最明显，村落密度减少 0.5～1.0 个/km^2，四川旺昌、阆中等及渝黔所属县域村落密度减少值低或基本稳定，桐梓、习水等县基本不变（图 5.6）。

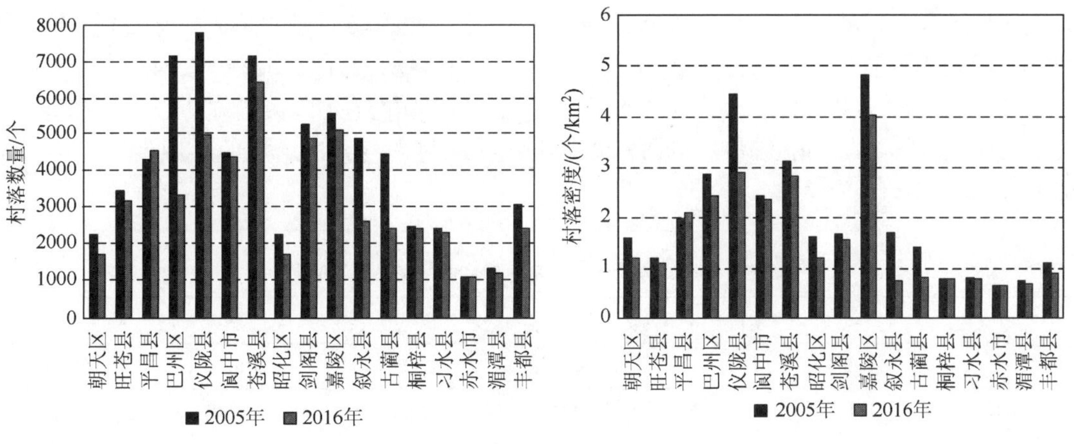

图 5.6　第Ⅵ类乡村地域村落数量和密度变化

4. 人居环境演变

该类县域分布在丘陵、低山区，经济发展与人居环境基础相对较好，2005 年人均耕地面积 0.8 亩，人均用电量为 103.65kW·h，农村居民人均住房面积 $26.42m^2$，平均每县有普通中学数量 45.65 所，每千人拥有卫生技术人员数为 1.67 人，农民人均年纯收入 1881.76 元；2016 年人均耕地面积 0.98 亩，人均用电量为 154.66kW·h，农村居民人均住房面积 $38.52m^2$，平均每县有普通中学数量 38.47 所，每千人拥有卫生技术人员数为 4.29 人。

乡村居民住房条件得到明显改善，住房新建和改建户超 80%，人均住房面积由 $26.42m^2$ 提升至 $38.52m^2$；村域耕地保护不断推进，人均耕地面积有微弱上升，增加了 0.18 亩；中心村配备幼儿园与小学，以满足适龄儿童就学；行政村、社均通公路，交通条件改善加强了村落对外交流；垃圾回收站、垃圾处理站的配备使得村落卫生环境得到明显改善，居民思想意识较开放，生态环境保护环境意识较强。

二、中低山区乡村地域村落演变特征

（一）第Ⅰ类乡村地域村落演变特点

1. 经济发展

该类型涉及 17 个县。2005～2016 年，县域经济发展迅速，经济增长趋势良好，地区生产总值 492.9798 亿元增加至 2612.9180 亿元，增长 5.3 倍；人均 GDP 由 5789.29 元增加至 29822.25 元，增长 5.2 倍；社会消费品总额由 135.628 亿元增加至 763.5072 亿元，增长 5.7 倍；农民人均纯收入增加至 9734.42 元，增长 4 倍。

2. 乡村常住人口变化

村落常住人口呈减少趋势，人口密度值也有所降低。2005～2016 年，17 个县域乡村常住人口总数由 724.29 万人减少为 481.26 万人，减少了 243.03 万人，减幅 33.55%；人口密度也由 123.49 人/km^2 减为 82.9 人/km^2，降低 40.59 人/km^2，乡村常住人口出现较明显地减少。其中，乡村常住人口减少的县域有 16 个，减少最明显的是人口数量超 40 万人的广安区和南部县，广安区面积减少了 $505.6km^2$，其乡村常住人口减少 67.48 万人，人口密度由 666.73 人/km^2 降至 394.22 人/km^2，南部县乡村常住人口数量减少了 48.33 万人，人口密度由 474.14 人/km^2 降低至 256.64 人/km^2；乡村常住人口增加的县域为康定市，增加人数为 0.16 万人（表 5.5）。

表 5.5　第Ⅰ类乡村地域县域乡村常住人口变化

县域	常住人口/万人			人口密度/(人/km^2)		
	2005 年	2016 年	变化量	2005 年	2016 年	变化量
整体	724.29	481.26	−243.03	123.49	82.90	−40.59
田阳区	32.51	23.91	−8.59	136.18	100.76	−35.42

续表

县域	常住人口/万人			人口密度/(人/km^2)		
	2005 年	2016 年	变化量	2005 年	2016 年	变化量
隆安县	36.10	24.61	−11.49	156.54	106.71	−49.83
大新县	31.83	22.81	−9.02	116.07	83.01	−33.06
宁明县	38.11	28.24	−9.87	103.14	76.23	−26.91
龙里县	18.96	8.16	−10.80	124.66	53.67	−70.99
盘州市	79.43	52.17	−27.27	195.83	128.61	−67.22
兴仁县	36.67	27.11	−9.56	205.42	151.88	−53.53
城口县	16.35	12.94	−3.41	49.63	39.28	−10.35
万州区	83.65	62.40	−21.25	241.98	180.51	−61.47
广安区	102.41	34.93	−67.48	666.73	394.22	−272.51
南部县	105.69	57.36	−48.33	474.14	256.64	−217.50
马尔康市	3.30	3.06	−0.24	4.97	4.61	−0.36
黑水县	5.00	4.16	−0.84	12.04	9.98	−2.05
康定市	6.50	6.66	0.16	5.66	5.74	0.09
祥云县	36.72	34.39	−2.33	147.00	137.68	−9.31
宾川县	28.49	23.73	−4.76	108.46	90.34	−18.12
昭阳区	62.59	54.62	−7.96	279.41	252.07	−27.34

3. 村落数量演变

2005～2016 年，该乡村类型的村落数量整体变化较小，但省际村落数量变化差异较大。该类型涉及青藏高原东南缘山地、四川盆地周边山地、云贵高原中高山区等地形区，前两大地形区的村落数量变化较小，云贵高原的村落数量减少明显，自然村废弃、搬迁和合并现象比较明显。

2005～2016 年该类地域的村落总数由 49777 个减少至 40902 个，减少了 8875 个，减幅为 17.83%；村落密度由 0.84 个/km^2 降至 0.7 个/km^2。同时，各省间村落数量和密度变化差异较大。从村落数量变化看，贵州省村落数量变化最大，县均减少 47.8%；四川广安区、南部县，云南省昭阳区的村落减少次之，县均减少 16.7%；其余县域村落数量县均减少 1.67%。从村落密度看，2005 年密度最高的为南部县与广安区，村落密度达 3.5 个/km^2 以上；其次是龙里县、盘州市、兴仁县、万州区，为 1.5 个/km^2 左右；其余的县域均不足 1 个/km^2；2016 年村落密度最高值降至 3.5 个/km^2 以下，村落密度高的南部县、广安区下降明显，减少接近 1 个/km^2；其次是贵州省的盘州、兴仁、龙里三县，村落密度平均减少 0.77 个/km^2；其余县域的村落密度变化同其村落数量变化一致，变幅小或基本稳定（图 5.7）。

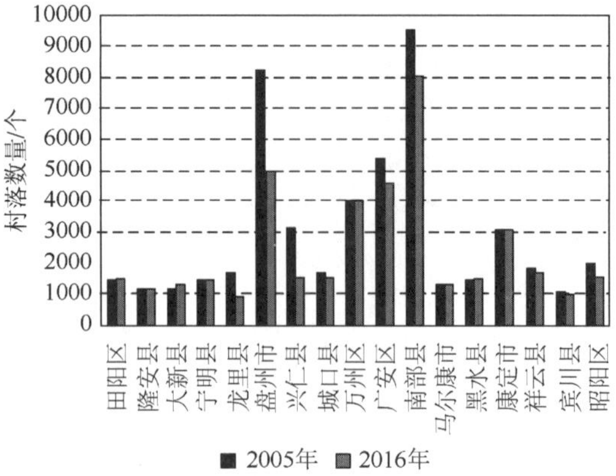

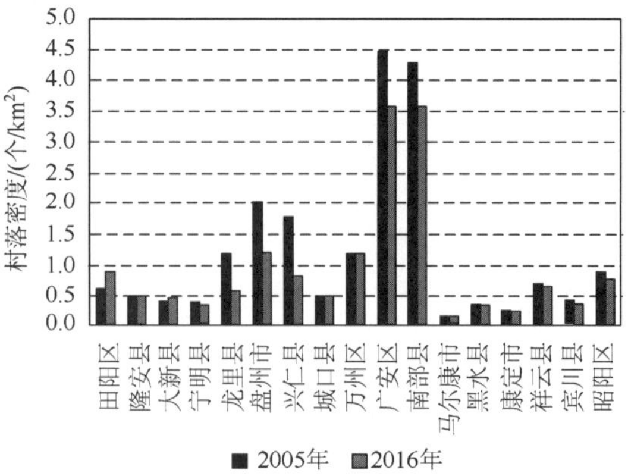

图 5.7　第Ⅰ类乡村地域村落数量演变

4. 人居环境演变

2005～2016 年，该类型乡村地域的村落内外居住条件改善较为明显，交通可达性有明显提升，村落内部生活设施基本完善。2005 年人均耕地面积 1.02 亩，人均用电量为 119.20kW·h，居民人均住房面积 26.37m^2，平均每县有普通中学数量 30.47 所，每千人拥有卫生技术人员数为 2.38 人，农民人均年纯收入 1944.76 元。2016 年人均耕地面积 1.41 亩，人均用电量为 235.43kW·h，居民人均住房面积 36.82m^2，平均每县有普通中学数量 26.88 所，每千人拥有卫生技术人员数为 4.43 人，农民人均年纯收入 9734.42 元。

村落供水、供电设施、通信设施普及与覆盖率较高，基本保障了村民基本用水、用电、通信等需求，与外界交流更加便捷，集中体现在人均用电量增加了 2 倍，中心村幼儿园及小学教育设施完善，县域范围内的中学教育设施进行合并，教育资源得到进一步的合理利用；村落房屋结构向砖混结构转变速度较快，人居住房面积由 26.37m^2 增加至 36.82m^2，涉藏地区牧民固定居住点建设基本全覆盖；垃圾箱、垃圾站等设施进村工作陆续开展，村落的人居环境建设正在逐步展开。

（二）第Ⅲ类乡村地域村落演变特征

1. 经济发展

该类型涉及 108 个县，少数民族人口占比达 72%，主要少数民族包括壮族、傣族、土家族、仫佬族等。2005～2016 年，地区生产总值由 1186.9694 亿元增加至 3301.5733 亿元，增长 2.8 倍；社会消费品总额由 384.469 亿元增加至 1993.291 亿元，增长 5.2 倍；人均 GDP 由 3163.31 元增加至 17486.87 元，增长 5.6 倍；农民人均纯收入增加了 6676.80 元。

2. 乡村常住人口变化

2005～2016 年，该类型县域乡村常住人口呈减少态势，人口变化明显，乡村常住人口由 3272.98 万人减少至 2390.84 万人，减少了 882.14 万人，减幅为 26.95%，但其城乡常住总人口总数由 3777.63 万人增加至 3814.905 万人，增加了 37.275 万人，增幅为 0.99%。

云南、贵州以及四川三省的该类型县域城乡常住人口呈增加态势，四川增加了 25.29 万人，增幅为 11.26%；云南省增加了 51.52 万人，增幅为 6.45%；贵州仅增加了 6.36 万人，增幅为 0.47%。但五省区市该类型乡村地域县域乡村常住人口均出现减少，减少幅度最大的为贵州省，减少了 39.11%共 451.36 万人，重庆市和广西壮族自治区的乡村常住人口分别减少了 24.69%共 100.75 万人和 23.01%共 185.47 万人，云南省和四川省的乡村常住人口则分别减少了 18.77%共 132.48 万人和 6.08%共 12.09 万人，乡村常住人口整体出现明显减少趋势，乡村人口多流向县域城镇，流向县域之外地区的乡村人口较少。

2005～2016 年该类型乡村地域的人口密度由 93.17 人/km^2 降为 67.93 人/km^2，人口密度明显降低。重庆与贵州乡村常住人口密度分别减少 38.47 人/km^2 和 44.19 人/km^2，云南与广西的乡村常住人口密度则分别减少了 15.11 人/km^2 和 24.92 人/km^2，四川的乡村常住人口密度减少 2.44 人/km^2；除四川省的乡村常住人口密度变化相对保持不变以外，其余 4 省区市的乡村常住人口密度均出现明显降低（表 5.6）。

由此可知，该类乡村地域乡村常住人口整体呈降低趋势，但省际人口变化有差异，重庆、贵州和广西乡村常住人口出现超 20%的减少，云南省和四川省乡村常住人口的减少率则低于 20%，人口变化相对较小。

表 5.6　第Ⅲ类乡村地域县域乡村常住人口省际差异

省域	县域数量/个	常住人口/万人			人口密度/(人/km^2)		
		2005 年	2016 年	变化值	2005 年	2016 年	变化值
重庆	7	408.04	307.30	−100.75	155.80	117.33	−38.47
四川	11	198.68	186.59	−12.09	31.54	29.10	−2.44
贵州	41	1154.12	702.76	−451.36	113.00	68.81	−44.19
云南	23	706.00	573.51	−132.48	82.83	67.72	−15.11
广西	26	806.14	620.67	−185.47	107.83	82.91	−24.92
总体	108	3272.98	2390.84	−882.14	93.17	67.93	−25.24

3. 村落数量演变

2005～2016 年该类乡村地域村落数量与密度整体呈下降趋势，且各地间的变化差异显著。该类型村落主要分布于黔东地区、黔桂交界地带、川西地区、滇西地区及渝东北地区等。2016 年与 2005 年比较，村落总数由 238785 个减少至 208993 个，减少了 29792 个，减幅为 12.48%，村落密度由 0.67 个/km^2 降至 0.59 个/km^2（表 5.7），村落分布趋向缓慢集中。从村落数量减少幅度看，地处渝东北地区、黔东地区、黔桂交界地区的重庆与贵州所辖县域村落数量变化最大，村落数量减少 18%；地处川西高原、横断山区以及广西丘陵的县域村落数量变化较小，村落数量减幅不超过 6%。

从村落密度看，重庆和贵州的村落密度分别降低 0.16 个/km^2 和 0.20 个/km^2，其他三省区的村落密度降低均不超过 0.04 个/km^2，因此，村落分布变化的省际差异比较大，重庆与贵州村落数量变化相对明显，且村落分布相对密集，云南、四川和广西的村落数量变化相较小，村落分布相对稀疏。

表 5.7 第Ⅲ类乡村地域的村落数量与密度变化

所属省域	县域数量/个	村落数量/个		村落密度/(个/km^2)	
		2005 年	2016 年	2005 年	2016 年
重庆	7	22959	18819	0.87	0.71
四川	11	31396	30546	0.49	0.47
贵州	41	111189	90181	1.08	0.88
云南	23	34151	32647	0.40	0.38
广西	26	39090	36800	0.52	0.49
整体	108	238785	208993	0.67	0.59

4. 人居环境演变

2016 年与 2005 年比较，该类乡村地域的村落人居环境得到一定程度改善。人均耕地面积增加了 0.34 亩，人均用电量增加了 75.32kW·h，平均每县有普通中学降低了 0.72 个，每千人拥有卫生技术人员数增加了 2.61 人，人均住房面积增加 12m^2。

在国家和地方的系列扶贫政策、乡村发展政策支持下，村落内外交通基础设施建设加快，实现村村通硬化公路，村落交通可达性明显增加。村落危房、茅草住房全面改建或新建，新建房屋结构向砖混结构发展，人均居住面积达 37.23m^2；居民用电用水得到全面保障，但居民用水保障率还需提升；不断推进村落内垃圾箱及主要公路垃圾站点的设立，村民生活垃圾处理方式也逐渐由随处掩埋转变为集中回收处理，村落内外的生态环境得到改善。

三、中山区乡村地域村落演变特征

（一）第Ⅱ类乡村地域村落演变特点

1. 经济发展

该类型涉及 17 个县，多分布在滇、黔及其交接地区的云贵高原地区，地形以山地、丘陵、坝子为主。2005～2016 年该类地区经济增长在 5 倍以上，但经济发展水平仍然比较低，地区生产总值由 300.2952 亿元上升至 1705.666 亿元，增长 5.7 倍；人均 GDP 由 3359.765 元增加至 19059.47 元，增长 5.7 倍；社会消费品零售总额由 70.7428 亿元增加至 381.0258 亿元，增长 5.4 倍；人民生活水平逐步提高，2016 年农民人均年纯收入 6710.4 元。

2. 乡村常住人口变化

2005～2016 年该类村落的常住人口总数由 776.07 万人减少至 607.17 万人，减少了 168.89 万人，减幅为 22%，人口密度由 173.84 人/km^2 下降到 138.11 人/km^2，下降 35.73 人/km^2，人口发展呈现轻微减少态势（表 5.8）。

乡村常住人口整体出现减少，但省际变化幅度仍然有差异。贵州乡村常住人口减少量远远超过云南省的减少量，贵州省的减少率为 24%，而云南省的减少率仅为 18%，但贵州的乡村常住人口密度仍然大于云南的乡村常住人口密度，贵州的乡村常住人口密度由 205.31 人/km^2 降至 156.37 人/km^2，云南由 133.43 人/km^2 降至 113.82 人/km^2。因此，人口密度变化有省际差异，贵州省的减少量为云南省的 2 倍之多，贵州省该类乡村地域的人口数量与人口密度一直明显高于云南省。

表 5.8　第Ⅱ类乡村地域县域乡村常住人口及密度变化

县域	乡村常住人口/万人			人口密度/(人/km^2)		
	2005 年	2016 年	变化值	2005 年	2016 年	变化值
姚安县	18.78	13.16	−5.62	104.15	73.00	−31.15
禄劝县	35.21	31.62	−3.59	80.43	74.42	−6.01
寻甸县	39.36	35.18	−4.18	99.24	98.04	−1.20
鲁甸县	34.29	30.25	−4.05	225.76	199.12	−26.64
富源县	65.59	48.00	−17.59	195.89	147.63	−48.26
师宗县	33.67	29.81	−3.86	117.81	107.13	−10.68
泸西县	33.91	26.72	−7.18	202.55	159.65	−42.90
威宁县	90.18	80.26	−9.91	143.22	127.48	−15.74
赫章县	46.73	49.94	3.20	143.79	153.65	9.85
纳雍县	63.23	45.96	−17.27	258.30	187.74	−70.56
大方县	66.78	51.67	−15.11	190.52	147.40	−43.12
黔西县	68.35	39.13	−29.21	287.12	164.40	−122.72
瓮安县	42.54	20.35	−22.19	215.52	103.10	−112.42
西秀区	54.46	45.14	−9.32	318.46	263.98	−54.48
平坝区	27.55	17.66	−9.89	275.81	176.76	−99.04
普定县	32.66	23.50	−9.16	302.43	217.57	−84.86
普安县	22.78	18.82	−3.96	156.69	129.46	−27.23
整体	776.07	607.17	−168.89	173.84	138.11	−35.73

3. 村落数量演变

2005～2016 年该类乡村地域的村落数量总体呈明显减少趋势，但村落数量变化存在两种相反的变化趋势，贵州部分县域村落减少 50%左右，而云南该类乡村地域的村落发展相较稳定，部分地区的村落数量有微弱增加。

该类乡村地域村落总量由 54109 个减少到 45474 个，减少了 8635 个，减幅为 15.96%，村落密度由 1.21 个/km^2 降至 1.03 个/km^2，降低 0.18 个/km^2。密度有微弱降低。该类型有 12 个县域村落数量在减少，3 个县域村落数量无变化，云南省的禄劝县与寻甸县的村落数量有微弱增加，村落密度变化趋势与村落数量变化大致相同（图 5.8）。

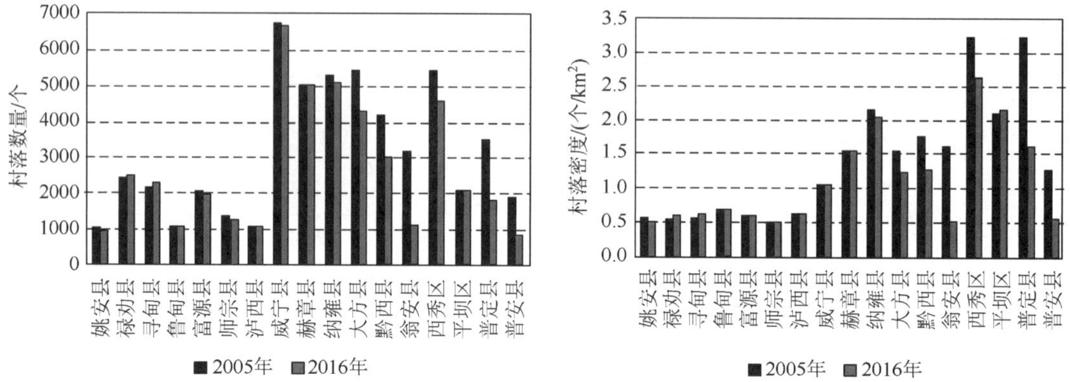

图 5.8 第Ⅱ类乡村地域的村落数量与密度变化

贵州大方县、黔西县、瓮安县、西秀区、普定县、普安县村落减少较多，依次为 1210 个、1221 个、2145 个、924 个、1705 个、1056 个，减幅分别为 22.04%、29.06%、66.80%、16.87%、48.9%、56.14%，独户搬迁、自然村合并的影响是主因；其余县域村落数量增减变化较小，居民点搬迁与自然村合并较少。从村落密度看，2005 年云南与贵州的村落密度差异明显，贵州村落密度为 1～3 个/km^2，云南的村落数量少，密度不足 1 个/km^2；2016 年贵州的村落密度降至 1～2 个/km^2，云南的村落密度基本无变化。

4. *人居环境演变*

该类乡村地域的村落多分布在滇桂黔石漠化地区、滇西等地，一般为少数民族村落或多民族杂居村落，在国家以及地方政府系列政策扶持下，村落内外道路交通明显改善，村落人居环境变化较大。2005 年人均耕地面积 0.83 亩，人均用电量为 74.68kW·h，农村居民人均住房面积 25.23m^2，平均每县有普通中学数量 31.29 所，每千人拥有卫生技术人员数为 2.12 人。2016 年人均耕地面积 0.89 亩，人均用电量为 99.09kW·h，农村居民人均住房面积 37.35m^2，平均每县有普通中学数量 34.47 所，每千人拥有卫生技术人员数为 4.16 人。

村落内供电、供水、通信等基础设施基本完善，但偏远的半山村落还没有饮用自来水，多数是饮用泉水，用水仍得不到保障；中心村已开设幼儿园与学前班，满足适龄儿童的学前教育，多数村落适龄儿童的上学路程在 1.5km 以内；中心村内设立卫生站或卫生院，能够满足村民一般的求医需求，村民日常就医基本得到解决；村落住房新建及改建比例较高，住房问题基本得到解决，人均住房面积达 37.35m^2，房屋结构也由砖木结构向砖混结构转变。如大方县核桃乡的木寨村，2013 年开始，在政府推动下，将村民住房集中规划建设在省级公路主干道旁，且统一为白族建筑风格，水、电、路、环境卫生、垃圾回收与处理设施基本完善，村容村貌上了一个台阶。

（二）第Ⅳ类乡村地域村落演变特点

1. 经济发展

该乡村地域涉及 9 个县，西南五省区皆有分布。2016 年与 2005 年比较，地区生产总值由 167.5 亿元增加至 510.6902 亿元，增加 3 倍；社会消费品零售总额由 59.1843 亿元增加至 306.7453 亿元，增加 5.2 倍；人均 GDP 由 5000 多元增加至 30000 元以上，增加 6 倍；2016 年农民人均年纯收入 9273.02 元。经济发展与人民生活消费水平在不断提高，但整体水平仍然较低。

2. 乡村常住人口变化

2005～2016 年 9 个县域乡村常住人口总数由 254.37 万人降至 183.55 万人，减少了 70.82 万人，减幅为 27.84%，人口密度则由 110.95 人/km^2 下降为 80.66 人/km^2，乡村常住人口呈明显减少趋势。县域间常住人口数量与人口密度变化存在明显区别，贵定县、贞丰县、茂县和石柱县的人口变化幅度大于平均变化幅度，如贵定县乡村常住人口由 26.62 万人减少至 14.68 万人，人口密度则由 163.21 人/km^2 降至 90 人/km^2，石柱县乡村常住人口由 24.17 万人减少至 11.72 万人，人口密度则由 119.15 人/km^2 降至 80.24 人/km^2，而龙胜县、黔江区、武隆区、六枝特区和文山市的乡村人口变化低于平均变化幅度，如龙胜县乡村常住人口由 14.89 万人降至 11.01 万人，人口密度由 58.68 人/km^2 增加至 43.37 人/km^2（图 5.9）。

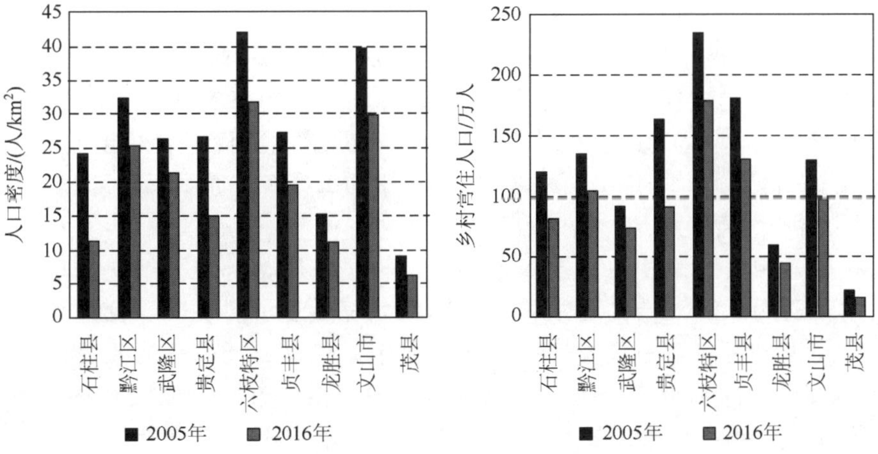

图 5.9　第Ⅳ类乡村地域县域乡村常住人口变化

3. 村落数量演变

该乡村类型的村落多数分布在研究区的东部地区，其中重庆与贵州分布相对较集中，其余三省区零散分布，总体而言，村落数量呈现明显减少趋势，村落分布缓慢集中。

2016 年与 2005 年比较，该乡村地域的村落数量由 20182 个减少到 14773 个，减少了

5409 个，减幅为 26.8%，村落密度由 0.88 个/km^2 减至 0.64 个/km^2（图 5.10）。该类乡村的村落撤并、整合比较明显。

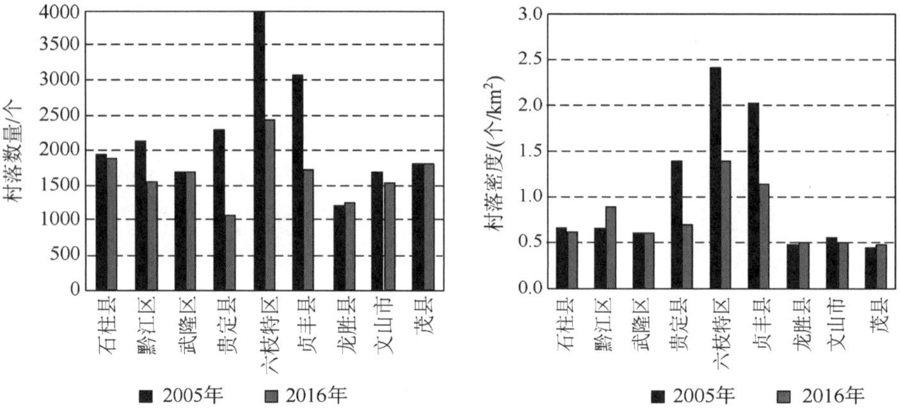

图 5.10　第Ⅳ类乡村地域的村落数量与密度变化

从村落减少数量看，贵州 3 个县的村落减少数量和幅度均较大，减少 4510 个村落，减幅约 46.53%；其次是重庆黔江区村落减少 594 个，减幅 27.73%；其余县域的村落数量除广西龙胜自治县新增 60 个村落外，都呈现轻微的减少趋势。从村落密度看，除贵州因自身村落较密集，由 1.96 个/km^2 下降到 1.05 个/km^2，下降 1 个/km^2，特别是六枝、贵定、贞丰尤其明显，其余县域的村落密度一般低于 1 个/km^2，村落密度下降均低于 0.3 个/km^2。

4. 人居环境演变

该类乡村地域的村落分散分布在研究区，2005 年人均耕地面积 1.12 亩，人均用电量为 133.39kW·h，农村居民人均住房面积 28.99m^2，平均每县有普通中学数量 23.44 所，每千人拥有卫生技术人员数为 2.22 人。2016 年人均耕地面积 1.05 亩，人均用电量为 197.54kW·h，农村居民人均住房面积 37.55m^2，平均每县有普通中学数量 21.88 所，每千人拥有卫生技术人员数为 5.77 人。

国家和地方相关政策和转移投入加强下，村民住房得到全面解决，房屋结构由砖木结构为主转变为以砖混结构为主，且村民新建房屋选址多倾向于交通便利的位置，村落房屋布局也出现向集中式发展；村落的供电、供水、通信基础设施的普及率接近 100%，仅有部分山间独户未接通自来水；村落内部至少有一个垃圾回收站，通往村落主公路上设立垃圾箱，村落卫生环境得到改善；村落主干道道路硬化超 50%，通自然村硬化公路比例不断提高；中心村内设立的卫生站能满足村民一般就医需求，行政村幼儿园与小学建设解决了乡村适龄儿童的上学问题。

（三）第Ⅷ类乡村地域村落演变特征

1. 经济发展

该类乡村地域涉及 22 个县，集中分布在滇西地区的横断山区、川滇黔交界地区的乌蒙山区，分散分布在川东北以及渝东北地区，其距省会城市较远，经济发展相较于各省内其他地区落后。2016 年与 2005 年比较，地区生产总值由 304.7314 亿元增加至 2369.71 亿元，净增加 2000 多亿元，增加了 6.8 倍，社会消费品零售总额由 72.7933 亿元增加至 619.8091 亿元，增加了 7.5 倍；人均 GDP 由 3162.14 元增加至 15178.82，增加了 3.8 倍；农民人均年纯收入由 1288.54 元增加至 8033.69 元。虽整体经济增长快速，但相较全国而言仍然比较低，县域之间发展不平衡；毕节市经济增长最快，地区生产总值由 47.9716 亿元增加至 1266.7 亿元，增加值达 1218.7284 亿元；其余县域发展速度较慢，约有 70%的县域地区生产总值增加值不超过 50 亿元，县域社会经济发展相对滞后，村落建设发展也受到制约。

2. 乡村常住人口变化

2005～2016 年 22 个县域的乡村常住人口由 772.14 万人减少至 608.22 万人，减少了 163.92 万人，减幅为 21.23%；人口密度则由 95.67 人/km^2 增加至 76.17 人/km^2，减少了 20.38%。仅毕节市乡村常住人口数量及密度有所增加，人口数由 41.46 万人增加至 73.66 万人，密度由 121.52 人/km^2 增加至 215.89 人/km^2；其余 21 个县域乡村常住人口数量与密度均减少。除毕节外，15 个县域乡村常住人口减少数低于 10 万人，5 个县域的乡村常住人口减少数在 10 万人以上，而正安县乡村常住人口减少人数达 39.97 万人。在县域乡村常住人口减少的县域中，5 个县域的人口密度减少低于 20 人/km^2，11 个县域人口密度变化减少值为 20～50 人/km^2，4 个县域人口密度减少值超 50 人/km^2（图 5.11），由此可知乡村常住人口多出现不同程度的减少，村落人口不断迁入城市。

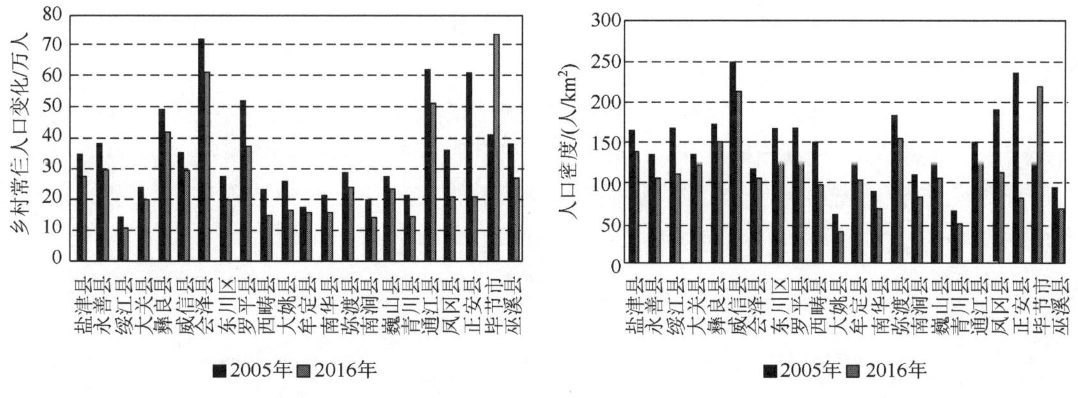

图 5.11　第Ⅷ乡村地域的村落常住人口及人口密度变化

3. 村落数量演变

2005～2016 年该乡村地域类型村落数量和密度总体呈微弱降低特点。村落总数由 44563 个减少至 39771 个，减少了 4792 个，减幅为 10.75%，村落密度由 0.55 个/km^2 降至 0.49 个/km^2。从县域村落数量变化看，西畴县、南涧县、弥渡县分别增加了 26 个、65 个、

13 个村落，呈现微弱增长，增加幅度均不足 6%；其余县域除大关外村落均出现不同程度的减少，凤冈县村落数量变化幅度最大，由 1309 个减少至 748 个，减少 561 个村落，减幅达 42.86%，余下县域村落的减少率均低于 30%，且 47.37%的县域村落减少率低于 10%，减少村落数低于 100 个（图 5.12）。从县域村落密度变化看，村落密度均值约 0.5 个/km^2，村落密度呈现县均降低 0.09 个/km^2 与增加 0.024 个/km^2 两种变化方向，变化均不足 0.1 个/km^2，因此，整体看村落变化微弱，并以村落缓慢减少为主趋势。

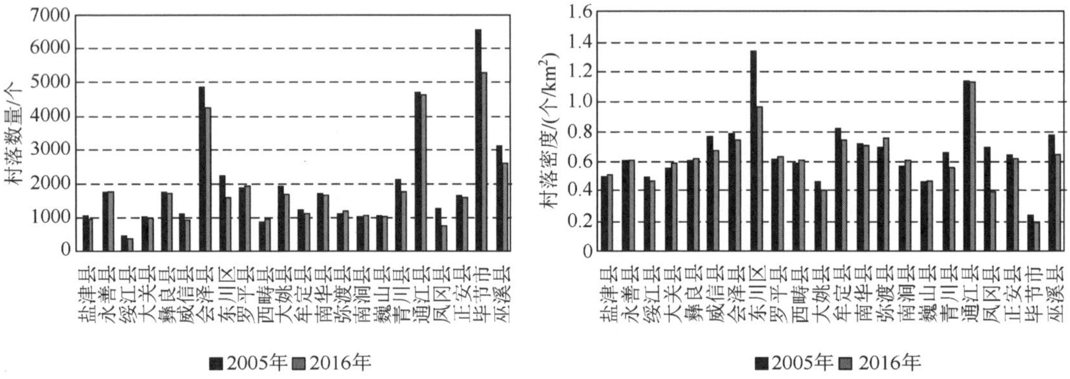

图 5.12　第Ⅷ乡村地域村落数量与密度变化

4. 人居环境演变

2005～2016 年，该乡村地域村落人居环境总体改善，人均耕地面积由 1.1 亩增加至 1.15 亩，人均用电量由 157.02kW·h 增至 157.81kW·h，农村居民人均住房面积由 24.23m^2 大幅提升至 36.3m^2，平均每县有普通中学数量由 10.38 所增加至 11.61 所，每千人拥有卫生技术人员数由 3.01 人增加至 4.05 人。

中心村设立了幼儿园与小学以及卫生站，村落的基础教育设施基本完善；房屋新建与改建户数不断增加，村内住房已由土木结构为主转变为砖石或砖混结构为主；供电、供水、通信设施基本满足生活需要，但垃圾站和垃圾箱的设立较少，村民处理生活垃圾的方式还未得到明显改变，生态环境保护意识也有待提高。

（四）第Ⅹ类乡村地域村落演变特征

1. 经济发展

该类乡村地域涉及 45 个县，村落主要分布在滇西横断山区和川西高原，散布在云贵高原与广西丘陵地区。2016 年与 2005 年比较，地区生产总值由 480.1275 亿元增至 2503.211 亿元，增加了 4.2 倍；社会消费品零售总额由 140.87 亿元增至 718.2247 亿元，增加了 4.1 倍；人均 GDP 由 3733.356 增加至 18184.32 元，增加 3.9 倍；农民人均年纯收入由 1431.09 元增加至 8319.31 元。整体经济发展相对落后，人均 GDP 与全国平均水平差距较大，仅为全国人均 GDP 的 1/3，农民人均年纯收入还未突破万元。

2. 乡村常住人口变化

2005～2016 年，该类乡村地域村落常住人口由 1181.7 万人减少至 970.43 万人，减少了 211.27 万人，减幅为 17.88%，人口密度由 69.78 人/km^2 减少至 57.12 人/km^2。四川省 7 个县域的乡村常住人口数量与密度呈上升趋势，县均人口数量增加 5.7 万人和人口密度增加 27.27 人/km^2，云南省 3 个县域的乡村常住人口数量与人口密度呈增长趋势，县均人口数量增加 1.9 万人和人口密度增加 3.73 人/km^2，该类县域的人口基数较小。而其余 35 个县域的乡村常住人口与数量人口密度均有所减少，且人口较密集县域乡村常住人口减少幅度明显大于人口较稀疏县域，如宣汉县与镇雄县乡村常住人口分别由 101.79 万人和 119.46 万人减少至 65.56 万人和 89.23 万人，人口密度则分别由 238.61 人/km^2 和 315.61 人/km^2 降到 153.49 人/km^2 和 241.43 人/km^2；若尔盖县与孟连县常住人口分别由 5.8 万人和 10.69 万人减少至 5.63 万人和 10.34 万人，人口密度则由 5.56 人/km^2 和 54.64 人/km^2 降到 5.39 人/km^2 和 54.61 人/km^2（表 5.9）。

表 5.9　第Ⅹ类乡村地域县域乡村常住人口变化

省域	县域数量/个	常住人口/万人			人口密度/(人/km^2)		
		2005 年	2016 年	变化值	2005 年	2016 年	变化值
云南	30	807.08	669.59	−137.48	72.31	59.73	−12.58
四川	11	238.92	216.53	−22.39	49.19	44.52	−4.67
贵州	2	94.44	53.14	−41.30	167.27	94.13	−73.14
广西	2	41.26	31.16	−10.10	117.02	88.37	−28.65
总体	45	1181.70	970.43	−211.27	69.78	57.12	−12.66

3. 村落数量演变

总体而言，村落数量与密度变幅较小，呈缓慢减少趋势。2005～2016 年，村落总数由 83220 减少至 77581 个，减少了 5369 个，减幅为 6.78%，村落密度由 0.49 个/km^2 降至 0.45 个/km^2，村落数量变幅小，基本保持稳定。从村落数量变化看，村落数量减少相对明显的是贵州，减少了 1254 个村落，减幅 14.28%；其次是云南，减少了 2778 个村落，减幅 6.44%；四川省减少了 1547 个村落，减幅 5.31%；广西仅减少 60 个村落，减幅 2.76%。从村落密度看，贵州村落密度最高，达 1.3 个/km^2 以上，村落密度下降 0.22 个/km^2，其余三省市区的村落密度较低，约 0.5 个/km^2 左右，密度下降 0.03 个/km^2 左右（表 5.10）。

表 5.10　第Ⅹ类乡村地域村落数量

省域	县域数量/个	村落数量/个		村落密度/(个/km^2)	
		2005 年	2016 年	2005 年	2016 年
云南	30	43121	40343	0.38	0.35
四川	11	29151	27604	0.60	0.57

续表

省域	县域数量/个	村落数量/个		村落密度/(个/km^2)	
		2005 年	2016 年	2005 年	2016 年
贵州	2	8778	7524	1.55	1.33
广西	2	2170	2110	0.61	0.59
整体	45	83220	77581	0.49	0.45

4. 人居环境演变

2016 年与 2005 年比较，该类型乡村地域村落人居环境条件有一定改善。人均耕地面积由 1.61 亩减少至 1.25 亩，人均用电量由 74.23kW·h 增加至 82.54kW·h，农村居民人均住房面积由 25.42m^2 大幅增加至 36m^2，平均每县普通中学由 18.4 所略微增至 20.6 所，每千人拥有卫生技术人员数由 2.30 人增加至 4.19 人。

该乡村地域的村落内外供电、供水、通信设施基本普及，但部分高山地区的村落供水及通信设施未全覆盖或保障度不高，少数村民生活用水得不到完全保障；村落新建住房户数不断增加，人均居住面积增加近 11m^2，住房条件有明显改善；大部分村落小学进行撤并后，教师与教学设施得到充分利用，但硬件设施及师资配备水平仍然较低；卫生站未全面普及到每个行政村或中心村，多数村落村民就医或是医护人员定点定时下乡进行医疗服务，或是到乡卫生院，整体就医条件较差；村落内外道路状况有明显改善，行政村均已通公路，但仍有大部分自然村未通公路；垃圾站与垃圾处理设施未能普及到自然村。

四、高山区乡村地域村落演变特征

（一）第Ⅴ类乡村地域村落演变特点

1. 经济发展

该类乡村地域涉及香格里拉、九龙、理县、汶川 4 县，村落经济基础较好，2005～2016 年地区生产总值由 310641 万元增加至 975343.9 万元，人均 GDP 由 8352.5 元增加至 45816.25 元，农民年人均纯收入由不足 1000 元增加至 9318.75 元。该乡村地域村落因其丰富的旅游资源和国家政策的扶持，乡村旅游以及相关产业发展较好，其中以香格里拉县的旅游业发展最具代表性。

2. 乡村常住人口变化

4 个县域乡村常住人口数量以及人口密度均较低，2016 年与 2005 年比较，县域乡村常住人口总数由 27.57 万人减少至 25.77 万人，人口密度由 10.3 人/km^2 减少至 9.62 人/km^2，两者变化幅度均约 6%。汶川县因 2008 年汶川地震所致人口流失和外迁致人口减少

1.28 万人，减幅 18.33%，其他 3 县乡村常住人口以及人口密度的变化幅度均低于 10%。九龙县乡村常住人口增加 0.33 万人，增幅 6.88%；理县和香格里拉市乡村常住人口仅分别减少了 0.32 万人和 0.53 万人（表 5.11），故该类型地域村落人口发展相对稳定，人口变化小。

表 5.11　第Ⅴ类乡村地域县域乡村常住人口变化

县域	年末县域乡村常住人口/万人		人口密度/(人/km²)	
	2005 年	2016 年	2005 年	2016 年
汶川县	7	5.72	17.14	14
理县	3.5	3.18	8.1	7.37
九龙县	4.8	5.13	7.09	7.58
香格里拉市	12.27	11.74	10.56	10.1
整体	27.57	25.77	10.3	9.62

3. 村落数量演变

该乡村类型村落分布在青藏高原东部地带及横断山区，2005～2016 年村落数量由 3938 个增为 3949，仅增加了 11 个村落，其中汶川县因地震之后，社会各行各业爱心援建，村落数量微弱增加；其余县域所辖村落有微弱减少，理县与九龙县分别减少了 84 个和 13 个村落，香格里拉的村落数量则无变化（图 5.13）。

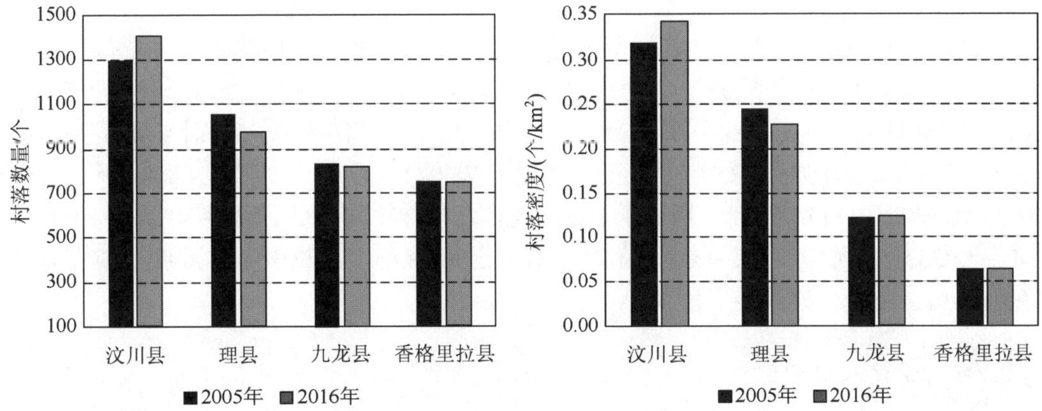

图 5.13　第Ⅴ类乡村地域村落数量及常住人口变化情况

村落密度较低，2005 年与 2016 年均仅 0.14 个/km²，基本保持不变，其中村落密度较高的汶川县由 0.32 个/km² 增为 0.34 个/km²，理县则由 0.24/km² 个降为 0.23 个/km²，九龙县与香格里拉县的村落密度保持不变。村落因旅游发展带动以及政府专项扶持，乡村发展有序推进，村落数量相对稳定。

4. 人居环境演变

该类乡村地域村落依托其区域特色旅游资源发展旅游业，促进区域内交通和其他基础设施不断完善，间接助力村落人居环境改善。

2005 年人均耕地面积 1.29 亩，人均用电量为 172.10kW·h，农村居民人均住房面积 25.25m^2，平均每县有普通中学数量 16.25 所，每千人拥有卫生技术人员数为 3.47 人，农民人均年纯收入 1000 元；2016 年人均耕地面积 0.79 亩，人均用电量为 249.316kW·h，农村居民人均住房面积 38m^2，平均每县有普通中学数量 16.25 所，每千人拥有卫生技术人员数为 4.47 人。

村落基础设施和村民住房条件、生活环境以及村民思想意识改变明显。住房结构基本完成由土木结构向砖混结构转变，人畜空间分离或隔离化，人均住房面积增加了 12.75m^2，少数民族村落住房建筑特色也因其旅游发展需要而保存完好；适龄儿童可在本村或邻村就读幼儿园及小学，学校硬件设施以及师资配备有明显改善，村民愈来愈重视子女教育；多数村落内部已设立卫生站或卫生院，能够满足村民日常就医需求，每千人拥有卫生技术人员数增加了 1 人；村落设立了垃圾站点来收集生活垃圾，但靠近旅游景点村落的垃圾箱以及垃圾站的数量明显多于偏远地区村落，卫生环境也有此特点；村落厕所改造以及公共厕所建设也在不断推进；因旅游产业发展，村民人均纯收入提升明显，村民生活水平明显提高，家用电器增多，人均用电量增加明显，旅游业发展促进乡村基础设施、公共设施、环境不断完善和改善，使乡村宜居性有所提升。

（二）第Ⅶ类乡村地域村落演变特点

1. 经济发展

该类乡村地域涉及 13 个县，村落分布在高山高原地区，地势崎岖且位置偏远，种植业和工业发展受到制约，旅游业成为重要产业。2016 年与 2005 年比较，地区生产总值由 67.0104 亿元增加至 323.9384 亿元，增加了 256.92 亿元，增幅 383%；社会消费品零售总额由 17.9044 亿元增加至 92.9459 亿元，增加了 75.0415 亿元，增幅 419%；人均 GDP 由 4631.23 元增加至 18145.23 元，增加了 13514 元，增幅 291%，农民人均纯收入由 1288.33 元增加至 8033.692 元。该类县域充分利用自然风光和特色产品吸引游客发展旅游业是一大特色，如九寨沟县、松潘县、玉龙县。

2. 乡村常住人口变化

该类村落分布在川西地区和滇西地区，属高山高原地区。人口基数与人口密度较低，2016 年与 2005 年比较，乡村常住人口总数由 144.48 万人减少至 124.14 万人，仅减少了 20.34 万人，减幅 14.08%，县均减少 1.56 万人；人口密度由 21.46 人/km^2 减少至 18.16 人/km^2，县均减少 3.56 人/km^2。壤塘县、新龙县和漾濞县等县乡村常住人口数量和人口密度出现增加，分别增加了 4500 人、9400 人和 1900 人；其余 10 个县乡村常住人口数量和人口密度出现减少，县均人口数量减少 2.46 万人、人口密度减少 4.89 人/km^2；

减少幅度最大的镇沅县，乡村常住人口减少了35.01%共6.56万人，人口密度减少33.66%共14.93人/km^2。因此，13个县域乡村常住总人口与人口密度呈微弱减少趋势，但人口流出比较少（图5.14）。

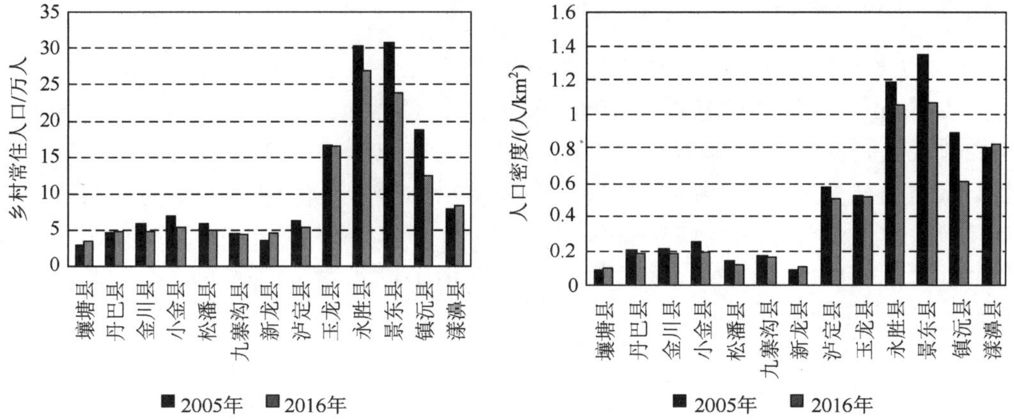

图5.14　第Ⅶ类乡村地域县域乡村常住人口变化

3. 村落数量演变

该类型乡村少数民族人口占比63.5%，村落具有规模小但数量多的特点。村落数量整体保持相对稳定，其中新龙县变化较大，村落数量明显减少。

2016年与2005年比较，村落总数由19746个减至19164个，仅减少了582个，减幅为2.95%。云南省玉龙县、永胜县、镇沅县和四川省的金川县出现村落数量轻微增加，依次增加了52个、104个、26个、12个，多源于新增生态移民安置点。村落数量减少县域中，仅新龙县减少幅度达50%以上，共减少了715个村落，其余县域的村落数量减少值不超过39个；壤塘县、丹巴县、金川县、小金县、九寨沟县和泸定县村落数量基本保持不变（图5.15）。

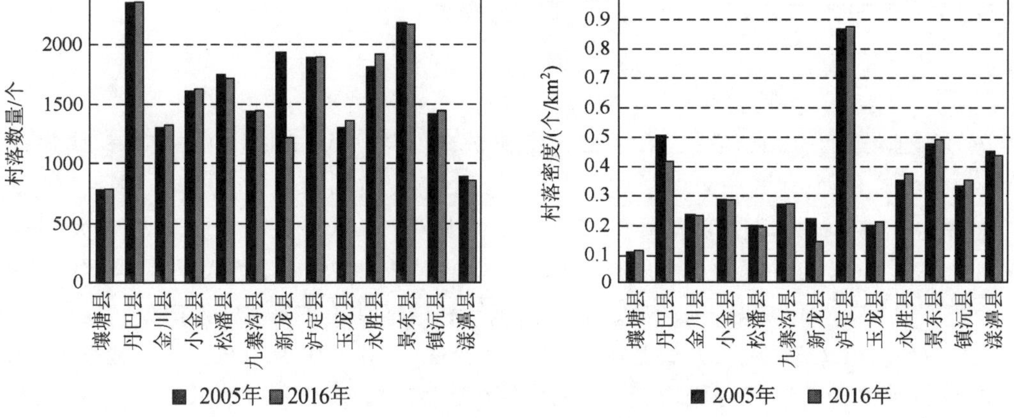

图5.15　第Ⅶ类乡村地域村落数量变化

从村落密度变化看，2005～2016 年该类型村落密度由 0.29 个/km^2 降至 0.28 个/km^2，其中村落密度较大的泸定县为 0.87 个/km^2，其余县域的村落密度均低于 0.5 个/km^2，村落空间分布较分散，但随着村落居民点建设，村落有逐渐集中的趋势。

4. 人居环境演变

经过 10 多年的发展，该类村落住房逐步向砖混结构过渡，人均住房面积由 24.23m^2 增加至 36.30m^2，房屋的改建以及新建户数较多，以厕所改建以及人畜分层为主，川西地区少数民族村落房屋墙体以石块堆砌而成，具有浓厚的民族特色，房屋建筑结构逐渐由土石结构转变为砖石、砖混结构，墙体也由独具特色的夯土、土砖、石砌转变为砖墙，因旅游发展促进房屋建筑特色保存较好，村落内外装饰突出民族特色，如羌族房屋内装饰羊头图案。滇西地区的村落住房则由干栏式建筑向砖混结构过渡，房屋安全性大大提高。

2016 年与 2005 年比较，该类村落生产、生活、生态环境得到明显改善。人均耕地面积由 1.10 亩增加至 1.15 亩，人均用电量由 152.68kW·h 增加至 157.80kW·h，村落的供电、供水到户率接近 100%，只有部分地处高山区的小村落或独户村未普及自来水，家庭电视和手机普及率达 100%。除偏远的小型村落外，一般在中心村已设立幼儿园与小学，县均普通中学由 10.38 所增至 11.61 所，中心村已设立卫生院或卫生站，每千人拥有卫生技术人员数由 3.01 人增加至 4.01 人，能够基本满足村民的日常就医需求。

（三）第Ⅸ类乡村地域村落演变特点

1. 经济发展

该类乡村地域涉及 15 个县，连片分布在川西地区以及滇西地区，属青藏高原的东部边缘地带以及横断山区，乡村产业基础较差，经济发展速度较慢。2016 年与 2005 年比较，地区生产总值由 25.1102 亿元增加至 145.9844 亿元，增加了 120 亿元，增幅为 481%；社会消费品零售总额由 7.5162 亿元增加至 39.6976 亿元，增加了 32 亿元，增幅为 428%；人均 GDP 由 3507 元增加至 17003 元，增加了 13496 元，增幅为 384%；农民人均纯收入由 977.13 元增加至 7707.67 元，生活水平有所提高。

2. 常住人口变化

该乡村地域的村落常住人口和人口密度极低，但常住人口和人口密度呈现增加趋势。2005～2016 年 15 个县域的乡村常住人口由 65.81 万人增加至 69.46 万人，增加了 3.65 万人，增幅为 5.55%；人口密度值由 5.67 人/km^2 增加至 5.9 人/km^2，增加了 0.24 人/km^2，增幅为 4.15%。其中，9 个县域乡村常住人口增长，县均人口增加 5400 人，6 个县域乡村常住人口下降，县均减少仅 2000 人。色达县、白玉县和德格县的乡村常住人口分别增加 1.53 万人、1.12 万人、1.13 万人，人口密度分别增加 1.64 人/m^2、0.99 人/km^2、1.02 人/km^2，其余县域乡村常住人口增减变化均低于 5000 人（表 5.12）。该类乡村地域村落的人口以轻微增长为主趋势。

表 5.12 第Ⅸ类乡村地域县域乡村常住人口变化

县域	常住人口/万人			人口密度/(人/km²)		
	2005 年	2016 年	变化值	2005 年	2016 年	变化值
阿坝县	5.60	5.62	0.02	5.37	5.38	0.02
色达县	3.30	4.83	1.53	3.54	5.17	1.64
甘孜县	5.20	5.01	–0.19	7.12	6.82	–0.31
德格县	6.10	7.23	1.13	5.53	6.55	1.02
白玉县	3.70	4.82	1.12	3.56	4.55	0.99
道孚县	4.00	4.17	0.17	5.67	5.91	0.24
炉霍县	3.50	3.43	–0.07	7.61	5.92	–1.69
雅江县	3.70	4.11	0.41	4.90	5.38	0.49
巴塘县	3.90	3.67	–0.23	4.97	4.49	–0.48
乡城县	2.40	2.49	0.09	4.78	4.96	0.18
稻城县	2.60	2.51	–0.09	3.55	3.42	–0.13
得荣县	2.10	2.15	0.05	7.20	7.38	0.18
木里县	11.10	11.43	0.33	8.38	8.63	0.25
德钦县	5.40	5.03	–0.37	7.11	6.92	–0.20
贡山县	3.21	2.95	–0.25	7.11	6.56	–0.56
整体	65.81	69.46	3.65	5.67	5.90	0.24

3. 村落数量演变

2016 年与 2005 年比较，村落数量整体减少，但各县域村落数量变化呈明显减少与轻微增加两种趋势，村落密度一直较低。村落数量由 24756 个减至 22483 个，减少了 2273 个村落，减幅为 9.18%；村落密度由 0.21 个/km² 降至 0.19 个/km²，村落密度较低且变化较小。

从村落减少数量看，仅雅江县、木里县以及道孚县的村落数量减少较为明显，减幅依次为 44.25%、40.84%和 28.03%。其余 12 县的村落数量变化幅度不超过 10%，甘孜县和稻城县分别减少了 206 个村落和 39 个村落，减幅分别为 7.27%和 2.42%；阿坝县、德荣县、德钦县、贡山县分别增加了 65 个、13 个、26 个、26 个村落，其余 6 个县域村落数量变化小（图 5.16）。从村落密度看，各县域的村落密度范围在 0.07～0.56 个/km²，村落密度变化值为–0.099～0.006 个/km²，村落变化极其缓慢。

4. 人居环境演变

该乡村地域村落多分布在高山地区，公路是该地区主要的现代交通方式，随着近年道路的新扩建，村民与外界交流条件正在改善，这将促进村落发展变化。

2016 年与 2005 年比较，村落人居环境不断改善。人均耕地面积由 1.71 亩减少至 1.45 亩，主要为退耕还林还牧所致；消除无房户，随着涉藏地区牧民定居住房建设工程的不断推进，牧民有了固定安全的住房，人均居住面积也由 24m² 增加至 34.085m²。村落的供电、供水、通信等基础服务设施的普及率明显提高，供电已全覆盖，可以满足村民的日常生活生产需求，人均用电量由 83.87kW·h 增加至 107.96kW·h。中心村配备有小学，县均中学数量由 3.2 所增加至 4.4 所，村落的教育设施条件正在逐步完善；村域卫生站或卫生院分布不均衡，部分村落就医路程较远，每千人拥有卫生技术人员数由 3.4 人增加至 3.85 人。

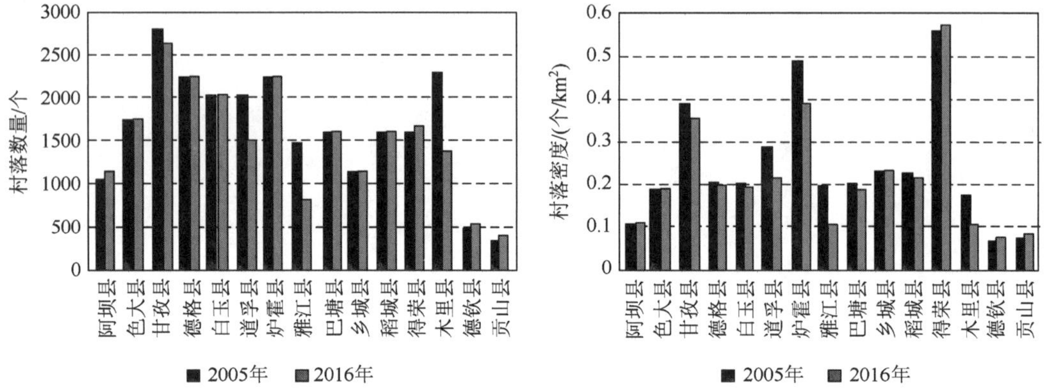

图 5.16　第Ⅸ类乡村地域村落数量变化

第三节　西南地区村落演变案例分析

近年来，随着新型城镇化、美丽乡村建设、乡村振兴、生态文明建设等战略的推进，城市对乡村的影响力不断增加，城市元素不断侵扰乡村地域，村落人口、分布、人居环境等方面正在发生系列变化，如村落分布集中化、村落空心化、乡村人口流动化、人居环境质量优化、生态环境失衡与改善并存等方面。因此，通过调研西南地区村落动态变化，找到村落发展存在问题、有益经验、成功案例，探索村落优化发展路径，对推动西南地区精准扶贫、乡村全面振兴具有重要实践意义。

一、调研方法与方案

（一）参与式调查方法

采用参与式农村评估方法（participatory rural appraisal，PRA）对西南地区典型村落发展演变进行调查。PRA 主要是通过半结构访谈、调查问卷、小型座谈会、实地观测等方式与本地居民及乡村管理人员进行非正式访谈，了解实际情况，从而形成由下到上的发现和解决问题的方法。PRA 不同于其他调查方法，它不以调查者为主导，更加强调被调查者的感知，更大程度地尊重村民的主体地位，充分调动村民参与调查研究的积极性。

在实地调研过程中，以入户面对面访谈加问卷调查为主要调研形式，访谈中不局限于单一的问题，而是围绕主题对受访者进行开放式的访谈，在相对自由的气氛中，引导被采访者发表对村落发展演变的认识及看法。

（二）调查方案

针对西南地区村落演变研究主题，根据参与式原则制定调查方案，主要针对乡镇或村干部、村民，进行问卷调查或半结构式访谈，了解村落发展的状态与过程、村民及管理者等主体对村落发展的态度和看法。

调研步骤：设计制定访谈大纲和调查表（表 5.13）；实地走访当地政府部门，咨询所辖村落的人口、经济收入、人居环境、公共服务水平等情况；走访典型村落的村干部和村民，了解村落经济社会发展、生态环境保护、公共服务水平以及人居环境建设的真实情况，找出村落发展存在的主要问题；进行村落实地踏勘，获取村落发展现状的定性认识，并拍摄村落的相关图片，用于比较分析村落的发展过程、区域特点及差异。

表 5.13　西南地区村落演变访谈调研大纲

调研项目	调研问题、内容设计
人口与生计	①近 15 年来，村社户数、人口数及变化情况（常住人口、外出人口、户均人口数、人口年龄结构、人口受教育结构等） ②村落主导产业、村民生活水平以及主要经济来源及变化情况
基础设施条件及变化	①近 15 年来，村内交通变化情况（路面类型、到村到户情况） ②村落对外交通变化情况（距最近城镇距离、最近的主干道类型及距离） ③村内供水、供电及变化情况（普及程度、用水保障性、停水或停电率） ④信息获取渠道及变化情况（信息来源、通信情况）
公共服务条件及变化	①近 15 年来，村幼儿园、小学及变化情况（数量、位置） ②村卫生院或医疗站及变化情况（数量、医生数量、级别） ③村小卖部、超市等服务设施及变化情况（数量、位置）
人居环境及变化	①危房、空废房屋及变化情况（数量、占比） ②房屋新建与改建情况（房屋结构、人均住房面积等） ③厕所类型、垃圾回收、垃圾处理及变化情况 ④村民环境保护与环境卫生意识及变化
主观意识	①发展经济改善生活状况的愿望 ②扶贫、新农村建设、乡村振兴等政策的认知与响应意识

二、村落演变案例分析

（一）云南省曲靖市富源县大河镇白马村

1. 白马村简况

白马村位于 N25°36′23.71″、E104°17′57.05″，地处云南省东北部的富源县东南部，紧临下山村、柳嘉村、凤咀村，离县城约 11km，海拔约 1810m，村域面积 14.52km^2，辖 18 个自然村。耕地面积 285hm^2，人均耕地面积仅 0.54 亩左右。2017 年，白马村共 2020 户，户籍人口达 7800 多人，常住人口 4000 人，人均纯收入 10243 元。

2. 常住人口变化

2017 年与 2000 年比较，白马村户籍人口与常住人口呈反向变化。2000 年村内约有 1800 户 7300 人，常住人口约为 6500 人，占户籍人口的 89.04%，外出人口仅 800 人左右，2017 年有 2020 户 7830 人，户籍人口增加 530 人，常住人口约为 4000 人，占户籍人口的 51.08%，常住人口减少约 2500 人，外出人口达 3800 人以上，外出人口增加了 3000 多人（表 5.14）。可见，人口流动性显著增加。

表 5.14　白马村人口

类别	2000 年	2017 年
户籍人口/人	7300	7830
村落户数/户	1800	2020
常住人口/人	6500	4000
外出人口/人	800	3830

3. 人口结构变化

1）人口年龄结构保持相对不变

自 2000 年以来，白马村户籍人口中，人口年龄结构一直是青壮年人口占比高，长期高于 50%，小孩、老人占比均低于 20%。2017 年与 2000 年比较，白马村青壮年人数占比由 66%下降至 64.5%，小孩占比由 18.9%上升至 19.4%，老年人占比由 15.1%上升至 16.1%（图 5.17），增减微弱，人口年龄结构比较稳定。

在近 20 年中，白马村常住人口总数减少明显，主要是劳动力人口流出。近年来少年儿童流出量也在增长，使得本村劳动力人口降低，常住人口年龄结构老化问题比较突出。

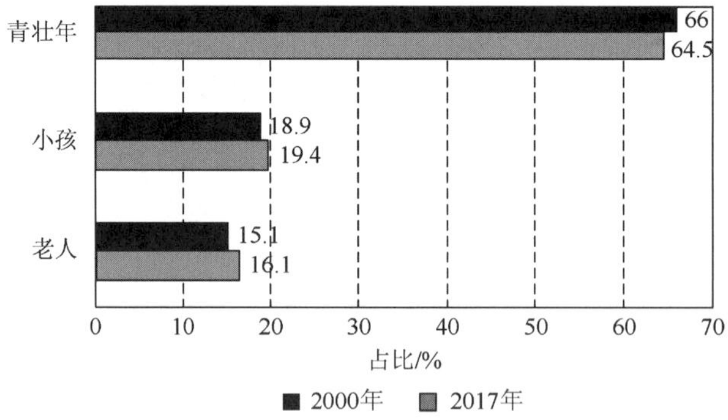

图 5.17　白马村人口年龄结构

2）人口文化结构逐渐优化

白马村人口受教育年限不断增加，文化水平逐渐提高，人口文化结构不断改善。2000～

2017 年，白马村文盲率由 5%下降到 1%以下，人口文化结构变化最为明显的是小学文化水平人口占比由 50%下降为 30%，而中学文化水平占比由 40%上升到 54%，大学及以上文化水平人口占比增加 1 倍；2000 年时，中学和大学文化水平人口占比 45%，2017 年中学和大学文化水平人口占比提高到 64%（图 5.18）。村域内文盲人群仅为高龄老人，村民的文化水平普遍提高，人口文化结构由中小学文化水平人口占主导转变为中学及大学文化水平人口为主导，大学文化水平人口提升至 10%，村民接受文化教育的意识也在进步，愈来愈重视子女的文化教育。

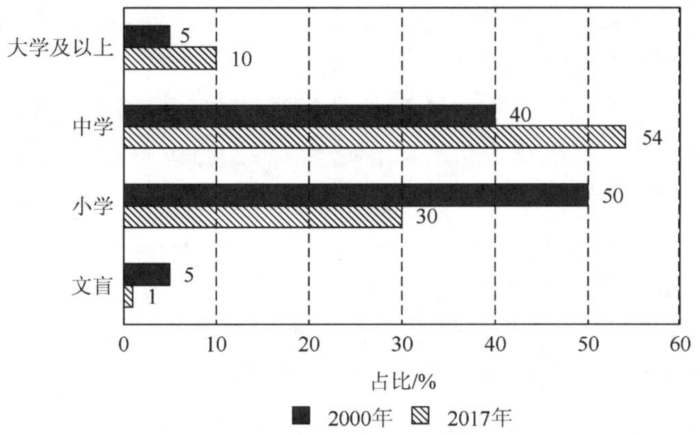

图 5.18 白马村人口文化结构

4. 经济发展与收入水平

大河镇大力发展批发零售业、物流仓储业、快递服务业，使得白马村的产业结构不再单一以种植烤烟、水稻为主，乡村产业呈多元化发展，村民就业机会增多，收入来源多样化，如依据有利气候与条件，在镇村组织引导下，村民种植起红梨、毛桃、黄桃等果树，多方向、多产业推动乡村经济发展。同时，白马村还依托其交通位置优势、良好气候条件，吸引企业入驻，具典型代表性的是引进农业开发企业建设陶源溪谷生态园，占地 3000 多亩，以多种果树种植、大棚生态蔬菜种植、露天无公害蔬菜种植为主，自 2018 年 6 月建成营业以来吸引了富源县以及周边县市的大批游客来此观光、采摘蔬菜瓜果，大棚蔬菜基地生产的蔬菜大批外销，陶源溪谷生态园建设带动村民住房更新、现代农业发展、农业规模化、吸收劳动力就业、乡村旅游消费，村民收入来源增多，村民纯收入由 1000 多元大幅提升至 10243 元，有效地带动农民增收，生活消费水平也随之提升。

5. 村落人居环境改善

1）村民住房质量提升

2000 年，白马村人均住房面积约为 20m^2，房屋结构 50%以上为土木结构，住房安全性低。白马村为国家级贫困村，扶贫脱贫工作一直受到政府的高度重视，在系列政策支持下，不断推进住房更新提质，对危房或无房特困村民实行特殊政策，自行出资不到 10000 元即可享受国家按照 20～30m^2 的人均住宅面积标准修建住房，对住房重修以及改建的农户提供技术和规划指导，引导村民住房建设选址趋近县乡道。目前，白马村农村人均住房面积达 35m^2 以上，住房结构以砖石、砖混结构为主，实现了人畜分离，房屋结构的稳定性与安全性大大提高，同时，住房分布集中性明显提高。

2）基础设施改善明显

富源县政府重视交通基础设施建设，近 5 年投资 1313 万元，用于大河镇 16 个村域的道路建设，实现了 16 个行政村通硬化道路，有力推进了白马村内外交通条件的改善。白马村距县城 11km，距大河镇 7km，临近县道，地理位置相对优越。公路通达 80%以上村民户，共 15km 村内主干道完成硬化，还有部分到户路面还未完成硬化；开通了乡镇公交车，村民出行更便利。

2000～2017 年，白马村内供电供水普及率提高 50%，目前普及率达 100%，农村居民用水用电得到保障；电视机以及手机普及率达 100%，村域内部实现了宽带网络全覆盖。村内商店和小型超市的数量增多，村民前往商店与超市的路程大幅缩短，能够满足村民购买日常生活必需品的基本需求。

3）公共服务设施及服务水平提高

白马村幼儿园于 2005 年建立，目前村内有 1 所小学，基本满足村内适龄儿童就学需求，村小学由原有的 2 所小学拆并而成，学校基础设施及教师资源得到有效整合，初中需要到距离 7km 的大河镇就读，高中需前往距离 11km 的县城中学就读。“小学村内读，初中镇上读，高中县城读”是目前的就学格局，这也使得学生享受到更为专业化、现代化的教学条件，教育均等化得到一定程度的落实。

白马村村民参与城乡基本医疗保险率达 99%，仅有个别村民未参加医保，村民享受基本医疗卫生服务得到保障。目前，村域内的医疗设施较简单，只有一个卫生站，卫生院医疗条件一般，仅仅能够满足村民日常就医需求，偏重病症需要前往镇、县医院就医，基本是“小病在村内，大病去县里，重疾上省州”的就医格局。

大河镇不定期举办各类科技培训，使得 80%以上农民掌握 2、3 门实用技术。白马村村委会设立了文化活动室，定期组织开展农村广场舞比赛活动，邀请外省专家给村民培训果树种植技术，不断提高村民的科学技术和文化知识水平并丰富村民的精神文化生活。

4）环境卫生与文明意识正在改善

政府积极推进生态文明建设和环境保护宣传工作，在村落内部的主干道设立垃圾站，各自然村落合理布局垃圾回收箱，引导村民将垃圾统一放入垃圾箱或垃圾站；倡导村民保护生活环境，村民随地乱扔垃圾、随地掩埋垃圾现象大幅减少，村落内部环境卫生明显改善，村民环保意识有所提高；另外，陶源溪谷生态园和蔬菜种植基地的发展进一步改善了村落生态环境，回馈的经济利益和打造的美丽环境都促进了村落的生态文明建设。

6. 村落发展演变中存在的问题

（1）教育与医疗条件有待提高。白马村医疗条件同 2000 年相比并无显著变化，村落每千人拥有卫生技术人员数不足 1 人，医疗设施简单，提供的医疗服务种类有限、质量较低，村民就医实际距离增加，便利性不高。村小学合并之后，部分适龄儿童上学路程增加，学校师生比远低于教育部规定的 1∶23，学校教师配备与现代教学设备较为缺乏。过于简陋的教育医疗条件加速人口流出，乡村人口结构进一步失衡。

（2）缺乏支柱性产业带动乡村发展。白马村虽然有部分中小企业入驻，但规模较小，效益不高，对村落经济发展的带动有限。村内陶源溪谷生态园的发展和经营多依赖于外来专业人员支持，游客前往生态园逗留的时间短，游客在村内消费的机会和意愿比较小。应充分发挥资源优势，进一步加强支柱性产业培育与发展，促进乡村经济发展与村落建设。

（3）乡村人口尤其是人才向外流失严重。白马村位于县道两侧，村内又有企业入驻，但是其外出人口不断增加，常住人口不断减少，村域范围内青壮年劳动力人数不断减少，使得村落的基础性农业发展缺乏劳动力，制约村落潜力发挥；教育文化水平较高的村民不断向外流出，导致村落建设发展所需人才资源流失。

（4）村落人居环境建设仍是难点。村民住房结构基本完成由土木结构向砖混结构的改变，但住房修建多由村民自主完成，缺乏规划、布局无序、功能比较混乱。环境卫生仍是痛点，垃圾箱和垃圾站设立在一定程度上改善了“脏、乱、差、臭”及村民乱扔垃圾的习惯，村容村貌有一定程度的改善，但农村生活污水和粪污无害化处理问题还未解决，禽畜粪便及养殖废弃物对环境造成的影响较大，美丽村落建设任重道远。

（二）广西隆林县新洲镇弄桑村

1. 弄桑村简况

弄桑村位于 N24°43′53.08″，E105°18′37.14″，平均海拔 1006m。弄桑村隶属于广西百色市隆林县新州镇，距离县城约 12km，辖同样、敢毫、新寨、坝白、弄桑、邻好、马家屯、杉树脚、卫央 9 个自然屯，总面积 15.4km^2。是一个壮族、苗族、仡佬族、彝族、汉族人口混居的村落，其中壮族占 45%、苗族占 39%、汉族占 13%、彝族占 2.3%、仡佬族占 0.7%（图 5.19）。全村耕地面积较少，人均耕地面积 0.48 亩，人均水田面积 0.3 亩，经济林面积 13412 亩，生态林面积 2600 亩，经济收入主要靠种植玉米、稻谷、毛竹、杉木以及畜牧养殖和劳务输出。

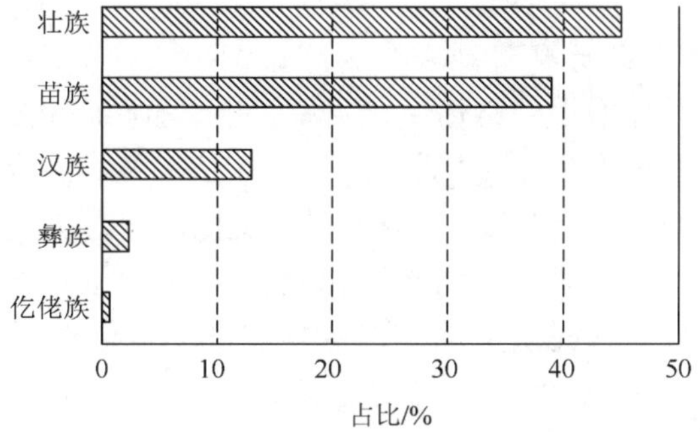

图 5.19　弄桑村民族人口结构

2. 常住人口数量变化

弄桑村人口总数不足2000人，属于中型村落，人口呈基本稳定态势，户籍人口、常住人口、外出人口仅有较小幅度的变化。2000年，弄桑村有350户1360人，常住人口1300人，占户籍人口的95.56%，外出人口不足100人；2017年，村内有390户1737人，常住人口1257人，占户籍人口的72.36%，外出人口约有500人，可见外出人口明显增加。

3. 人口结构变化

1）人口年龄结构变化大

2017年与2000年比较，弄桑村人口年龄结构变化大，青壮年占比变化最大。青壮年占比由73.5%降至46.1%，减少了27.4个百分点，小孩占比变化次之，小孩占比由20.6%上升至46.8%，增加了26.2个百分点，老人占比由5.9%上升至7.1%，增加了2.1个百分点（图5.20），可见，青壮年劳动力减少幅度较大，老人数量占比有所增加，而村落的外出人口增多，故村落劳动力人数变化大。

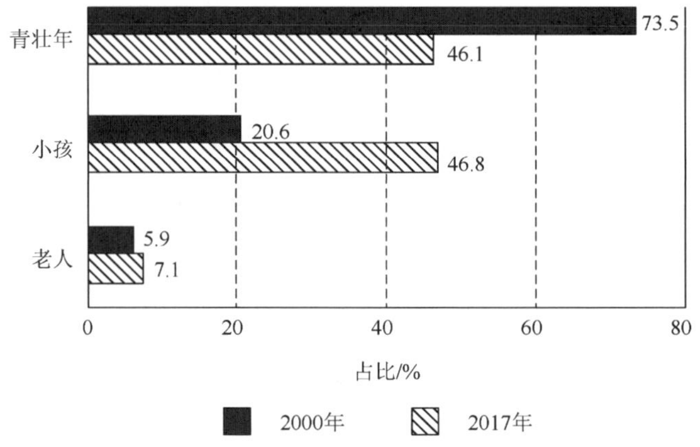

图5.20　弄桑村人口年龄结构

2）村民整体文化水平有所提高

弄桑村村民受教育年限增加，整体文化水平提高。2000年文盲率为15%，小学文化水平为50%，中学文化水平为30%，大学及以上文化为5%；2017年文盲率为10%，小学文化水平为40%，中学文化水平42%，大学及以上文化水平为8%（图5.21）。2000年，弄桑村存在15%的文盲率，村民的文化水平以小学文化为主；2017年，文盲率下降到10%，中学、大学文化水平村民人数增加，中学及以上文化水平人口占50%。目前因村落多民族杂居，受深厚传统观念和村民文化基础以及语言沟通的影响，村民整体文化水平仍然不高。

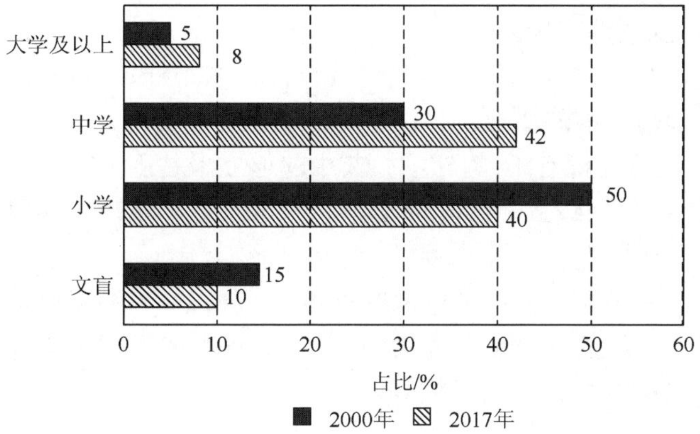

图 5.21　弄桑村人口文化结构

4. 经济发展与收入水平

弄桑村位于乡道旁，村内组建合作社模式发展农副产品生产，村特色产业为杉木产业，村内林地面积达 13400 亩，几乎全部种植杉木；在扶贫政策实施中，政府强化驻村干部作用，积极引导帮助村民发展畜牧、家禽养殖等产业，产业帮扶覆盖全村贫困户 80%以上。目前，弄桑村贫困发生率已经低于 3%，2017 年与 2000 年比较，村民人均纯收入由不足 1200 元增加至 7000 元左右，收入水平明显提升，但村内主干道路硬化还未完成，经济发展基础条件较差，产业发展仍以农业为主，经济发展成效不佳，村民收入来源仍比较单一。

5. 村落人居环境条件有一定改善

1）住房更新明显、安全性显著提升

目前，全村 240 户住户，95%的住户已拥有安全住房，仍有 11 户的住房未达标，存在一定安全隐患；村落住房也由草房、土木结构为主，过渡到两层或多层砖混结构住房，村民住房安全性显著提高，而且基本实现了人畜分离，底层多用于饲养家畜，二层及以上为村民居住。村域内各民族住房基本统一化，住房选址、设计以主观意愿为主，缺乏科学规划，使得村落内住房布局混乱、拥挤、采光条件较差。

2）村内生产与生活环境改善

截至 2017 年年底，进入各自然村的道路基本平整完成，但村内仅省道通往村委会的 550m、村委会至卫央屯 750m 道路硬化开始施工，村内道路硬化率极低，村民雨天出行极其不便。

目前，村内自来水以及供电到户率达 100%，以前一直存在饮水困难的敢毫屯于 2018 年解决了集中供水问题；电视机普及率达 100%，家家户户都至少拥有一部能够上网的智能手机；村民保护环境意识提高，随处乱扔垃圾的现象大大减少，村内设立垃圾站和垃圾车清理回收村民的生活垃圾，村委会组织村民对村落道路进行清扫，使得村域内环境改善、生活环境质量提高；村内商店由仅有的一个小卖铺，发展为多个小商店、小超市，村民日常生活便利性提高。

3）公共服务设施条件有所改善

在国家普及义务教育以及保障适龄儿童教育背景下，村内配备了幼儿园以及小学满足适龄儿童就学，中学则需要前往教学条件更好的镇、县城就读，村民接受教育意识有明显提高。2017 年全村适龄儿童有 16 人辍学，其中建档立卡贫困户有 4 人，村内适龄儿童的辍学率降至 2%以下。村内设立了文化活动室、农家书屋，正在准备建设篮球场、戏台等设施，以不断满足村民的精神文化需要。

村卫生所从无到有，满足了村民日常就医需要，村民日常就医便利性提高；全村参加新农合的村民占 73.8%，贫困户参保率达 100%，非贫困户仅有 351 人未参加城乡居民基本医疗保险，村民的参保意识有明显提高。

6. 村落发展与演变中存在的问题

（1）产业多元化与特色产业发展不足。目前，弄桑村仍单一依靠农业种植业获得收入，村合作社仅以杉木生产出售为主，村落产业比较单一。杉木业是弄桑村的特色产业，村域范围的林地几乎全部种植杉木，但杉木种植获利周期长，多达 10 年左右，作为村落发展的主导产业对短期内村民收入提升的助益较小，村落应发展多种产业带动乡村经济与村落发展。

（2）基础与公共服务设施水平有待提高。村内住房修建缺乏规划，分布过于拥挤、混乱，村内道路以泥路为主，路面状况差，影响交通出行；村内教育设施落后、教师数量不足，还存在适龄儿童辍学现象；经济发展基础条件较差，外来资金等要素吸引力较差。

（3）传统村落保护缺失，民族村落特色消弭。弄桑村为多民族杂居型村落，由于交通、经济、自然等因素制约，村落建设中政府缺乏监督管理、规划缺位、保护意识不足，住民追求经济利益和物质现代化、村落保护意愿低，导致民族村落特色景观逐渐丧失，具民族特色的民俗、文化、民居不断减少和弱化。

（4）村民信息获取有限，思想意识观念相对滞后。弄桑村少数民族村民居多，村民长期生活在相对闭塞的环境中，思想观念比较落后，普通话普及率较低，村民外出机会与意愿低，接受外来先进技术和知识传播的机会少，村民多数还是以传统务农为生，对学习新知识与技术、尝试新事物的积极性较低，村民思想的封闭性使得乡村发展与村落建设受阻。

参 考 文 献

柏贵喜，罗义云，2005. 西南民族地区乡城人口流动的推阻因素分析[J]. 湖北民族学院学报（哲学社会科学版），(1)：45-49.

曹勇，陈颖，田凯，2017. 突变与传承：川西北藏区旅游村落乡土民居当代演变类型、特征及思考——以阿坝县神座村为例[J].住区，(1)：29-34.

陈小龙，叶持跃，刘文生，等，2018. 中国国家生态旅游示范区空间分布特征研究[J]. 生态科学，37（1）：171-177.

褚金萍，熊健益，2019. 农村劳动力转移和人口老龄化对经济发展影响的研究述评[J]. 山西农经，(11)：31-33.

邸琰茗，2017. 基于 GIS 的重庆市开县乡村聚落空间分布特征影响因素初探[J]. 首都师范大学学报（自然科学版），38（4）：72-76.

窦馨逸，昌小莉，罗明良，等，2015. 基于 GIS 四川县域尺度人口聚集格局及层域划分[J]. 西北人口，36（1）：12-16.

方秀英，吴天龙，习银生，2018. 我国农村教育发展面临的突出问题及应对建议[J]. 当代农村财经，(12)：2-3.

韩斌，2015. 推进集中连片特困地区精准扶贫初析——以滇黔桂石漠化片区为例[J]. 学术探索，(6)：73-77.

郝晴，2011. 新农村建设背景下云南贫困地区乡村景观规划初探[D]. 昆明：昆明理工大学.
胡业翠，武淑芳，王静，2016. 基于参与式调查的广西生态移民迁入区农户收入效应评价[J]. 农业工程学报，32（21）：264-270.
黄路文，2017. 川北地区地域性乡村景观研究与设计[D]. 绵阳：西南科技大学.
贾璟琪，王鑫，魏旺拴，2018. 乡村振兴背景下农村人居环境改善路径探析[J]. 当代经济，（23）：104-105.
贾悦，崔宁博，魏新平，等. 2016. 基于反距离权重法的长江流域参考作物蒸散量算法适用性评价[J]. 农业工程学报，32（6）：130-138.
焦开山，2014. 中国少数民族人口的城镇化水平及其发展趋势[J]. 民族研究，（4）：36-48，124.
角媛梅，张盼盼，胡文英，2006. 人类活动对山地景观的影响研究进展[J]. 云南地理环境研究，（5）：38-42，57.
乐章燕，魏瑞江，石茗化，等，2018. 华北设施农业区气候资源分布及季节变化特征[J]. 江苏农业科学，46（8）：285-290.
李伯华，曾灿，窦银娣，等，2018. 基于“三生”空间的传统村落人居环境演变及驱动机制——以湖南江永县兰溪村为例[J]. 地理科学进展，37（5）：677-687.
李阳兵，李睿康，罗光杰，等，2018. 贵州典型峰丛洼地区域近50年村落演变规律及驱动机制[J]. 生态学报，38（7）：2523-2535.
梁念龙，2019. 广西少数民族地区传统村落景观建设策略探究[J]. 现代园艺，（14）：63-64.
罗洁，2018. 少数民族传统村落建筑景观控制与保护研究——以广西龙胜县平等侗寨为例[J]. 旅游纵览（下半月），（6）：144-146.
罗雅雪，周秋文，肖永琴，2018. 基于地层地形条件的贵州省人口空间分布及变化[J]. 贵州科学，36（4）：50-55.
闵婕，2015. 三峡库区典型区域农村聚落空间演化研究[D]. 重庆：西南大学.
穆哈拜提•帕热提，赵羽，2018. 农村居民收入差异时空演变及其影响因素分析[J]. 统计与决策，34（5）：88-91.
皮晓雯，魏君英，2018. 农村人口老龄化对乡村振兴战略的影响[J]. 合作经济与科技，（22）：11-13.
覃斌，杨平，杨义，等，2018. 黔东南苗族传统民居木构件产业化应用的思考[J]. 山西建筑，44（24）：218-219.
田雅丝，刘艳芳，孔雪松，等，2017. 乡村聚落空间演变特征分析[J]. 地理空间信息，15（12）：76-79.
王成，唐宁，2018. 重庆市乡村三生空间功能耦合协调的时空特征与格局演化[J]. 地理研究，37（6）：1100-1114.
王天霞，2016. 重庆人口空间分布及趋势性研究[D]. 重庆：重庆工商大学.
谢玲，李孝坤，余婷，2014. 基于GIS的三峡库区低山丘陵区乡村聚落空间分布研究——以忠县涂井乡、石宝镇为例[J]. 水土保持研究，21（2）：217-222.
谢余初，张影，钱大文，等，2016. 基于参与式调查与主成分分析的金塔绿洲变化驱动力分析[J]. 地理科学，36（2）：312-320.
许玉超，2018. 凉山彝族自治州乡村景观设计研究[D]. 绵阳：西南科技大学.
颜梅艳，2017. 云南传统村落空间分布及发展路径探究[J]. 城市地理，（20）：24-25.
赵一鹤，张子睿，张祥文，2017. 简析我国农业信息传播的途径与方式[J]. 南方农机，48（7）：46.
子克拉格，2018. 以乡村振兴推进彝区农村人居环境改善[J]. 当代县域经济，（12）：50-51.

第六章　西南地区村落演变驱动力与驱动机制

第一节　西南地区村落演变驱动力

一、村落演变驱动力分析方法

（一）参与式农村评估法

参与式调查评估法（participatory rural appraisal，PRA），也称作参与式农村评估法，主要是针对农村区域、农村问题提出的一种参与到村民中去，通过调查问卷、开放式访谈、农村大事记、座谈记录等方法积累资料，从而更深刻地了解农村发展的真实状况与农民生产、生活的切实愿望，从而为解决和改善乡村问题建立基于农村客观地方性与农民主观参与性相结合的科学研究方法（谢余初等，2016；张荣飞等，2013）。

在重庆、四川、贵州、云南、广西选取部分乡村进行实地调研，采取集中调研与分散调研相结合、抽样调研与焦点调研相结合，调研方法主要运用参与式调查评估法。调查对象主要选取35～80岁的中老年人，包括当地村民、乡村管理人员、乡村企业从业人员，通过参与式座谈、问卷调查、入户考察、实地走访，结合村镇的历史资料数据，对调研村落的时空演变、居民生产生活方式改变、人居环境变化、基础设施变化等进行深入了解。还通过半结构式访谈、问卷调查和实地调研进行村落演变驱动力与驱动机制调查。设计的调查提纲见表6.1。

表6.1　西南地区村落发展调研访谈大纲

项目	内容
访谈对象	当地村民、乡村管理人员、乡村企业从业人员等
访谈目的	通过对研究区典型乡村不同人群的深度访谈，客观、科学地分析影响村落发展演变的驱动力与驱动机制、村落人地关系等
访谈问题	①近15年来，本村的位置、格局、建筑形式、居住环境有哪些变化？你认为是什么原因导致了这些变化？ ②在自然环境、经济发展、政策与投入、技术进步、基础与公共设施建设、城镇化影响等因素中有哪些因素对村落发展变化有明显影响？影响程度如何？ ③近15年来，本村经济发展有哪些明显进步？基础与公共服务设施有什么变化？ ④据你了解，国家和地方政府关于乡村或村落发展有哪些政策支持？ ⑤美丽乡村建设中你最关心哪些方面？为什么？ ⑥本村常住人口数量、结构有哪些变化？你认为影响其变化的主要原因是什么？ ⑦你认为本村发展的主要优势是什么？最大劣势是什么？你认为进一步发展应优先解决的问题有哪些？

对调研结果进行分析后发现，驱动西南地区村落演变的因素主要涉及自然地理因素、农业发展、产业结构变化、投资驱动、政策支持、基础设施建设、经济发展、科技发展、

城镇化带动等方面。围绕这些驱动因素初步选择了20个指标作为影响村落演变的驱动力指标（表6.2）。其中，海拔、坡角因素主要根据DEM数据，采用GIS工具计算，而人均GDP、旅游业综合收入、邮电业总额、农村居民人均收入、第一产业总产值、粮食产量、耕地面积、工业总产值、农业与非农业产值比、第一产业从业人员占比、固定资产投资、农村用电量、农业机械总动力、化肥使用量、公共财政投入、城镇化率、公路里程等指标数据来源于2005年和2016年各地区统计年鉴与统计公报及调研数据，个别缺失年份的数据采用相邻年份的数据进行替换，对缺失值取平均值进行插值处理，最终确定的驱动力因素集见表6.2。

表6.2　西南地区村落演变驱动力因素集

因素类	指标	指标解释
自然地理环境	海拔/m	地面某个地点高出海平面的垂直距离
	坡角/(°)	地表单元陡缓的程度
	森林覆盖率/%	森林面积/土地总面积
经济发展	人均GDP/元	GDP/年末常住人口
	农村居民人均收入/元	农村居民当年从各渠道得到的总收入
	旅游业综合收入/万元	门票、住宿、餐饮等旅游相关营业额
	邮电业总额/万元	邮政业与通信业营业额
农业发展	第一产业总产值/万元	农林牧副渔业产值
	粮食产量/t	粮食作物的生产量
	耕地面积/hm^2	可种植农作物的土地面积
产业结构变化	工业总产值/万元	工业产品产量×产品销售单价
	农业与非农业产值比/%	农业产值/非农业产值
	第一产业从业人员占比/%	第一产业从业人员数/乡村从业人员数
投资驱动	固定资产投资/万元	建造和购置固定资产的投资
科技发展	农村用电量/(万kW·h)	农业生产与农民生活用电量
	农业机械总动力/万kW	农业各种动力机械的动力总和
	化肥使用量/t	农业化学肥料使用量
政策支持	公共财政投入/万元	政府财政支出
城镇化带动	城镇化率/%	城镇人口/总人口
基础设施建设	公路里程/km	等级公路里程数

（二）多元逐步回归法

多元逐步回归是一种线性回归模型自变量选择方法，其基本思想是将变量逐个引入，引入的条件是其偏回归平方和经验是显著的。逐个检验每个变量，将检验认为不显著的变量删除，保证所得自变量子集中每一个变量都是显著的，直到不能再引入新变量为止，这时回归模型中所有变量对因变量都是显著的（武鹏等，2018）。运用SPSS19.0对影响村落变化的因素进行回归分析，将各县村落密度作为因变量，将20个影响因子作为自变量，在剔除不显著的量，消除多重共线性后，得出的结果作为主要驱动因子。将 PRA 确定的驱动因素进行多元逐步回归得到 2005 年的主驱动因素（表 6.3）。

表 6.3　2005 年驱动因素多元逐步回归分析结果

变量	非标准化系数	标准系数	t	Sig.	方差膨胀系数
第一产业总产值	6.640×10^{-7}	0.329	6.564	0.000	1.639
农业与非农业产值比	0.001	−0.130	−2.964	0.003	1.257
人均 GDP	-7.302×10^{-6}	−0.193	−4.286	0.000	1.324
农业机械总动力	0.003	0.292	5.309	0.000	1.977
海拔	-1.166×10^{-5}	−0.174	−3.607	0.000	1.522
森林覆盖率	−0.002	−0.312	−6.879	0.000	1.337
常量	0.176	—	8.43	0.000	—
校正 R^2	0.593				
F 值	65.423				
Sig.	0.000				

结果显示，2005 年有第一产业总产值、农业与非农业产值比、人均 GDP、农业机械总动力、海拔、森林覆盖率 6 个变量通过了显著性检验和共线性诊断。

同理，将 PRA 确定的驱动因素进行多元逐步回归得到 2016 年的主驱动因素（表 6.4）。

表 6.4　2016 年驱动因素多元逐步回归分析结果

变量	非标准化系数	标准系数	t	Sig.	方差膨胀系数
工业总产值	-2.237×10^{-8}	−0.246	−4.422	0.000	1.453
粮食产量	8.925×10^{-8}	0.164	2.679	0.003	1.766
固定资产投资	2.413×10^{-8}	0.302	4.319	0.000	2.291
旅游业综合收入	6.288×10^{-8}	0.227	4.693	0.000	1.094
海拔	-2.138×10^{-5}	−0.341	−6.479	0.000	1.297
森林覆盖率	−0.002	−0.275	−5.527	0.000	1.164
常量	0.157	—	7.836	0.000	—
校正 R^2	0.432				
F 值	34.639				
Sig.	0.000				

结果显示，2016 年有工业总产值、粮食产量、固定资产投资、旅游业综合收入、海拔、森林覆盖率 6 个变量通过了显著性检验和共线性诊断。

由 2005 年和 2016 年驱动因素多元逐步回归分析结果可以看出，2005 年影响西南地区村落演变的主要因素为农业发展、经济发展、产业结构变化、科技发展、自然地理环境；2016 年影响西南地区村落演变的主要因素为产业结构变化、农业发展、投资驱动、经济发展、自然地理环境。综合 2005 年和 2016 年驱动因素多元逐步回归分析结果可知，影响西南地区村落演变的主要因素为自然地理环境、农业发展、产业结构变化、经济发展、科技发展和投资驱动。其中，自然地理环境因素中又可以区分为自然地理环境驱动和生态环境保护驱动，经济发展因素包括乡村旅游驱动，政策支持因素以财政投入表征，且与投资驱动因素关系紧密，因此与投资驱动因素共同构成政策与投资驱动。综上，影响西南地区村落演变的主要驱动因素为自然地理环境、农业发展、产业结构变化、科技发展、政策支持与资本驱动、经济发展；结合参与式访谈调查与实地调研结果，基础设施建设、乡村劳动力转移、城镇化带动、电子商务发展也是驱动村落演变的因素。

二、村落演变驱动力因子分析

（一）自然地理环境驱动

自然地理环境是人类所有活动的基础，如地形、气候、水文、土壤、植被等在一定程度上影响人类生存、生产和生活，这并非地理环境决定论，而是地理环境基础作用客观论。地理环境诸要素对不同地域的村落发展具有基础作用，是人地关系的重要基石，人与自然的和谐共生状态，就是生态文明的本质要求。在人与自然的共生体中，自然地理环境无疑是先决条件，而人类可以发挥主观能动性，对自然地理环境加以利用和改造，不同的开发和利用方式造就了功能、风格、规模各异的城市和乡村景观。但人类开发利用自然是有限度的，如果人类干预过大，人地冲突加剧，可能造成自然系统和人地系统退化，危及人类文明。

中华文明孕育于黄河流域，自古以来的绝大多数时间里，我国东部地区经济社会发展水平明显高于西部地区，而且这也将是未来很长时期的基本格局，从根本上来说，就是东部地区自然地理基础条件优越，可以支持人类大规模高强度开发（也是有限度的），而西部地区自然地理基础脆弱，不宜也不能进行高强度大规模开发，从而决定了一定历史时期内经济社会发展的大势格局（胡焕庸，1935；陆大道等，2016）。

西南地区受地形、生态基础脆弱等的影响，村落的密度、规模、区位、形态、形式、建筑材料、结构、人居环境等呈现鲜明的特点。不同的地形组合、海拔与坡度差异、地质基础与矿产资源差异、土壤与生物资源差异、气候与水文条件差异等，通过影响农业与工业发展、基础与公共设施建设进而影响人们生活、生产、生存，使得不同自然环境下村落数量、分布、形态、人居环境等产生空间差异；同时，这些条件的影响力又受生产力进步、科技发展的影响，在不同的时代人类克服自然约束或利用自然的能力在变化，这必然促进村落的变化；西南地区自然环境分异，叠加生产力、科技、政策等其他驱动力又推动村落时空演变（图 6.1）。

一般而言，不同海拔及坡度对村落和人口分布造成影响。海拔越高、坡度越大，其村落密度越低、规模越小，如川西高原山地、横断山区形成村落稀疏区，川中丘陵平坝、云贵高原、广西丘陵区等形成村落密集区。地理区位优越、自然环境良好的地方容易与外界交流，容易吸引资金、劳动力、获得政策支持，村落密集且规模较大，村落在建筑样式、材料、居住质量等方面变化更快，反之则比较稀疏、规模较小且变化缓慢，如大、中、小城市城郊附近村落变化迅速，而区位闭塞的偏僻地区村落变化缓慢，甚至呈静止状态。如川西和云南、广西、贵州的部分山区，自然环境本身就比较恶劣，自然资源也相对贫乏，地形、海拔、坡度、气候等自然因素对村落的发展和演变起到不同程度的制约作用，加之

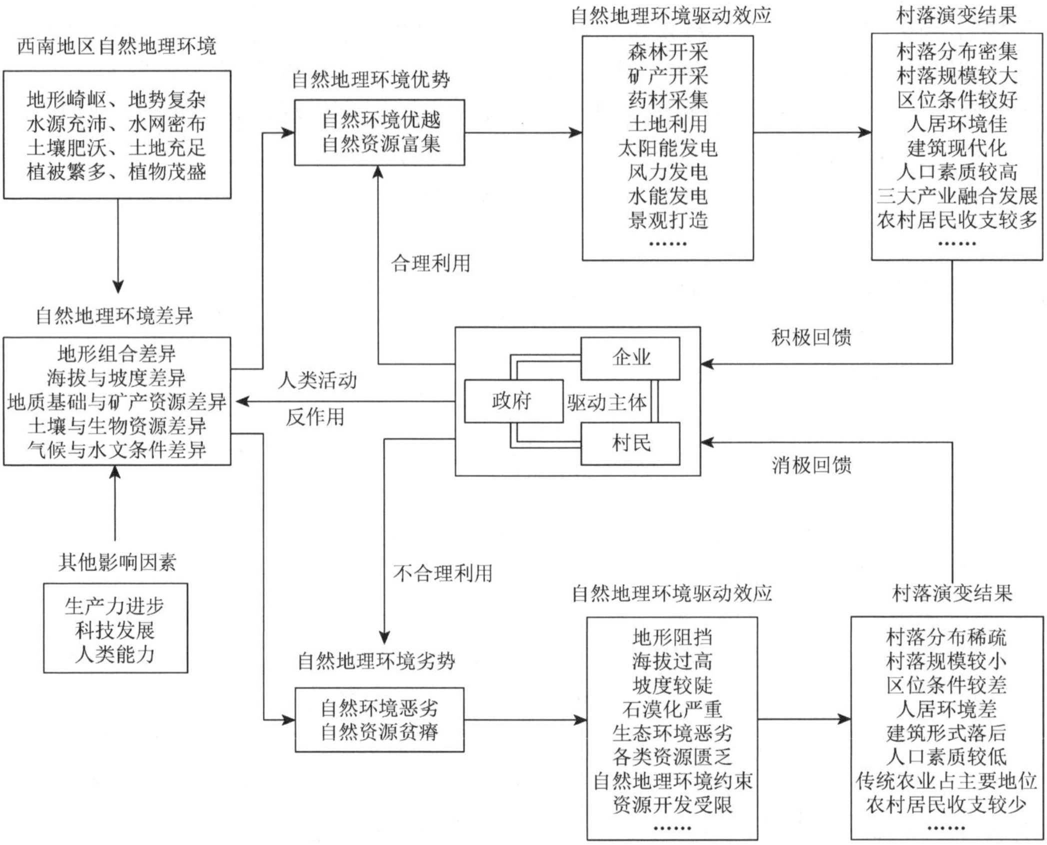

图 6.1　自然地理环境驱动村落演变示意图

水土流失、石漠化、土壤污染等生态问题的发生，使得西南地区村落演变的方向和程度均有差异。自然资源富集区域，随着资源的开发，带动基础设施建设、乡村人口多元就业及经济收入提高，从而推动村落形态、空间区位的变化，如三峡水利枢纽工程建设、云南省文山壮族苗族自治州马关县锡矿资源开发、四川省凉山彝族自治州德昌县安宁河山谷风力发电场建设等，推进了临近地区村落的发展演变，尤其是三峡库区移民安置等，推动了移民新村建设、部分村落消亡与扩展等系列变化。另外，为了满足村落发展和建设的需要，一些地区采取掠夺式、破坏式的开发利用方式和村民薄弱的环保意识，也对乡村地理环境产生了一定的消极影响，致使乡村地区出现生态环境恶化，如水土流失、土壤污染、生活垃圾处理不当等问题。因此，自然环境差异通过影响经济发展、社会发展、人类生存质量，进而影响村落的区位选择、空间分布、规模、建筑形式演变，自然环境是影响村落形成、发展演变的基础因素。

（二）农业经济发展驱动

农业的发展需要良好的自然地理环境基础，西南地区地形地貌复杂多样，有平原、山地、丘陵、盆地、高原等地形及其组合；气候多样，有亚热带季风性湿润气候、热带雨林气候、高寒带山地垂直性气候；土壤类型多为红壤、黄壤和紫色土；水资源丰富，水能资源充沛；动植物生物多样；矿产资源种类多、储量足；有相当面积的耕地、林地、草地等农用地，土地资源充足，得天独厚的自然地理条件决定了西南地区具有发展大农业的先天优势。

在过去，种植业主要是对水稻、玉米等的种植，如今西南地区众多农业地区重视生态环境保护，发挥地理环境多样性的重要作用，综合考虑当地的地形、气候、土壤等状况，结合市场与当地社会经济条件改进农业生产模式，将水稻、玉米种植与水果、花卉种植等结合，经济作物的种类趋于多样化，同时更注重农业现代化设备的引进与使用。通过整治农用地，解决灌溉与排水问题，铺设田间道路，加强农田保护，增加了有效耕地面积，提高了耕地质量，从而改善农业生产条件（龙花楼，2012），使西南地区乡村的种植业水平因此有了显著提高。林业上因地区而异，一些西南喀斯特水土流失严重的地区进行退耕还林，一些生态保持较好的地区如广西丘陵地区某些村落种植名贵树种作为经济作物。畜牧业发展中统一建设养殖场，家庭养殖也建起了养殖大棚等，更为卫生和规范，规模效应与畜牧业健康发展。渔业发展更注重现代化养殖，三峡库区等地进行休渔期保护。农副产品加工、手工副业等与时俱进，并结合地方民俗与文化特色。各地的乡村农业发展中推出“一村一品”，通过农业经济发展，农村农用地和村民居住用地更加明确，耕地开垦和村民居住都促使村落扩张，从而村落分布在空间上呈现出大分散、小集中的特点，由于农业生产小农经济“精耕细作”的特点，村落的人口规模也相对较大，村落的分布格局呈现出田间散布自然村落的形态，农业生产空间向垂直方向拓展，农业生产用地和居住用地也向垂直方向发展。依托农业的发展，一些村落还引进农业生产发展公司或成立农民专业合作社，也带动了基础设施建设。村落中农业经济占主导地位，村民经济收入和消费支出水平均有提高，村民的住房也由破旧的茅草房、砖瓦房等更新为现代的混凝土结构，且一些较为富足的地区，还设计有独特风格的立面，促进了村落的变化（图 6.2）。

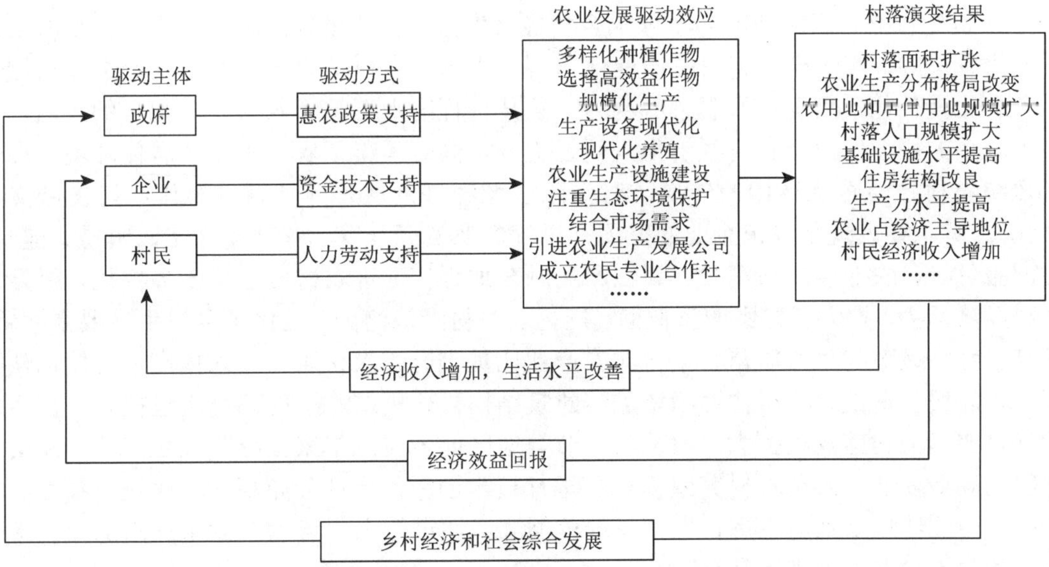

图 6.2　农业发展驱动村落演变示意图

农业的发展程度，在很大意义上决定了乡村社会与经济发展水平的高低，在产业结构演进缓慢的西南地区更是如此，农业发展水平的高低直接影响着村落演变程度，自然地理环境和生态文明建设对各地区农业生产的影响不尽相同，如成都平原地区气候温润、地形平坦，耕地资源相对丰富，四川盆地丘陵区土壤肥沃，农林特产丰富；广西钦州、防城港、北海等地以其热带气候优势，种植橡胶等热带经济作物推动农村产业发展；重庆市奉节县以市场为导向，科学化、规模化种植脐橙，推动乡村社会经济发展。农业发展通过改变村落农业生产分布格局、村落人口规模和结构、农用地和居住用地规模等，进而影响村落空间分布、规模、结构、建筑形式、人口规模与结构等，因此，农业发展是影响西南地区村落演变的主要驱动力之一。

（三）产业结构演进与优化驱动

传统社会乡村产业一直以农业为主，随着生产率进步、经济社会发展，乡村非农产业发展水平、比重不断提高，成为推动乡村持续发展的强大力量（苏维词，2007）。现代乡村以农业生产活动为优势产业的发展模式已经不能满足乡村发展与时俱进的需要，乡村相比于城市，农业生产是其基本功能，但基于农业现代化发展趋势、乡村可持续发展要求、城市发展需要等，发展第二、第三产业是乡村或村落自身健康发展的需要，更是满足城市发展及城市居民需求的迫切要求。目前，我国东部部分地区的乡村，非农产业占主导地位已经成为现实或趋势，对于西南地区来说，随着整个社会的发展进步，部分过度依赖资源和环境发展传统农业和工业生产的部分地区已经造成环境承载超限，不符合生态文明建设的要求，如四川、广西部分地区森林资源的过量开采，滇东某些乡村地区大量开采矿石资源，导致当地土地、空气、土壤等资源退化。因此，近年来为了实现乡村振兴、乡村经济与社会的可持续发展，各地不断推进产业结构调整优化，产业结构演进与优化强烈地影响着乡村或村落的变化。

21 世纪以来，西南地区为了谋求乡村经济发展，持续进行乡村产业调整，乡村第一产业比重下降，第二产业和第三产业比重有所上升。农村工业化发展也在促进乡村城镇化和农业现代化，吸引农村剩余劳动力，从某种程度上缓解了农村人多地少的矛盾，促进了城乡的协调发展，农村经济得到明显提升，同时改善了农民生活、居住环境，加快了传统农村社会经济结构的转换，对消除区域经济发展差异具有重要作用（史焱文，2016）。其主要表现是乡镇企业的发展，进行农业资源开发、农产品加工、贸易、建筑、旅游服务等，农业生产与第二、第三产业融合加强，促进农村产业趋于多样化，提升了乡村经济活力，扩大了村民的就业面，挖掘了乡村经济潜力，优化了乡村生产要素配置，提高了生产效率与生产质量，乡村非农产业比重上升，农村居民收入提高，当然也伴随着乡村居民住房改善，居住面积增加、建筑结构样式更新、居住环境质量提升，甚至推动优势明显的村落规模扩大。如重庆奉节等地区的乡村近年来主导产业生态化，发展山地特色高效农业，改革农村养殖模式和进行技术创新，合理分布猪舍、操场、菜地、村舍等，产业结构上适应生态，生产中绿色循环，通过生态优势为产业增加附加值，带来经济和生态效益的双重提升。

产业结构优化使得乡村农业经济主体地位下降，第二、第三产业比重上升，形成资金和人口集聚，人口就业多元化，村民经济收入增加、收入来源及消费支出趋于多元化，人口技能和综合素质提高。客观上导致村落范围农用地占比减少，建设用地、工业用地、服务设施用地占比增加，村落规模扩大，村落建筑结构、用材和风格也逐渐升级（图 6.3）。如广西百色市隆林各族自治县新州镇水洞村引进外来资本实施种桑养蚕项目，实行规模化经营，提升生产效率与质量；四川省泸州市叙永县马岭镇清凉洞村粮油公司加工优质糯米生产名优磕粉，提高当地乡村经济效益；贵州省大方县核桃乡木寨村吸引外出人员回村创立旅游企业，开发乡村旅游资源，打造乡村社区，改善了当地产业结构。产业结构优化是现代农村发展、村落演变中的主要驱动力之一。

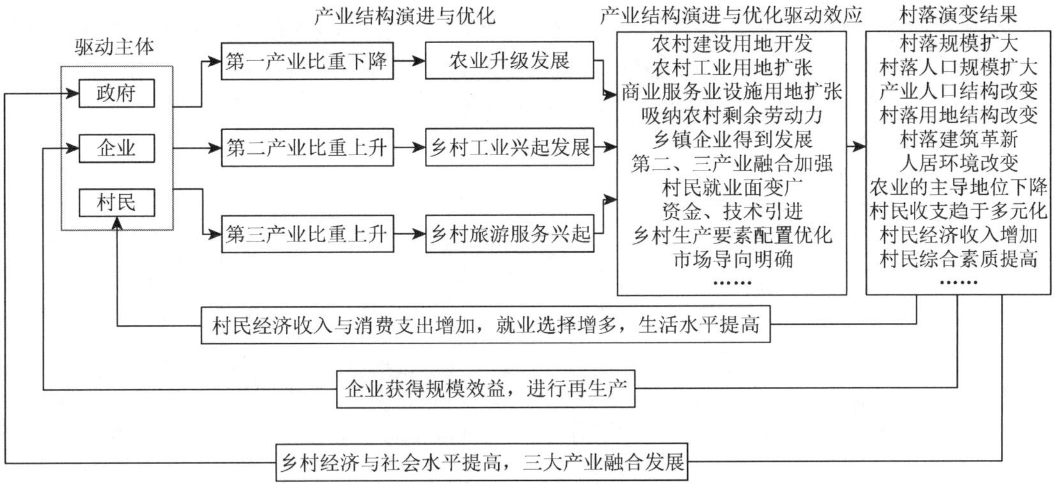

图 6.3　产业结构演进与优化驱动村落演变示意图

（四）农村科技教育发展驱动

发达地区的乡村一直注重农业科技改良、现代化设施应用和农业科普教育，村民整体教育水平的提高和职业技术培训的加强，极大地推动了农业和非农产业水平大幅度提升，印证了科学技术是推进乡村振兴发展的第一生产力。科学技术是乡村现代化发展的主要推动力，主要表现在农机设备应用、新型化肥农药、新型种植养殖技术、绿色农业技术、农业技术推广、乡村从业人员素质提升等方面，整体推动乡村生产、生活方式的变革（张红，2011）。

西南地区乡村产业以农业种植和农产品加工为主，乡村农业生产率和产品质量的提高，有助于国家粮食储备保障与食品安全保证，而这都依赖于乡村科技水平的提高。如，农业生产科技应用有种植业生产和产品的标准化、农产品加工与包装技术良种繁育技术、畜禽疫病防治技术、畜禽养殖技术、畜禽饲料产品开发、农业新型机械化自动化设备开发等；农业安监与管理科技包括农业生产与产品安全质量检测科技、农业规模化经营科学管理等。近年来乡村农业生产更注重绿色科技的应用，各级政府加大生态环境保护与绿色科技的投入，一方面通过现代化的科技手段整治和恢复环境，另一方面在农村生产活动中运用新型环保技术，避免走先污染后治理的老路。乡村农业科技发展促进乡村生产力提高，对乡村社会与经济发展起着重要的支撑作用，通过政府和相关企业主导引进农业科技，并加强乡村基础教育、实施农村生产者教育培训，不仅“授村民以鱼”，同时“授村民以渔”，在提高劳动生产率、增加农民收入、改善农民生活条件的同时，提高人口素质和生产能力。

大力推进农业科技进步及其在农业及乡村非农产业中的应用已成为现代乡村发展趋势，为了发挥科学技术提高农村生产力和生产效率的作用，提高劳动者素质和技能、加强基础设施建设必须同步推进。农村三大产业生产效率由于技术运用而明显提升，村民经济收入水平不断提高，这样必然释放农村剩余劳动力，并促进人口的集中分布，村落在空间上也出现一定的集聚，优势村落的人口规模基本保持不变或有一定程度的扩大，建筑上新技术的运用使得村落的面貌焕然一新，建筑材料由土、木、瓦、石更新为砖混、钢混等新型用料，清洁生产、文明生活方式逐步取代落后方式，人居环境也逐步得到改善（图 6.4）。如云南省派专家前往红河县开展热果产业技术服务工作；广西开展专项整治，加强兽用疫苗监管；四川省推广水产陆基集装箱式健康养殖等，在农业科学技术应用的推动下，村落生产、生活、空间结构、人居环境都发生了系列变化。

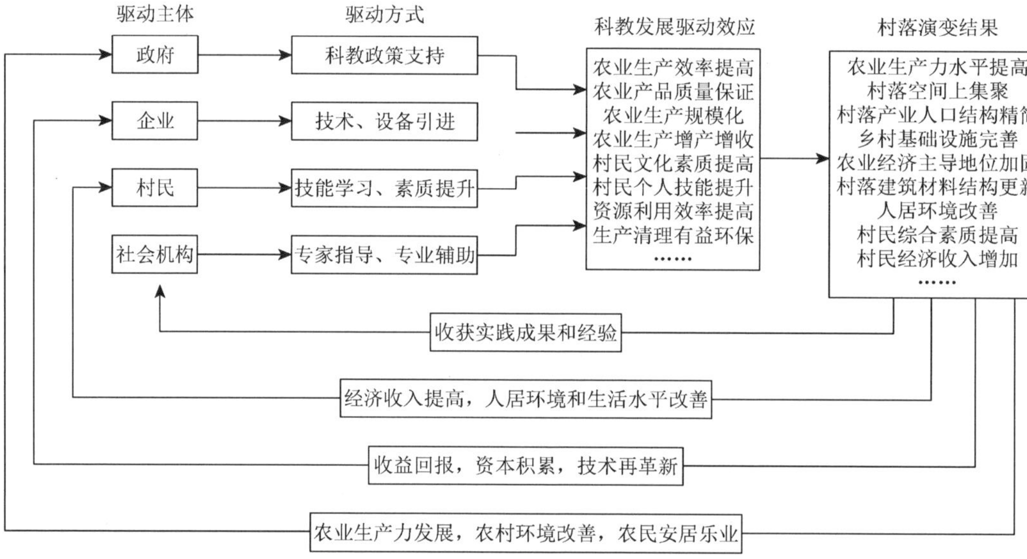

图 6.4 科技教育发展驱动村落演变示意图

（五）政策支持与资本投入驱动

习近平同志在党的十九大报告中提出，我国在 2035 年基本实现社会主义现代化。其关键就在于解决城乡之间、区域之间发展不平衡、不充分的问题。世界著名经济学家凯恩斯主张政府采用扩张性的经济政策，扩大资本投入谋求经济发展，在一定条件下，经济投入对经济增长的推动作用是比较明显的。目前来看，由于乡村发展能力不足，要推进乡村发展，政策引导促进和要素投入的驱动必不可少。21 世纪以来，国家相继实施城乡统筹发展、新农村建设、美丽乡村建设、乡村振兴等战略也反映了“三农”领域始终是国家政策支持的重点（申明锐，2015）。近年来我国关于乡村发展的政策正不断向生态文明靠近，乡村振兴战略指出要建设生态宜居的美丽乡村，其中关键就在于推进农业绿色发展、持续改善农村人居环境、加强乡村生态保护与修复。这就强调了农村工作中要从资源保护与节约利用、推进农业清洁生产、处理农业环境问题、提升村容村貌、实施生态保护和修复工程、健全和完善乡村生态环境保护机制等方面，推动乡村生态振兴，加快转变乡村生产生活方式，从而构建人地和谐的乡村环境。西南地区的许多乡村及村落处在高山深谷区、区位闭塞、自然生态脆弱，经济社会发展比较落后，政策支持与资本注入往往成为驱动其发展的前提。

政府提供的支持包括一系列的惠农政策和资本注入。惠农政策能够调动村民的生产积极性，激发出乡村产业发展的活力。资本投入主要包括农业生产补贴、农村基础设施的修建和完善、农田水利设施建设、生态保护专项资金、农村扶贫资金等，同时也包括社会资本投入，这些投入极大地改善了乡村产业发展的基础条件，同时提升了乡村生产、生活、生态水平。资本下乡是国家统筹城乡的主要举措，也是城市反哺农村的重要抓手，成为乡村吸引社会资本的难得机遇（王京海和张京祥，2016）。社会资本投入主要是针对农村产业发展、特色居民点建设、田园综合体建设投资等，助力农村产业发展、提升农村生产力水平、吸引农村劳动力就业、改善乡村人居环境。总之，国家政策和资本的注入，使乡村现代化农业和非农产业逐步发展起来，村民就业选择增加，经济收入增加，产业结构得以优化，三大产业逐渐协调发展，并驱动村落演变（图 6.5）。通过基础设施建设和乡村规划，生态移民政策等，推动乡村居民点建设，村落在空间上适度向优区位集聚，村落的区位条件改善。政府统一规划新农村建设项目，涌现出一批新的农村居民点，部分实现社区化，建筑统一升级，危旧房得到拆迁或改造，基础与公共服务设施建设成本下降而效率提高，推进了乡村基础义务教育政策、农村劳动力技术培训等的落实，使乡村人口素质得以提高。

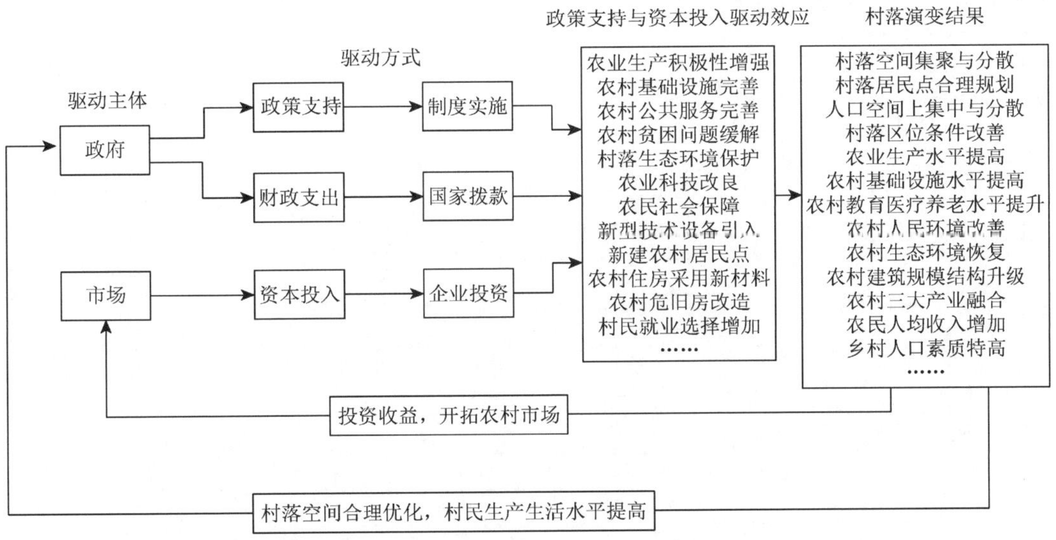

图 6.5 政策支持与资本投入驱动村落演变示意图

（六）乡村旅游发展驱动

随着我国城乡居民收入的增加，特别是城市居民收入的快速增长，其物质生活得到了极大满足，必然产生对满足精神生活、个性化生活等的追求，并因为闲暇时间长度制约，城市居民开始追求享受乡村田野自然风光、体验感受乡土人文情怀、乡村闲适舒缓生活及山野清新环境，于是许多乡村依托特色资源或区位优势，大力发展乡村旅游，满足城乡居民的新需求，近年来每个小长假或长假各地乡村游的火爆程度即可见一斑。鉴于中西部地区农村落后的工业基础，以及产业转移可能造成乡村生态破坏的现实，对于自然环境较好，具备特色资源的乡村地区，凡是能够满足城市居民乡村旅游和乡土情结需求（程哲等，2016）的乡村，因地制宜发展特色乡村旅游，从而带动乡村经济发展、推动乡村社会发展、改善农村生态环境、促进城乡融合（杜忠潮等，2009），事实上，乡村旅游应该成为部分地区实现乡村振兴的重要路径。

西南地区地形地势、天气与气候、河流和水文、动物与植被丰富多样且复杂，乡村自然旅游资源丰富优质；同时，是我国许多少数民族的聚居区，各民族文化特色鲜明，造就了各具特色的民俗文化。通过政策推动支持、加强乡村旅游规划布局，促进乡村旅游发展，并带动乡村地区村落道路的修建、基础与公共服务设施建设、村民住房的修缮，使村落布局合理化、乡村景观与生态环境、历史文化资源得到保护。随着乡村旅游相关设施的建设完善，乡村旅游业的发展，乡村产业结构变化，乡村的第二、三产业逐步发展，村民由传统农业耕作、养殖等转移到乡村旅游服务业，农村经济快速发展，村民经济收入来源多元化且收入增加。村民生活水平提升，必然带动村落发生剧烈演变，乡村旅游设施及配套服务设施建设，吸引并引导乡村居民住房建设及区位选择，住房建筑结构、样式、材料、人居环境都以适应旅游服务为标准，势必推进村落区位条件改善、村落在空间上的适度集聚（图 6.6）。

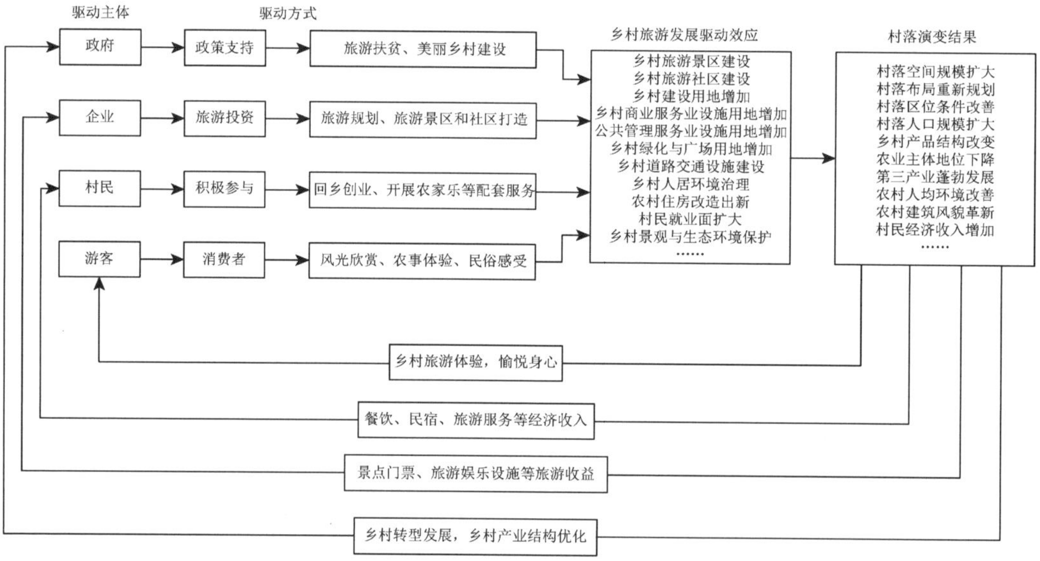

图 6.6　乡村旅游发展驱动村落演变示意图

乡村旅游发展类型多种多样，各地依据资源禀赋和外部条件实行多样化发展策略，以适应乡村旅游者的个性化需求。如四川省叙永县水潦乡咪苏坝以甜橙采摘体验为代表的田园综合体模式，云南省德宏傣族景颇族自治州盈江县勐弄乡勐弄村以品尝农家土味为代表的农家乐模式，贵州省桐梓县、湄潭县、习水县、赤水市等针对重庆和四川城镇居民的乡村休闲避暑度假模式，贵州省雷山县等地以西江千户苗寨等重点景区为依托的乡村少数民族风情、民俗文化体验模式，以云南省富源县大河镇白马村陶源溪谷综合生态农业庄园体验为代表的生态农业旅游模式等。乡村旅游产业作为一种新兴的乡村产业，发展十分迅速且前景广阔，在推进村落演变中起着越来越重要的作用。

（七）生态环境保护驱动

生态环境保护需要是西南地区村落演变的重要驱动因素之一。村落环境是乡村进行生产、生活活动和生存的空间（李伯华等，2018），因此，村落环境的优劣直接决定了乡村村民生产、生活、生存的质量。我国西南地区地形崎岖不平、复杂多样，地质灾害频发，部分地区人口比较密集，而乡村发展多以自然禀赋为基础，“靠山吃山，靠水吃水”现象普遍，生产活动强度大，或废弃物排放过多，山地、山区等脆弱生态环境容易遭到破坏，加之村民环保意识较为薄弱，导致乡村地区农业污染、工业污染、生活垃圾污染问题比较严重。近年来，各级政府也在积极谋策保护农村生态环境，划定生态红线，防止生态环境恶化对乡村发展造成不可挽回的损失。

在习近平新时代中国特色社会主义思想指引下，各级政府和广大人民群众都开始意识到“绿水青山就是金山银山”的硬道理，开始重视环境保护。近年来各地实行了一系列的生态保护措施，对于因过垦、过牧导致生态破坏严重的乡村地区，实行退耕还林、还草，对乡村工业和生活产生的污染进行治理，禁止焚烧秸秆和垃圾，对垃圾分类回收处理，改进农业和工业生产技术，实行清洁生产、节约生产，对于处在自然环境条件恶劣的村落进行搬迁撤并调整，生态环境恶化村落实施生态移民，合理规划配置农村资源，集约土地，建设农村居民安置点，充分利用和有效发挥国家补贴的作用，许多村民得到生态补偿和安置房。这样就使村落在空间上更为集聚，村落适度、集中规模也有所扩大，建筑结构、材料更加安全或环保，新的农村居民点实行社区化管理，更利于密切村民邻里关系；同时，村民在规划引导下从事生产和就业，产业由传统的开采、耕种等转变为发展绿色与循环农业，并拓宽产业发展空间，推进第一、二、三产业融合发展，乡村第一、第二产业比重有所下降，促进了乡村产业结构的优化，也达到了增产增收效果。村落的生态环境保护与恢复，一方面使村民生产和生活环境适宜性更好，有效改善乡村居民生活质量；另一方面，良好的环境能够吸引外来企业、资金进入，加上扶贫、移民、乡村振兴等政策支持，在很大程度上推动了乡村发展和村落变化。生态环境保护是西南地区村落演变与优化的主要驱动力（图 6.7）。

（八）基础与公共服务设施建设驱动

相比于城市地区，基础与公共设施特别是交通基础设施滞后，一直是乡村发展的短板，乡村或村落发展与其区位、交通条件相互依存，区位与交通条件的优劣往往决定了村落人口集聚、经济社会发展的差异，村落向区位与交通条件优越的地方集聚，并沿交通线扩展

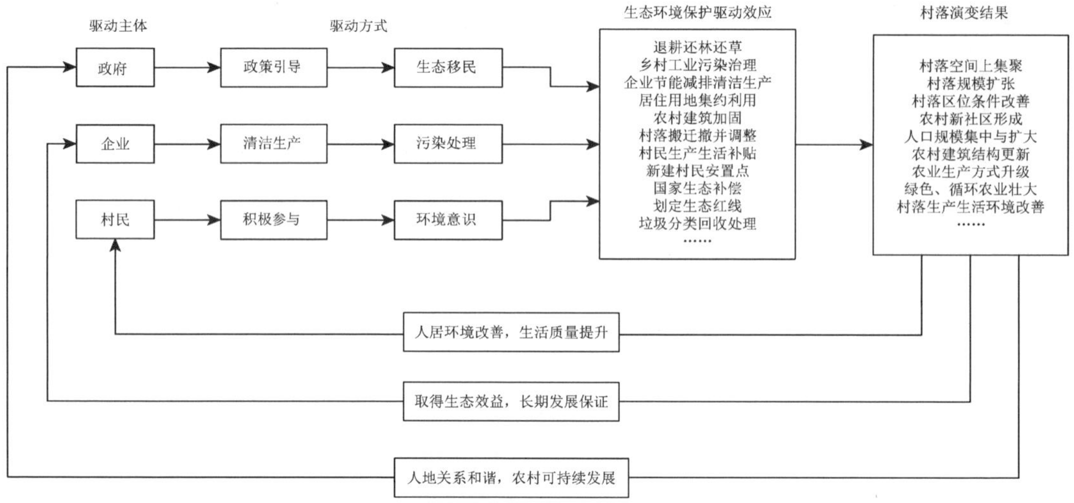

图 6.7　生态环境保护驱动村落演变示意图

是一般趋势，从而影响村落分布和格局的演变（李孝坤等，2013）。此外，农村在生产设施、农村水电气设施、教育医疗设施、文化体育设施、养老设施、金融设施等方面也比较落后，这些硬件条件约束农村生产力发展，使村民经济收入和生活水平低下，进而影响到村落的进一步发展。

西南地区大部分区域地形崎岖不平、喀斯特地貌特征显著，众多村落地处山地、高原、丘陵之中，如贵州省是我国唯一没有平原的省份，道路交通一直是制约乡村发展最突出的问题，当地村民出行十分困难，有的地方学生上学都要走几公里山路、土路，村落与外界连接的道路或是没有连通，或是路况较差，导致村落各种要素与外界的交流受阻，村落经济社会发展水平远远落后于平原地区的村落。因此，在国家政策支持和投入持续加强背景下，近年来各省交通基础设施建设与升级加快，乡村公共交通建设、村村通公路、农村客运建设不断加强，极大地方便了乡村地区内外“四流”（物质、能量、信息、人口）的畅通，打通了乡城之间、乡村之间联系的阻滞，促进了城乡与乡村之间商品、人员流动和文化交融，同时推动了资金、劳动力、资源等要素的交换，拉近了与市场的距离，从而极大地带动了乡村产业发展，并促进了村落发展变化。

农村水利设施建设、农村电力设施建设与改造升级可以提高生产效率和生活条件，极大地改善了农业生产条件，通信网络设施的建设和普及增强了城乡之间的信息联系。如今农村生态环境保护建设也进入各地政府和管理者的议题中，如农村地区畜禽粪便资源化利用设施、农村垃圾分类处理与回收利用设施、农村生产生活污水处理设施、农村改厕及粪污治理设施等，极大地改善了乡村人居环境。此外，农村中小学校更新建设落实巩固了农村义务教育的普及，提高了村民基本素质，村卫生室、卫生所建设提高了村民健康水平，村图书室、文化活动室建设拓展了村民的知识面和综合素质，农村体育健身设施建设增强了村民的体魄，农村养老院的建立解决了老人的养老问题，农村商业银行、农村信用社的建立丰富了农村的金融活动，助力农业生产和农民生活保障，一系列基础与公共设施的建设促使村落空间集聚，推动了村落一定程度的集中化发展（图 6.8）。

如贵州省荔波县拉岜村位置偏远，区位与交通条件不利，近年来通过公路建设，打通了当地水果销售运输通道，批发商可直接开卡车进村收购，减少了中间环节，节约了时间和人力成本；云南省红河哈尼族彝族自治州泸西县2016年村村通公路建成，每个村民小组和蔬菜种植基地都有公路相接，大大方便了农产品运输，也解决了劳动力短缺问题。通过基础和公共设施建设，乡村经济发展提速，促进乡村繁荣发展、农民增收，村落优化建设步伐逐步加快，村落区位选择趋向公路沿线，部分村落规模扩大，村落建筑形式多样化，建筑材料升级，乡村社区基本形成，人口受教育水平提高，村民健康水平提高，农业经济地位更加稳固，乡村第二、第三产业发展，社会保障水平逐步提高，综合实力显著提升，因此，基础与公共设施建设驱动是西南地区村落演变的重要驱动力之一。

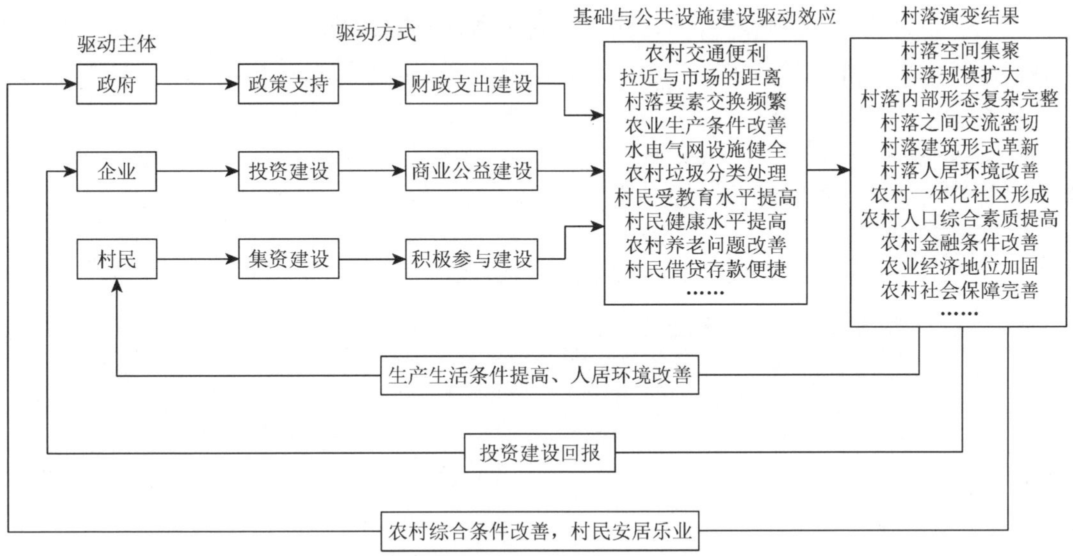

图6.8　基础与公共设施建设驱动村落演变示意图

（九）乡村劳动力转移驱动

我国西南地区乡村人口众多，一些地区村落资源环境承载有限，特别是耕地甚至农用地缺乏，乡村经济发展落后，农村劳动力严重过剩，纷纷外出寻求机会，近20年来许多农村劳动力流入当地城镇或经济较为发达的地区从事第二、第三产业，外出人口以青壮年为主。乡村劳动力的流失，一方面使得一些村落开始出现空心化，村落人口结构两极分化，住房更新和条件改善缓慢，乡村衰败；另一方面，外出人口受到城市经济、文化、生活方式影响，但他们与乡村联系紧密，在一定条件下，他们返乡带回资金、技术、经验、文化、观念等在乡村创业，必然持续影响村民生产生活方式，城乡文化、传统与现代生活交融在乡村扩散，进而导致村落建设过程中出现多方面的变化。如重庆市云阳县，户籍人口约140万人，净流出人口为50万人，其中80%的农村青壮年都流出到本县市外，农村基本没有剩余劳动力，这种情况在西南地区乡村很普遍，乡村人口大量进城，人口规模缩小，导致乡村发展乏力，村落人口结构老化或老少化，农村经济空心化严重，人口职业单一，以务农为主，农业水平低下，第二、第三产业发展不足，村民经济收入较低，住房空置、破败，村落邻里关系疏远。

近年来，国家重视乡村发展振兴，政府引导整合资源和人口配置，通过组织统一的农业生产合作社、成立村企，或是积极引进外来企业，吸引资金、技术、管理等要素，并推动土地流转，进行规模化、现代化开发与经营。以及国家实施“三区”人才支持计划、大学生村官、大学生志愿服务西部计划、“三支一扶”“巾帼行动”等吸引青年人才，直接参与到乡村振兴事业中。同时，部分外出劳动力或是读书学成的青年回乡创业和发展，他们带回资金、技术、知识、管理经验、新的理念等要素，加之回报家乡的情怀，其建设家乡的积极性和责任意识很强。凭借个人能力、先进思想和综合素质，通过创办乡镇企业、开展家庭个体经营、专业合作社与村公司等方式，开展现代农业与非农业生产活动，发展农产品加工、乡村旅游、乡村服务业，实现乡村土地、资源、劳动力与资金、技术、管理等要素的高效结合，促进乡村经济发展，人口职业多样化，农业经济地位上升，第二、第三产业水平提高，村民经济收入和消费支出增加，也促进了部分村落空间集聚，在返乡村民带回资金、技术、观念等影响下，村落的住房建筑结构、材料和风格得到更新，村落邻里关系趋向紧密。整体而言，村落的产业发展、社会生活、居住环境与质量逐渐优化（图 6.9）。

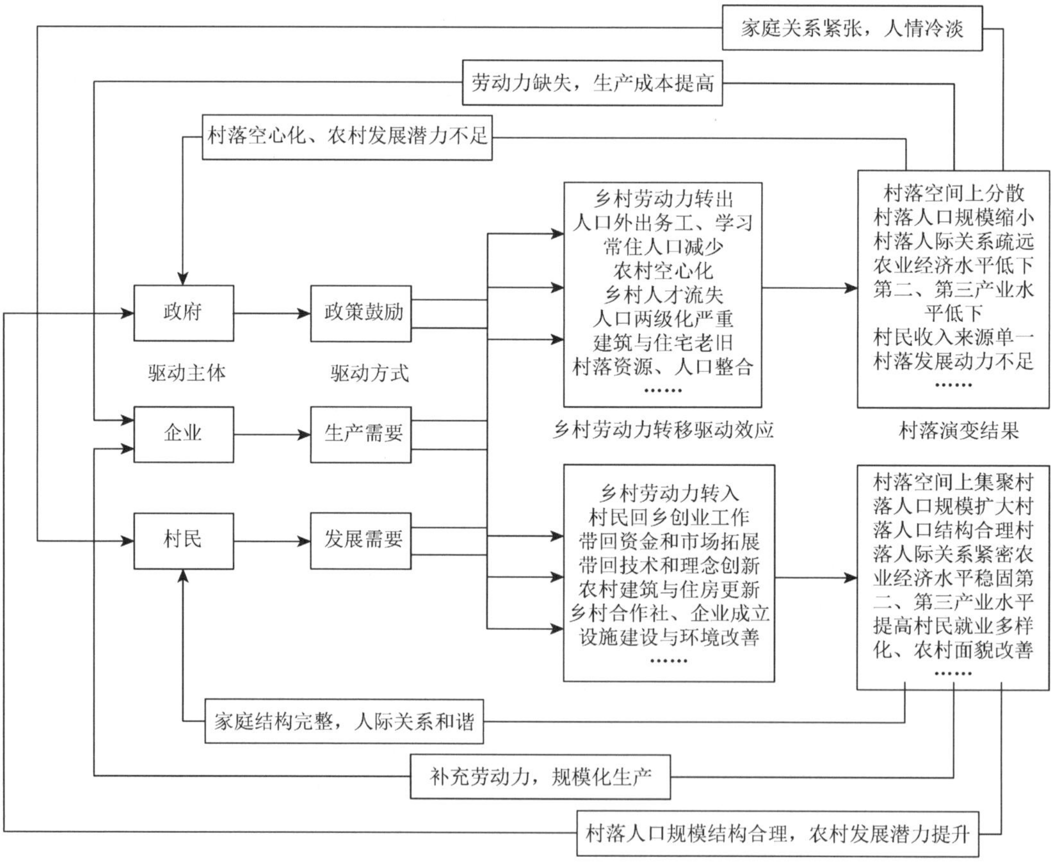

图 6.9　乡村劳动力转移驱动村落演变示意图

（十）城镇化发展驱动

工业化和城镇化是影响乡村地区发展的重要力量，西南地区乡村发展较为滞后，城镇化发展对乡村发展的推动作用意义重大。位于城市特别是中心城市周边的乡村，往往具有较好的区位条件、交通优势、要素获取便利等，这类乡村利于发挥城镇化对乡村的带动作用，促进城乡要素双向流动，乡村产业精明化和专业化发展，也便于统筹城乡空间布局规划，实现城乡统筹发展（李智和张小林，2017）。城市与其周围乡村本是相互依赖的，乡村通过发展服务城镇的产业、提供城市需要的多种功能，在服务城市中不断发展壮大自身。在城镇持续发展的牵引下，乡村或村落基础设施得到完善，公共服务供给水平得到提高，农业生产条件显著改善，依托靠近城镇的市场优势，农产品营销便捷，农村产业结构多元化，第一、二、三产业融合发展，村民收入来源增多。受城镇影响，村民的思想理念也较为先进，村落区位选择比较自由，优势中心村落向心聚集明显，住房建设也与城镇趋近，独栋、联排、合院等形式多样化，砖混建筑结构普遍，设计风格接近城镇，村落社区化也成趋势。可见，城镇化与工业化驱动村落演变的作用力很强（图 6.10）。

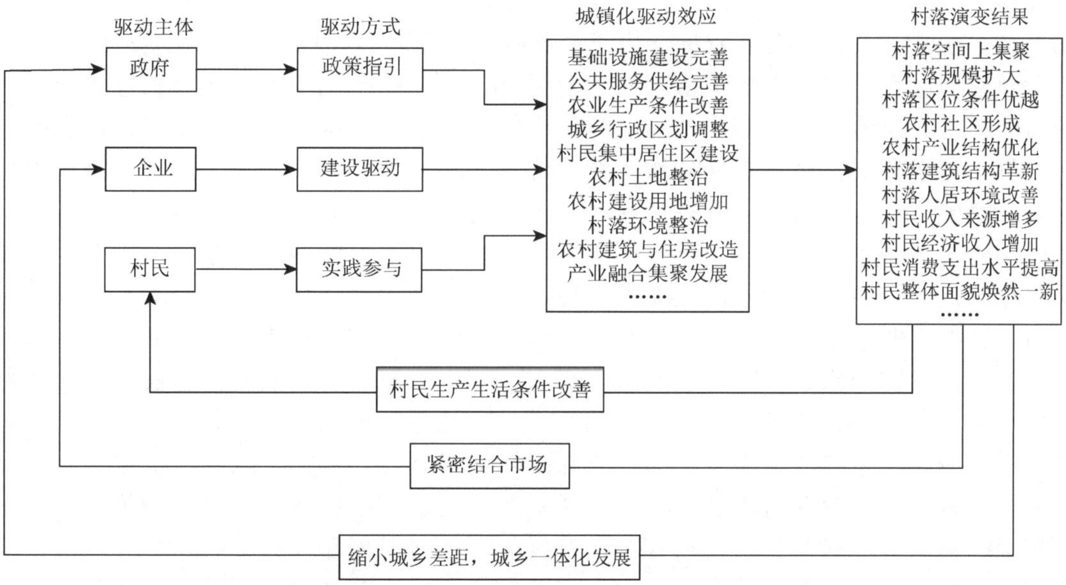

图 6.10 城镇化发展驱动村落演变示意图

除了城市辐射带动周边乡镇发展外，一些县城或中心镇的发展同样能加速周边村落发展变化。近年来，随着社会主义新农村建设的推进，西南地区许多村落发展中实施扶贫搬迁、生态移民搬迁、农村居民安置点建设、乡村旅游农家乐、休闲避暑村镇等村落建设工程，就地城镇化已成为村落演进的重要推动因素。这些村落的人口未向城镇迁移，而是在原居住地或政府统一规划建设的村落居民点，中心镇、集镇的发展是推动西南地区村落走向现代化的一个突破口，一些特色小镇的发展就是比较成功的案例。云南和贵州省近年来启动的乡村旅游小镇建设项目成效显著，不仅实现了村落发展的规模经济，同时有效避免了乡村人口过度向大中城市聚集。同时，市场化力量推动乡村城镇化发展在加强，企业作为村落或小镇投资、建设和运营的主体，以全域土地综合整治为切入点，推动农民向优势区位村落及场镇集中居住、农业规模经营、产业与人口集聚，正逐步形成人口、土地、产业、村落、小城镇良性互动的新模式（姚树荣和周毓君，2018）。

（十一）"互联网 +"驱动

随着信息技术与乡村产业的发展，互联网在乡村地区不断普及，电子商务近年来在乡村出现，互联网与农业、乡村、村落产生了强烈的化学反应，互联网将乡村、乡村产业与产品、乡村功能推向了更具有市场和价值的平台，"互联网 + 农业""互联网 + 农产品""互联网 + 乡村环境""互联网 + 乡村文化"等，市场空间潜力巨大，"互联网 +"对乡村发展、村落演进意义重大。近年来国内电商巨头纷纷下乡，如联想集团投资的云农场、云菜园；2014 年阿里巴巴推出"千县万村计划"，在 1000 多个县，10 万个行政村建立村级服务站，构建农村电商服务体系，创建"农村淘宝"，布局农村物流"菜鸟网络"，推出"蚂蚁金服"为农村提供小额贷款等；2016 年，京东在乡村地区建立自营的"县级服务中心"，后又上线"农资频道"，提供种子、农药、化肥、农具等产品的电商服务等。

西南地区乡村农业资源丰富，农业发展具备一定的基础条件，通过农业生产、农产品及加工、包装、运输等环节将农村的土特产品通过网络平台向城市营销；西南地区乡村丰富多样的自然与人文旅游资源、优美的环境和良好的生态、山区与高原独特的宜人气候资源等，通过"互联网 +"将极大地推动乡村振兴和村落巨变。如贵州省雷山县的青钱柳条、重庆市奉节县的脐橙，通过淘宝等互联网平台销往全国各地，使得农村的优势资源转换为经济效益；另外，电商将城镇现代化的工业产品、现代生活用品、新型农业技术与设备等输送到乡村地区，使得乡村与城市的交流更为紧密，满足农业生产资料需求和村民生活现代化需求，使得农村的生产条件和村民的生活条件大大改善。"互联网 +"也加快了村落道路交通、通信、网络等基础设施建设，构建在集仓储、冷藏、包装、运输为一体的农村运输物流网络，打通了农业产业链，将城市和乡村连为一体，推动村落建设在区位优势明显的地方，优势区位村落规模扩大、空间集聚趋势明显，村落建筑材料和结构升级加快，村民用智能移动终端和互联网的能力增强，乡村与城市需求结合，一二三产业融合，城市与乡村之间联系更加紧密，实现产品、资金、技术、人才、信息、服务的网络化与全球化，村落人口职业由以农业为主演变为农业生产、加工、运输、服务和第二三产业的多元化从业，由此形成典型的依托互联网的第一、二、三产业协调融合发展的互联网村。我国西南地区乡村地区"互联网 +"发展起步虽晚，但近年发展加快，且西南地区乡村自然与人文资源丰富独特、生态良好，是全国"互联网 +"最具发展潜力和前景的地区之一，"互联网 +"正在成为推进乡村和村落发展演变的重要驱动力（图 6.11）。

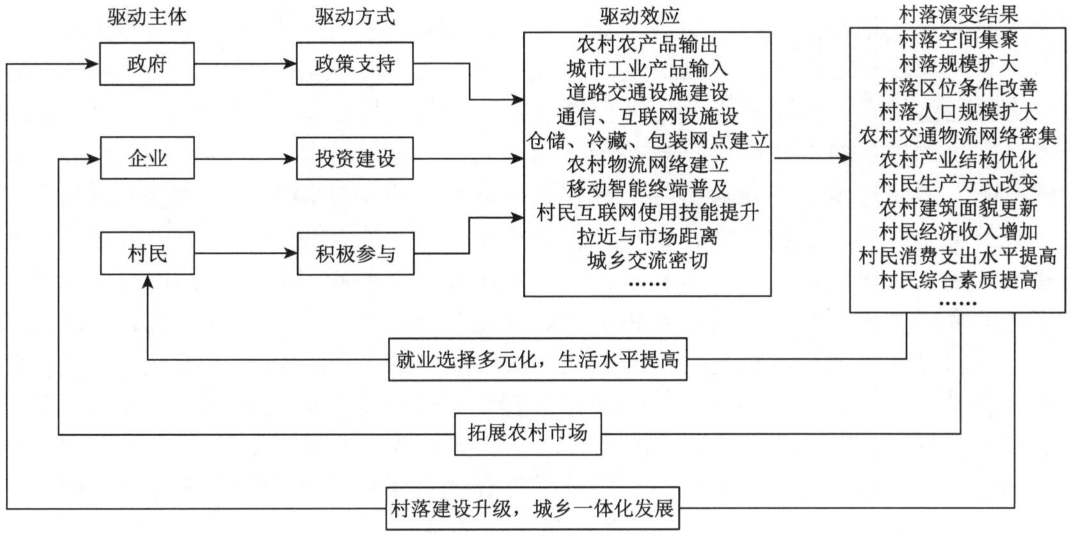

图 6.11　“互联网 +”驱动村落演变示意图

（十二）乡村文化发展驱动

乡村地区是人类活动的重要场所，相对于城市，其具有独特的文化属性，同时也是中华民族传统文化的重要载体。乡村文化是乡村居民与乡村地理环境在长期相互作用过程中所创造的物质和非物质成果的总和（张艳和张勇，2007）。

乡村文化可以分为乡村物质文化和乡村非物质文化。乡村物质文化为满足乡村生产与发展而创造出的物质产品及其内隐文化，包括乡村景观、空间肌理、建筑、生产工具等。西南地区地形崎岖不平，气候湿润，加之农业耕作方式传统，乡村文化景观与我国其他乡村地区差异巨大，如西南地区乡村特有的吊脚楼、山地传统民居古建筑风格、古镇特色街道村巷、石窟牌坊、古村落遗址等传统聚落景观；梯田、山地田园、特色运河及引水渠等农业生产景观；山地、水系、农田、村舍相间的土地利用景观等。乡村非物质文化为人类在生产与社会实践过程中创造出的各种精神、制度文化，包括节庆民俗、历史传说、传统民间工艺、宗族宗教观念、乡村道德风气、审美与价值观等。西南地区村落建设历史悠久，少数民族聚居村落分布广泛，苗族、土家族、壮族、仡佬族、布依族、彝族等众多少数民族大多散、小聚居于西南地区，其蕴含有各类非物质文化，如西南贫困地区乡村特有的多样化服饰、独特耕作方式、传统手工艺、喜麻喜辣的饮食习惯等生产生活方式；少数民族差异化的语言、节庆、礼仪、丧葬婚嫁、宗教活动等风俗习惯；少数民族部落图腾、村规民约、宗教信仰、价值观念等精神信仰；文史、戏剧音乐、民间艺术等地方娱乐文化；神话传说、历史人物时间、族谱、地方志等历史文化。乡村文化真实记录了地方乡村生产与生活过程，揭露了与该地区自然环境密切关联的人文地理特征，反映了乡村及村落的人类活动历史，对于乡村及村落传承与发展一直产生着深刻的影响。

近年来，随着美丽乡村建设、乡村振兴、生态文明建设等国家战略的实施，繁荣发展乡村文化、推动乡村经济社会与文化全面发展正在持续进行中。西南地区的部分乡村充分考虑乡村文化的传承与发展，挖掘乡村传统文化资源，赋予新的文化内涵，并与实体经济结合，不断拓展其物化价值与文化价值（张振鹏，2013）。一方面，在保护乡村文化的过程中，传统文化对村落格局演变产生影响，如众多的乡村文物古迹、传统村落、传统建筑、农业遗迹等，在保护与复旧建设中使得村落的建筑、道路和基础设施等得到修缮，乡村民间传统技艺得以传承，村落宜居性改善；另一方面，在利用和推宣乡村文化的过程中，对村落社会、经济发展起到推动作用，西南地区乡村丰富多样的乡村文化景观，如特色农耕文化、传统村落、山地民居、少数民族节庆风俗活动、乡村民间艺术等，依托这些乡村文化资源，建设一批特色鲜明的文化产业特色村和乡村文化产品，在民俗文化村落建设过程中带动村落基础设施更新和完善，科学规划和布局村落，结合乡村旅游推动乡村第二、第三产业发展，使得乡村生产、生活、生态环境质量同时得到提升，同时乡村特色文化的推宣使乡村自然与人文之美得以弘扬，更激起了人们对于乡愁的向往，吸引了一批企业家、文化工作者、大学生志愿者、退休人员等投奔乡村，丰富了乡村文化生态，推动了村落的发展变化（图 6.12）。因此，乡村文化这一驱动因素对于西南地区村落发展演变具有较大的推动作用。

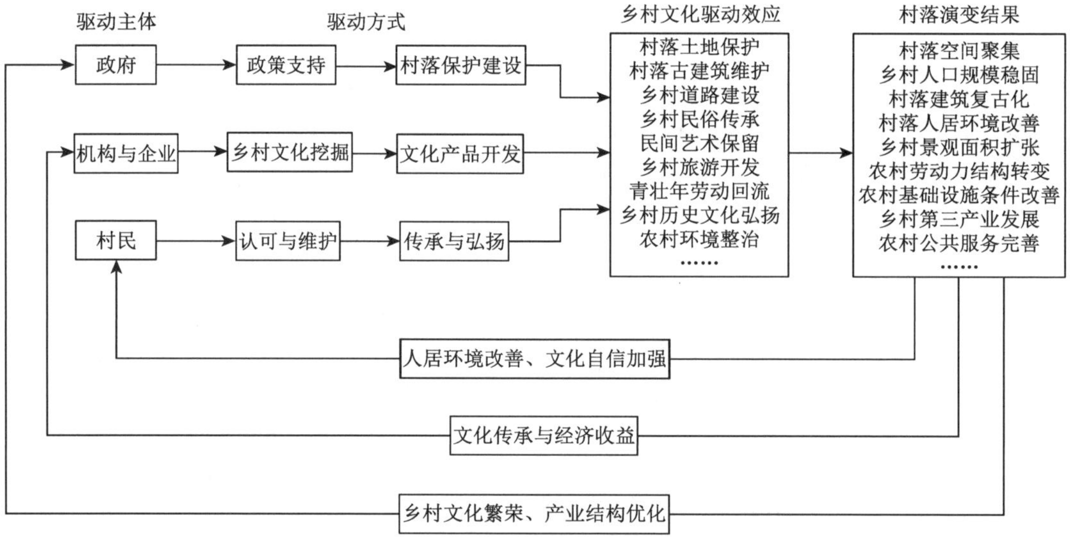

图 6.12　乡村文化发展驱动村落演变示意图

第二节　西南地区村落演变驱动机制

一、研究方法与过程

本节主要通过地理探测器来分析西南地区村落演变的驱动机制。地理探测器是由王劲峰等提出，通过分析多因子之间空间上的交互作用，来探讨其空间关联关系，近年来，多用于研究社会经济、景观变化、土地利用、生态研究等诸多方面。地理探测器主要包括 4 个基本探测器：风险探测器、因素探测器、生态探测器、交互探测器（王劲峰和徐成东，2017）。本节运用地理探测器来探测影响村落分布的 6 大因子之间的交互关系。村落分布的探测因子模型如下：

$$q = 1 - \frac{1}{N\sigma^2}\sum_h^L N_h \sigma_h^2$$

式中，q 为驱动因素对村落分布密度的影响程度；L 为影响因素的分层；N_h 为 h 层的扩展指数；σ_h^2 为 h 层的方差；$q \in [0,1]$，q 值越大说明该影响因素对村落分布的影响力越大，$q = 0$ 时表示该因素与因变量无关，$q = 1$ 时表示该因素完全解释了因变量的分异。对于村落演变驱动机制的分析，主要运用因素探测器与交互探测器来探讨，探测之前需对数据进行分级处理，运用 Jenks 自然间断点分级法对主导驱动因子进行分级处理，将各驱动因子按照实际值由低到高分为 5 级，并进行因素探测与交互探测结果见表 6.5～表 6.10。

（一）自然断点法分级

自然断点法是基于数据固有的自然分组，根据数据的分布规律所形成的自然聚类，其优点是保留了数据的自然分布属性，避免人为因素的干扰（刘彦随和李进涛，2017）。通过对 2005 年与 2016 年西南地区村落演变主要驱动因素的分级，可以明显地看出 2005 年与 2016 年村落演变主要驱动因素在空间上的分布差异，通过 2005 年与 2016 年村落演变主要驱动因素的分级情况差异和主要驱动因素变化的对比，可以得知西南地区近年来村落演变驱动因素的变化情况，同时也为地理探测器的分析提供数据准备。

1. 2005 年村落分布主要影响因子分级

2005 年第一产业产值除四川西部地区为最低的 1 级外，其他地区第一产业产值较为分散，较为集中区处于重庆市周围地区、贵州省中部地区，说明第一产业的发展具有普遍性。西南地区农业产值与非农业产值之比在空间上分布比较离散，说明因地区发展的差异，一些地区的产业结构已经开始发生转变。人均 GDP 方面，除少数几个如发展旅游的县域较高之外，其他区县之间的差异不大，说明经济发展已逐渐在西南地区的村落占据重要地位。农业机械总动力方面，除云南省的文山市、富源县、勐腊县外，整个西南地区的高级区均分布在以四川省东部、重庆市、贵州省为主的东北部，该区域农业科技发展相比其他地区更快，其差异在第一产值上也有反映。海拔高度方面，高级区集中在川西高原、云南省北部，低级区集中在四川盆地、云贵高原东部及两广丘陵西部，与农业产值的分布也较为对应，表明自然地理要素确实能够决定一个地区发展的水平。森林覆盖率方面，高级区集中在云南与广西两省区，但由于 2005 年时，其乡村并没有得到一定程度的开发，因此农村农业的发展水平也较低。

2. 2016 年村落分布主要影响因子分级

相对于 2005 年，2016 年西南地区各县工业总产值有了普遍的提高，高级区集中在重庆市东部与云南省东部，这两个地区县域乡村工业得到规模化发展。粮食产量方面，高级区在西南地区呈东北—西南走向的对角线分布，包括成都平原、重庆市、云贵高原中部地区。固定资产投资方面，高级区集中在成都平原、重庆市、贵州省西部，这些地区在招商引资方面较其他地区力度较大。旅游业综合收入方面，高级区集中在四川省阿坝藏族羌族自治州、广安区、九寨沟县等地，重庆市中部、贵州省西部依托临近主城与省会等大城市的优势，乡村旅游社区发展较快。海拔方面，高级区集中在川西高原、云南省北部，低级区集中在四川盆地、云贵高原东部及两广丘陵西部，与2005年保持不变。2016年西南地区的森林覆盖率较2005年，水平有一定程度的提升，高级区主要分布在云南、广西两省区，次高级区分布在贵州省，表明大多村落地区都已开始重视生态环境的保护。

（二）因素探测分析

综合2005年与2016年西南地区村落演变主要驱动因素的分析，不难看出，随着时间的推移，西南地区村落的经济、社会方面均得到了较大的发展，这是建立在生态环境保护的基础之上，寻求自然与社会的和谐而取得的。为了探求主要驱动因子之间的关系，进一步运用地理探测器来探测。因素探测器主要通过计算确定村落分布驱动因子的决定力 q 值来判断该驱动因子影响村落分布程度的大小，经过因素探测器的运行，得出的结果见表6.5和表6.6。

1. 2005年村落分布驱动因素因子探测分析

表6.5　2005年村落分布驱动因素因子探测结果

驱动因子	第一产业产值	农业产值与非农产值比	人均GDP	农业机械总动力	海拔	森林覆盖率
q 值	0.264384	0.031443	0.018863	0.425155	0.19885	0.188479
p 值	0.000	0.228914	0.338667	0.000	0.000	0.000

由表6.5可知，2005年村落密度驱动因子探测的 q 值：农业机械总动力（0.425155）＞第一产业产值（0.264384）＞海拔（0.19885）＞森林覆盖率（0.188479）＞农业产值与非农产值比（0.031443）＞人均GDP（0.018863）。表明2005年西南地区的村落分布对农业科技水平具有较大的依赖度，农业经济的增长为次要影响因素，依靠农业科技水平的提升来满足农业的发展，同时自然环境与自然资源同样是其依赖的主要因素。

2. 2016年村落分布驱动因素因子探测分析

表6.6　2016年村落分布驱动因素因子探测结果

驱动因子	工业总产值	粮食产量	固定资产投资	旅游业综合收入	海拔	森林覆盖率
q 值	0.016576222	0.190333592	0.254981547	0.189172352	0.166535725	0.098443712
p 值	0.630417	0.000	0.000	0.000	0.000	0.000

由表6.6可知，2016年村落密度驱动因子探测的 q 值：固定资产投资（0.254981547）＞

粮食产量（0.190333592）＞旅游业综合收入（0.189172352）＞海拔（0.166535725）＞森林覆盖率（0.098443712）＞工业总产值（0.016576222）。表明2016年西南地区村落的演变与发展多依靠固定资产投资，依靠招商引资、投资拉动来满足农村、农业的发展；农业水平的提升为次要影响因素，乡村旅游的发展带动乡村产业结构改变也是影响村落分布的重要因素，同时自然环境基础条件也是其依赖的主要因素。

（三）交互探测分析

通过因子探测分析得知，单个驱动因子对村落分布的影响程度，但现实中影响村落分布和演变肯定不是一蹴而就的，它是通过两种甚至多种驱动因子的综合作用才形成的分布和演变结果，因此，通过运用交互探测器，对2005年与2016年影响村落分布的主要驱动因子进行交互探测分析，来探讨多驱动因子作用力下影响村落分布演变的程度，同时判断出交互作用结果的增强属性，为村落演变驱动机制的分析打好基础。

1. 2005年村落分布驱动因子交互探测分析

表6.7　2005年村落分布驱动因子交互探测结果

驱动因子	第一产业产值	农业产值与非农产值比	人均GDP	农业机械总动力	海拔	森林覆盖率
第一产业产值	0.264384					
农业产值与非农产值比	0.50453	0.031443				
人均GDP	0.451383	0.088535	0.018863			
农业机械总动力	0.639633	0.466402	0.50048	0.425155		
海拔	0.478937	0.290631	0.227635	0.511572	0.19885	
森林覆盖率	0.55127	0.272219	0.24903	0.527861	0.504034	0.188479

由表6.7可知，2005年，农业机械总动力与第一产业产值的交互值最高，达到了0.639633，其次，森林覆盖率与第一产业产值的交互值，达到了0.55127。此外，交互值达到较高水平的还有农业产值与非农产值比和第一产业产值、农业机械总动力与人均GDP、海拔与农业机械总动力、森林覆盖率与农业机械总动力、海拔与森林覆盖率。表明科技带动农业发展、自然基础条件支撑农业经济增长、乡村产业结构改变影响农业发展等是影响2005年村落分布的主要综合驱动力。

表6.8　2005年村落分布驱动因子交互探测相互作用结果

交互对象	交互结果
第一产业产值 ∩ 农业产值与非农产值比	非线性增强
第一产业产值 ∩ 人均GDP	非线性增强
第一产业产值 ∩ 农业机械总动力	双因子增强
第一产业产值 ∩ 海拔	非线性增强

续表

交互对象	交互结果
第一产业产值 ∩ 森林覆盖率	非线性增强
农业产值与非农产值比 ∩ 人均 GDP	非线性增强
农业产值与非农产值比 ∩ 农业机械总动力	非线性增强
农业产值与非农产值比 ∩ 海拔	非线性增强
农业产值与非农产值比 ∩ 森林覆盖率	非线性增强
人均 GDP ∩ 农业机械总动力	非线性增强
人均 GDP ∩ 海拔	非线性增强
人均 GDP ∩ 森林覆盖率	非线性增强
农业机械总动力 ∩ 海拔	双因子增强
农业机械总动力 ∩ 森林覆盖率	双因子增强
海拔 ∩ 森林覆盖率	非线性增强

注：设交互后驱动力为 $q(X_1 \cap X_2)$，若 $q(X_1 \cap X_2) < \min(q(X_1), q(X_2))$，为非线性减弱；若 $\min(q(X_1), q(X_2)) < q(X_1 \cap X_2) < \max(q(X_1), q(X_2))$，为单因子非线性减弱；若 $q(X_1 \cap X_2) > \max(q(X_1), q(X_2))$，为双因子增强；若 $q(X_1 \cap X_2) = q(X_1) + q(X_2)$，两因子独立；若 $q(X_1 \cap X_2) > q(X_1) + q(X_2)$，为非线性增强。

交互探测器用于探测影响因素间是独立作用还是交互作用（徐秋蓉和郑新奇，2015）。由表 6.8 可知，2005 年西南地区村落演变的主导驱动因子之间的交互作用大多是非线性增强，少部分为双因子增强，不存在相互独立的，其中双因子增强的交互作用对象中，均有农业机械总动力，说明其影响程度大，而其他交互对象两两交互作用时，都是非线性增强，说明这些驱动因子之间相互影响、相互作用，产生的影响对于西南地区村落演变的程度比单个驱动因子的单独影响更强，可见 2005 年西南地区村落的演变是多驱动力因子综合作用的结果。

2. 2016 年村落分布驱动因子交互探测分析

表 6.9　2016 年村落分布驱动因子交互探测结果

驱动因子	工业总产值	粮食产量	固定资产投资	旅游业综合收入	海拔	森林覆盖率
工业总产值	0.016576					
粮食产量	0.285184	0.190334				
固定资产投资	0.319085	0.329705	0.254982			
旅游业综合收入	0.269067	0.449822	0.459543	0.189172		
海拔	0.220956	0.423575	0.389885	0.446995	0.166538	
森林覆盖率	0.26256	0.495327	0.409527	0.252068	0.422019	0.098444

由表 6.9 可知，2016 年，粮食产量与森林覆盖率的交互值最高，达到了 0.495327，其次为固定资产投资与旅游业综合收入的交互值，达到了 0.459543。此外，交互值达到较高水平的还有粮食产量与旅游业综合收入、海拔与旅游业综合收入、海拔与粮食产量、

固定资产投资与森林覆盖率、海拔与森林覆盖率。说明自然环境支撑农业发展、投资拉动乡村旅游发展、农业与乡村旅游结合等是影响2016年西南贫困地区村落分布的主要综合驱动力。

表 6.10　2016 年村落分布驱动因子交互探测相互作用结果

交互对象	交互结果
工业总产值 ∩ 粮食产量	非线性增强
工业总产值 ∩ 固定资产投资	非线性增强
工业总产值 ∩ 旅游业综合收入	非线性增强
工业总产值 ∩ 海拔	非线性增强
工业总产值 ∩ 森林覆盖率	非线性增强
粮食产量 ∩ 固定资产投资	双因子增强
粮食产量 ∩ 旅游业综合收入	非线性增强
粮食产量 ∩ 海拔	非线性增强
粮食产量 ∩ 森林覆盖率	非线性增强
固定资产投资 ∩ 旅游业综合收入	非线性增强
固定资产投资 ∩ 海拔	双因子增强
固定资产投资 ∩ 森林覆盖率	非线性增强
旅游业综合收入 ∩ 海拔	非线性增强
旅游业综合收入 ∩ 森林覆盖率	双因子增强
海拔 ∩ 森林覆盖率	非线性增强

注：设交互后驱动力为$q(X_1 \cap X_2)$，若$q(X_1 \cap X_2) < \min(q(X_1), q(X_2))$，为非线性减弱；若$\min(q(X_1), q(X_2)) < q(X_1 \cap X_2) < \max(q(X_1), q(X_2))$，为单因子非线性减弱；若$q(X_1 \cap X_2) > \max(q(X_1), q(X_2))$，为双因子增强；若$q(X_1 \cap X_2) = q(X_1) + q(X_2)$，两因子独立；若$q(X_1 \cap X_2) > q(X_1) + q(X_2)$，为非线性增强。

由表6.10可知，2016年西南地区村落演变的主导驱动因子之间的交互作用大多是非线性增强，少部分为双因子增强，不存在相互独立的，其中双因子增强的交互作用对象中，主要是固定资产投资占主体，说明其影响程度大，而其他交互对象两两交互作用时，都是非线性增强，说明这些驱动因子之间相互影响、相互作用，产生的影响对于西南地区村落演变的程度比单个驱动因子的影响更强，可见2016年西南地区村落的演变也是多驱动力因子综合作用的结果。

二、村落演变驱动机制

村落空间演变的驱动机制是一个复杂的过程。综合上述西南地区村落演变主导驱动因子探测与交互探测的分析可以看出，2005年西南地区村落演变的主要驱动因子是农业科技水平的提升与农业的发展，其中，自然地理环境与自然资源起到一定的决定作用，此时，乡村第一产业仍占主导地位，村落的产业结构刚开始发生改变，农村的经济水平逐渐提高；而到了2016年，投资拉动与产业结构改变开始起主导作用，主要体现在固定资产投资与乡村旅游业的发展，同时自然地理环境与自然资源也是重要因素，农业与非农业发展如村镇工业及乡村旅游业作用加强，乡村二三产业迅速崛起，农业经济主体的地位开始改变。再结合参与式调查与实地调研考察的结果可以看出，西南地区自然地理环境、生态环境是驱动村落演变的主要因素之一，乡村自然资源和人居环境是基本的驱动因素；经济驱动方面，产业结构演变占有重要地位，投资拉动成为先导因子，农业发展占据重要地位；社会驱动方面，农村科技水平提升成为先导因子，政策支持、基础设施与公共服务设施建设、乡村劳动力转移、城镇化发展、传统文化传承与保护、“互联网 +”和乡村旅游发展有不同程度的驱动作用。这三大方面共同驱动西南地区的村落演变（图 6.13）。

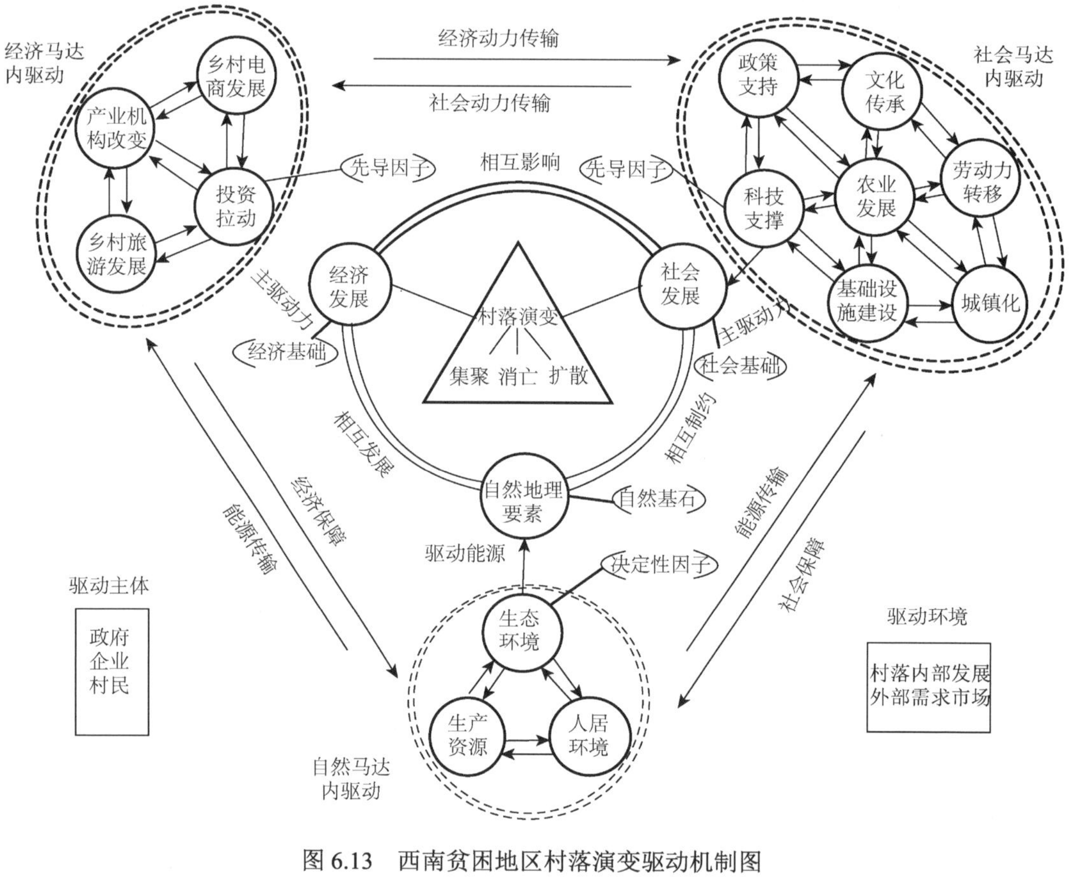

图 6.13　西南贫困地区村落演变驱动机制图

西南地区村落演变是一个长期过程，它是自然、社会、经济、技术、政策与传统文化等多因素综合影响的结果，从研究村落演变驱动因素入手，分析其对村落人口、村落数量、村落分布、建筑结构、人居环境形成与作用机制，并探讨多因素共同作用下村落形成发展规律的驱动机制，是研究村落空间演变的重要内容（汪民，2016）。西南地区村落数量总体有所减小、分布具有缓慢集中趋势，同时，据经济社会数据与实地调研考察表明，村落经济、社会、环境方面均有一定程度提升与改善，村落形态、结构、居住质量等均有不同程度的改变。

西南地区自然环境复杂、生态整体脆弱是基本态势，自然地理要素决定村落发展的基本方向，优越的自然环境可以为人类发展各种产业提供良好的资源环境保障，有利于经济发展、社会发展，经济社会发展又为人类生活提供更好的生产生活条件，优越的自然环境当然也给人类聚居提供良好的居住生活条件，经济社会发展通过促进人类文明发展，又进一步推动自然生态环境保护与改善，如“古丝绸之路”上许多著名古城随着自然生态环境的变化而兴衰就是最好的例证。因此，自然环境是推动人口集散、村落兴废的基础驱动力。

农业与非农产业发展、乡村旅游发展、“互联网＋”等经济发展驱动力是村落演变的主要驱动因素。经济发展促进乡村产业结构调整与转变，近20年来，乡村的产业从农业占绝对优势发展到第一产业、农副产品加工业、乡村旅游、休闲度假、乡村电子商务等多样化产业，都反映出西南地区村落产业结构已经朝多元化方向发展。随着经济社会进一步发展，乡村特有的资源、环境、景观、文化、氛围对城市的吸引力将不断增强，乡村复兴、部分人口倒流乡村也会成为现实，必将促进乡村和村落经济社会不断进步；村落环境、生态、文化等功能将不断增强，从而推动村落演变。

政策支持、基础与公共设施建设、科教发展、城镇化、乡村劳动力转移、文化传承等社会因素也是村落演变的内驱力。科学技术是第一生产力，农业科技水平提高，直接助力农业生产效率提高，政策支持带给农民实惠与温暖，基础与公共设施建设促进发展滞后地区村落与外界的交流，方便乡村居民生产与生活。政府与社会力量推动的乡村基础与公共设施建设、科技惠农政策等都对西南地区村落演变起了重要作用。近20年来，西南地区乡村劳动力有较为显著的波动，一些乡村剩余劳动力憧憬城市的就业与生活条件、更高的薪资收入水平，而短期或长期流出乡村，或称城市化的拉动，导致村落空废；同时，一些基础条件较好的村落则受内外因素影响逐渐建设成为乡村特色村落，如特色小镇、乡村公园、民俗古村落、旅游社区、度假小镇、避暑村落等，或是因生态移民、扶贫搬迁设置的集中安置的新型村落。

自然地理环境提供村落经济社会发展的资源与生态本底条件，是村落经济与社会发展的基础；村落经济与社会发展紧密联系、共同促进，村落经济发展为村落社会发展、人居环境改善、精神文化发展创造物质条件，村落社会进步为经济发展提供稳定和谐环境，使村落经济更加繁荣；村落经济与社会发展可能对自然生态环境造成负面影响，但对自然生态环境保护的意愿加强是发展趋势。因此，自然、社会、经济等驱动力相互依赖、相互制约、相辅相成，共同驱动西南地区村落的发展演变。

三、村落演变驱动机制中存在的问题

（一）驱动主体作用发挥不充分

1. 地方政府职能不到位

地方政府在乡村地区的演变过程中扮演着主导者与监管者的角色，通过乡村政策的制定和实施、财政的投入、村落的管理和规划等方面全方位地对村落的演变承担最重要的责任（郭晓东等，2012）。其职能发挥的好坏直接关系村落物理形态、社会形态、经济形态演变是正常还是畸形。其现实的职能主要包括村落中长期的发展规划、乡村基础设施建设、乡村交通建设、农村资源管理、农村产业发展引导、农村土地利用管理、农村住房管理、村民民生保障等，然而地方政府职能发挥的效益是否能达到百分之百，或许得打一个问号。一是地方政府在制定政策与规划时，并不能“对症下药”，对于村落真正急需改善之处却忽略掉，往往造成村落发展缓慢甚至停滞。二是地方政府在政策实施过程中效率低下，一些政府工作人员对于乡村建设并不抱有热情与责任心，只关心个人的得失，认为“天高皇帝远”，上级政府下达的一系列惠农政策并不能真正落到实处，使村民无法真正感受到乡村发展带来的好处。三是一些地方政府有形式主义的现象，搞面子工程，为了应付上级检查、获取社会的认可而采取毫无意义的行为，最终受到影响的还是村落的发展与村民生活水平的改善。

2. 企业带动效应有限

随着西南地区乡村经济发展与社会发展的需要，乡村地区涌现了许多乡村企业，包括村镇成立的村公司、乡镇企业和社会企业，多涉及农副产品加工、资源开发、轻型加工以及专门服务乡村的工业、交通、建筑、商业、餐饮、旅游等。与我国东部的乡村企业相比，这些企业的规模均较小，投资成本不高，运营成本也较低，吸收的乡村劳动力数量也较为有限，同时，这些企业从事的产业科技含量都较低，产品质量也较低，管理的经验和水平都不高，并十分依赖当地的自然资源和乡村劳动力，因此，乡村企业产生的经济效益和社会效益有限，难以承担起驱动村落空间演变与优化的重任。同时，一些乡村企业甚至会对村落的发展带来负面效应，有的乡村企业只顾经济效益，未考虑乡村中长期发展的要求，疏于对污染的治理、对乡村劳动力的保障等，一定程度上制约了村落空间优化与演变。

3. 村民思想观念与意识局限

西南地区乡村发展基础比较薄弱，乡村居民便成为村落演变最直接、最底层的驱动主体，早期乡村居民整体受教育程度较低，思想较为落后，尤其对于一些中老年村民来说，许多人并不关心村落的优化与发展，并且在日常生产和生活中均比较保守，宁可维持现状，也不愿多向前迈一步，乡村的发展缺少应有的活力。生产上也多从事劳动密集型工作，缺乏专业技能、管理经验和创新能力，在信息时代下，并不能有效利用互联网和信息资源，忽视了村落优化与发展的重要渠道。同时，在早期地方政府没有进行村落规划与监管的时期，许多村民根据自己的需求较为随意地选择地块，修建住房，并不考虑村落整体长远的发展，还有一些村民的环保意识不高，在农业生产与日常生活中并不注重乡村资源与人居环境的保护，导致村落优化与演变的效果不佳。

4. 村民基本素质与能力不足

近年来，我国农民的整体素质有了大幅提升，但还有部分村民素质急需提高，这些村民较为懒惰，等、靠、要思想仍然存在，过于依赖政府，指望扶贫救济和慰问，一些村民过于自私，涉及自己的利益时便分毫不让，政府和企业对村落进行建设与改造时，这些村民不顾大局，强行阻拦，延误了村落各方面的发展；还有一些村民保留着过去的陋习，随意破坏公用设施、随地吐痰、乱扔垃圾、违章搭建、说粗话等一系列不文明甚至违法的行为破坏了乡村环境、扰乱了乡村社会和谐。另外，村民的综合能力不足，洞察市场的能力较差，缺乏搜集和利用信息的手段，认识问题较为片面，掌握知识、技术能力的速度较慢且效果一般，并不能完全将新科技及时地运用到生产、生活实践中，自主创新能力差，缺乏市场竞争力，村民素质与能力的不足使得村落演变与优化的效果大打折扣。

（二）驱动系统人地关系协调性不足

驱动力系统与村落禀赋基础不匹配。21世纪以来，在西部大开发、新农村建设、美丽乡村建设、乡村振兴系列战略引领下，西南地区乡村建设进入了快车道，各地方政府与乡镇企业在村落发展中发挥着引导作用。然而，在片面的你争我赶、相互学习、效仿示范效应下，一些乡村开始“霸王硬上弓”，没有充分考虑村落的基础地理条件、生态环境、人文积淀，强行效仿一些示范村的驱动优化模式，在不合理的乡村建设驱动下，尽管村落的经济与社会建设水平有所提高，但是村落的资源基础、生态环境、民俗文化等却出现不同程度的质量下降。这种以牺牲乡村环境与文化为代价来换取乡村经济发展的驱动模式，是否是村落优化发展值得商榷。主要体现在：一是一些乡村的客观条件并不适合某些驱动方式，如有的乡村生态环境承载力有限，却大力发展乡村传统工业；生态保护区大规模的土地开发，乡村风貌完好、生态和谐，却大力推进城镇化；区位不佳、资源特色不足，却大力发展乡村旅游等。二是乡村与村落发展长期依赖单一驱动模式，导致资源环境基础、特色禀赋条件被破坏，发展难以为继，如过度开发的旅游区附近的村落、疏于保护的特色村落、资源枯竭型村落等，由于发展方式单一，忽视资源的综合利用、持续利用，导致乡村吸引力下降，乡村发展质量与效益低下，村落发展停滞不前甚至衰退。

人居环境建设滞后、生态文明意识缺乏。生态宜居、人地和谐的美丽乡村建设既要从发展乡村生产力着力，也要从村民日常生活的软硬环境建设着手。西南地区许多村落位置较闭塞，地理环境恶劣，加之资金、技术、设施设备、农民素质较低、监管较为困难等因素制约，部分偏远地区的乡村生态文明建设不尽人意，人地关系矛盾突出。乡村发展与村落建设组织工作效率低、政策落实不力，使乡村生态建设缺乏系统规划，村落布局杂乱；危旧房不能顺利改造、消防安全隐患大，农村家庭改厕率低，乡村集中供水、供气、垃圾与污水处理设施覆盖率低，垃圾处理模式不合理，污水处理设施建设成本高、实用性差，农户生活垃圾、污水直排河渠现象还比较普遍；部分地区的乡村建设急于求成，片面追求村落风貌改善、生态环境治理短期效应，大量资源集中投放在重点村落，打造样板村（社）、样板户，脱离当地经济发展和群众实际需求，而大部分乡村及村落人居环境未能得到实质性改善，许多急需改善的乡村享受不到相应政策，缺乏必要的资金扶持，乡村生态文明建设滞后，不少村落“脏乱差”现象依旧；基础与公共服务设施建设缓慢，垃圾分类和资源化利用水平低，村民生态文明意识薄弱，垃圾分类和收集意识淡薄，对村落生态环保建设配合不够等，也是影响乡村生态文明建设迟滞的重要因素。

（三）驱动力传输系统内部协调度不够

在西南地区复杂的村落演变驱动机制下，政府、企业、村民3个驱动主体与自然、经济、社会3个综合驱动力在村落发展内部与外部需求2个驱动环境中，存在村落演变动力传输上的一些缺陷（郭晓东，2013）。一是各驱动主体在动力传输过程中未能相互协调，政府与企业间的合作，在村落建设实施过程中，合力效应不强，缺乏统一协调，政府规划职能不足，企业功能弱小，在政府政策与管理下，一些乡村企业适应市场的能力不足，对村落发展发挥的作用有限；政府对村民进行简单的普及性引导，而在生产发展、人居环境建设方面缺乏具体指导或深度不够，村民生产和生活实质水平没有显著提升；企业对村落建设及村民发展的带动，在实际生产活动中效果不明显，"企业+农户"的生产模式，在实际中，多停留在乡村劳动力的低效利用。二是村落发展内部与外部市场之间不协调，村落优化发展要求一方面能够促进内部动态优化协调，另一方面能够满足外界市场的需求。但村落与外界市场的实际交流过程中，多为村落向外界市场的输出，外界市场对村落的输入较少，尽管近年来，西南地区村落与外界市场的互动在加强，比如乡村旅游发展、企业家回乡创业等也促进了村落的发展，但与发达地区相比，城乡之间、乡村与市场之间作用依然不强，乡村发展进步和水平提高还十分有限。三是社会综合驱动力、经济综合驱动力、自然驱动力之间传输不均衡，自然与生态环境为村落经济社会发展提供资源供给与环境支撑，有些村落更以牺牲生态环境为代价发展经济，而村落经济社会发展的同时未能协调与自然资源的关系，忽视了对资源环境的保护，最终村落生态环境、生产资源基础、人居环境均受到影响，又必然反过来制约经济社会发展，使村落发展陷入恶性循环。

四、村落演变驱动机制案例剖析

（一）低山丘陵区典型村落演变机制案例分析——四川省泸州市叙永县马岭镇

1. 马岭镇概况

马岭镇位于叙永县北面，距县城27km、泸州63km，321国道、川黔高速公路、纳叙铁路和永宁河穿境而过。永宁河、古宋河贯穿全镇。地形为深丘区，西南面受山地阻挡，最高海拔约1000m，最低海拔约400m，自然资源概况：土壤肥沃，适宜种植优质稻米；竹林密布，有较大规模的珍稀植物——桫椤；全镇气候温和，年降雨量约1200mm，年平均气温约18℃。灾害性气候主要有热风、寒潮、暴雨等。土壤多为黏土和红火粗砂。

调查期间，全镇辖12个村（社区），91个村（居）民小组，面积102.5km^2，人口3.7万人，耕地面积3万余亩，林竹面积10万亩，森林覆盖率超过65%。镇内有国家级文物保护单位——清凉洞摩雀造像。全镇有公路100余条，总里程约500km，已硬化150km，形成较密集的公路网络。有变电站、自来水厂、污水处理厂，电视光纤宽带覆盖全镇。新区铺成 32m 宽的水泥街道 600m。新区农贸市场建成投入使用，市场面积约 16000m^2。

全镇有农业专业合作社 15 个，2013 年粮食产量 2.3 万 t，生猪出栏 6 万头，农民纯收入约 7000 元，城镇居民可支配收入约 20000 元，公共财政收入 305 万元，全镇 GDP2.8 亿元。

全镇有初中、高中学校各 1 所，村小 10 所，在校学生 6500 余人，有甲级中心卫生院 1 所，村村有卫生站。有敬老院、综合文化站，镇内派出所、交警队、法庭、司法所等政法机构齐全。马岭镇是县商品粮、劳务输出、竹产业、优质仔猪养殖、优质水果的主要基地，是综治模范镇、生态乡镇、小城镇建设试点镇。

2. 村落演变特点

以马岭镇清凉洞村和盘田村为例，实地调研数据见表 6.11 与表 6.12。

表 6.11　清凉洞村村落演变

演变因子	2000 年	2018 年	演变趋势
常住人口/人	2268	1168	↓
外出人口/人	890	1006	↑
户均劳动力/人	3	1.8	↓
小学数量/个	2	1	↓
幼儿园数量/个	0	1	↑
中学数量/个	0	0	—
距离小学最近距离/km	2	2	—
距离初中最近距离/km	9	9	—
距离高中最近距离/km	9	9	—
商店小卖铺超市/个	2	4	↑
卫生院个数/个	0	1	↑
供水普及率/%	0	100	↑
供电普及率/%	100	100	—
移动手机普及率/%	8	95	↑
广播电视普及率/%	75.9	100	↑

由表 6.11 可以看出，清凉洞村常住人口数量减少严重，外出人口增加，乡村户均劳动力在减少，减少了 1 所小学，增加了 1 所幼儿园，生活、医疗保障有明显的改善，供水、供电、通信等方面也有了显著的改善。同时，人口结构变化明显，2000 年，老人占 50%，青壮年占 30%，少年儿童占 20%；2016 年老人占 60%，青壮年占 25%，少年儿童占 15%，人口老龄化越来越突出。经实地调研可知，清凉洞村经过道路交通的建设，村内自然村联

系成一个整体，自然村落在空间上呈现出大分散、小集中特点，农村住房结构有了显著改善，农村环境方面也有较大改善。

表 6.12　盘田村村落演变

演变因子	2000 年	2018 年	演变趋势
常住人口/人	1832	2070	↑
外出人口/人	467	513	↑
户均劳动力/人	3	2	↓
小学数量/人	2	1	↓
幼儿园数量/人	1	1	—
中学数量/人	0	0	—
距离小学最近距离/km	3	3	—
距离初中最近距离/km	8	8	—
距离高中最近距离/km	8	8	—
商店小卖铺超市/个	2	4	↑
卫生院个数/个	1	1	—
供水普及率/%	20	100	↑
供电普及率/%	100	100	—
移动手机普及率/%	10	93	↑
广播电视普及率/%	80	100	↑

由表 6.12 可以看出，2000～2018 年盘田村常住人口数量有所增加，外出人口也有所增加，主要因其由两个村合并而成，乡村户均劳动力也在减少，减少了 1 所小学，生活、医疗保障有明显改善，供水、供电、通信等方面也有了显著改善。根据调查可知，村落人口老龄化趋势增加，人口受教育水平有所提高，盘田新村为扶贫和生态移民安置点，也使村落出现空间集聚，村民住房有了统一规划和设计，建筑材料和结构均有升级，新村内还建立了文化广场等公共空间。

3. 村落演变主要驱动力

1）基础与公共设施建设驱动

马岭镇基础与公共设施建设不断完善，群众生产生活更加方便。2000～2018 年，通过交通建设，硬化公路（含加宽）16 条 56.5km，到 2017 年底，硬化路覆盖全镇 91 个社（组），群众从此告别了“泥巴路”；改造农村危房 95 户，实施地灾避险搬迁 17 户，通过实施城乡建设用地增减挂钩试点项目，积极保护耕地，高店、清凉洞、龙盘等村改造升级农村电网，村民用上了安全、高效的农用电；建立了 13 个生态移民安置点、新农村示范点，国家补贴和个人承担部分费用相结合安置群众近百户，使贫困户人均住房面积达到

$25m^2$，非贫困户人均住房面积 $35m^2$。另外，大力推进人居环境建设，鼓励企业引进节能环保技术，淘汰落后生产工艺，推进节能减排项目、再生资源回收点建设，促进资源循环综合利用；加快场镇节能照明改造，促进建筑节能；新建场镇生活污水处理厂，完善垃圾收集转运系统，促进各类垃圾无害化处理；巩固新农村建设成效，开展家园清洁行动，以农村生活垃圾和生活污水处理等为重点，改善农村生产与生活环境；推进环境优美乡镇、生态村和生态家园等细胞工程创建，切实整顿村容村貌；实施以沼气、太阳能为重点的能源工程建设，推广使用清洁能源进行农业生产和生活。

2）特色产业发展促进产业结构优化驱动

马岭镇依靠招商引资振兴乡村建设，成功与中国沈酒、海升集团、恒生纸业等上市公司或国有企业签订了招商引资协议，推动第一、第二产业融合发展。2017 年马岭镇大春粮食播种面积 36311.55 亩，其中稻谷 25542 亩，产量 13792t，同比增长 6%，玉米播种面积 5197.5 亩，产量 1299t，同比增长 7%。大牲畜存栏 26741 头，出栏 54648 头，产值逾 4500 万元；家禽存栏 41096 只，出栏 364252 只，产值 3700 余万元。竹木面积超 6.4 万亩，年产竹木 4.5 万 t（其中江门纸浆厂供竹 2 万 t），产值 2340 万元。

依靠特色资源，强化专业合作组织，推进经济发展。全镇现有种养殖专业合作社 26 个，种养殖大户近百户，家庭农场 8 个。以清凉洞糯稻专业合作社、天宝山水果专业合作社、原野畜禽养殖专业合作社、清凉洞林下养鸡专业合作社、燕子涯水产养殖专业合作社等一批国家级、省级、市级专业合作社为依托，建成了优质糯稻基地 6500 亩，脆柿基地 1000 亩，优质龙眼基地 3000 亩，三块石、清凉洞、麦地坝、盘田、龙盘等村建成柑橘基地 1600 亩，青蛙养殖基地 120 亩（产量 4 万斤、产值 100 多万元），桃李基地 180 亩，生产的糯稻、龙眼、脆柿、青蛙等供不应求。促进了农民增收致富，更推动村落面貌进一步变化。

3）生态环境保护驱动

马岭镇在“十一五”规划期间就提出并开始生态环境的治理工作，着力实施退耕还林、天然林资源保护、水土保持治理等环境保护工程，加强农田防护林、生态公益林建设，加强森林生态系统保护和建设，强化天然林资源的保护。加大了水环境保护的力度，提高城乡饮用水质量，加大工业与生活污水整治力度。新建农村安全饮水工程和城镇饮水水源建设项目，开展饮用水源区的综合保护，推进农村面源污染治理和土壤污染防治，对重点排污企业工业废气加强了治理力度，提高废气净化率，进一步限制燃煤使用，在广大农村地区推行天然气、太阳能、沼气等清洁能源，减低居民燃煤烟气排放。这些措施保障了乡村生态环境的完整与良好，从而为镇经济和社会的发展提供坚实基础。

4. 马岭镇村落演变驱动机制

马岭镇注重经济发展，同时推进生态保护，退耕还林、污染治理、森林资源保护，为驱动乡村发展与村落建设提供基础与保障。着力公路、信息网络等基础设施建设，实现乡镇与外界、镇内村村互通，为内外物、能、人沟通交流提供便利。经济发展方面，马岭镇通过招商引资与几家大型公司签约，引进资金、技术；成立合作社集中力量办大事，推动当地乡村经济发展，如引进新型农业科技设备与技术，种植优质稻米、柑橘、甜橙、龙眼等，强化农业发展。马岭镇通过合理政策进行积极调控，对居住环境恶劣的村民家庭户进行扶贫搬迁，建设系列集中安置点，极大地改善村落人居环境；同时依托历史文化资源、特色农业、特色林果业发展乡村旅游业。经济、生态、基础与公共设施建设、乡村旅游等综合驱动马岭镇森林覆盖率增加、生态环境改善、公路网络化、基础设施更新、农民住房条件改善、人口集聚规模扩大，村落总体呈现空间集聚趋势，乡村生产多样化发展与农民生活水平显著提高新格局已经形成（图 6.14）。

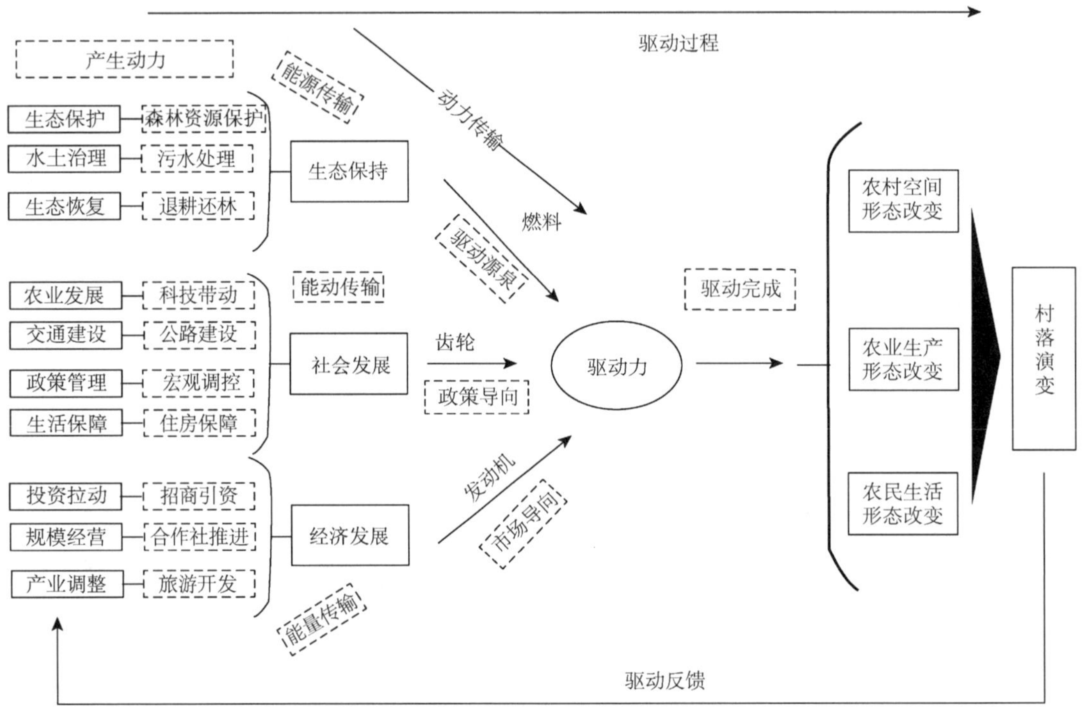

图 6.14　马岭镇村落演变驱动机制

（二）中山区典型村落演变机制案例分析——贵州省毕节市大方县核桃乡

1. 案例区概况

核桃乡地处大方县城北部，距离县城 18km，辖区道路里程 12.5km，南北贯穿。据 2016 年统计，全乡面积约 88km^2，总耕地面积约 20000 亩；林地面积约 60000 亩。辖 5 个社区和 4 个行政村，共 119 个村民组，137 个自然村寨，总人口 35476 人，居住着汉族、彝族、白族、苗族等 9 个民族，主要少数民族人口占 32%。核桃乡四季分明，年平均气温 12.4℃，干、湿度适宜，年平均降雨量约 1200mm，常年盛行东南风。夏季东南风最多。平均海拔 1437m，淡水资源丰富，交通便利，土地肥沃，种植业以核桃、皂角、天麻、刺梨、小麦、玉米、蔬菜为主，主要经济作物为蔬菜、烤烟、辣椒；畜牧业以牛、猪等家禽为主。

2. 村落演变特点

以核桃乡木寨村为例，木寨村位于大方县核桃乡政府以北8km处，总面积8.27km^2。东接伐木村，南接民生村，北靠双龙村，西与中坝村相连。管辖木寨、谢寨、蚂蝗、银厂、箐头、裕民、大坡、阳光、马白、远大10个村民组。总耕地面积1720亩，农作物以玉米、大豆为主，经济作物以烤烟、辣椒为主，旅游景点有木寨白族民居。

2000年和2018年木寨村村落发展的调研数据见表6.13。可以看出，木寨村常住人口数量有所增加，外出人口也有所增加，乡村户均劳动力在减少，增加1所幼儿园，区位情况稍有改善，生活、医疗保障有明显的改善，供水、供电、通信等方面也有了显著的改善。人口受教育水平由中低等教育水平转向中高等教育水平。根据实地调研情况，木寨村为发展乡村旅游建立了新的乡村社区，村落发展和旅游设施建设结合，村落建筑结构全部更新为砖混结构，建筑立面统一采用白墙黑瓦设计，保留一定的传统特色，空间上更为集聚，道路交通网络较之前更为密集。

表6.13　木寨村村落演变情况

演变因子	2000年	2018年	演变趋势
常住人口/人	1900	2056	↑
外出人口/人	700	862	↑
户均劳动力/人	1.6	1.5	↓
小学数量/人	1	1	—
幼儿园数量/人	0	1	↑
中学数量/人	1	1	—
距离小学最近距离/km	1	1	—
距离初中最近距离/km	1	3	↑
距离高中最近距离/km	26	26	—
商店小卖铺超市/个	2	8	↑
卫生院个数/个	1	1	—
供水普及率/%	0	100	↑
供电普及率/%	100	100	—
移动手机普及率/%	3.5	100	↑
广播电视普及率/%	68.3	100	↑

3. 村落演变主要驱动因素

1）自然与生态环境驱动

核桃乡的矿产资源种类多，有煤、硫铁矿、高岭土、石灰石等，且储量大、品位高、分布广。树木种类主要有杉树、核桃树、梨树、桃树、李子树、漆树，灌木种类主要有青㭎、杨梅、毛栗、刺梨，花草种类主要有牡丹花、菊花、月季花、兰花。这给当地发展山地特色农业与旅游资源的开发提供了优质的基础环境资源保障。核桃乡对环境的保护，主要采取以下措施：①对水质进行检测，确保人畜饮水安全。②开展噪声污染治理，营造安静、舒适的农村生活环境。③加强粉尘污染治理，预防和减少各种疾病的发生。④开展多彩文明行动，彻底清除乡内的生产和生活垃圾，确保乡村清洁卫生。

2）基础与公共设施建设驱动

根据调查得知，2000年核桃乡总户数8500户，总人口30258人；其中：农业人口29524人，非农业人口734人；2014年核桃乡总户数10145户，总人口36791人；其中：农业人口35770人，非农业人口1021人。1992年，核桃乡的瓦房、茅草房比较多、比较破烂，而且人均住房面积少。虽然乡民政股每年对少数受灾户、无房户的住房进行改造，但还是无法改变现状。2007年，核桃乡实施大规模危房改造和小城镇建设，瓦房、茅草房逐渐消失，95%以上的人家住上了砖混结构的平房和小洋楼。“十二五”期间，硬化通村通组公路35条近80km，实现了100%的村通水泥路，80%的村民组通水泥路、90%的连户路得到硬化。实施了人饮工程、河堤治理、水源点保护等水利工程。2009～2012年，实施危房改造1612户。2014年，实施危房改造319户，修建小康房20户。土地管理方面，为每户农户办理了集体土地转包使用证，明确农户土地使用权限，实施坡改梯工程，防止土地流失的同时控制土地改变用途指标，并采取措施减少了土地撂荒。

3）乡村旅游与农业产业化发展驱动

近年来，核桃乡依托全乡生态、人文、交通、山水等自然资源优势，加快旅游基础设施建设，同时加大旅游项目的招商力度，整合各块项目资金2000多万元，引进企业投资2000多万元，将木寨村、马白寨白族村寨和谢寨的“五在农家·美丽乡村”打造成为全县乡村旅游示范村，巩固种植核桃近20000亩，目前全乡核桃年产15万kg；在中坝、伐木、文坪、石艳等村发展天麻、冬荪、牡丹、刺梨、皂角等中药材种植达6000多亩；扶持和培育农民专业合作社8个，新建万羽蛋鸡养殖场1个、发展林下养蜂800余箱、养牛1851头、养猪5000余头；招商引资建设“旅游度假中心”一家，带动发展农家乐（农家旅馆）24家，床位200张，年接待重庆等地避暑游客500人次以上，接待周边游客5万人次以上；发展桃子、李子、猕猴桃、草莓等采摘基地5000亩，种植向日葵、野花组合、玫瑰等200亩。

4. 核桃乡村落演变驱动机制

近年来，核桃乡依托其地理资源优势，以良好的生态环境与优美的乡村自然景观为基础，大力发展山地特色农业，如核桃产业、中药材产业、特色养殖业、乡村旅游业等，加强乡村道路硬化建设，交通条件明显改善，推进村民住房统一建设，区位选择适度集中布局，建筑样式、环境、卫生设施布局与管理等统一规划建设，用水用电等基础设施同步进行，各项措施相辅相成，共同作用，村落生态环境与生活环境治理成效明显，创造出适合乡村休闲旅游产业与避暑度假农家乐发展的环境，促进了乡村经济与产业结构的转换升级，乡村生态空间、乡村经济空间、乡村社会空间的共同改变促成了核桃乡村落的优化与演变（图6.15）。

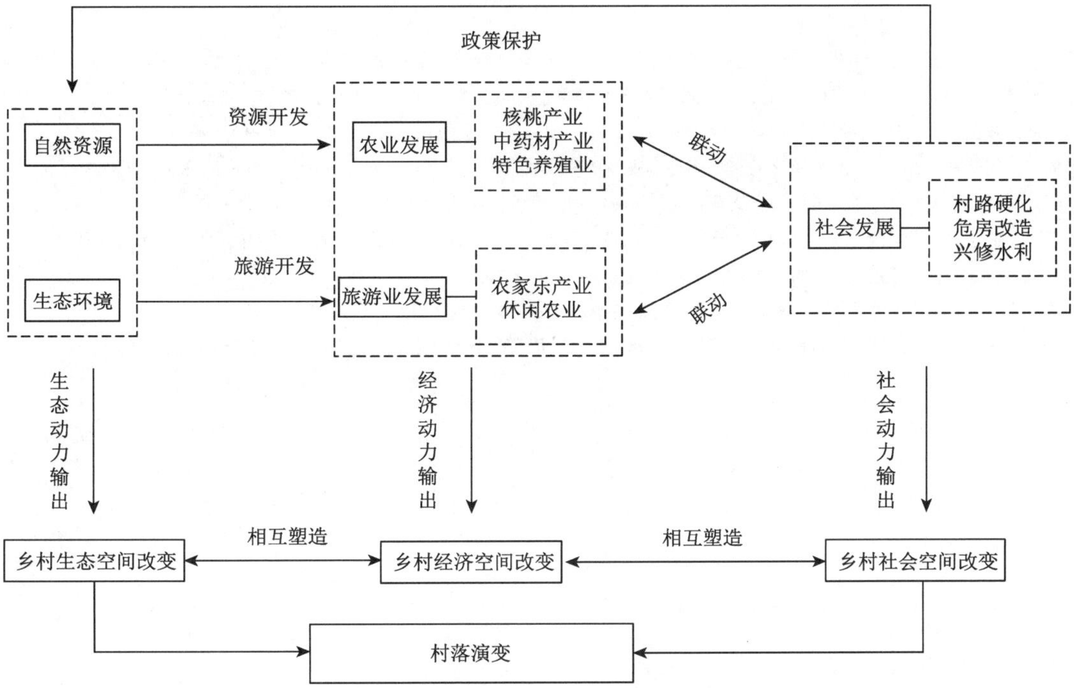

图 6.15　核桃乡村落演变驱动机制

参 考 文 献

程哲，蔡建明，崔莉，等，2016. 乡村转型发展产业驱动机制：以盘锦乡村旅游为例[J]. 农业现代化研究，37（1）：143-150.

杜忠潮，高颖，金萍，2009. 关中地区乡村旅游资源类型、发展模式及驱动机制浅析[J]. 咸阳师范学院学报，24（6）：63-68.

郭晓东，2013. 乡村聚落发展与演变—陇中黄土丘陵区乡村聚落发展研究[M]. 北京：科学出版社.

郭晓东，马利邦，张启媛，2012. 基于 GIS 的秦安县乡村聚落空间演变特征及其驱动机制研究[J]. 经济地理，32（7）：56-62.

胡焕庸，1935. 中国人口之分布——附统计表与密度图[J].地理学报（2）：33-74.

李伯华，曾灿，窦银娣，等，2018. 基于“三生”空间的传统村落人居环境演变及驱动机制——以湖南江永县兰溪村为例[J]. 地理科学进展，37（5）：677-687.

李孝坤，李忠峰，冯敏，2013. 重庆三峡库区乡村聚落空间分布探析[J]. 水土保持研究，20（4）：242-252.

李智，张小林，2017. 中国地理学对乡村发展的多元视角研究及思考[J]. 人文地理（5）：1-8.

刘彦随，杨忍，2012. 中国县域城镇化的空间特征与形成机理[J]. 地理学报，67（8）：1011-1020.

刘彦随，李进涛，2017. 中国县域农村贫困化分异机制的地理探测与优化决策[J]. 地理学报，72（1）：161-173.

龙花楼，2012. 论土地整治与乡村空间重构[J]. 地理学报，68（8）：1019-1028.

陆大道，王铮，封志明，等，2016. 关于“胡焕庸线能否突破”的学术争鸣[J]. 地理研究，35（5）：805-824.

吕立刚，隋雪艳，汪翔，等，2018. 江苏省土地城镇化的空间分异及其主导因素探测[J]. 人文地理，33（4）：88-94+112.

申明锐，2015. 乡村项目与规划驱动下的乡村治理——基于南京江宁的实证[J]. 城市规划，39（10）：83-90.

史焱文，2016. 传统农区工业化进程中乡村聚落空间演变研究——以河南省新乡县、长桓县为例[D]. 开封：河南大学.

苏维词，2007. 西南喀斯特山区乡村可持续发展的驱动因子及其导向模式初探[J]. 土壤与作物，23（2）：152-157.

汪民，2016. 江汉平原水网地区农村聚落空间演变机理及其调控策略研究[D]. 武汉：华中科技大学.

王凤，刘艳芳，孔雪松，等，2018. 中国县域粮食产量时空演变及影响因素变化[J]. 经济地理，35（5）：142-151.

王劲峰，徐成东，2017. 地理探测器：原理与展望[J]. 地理学报，72（1）：116-134.

王京海，张京祥，2016. 资本驱动下乡村复兴的反思与模式建构——基于济南市唐王镇两个典型村庄的比较[J]. 国际城市规划，31（5）：121-127.
武鹏，李同昇，李卫民，2018. 县域农村贫困化空间分异及其影响因素——以陕西山阳县为例[J]. 地理研究，37（3）：593-606.
谢余初，张影，钱大文，等，2016. 基于参与式调查与主成分分析的金塔绿洲变化驱动力分析[J]. 地理科学，36（2）：312-320.
徐秋蓉，郑新奇，2015. 一种基于地理探测器的城镇扩展影响机理分析法[J]. 测绘学报，44（S1）：96-101.
姚树荣，周毓君，2018. 乡村城镇化的市场驱动模式与实现路径——以成都市福洪镇为例[J]. 农村经济（5）：81-86.
张红，2011. 村落变迁：动力机制与意义阐释[J]. 华南农业大学学报（社会科学版），10（4）：126-132.
张荣飞，王建力，李昌晓，等，2013. 基于PRA方法调查的农户对生态移民现状的反馈——以宁夏黄河流域五堆子第一安置点为例[J]. 重庆师范大学学报（自然科学版），30（4）：163-170.
张艳，张勇，2007. 乡村文化与乡村旅游开发[J]. 经济地理，27（3）：509-512.
张振鹏，2013. 新型城镇化中乡村文化的保护与传承之道[J]. 福建师范大学学报（哲学社会科学版）（6）：22-28.

第七章　西南地区典型地域村落人地系统协调性评价

第一节　人地系统内涵及研究进展概述

一、人地系统内涵阐释

（一）人地系统内涵与特征

1. 人地系统的内涵

人地系统指人类活动与地理环境之间相互依存、相互作用的关系系统，人类系统和地理环境系统是其两大基本子系统，地理环境提供人类生产生活活动的基础，也是维持人类生存和再生产的基本条件（毕宝德，2001）。地理环境不仅给予人类各种生存空间以及生产和生活的各项必需品，而且具有多重生态功能，并给人类提供生态保障（Odum，1983）。同时，人类活动通过开发利用地球资源、进行各种生产与建设活动不断影响甚至改变地理环境，无论是原始的“刀耕火种”生产方式，还是21世纪现代化的生产生活方式，人地关系都十分紧密，具有客观性，人地共生性内涵日益丰富（图7.1）。

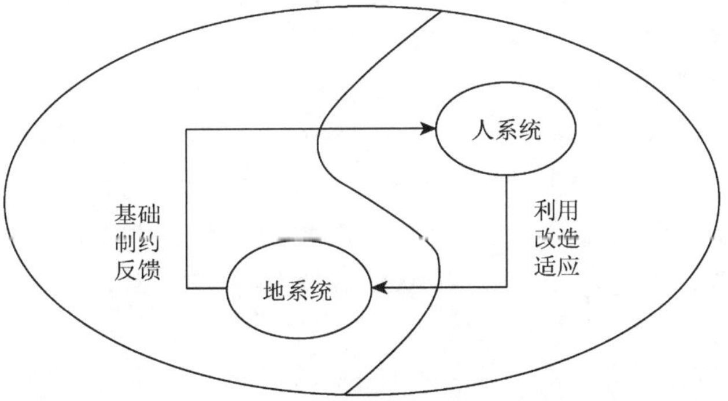

图7.1　人地系统关系示意图

从人类社会的历史发展进程角度看，人类系统与地理环境系统两大子系统属于“既共生又竞争、既对立又统一”的关系，而人类系统与地理环境系统的稳定发展和彼此之间的协同演进也是人类社会发展的本质要求（吴传钧，2008）。在历史发展的长期互动耦合过程中，外部环境通过对人类系统与地理环境系统的不断影响而作用于两者的整体发展，人类系统与地理环境系统之间进行物质循环与能量转化（陆大道，2002）。在这种作用机制下，两大子系统依照特定规律，相互交织、相互作用，共同衍生出一个动态、开放的复合整体。由于两大子系统各自的演化发展只能够依靠耗散外部环境的能量、物质得以维持，并且两者之间的相互作用强度始终是随着时间与空间改变而不断发生变化的，因此，人地系统是一个非线性的、不稳定的、远离平衡状态的耗散结构（王振健等，2004）。

2. 人地系统的特征

人地系统的特征主要有：①整体性。这是人地系统最基本的属性和最根本的特征，不同人地系统之间具有不同的空间形态、特征和边界，在时间上是系统整体的具有延续性的演化过程，在物质内容上“人”与“地”形成有机整体。②开放性。由于不同复杂系统之间以及系统内部不同要素之间处于相互联系、相互影响的状态，各系统各要素之间通过物质循环、能量流动和信息交换，以保持系统耗散结构，使得人地系统不仅具有开放性特征，而且可以促进其结构和功能不断得到改善与优化。③区域性。区域差异是地球表层在不同地理环境下存在的客观现象与规律，人地系统在不同区域上由于人类生产生活等活动方式和强度的不同而具有不同特点，使得人地系统具有区域性特征。④层次性。人地系统由“人”和“地”两大子系统共同构成，内部又进一步划分为较低的不同级别的系统，层层划分形成人地系统的层次性特征。⑤复杂性。人地系统是多维度且复杂的，不同子系统或要素之间相互影响，具有明显的复杂的非线性关系。⑥动态性。人地系统组成要素从来都是非静止的、不稳定的，它是一个永恒的动态变化过程，使得人地系统具有明显的动态性特征（刘凯，2017）。

3. 人地系统耦合与协调

耦合是物理学概念，通常指的是两个或者两个以上系统之间由于相互作用、相互影响而结合的一种现象，并在子系统的良好互动之下相互依赖并产生作用而实现相互促进的动态关联关系（黄瑞芬，2009）。而在社会科学领域中，将通过某种条件把两种社会现象结合起来并发挥作用的客观事物称之为耦合（张洁等，2010）。人地关系系统可分为“人”和“地”两大子系统，各子系统可细分次级子系统，子系统内部多要素相互关联作用，可以用“耦合度”反映各系统之间及其要素之间相互作用程度的强弱，从而反映人地系统的多种耦合状态。据此，可以将“人”和“地”两大子系统通过各自不同的耦合因子产生影响并相互作用的现象，定义为人地系统耦合，在时间序列上的空间格局变化称为人地系统耦合的时空演化。

系统的耦合与协调不同，人地系统耦合的客观关系中，既包括人地系统耦合的协调，又包括冲突及程度差异等多种复杂情况，协调是指系统各子系统及要素相互良性耦合，反映系统内部状态由无序走向有序的趋势（吴文恒等，2006）。协调度是指系统耦合程度的大小，体现了系统协调性状态。协调有两层含义，一是评价系统或客观事物的组成成分是否处于有序的和谐状态；二是作为一种控制与管理职能，并根据系统的发展目标与状态，调节系统中各事物之间的非线性复杂关系，从而减少系统各要素之间的矛盾冲突，使系统各要素在自然发展过程中能够配合得当，朝向最佳目标发展（熊德平，2009）。协调发展是当前对协调概念的进一步归纳与整合，也可以理解为“协调”与“发展”概念的集合，是系统各要素之间在彼此相互促进和发展步调协同一致的基础上，由无序到有序的动态变化过程。

（二）人地系统发展演进

从20世纪中叶开始，随着世界环境公害事件的频发，人地关系受到世界各国的广泛关注，并成为“全球性问题”和“世纪难题”而被广大学者所讨论和研究。在我国社会经济发展中，“人多地少”一直被视为重要的基本矛盾，尤其是近40年来，随着社会经济活动规模的不断扩大，人类对自然的索取愈来愈多，人类活动受到来自资源环境的约束与限制所造成的“增长阻尼”作用越来越明显（Romer，1996；杨杨，2008）。社会经济需求的增长与资源环境的有限性之间的矛盾日益凸显，资源环境约束与制约作用由此成为影响我国社会经济发展长期稳定和持续发展的重要因素（张大勇，2009）。长期以来我国人地关系处于高度紧张的基本格局始终未能得到根本性改善，主要表现为中国人均耕地数量出现严重不足状况，绝大部分耕地质量偏低，耕地供给能力出现逐年下降趋势。全国范围内的农村建设用地状况中，总体利用率偏低，粗放利用现象十分突出（水利部等，2010）。同时，全国新增建设用地中的工矿用地比例增加明显，达到了40%，个别地方甚至高达60%，而作为改善广大城镇居民基本生活条件的各类居住和休闲用途的土地则存在明显的供给不足状况（王炳春，2007）。当前我国还面临着主要矿产资源严重紧缺、对外依存度奇高，生态环境局部或区域性恶化、生态功能逐年退化，气候变化尤其是极端天气频发导致生存环境质量降低等问题。显然，当前我国经济的快速发展与繁荣并不能自动化解我国尤其是当前我国农村地区越来越紧张的人地关系矛盾，长期面临的上述问题已对我国社会经济协调可持续发展形成强约束。加强人地系统相关理论与实践方面的探索，尤其是针对人地系统协同性的探索、人地系统内部各子系统的相互作用及效果与规律、各子系统及要素之间的互动关联耦合状态及发展水平的衡量标准和方法等方面的探索，都将有助于对区域人地关系进行科学合理的判断与评估，同时也有助于深刻认识人地系统保持协调的重要性、必要性和紧迫性，从而不断增强人类主动协调人地关系的意识。

二、国内外人地系统研究进展

1. 国外人地系统研究进展

（1）人地关系的早期研究。人地关系理论研究最早开始于欧洲的启蒙运动，从19世纪中叶开始，人地关系研究开始活跃于学术界，德国地理学家李特尔在《地理学——地理对人类素质和历史的关系》中系统而全面地讨论了自然与人文现象之间的各类相互关系。拉采尔在《人类地理学》中指出人类是地理环境下的有限产物，人类一切生产活动对地理环境有较大的依赖性，自然地理因素决定着人类活动的分布与迁移。此后，人地关系的广泛研究在西方地理学界得到了更高度的重视和迅速的发展。

（2）人地协调性理论的发展。第二次世界大战结束以后，欧美发达国家相继进入经济高速发展期，人口数量急速增加，人类社会对自然环境的影响作用空前扩张，地球上其他物种的生存空间集聚压缩，人类能动性作用空前发挥，越来越多的学者倾向支持人类决定论。英国地理学家斯帕特在综合当时占主流的人地关系决定论和可能论的优劣基础上，提出了介于两者之间协调的必然性的说法。1974 年，美国学者爱德华 • 塔菲表示，由于公众环境保护意识的觉醒，基于对环境问题的重视、学院研究成果的不断涌现以及政府公共政策共同作用的结果，人地关系的研究在全球学界广泛开展。1980 年 8 月，第 24 届国际地理大会于东京召开，会议提出当下地理学界面临的主要难题是如何使人类活动与自然环境相协调，换言之就是如何实现人地关系协调发展。此后，又进一步提出可持续发展思想。至今，可持续发展理念已成为全世界积极探索人地关系协调发展的共识。

（3）人地系统理论的应用研究。人地系统理论的应用研究涉及不同区域诸多方面的研究，再具体深入到研究人类与地理环境之间的复杂关系。以克里斯哈姆为代表的区域学派学者们详细地总结了英国学术界史上的研究成果，运用人地系统理论，依据当时英国社会发展实情，提出了针对英国国情的区域间协调发展的应对策略，为英国政府制定相关政策提供了切实可行的理论依据，为经济发展做出了贡献。1972 年，美国麻省理工学院的学者们针对当时的一系列全球性问题而提出了一个系统动态模型——“世界模型”。该模型包括模型假设、模拟计算、因果分析等，解决问题的视角更具有全球化意识。1982 年，由美国中部 6 州组成的研究小组研制出“AGNET”区域管理信息系统，有效解决了当时中部 6 州内部与人地系统相关的问题。此外，在欧洲其他国家及日本等地区的人地系统应用研究也取得了相应的成果（廖克，1992）。

欧美等西方发达国家地理学界基于人地关系研究的长期积淀与发展，提出了人地协调论、可持续发展思想，并在不同尺度上对人地系统进行研究与阐释，不仅揭示了自然规律的基础性和不可逾越性，而且体现出了人类的主观能动性。人地协调理论的最终目的是实现人地协调和可持续发展。

2. 国内人地系统研究进展

（1）人地关系思想的转变。国内对人地系统的研究起步较晚，1949 年之前，与人地系统有关的学术研究主要受西方地理环境决定论的影响居多，且未形成完整的学术体系。改革开放后，李旭旦、吴传钧等学者将国外的人地系统理论与人地关系的研究方法引进中国地理学界的学术研究中（方创琳，2004）。20 世纪 90 年代以前，国内学者的相关研究主要是将国外的人地系统理论和我国特殊国情结合起来，重新认识人地关系理论，同时对各个国家不同学派的人地关系理论进行统一梳理、总结、吸收、消化与反思。90 年代以后，随着我国经济的发展，国内学者相继提出了诸多符合中国国情的具有中国特色的人地关系理论，如人地系统优化论、差异协同论、耦合论、辩证论、协同论、共生论、冲突论、阶段论、危机论、分形论、错位论等（方创琳，2004），极大地丰富了我国的人地关系理论基础与内涵，使我国人地关系发展研究迈上了新台阶。

（2）人地系统的要素组成。人地系统的组成要素一直是国内地理学界甚至是世界地理学界争论的焦点问题之一。马世骏和王如松（1984）在总结国内外人地复合系统研究的基础上，首次提出社会-经济-自然复合生态系统的概念，在该复合生态系统中将社会子系统、经济子系统和自然子系统赋予同等重要地位进行研究。此外，不少学者基于对人地系统的理解与研究，从不同尺度和视角提出了对人地系统组成要素的不同看法。吴传钧（1991）认为，在人地系统组成要素中，社会、经济、人口等诸要素共同组成了人类活动系统，共同促使形成更为复杂多变的人地复合系统，任何一个子系统或要素部分的变化，都会导致人地复合系统的整体变化。至今，国内地理学术界普遍认为，吴传钧在人文地理学领域对人地系统组成要素的理解与概括最为基础、最为全面、最为准确。

（3）人地系统的定量研究。20 世纪 80 年代至 21 世纪初，我国地理学界对人地系统的研究大部分集中在定性分析上，近十年才相继出现定量研究方法和建立较为完整的评价指标体系。乔家君（2005）从自然村域的角度出发，对人地系统进行了定量研究；曹利军等（2000）提出可持续度概念与可持续度评价体系。张洁等（2010）将灰色关联法引入人地系统研究，在此基础上探索人地系统耦合度的主要影响因素。此外，还有一些学者在人地关系协调理论基础上，提出了评价区域性土地承载力问题和检测区域性可持续发展水平的评价方法（王黎明和毛汉英，2000；毛汉英和余丹林，2001）。

（4）人地系统的应用研究。20 世纪 80 年代，为了更好地服务于我国社会经济的发展，我国开展的人地系统相关研究主要着眼于资源要素开发、土地承载力研究、区域开发、区域发展规划以及环境保护治理等方面，与国家大政方针政策紧密相连。目前，我国的区域可持续发展研究主要集中在：①东部经济发达地区，如京津冀城市群、长三角、珠三角等区域（张青峰等，2011，Han and Zhao，2012）；②生态相对脆弱地区，如黄土高原、三峡库区、喀斯特地貌地区等区域（张洁等，2010；罗昆燕和周国富，2011）；③“西部大开发”等国家发展政策所覆盖的地区，如青海柴达木、甘肃河西走廊和银川平原等地区（于伯华和吕昌河，2011；孙鸿烈等，2012；方创琳和徐建华，2001；袁榴艳等，2007）。研究内容主要涉及资源分配、土地开发、移民安置等问题。

综上所述，国内外人地系统及人居环境的理论和应用研究主要集中于较为宏观层面及相对发达的城市区域，对乡村特别是发展滞后地区的乡村缺乏应有的关注。我国改革开放 40 年来，由于不同时期发展重心选择的差异，区域发展与城乡发展不平衡、部分区域与乡村发展不充分日益显现，一些地区的乡村人地系统和人居环境矛盾突出，实现乡村振兴成为必由之路。评价认识乡村与村落人地系统及人居环境状态及趋势，明确落后地区乡村与村落人地系统及人居环境优化建设方向及策略等则是乡村振兴必不可少的基础性工作。本章对典型地域村落人地系统耦合—协调演变、人居环境宜居性与村落分布关系进行评价，探析西南地区村落与地域环境的耦合状况，明确人地系统现状及存在问题和村落现状分布与人居环境宜居性匹配关系，一方面丰富乡村人地系统、人居环境评价的理论研究，另一方面可以为类似地区村落规划建设、乡村振兴提供实践依据。

三、典型地域人地系统研究的意义

1. 典型地域人地系统研究，有助于丰富和深化人地系统理论研究并为人地协调共生提供实践依据

区域人地系统是开放系统，内部子系统及要素构成和相互关系复杂，经济、社会、生

态环境 3 个子系统之间进行复杂频繁的物质、能量、信息流动转换（苗泽华和高志华，2009），最终要实现经济效益、社会效益和生态环境效益最大化，其实质是人地协调、资源优化配置，系统才能由简单到复杂、低级到高级优化发展（乌兰，2007）。同时，人地系统具有明显的区域差异性，人地系统研究需结合区域条件、特点、功能认识，并划分人地系统类型，进而深入研究典型区域人地系统，有利于人地关系研究领域深化，也有利于因地制宜地发挥各地域的功能。因此，典型地域人地关系研究能够较好揭示区域人地系统发展的过程与机理，反映内部子系统的相互作用关系，深化人地系统理论研究，并有效指导区域可持续发展实践（陆大道，2002）。生态本底脆弱的西南地区，是极具典型意义的人文-自然复合系统，通过运用多学科方法分析解剖西南地区典型乡村地域人地关系耦合的时空演化和协调性，将丰富我国区域人地系统理论研究，并为区域经济、社会与生态环境之间以及内部各要素之间的协调发展提供实践指导和案例参考。

2. 脆弱地区人地系统研究，对于优化国土空间开发格局、化解人地矛盾冲突、推进生态文明建设具有重要意义

通过分析生态脆弱的西南地区人地系统状况及发展趋势，有助于促进生态脆弱型人地系统规避已有矛盾与风险（刘凯，2017），实现“人”与“地”协调发展。改革开放以来，我国不同区域发展差距的内涵和内容不断发展变化，由最开始的重视和缩小地区之间的经济发展差距，转变为尊重区域客观地理环境差异的基础，缩小发展差距，改善生态环境，优化提升各区域功能，实现可持续发展。生态脆弱地区人地系统属于限制开发区、优化开发区、禁止开发区，生态脆弱性在西南地区表现得非常明显（王永莉，2008），开发建设过程中尤其需要根据其资源环境承载能力、现有开发密度和发展潜力，进行合理评估与开发。在生态脆弱的西南地区进行人类活动，协调人地关系，实现人地系统协调可持续发展是重中之重的问题，尤其需要突出自身的生态地位、功能定位，不断提升生态功能。因此，通过对西南地区典型地域村落人地系统协调状况、人居环境状况与村落分布适应性分析，对其乡村及村落生产、生活与生态功能优化提升具有重要的现实意义（刘振国和吕苑鹃，2014）。

3. 典型地域人地协调性评价判识，对西南地区人地协调的方向与模式选择具有实践指导作用

实践价值或意义源于实证科学范式，实证的科学性取决于所选案例的典型性。西南地区面对的系列问题、现实需求、空间分异和未来发展目标选择都受到脆弱的生态环境制约。因此，西南地区发展模式的选择与实施必须审慎，“三生”（生产、生活、生态）空间的合理匹配和综合效益目标的追求以及人地关系的协调发展对该区域人地系统协同发展尤为重要（刘振国和吕苑鹃，2014）。经济全球化、国家发展战略、供给侧结构性改革均可能对西南地区的发展带来强大的影响和冲击，同时，人类需求和开发欲望不断增加也会直接或间接给西南地区的人地系统带来影响。因此，系统分析西南地区典型地域村落人地系统状态及演变规律，明确村落人居环境状况与村落分布适应性的关系，从而提出村落调整优化方向，有利于促进该区域乡村人地系统可持续发展。

第二节　渝东地区村落人地系统耦合协调性评价

一、渝东地区人地系统概述

重庆市原有的国家级贫困县集中分布于渝东北与渝东南地区（本书称为渝东地区，下同）。渝东地区地理位置上，西与四川、北与陕西、东与湖南、东南与湖南和贵州相连，位于28°09′N～32°12′N，107°14′E～110°11′E。

渝东地区地处大巴山和川东褶皱带以及川鄂湘黔隆起褶皱带三大构造单元交汇处（王孔敬，2011），根据区域地质调查报告及岩石地层整理，渝东地区以城巴断裂为界，主要为秦岭—大别山地层区和扬子地层区两个地层区，主要表现为沉积岩建造（郭友钊，2003）。区域内地表起伏大，地形破碎度高，沟壑纵横、耕地少、土质较差。地貌类型以丘陵、低山、中山为主。根据地貌特征，可将渝东地区划分为中山区、中山低山区、低山丘陵区、河谷浅丘区4种类型（图7.2，表7.1）。

表7.1　渝东地区农村聚落地貌类型划分表

类型	分布范围	海拔/m
中山区	主要分布于巫山、巫溪、奉节、武隆等区县	1700～2500
中山低山区	位于大巴山及大娄山地区，主要分布于巫山、奉节、丰都、巫溪、武隆、石柱等区县	1000～1700
低山丘陵区	主要分布于万州、云阳、开州等区县	300～1000
河谷浅丘区	主要分布于丰都、万州等区县	0～300

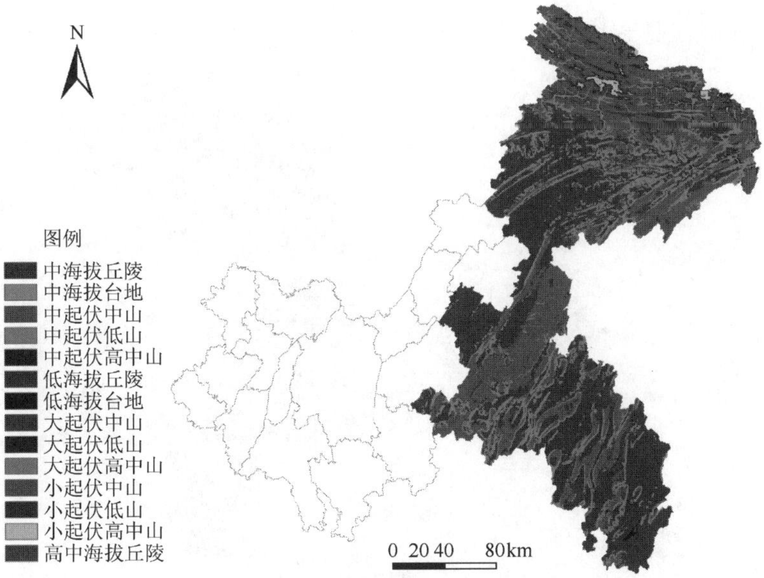

图7.2　渝东地区地貌类型图

渝东地区属湿润亚热带季风气候，受地表高差以及峡谷地形的影响，水热条件较好，生态环境具有多样性，生物、矿产资源丰富多样，大三峡、白帝城、仙女山等自然人文景观资源丰富；自然植被具有垂直分带特点，按海拔高度从低到高依次为亚热带常绿阔叶林、亚热带落叶阔叶林、常绿落叶阔叶混交林、温性针叶林、暖性针叶林（图 7.3～图 7.5）。同时，渝东地区由于地层褶皱断裂发育，多陡坡、暴雨等极端天气，泥石流、滑坡、崩塌等地质灾害频发，再加上高强度的土地垦殖等人类活动影响，水土流失和石漠化现象突出，生态环境较为脆弱。

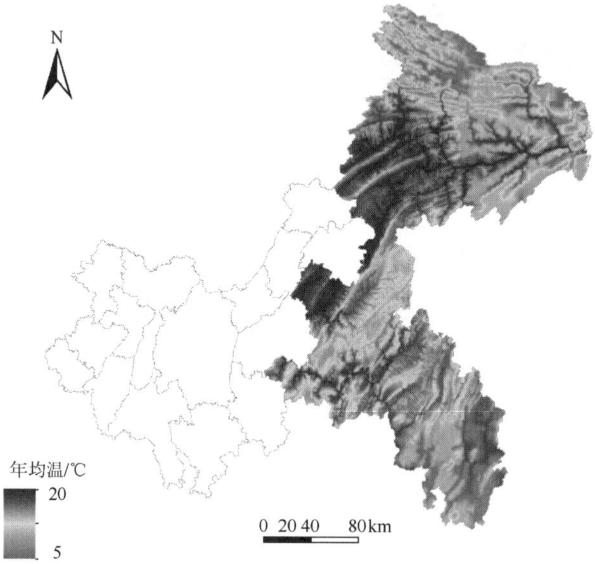

图 7.3　渝东地区年平均气温分布图

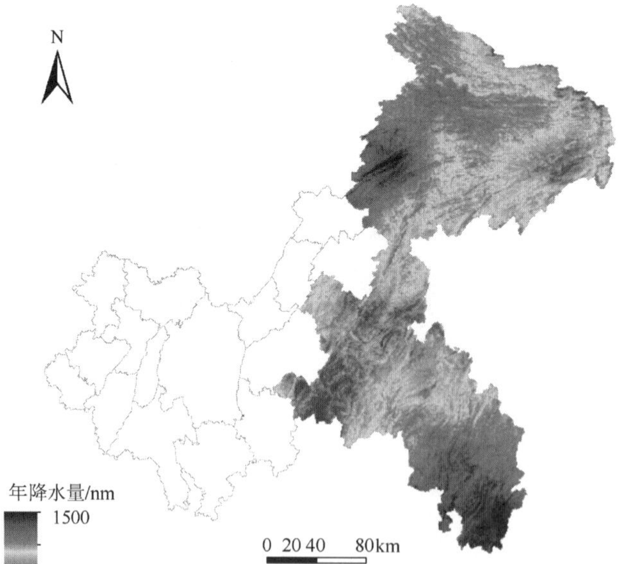

图 7.4　渝东地区年平均降水分布图

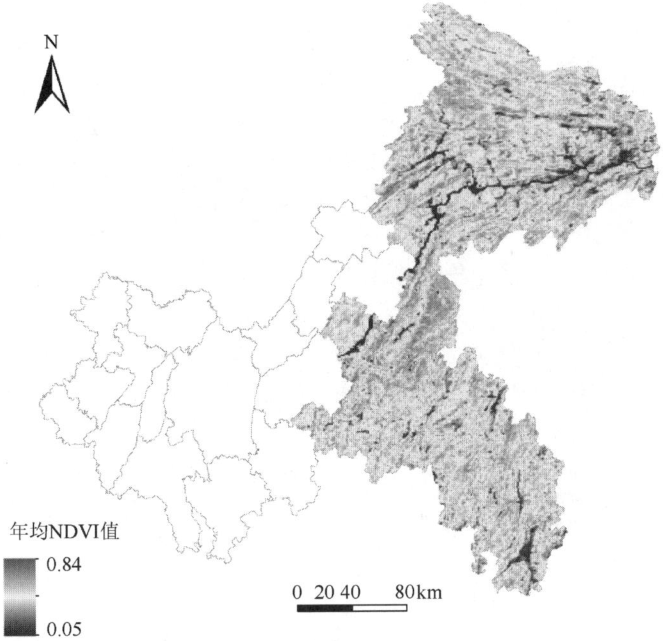

图 7.5　渝东地区植被指数分布图

从整个研究区的人口条件看，截至 2016 年，研究区总人口为 1187.45 万人，农业人口占比为 67.91%，远大于非农业人口所占比重，常住人口城镇化率为 40.94%；乡村人口和贫困人口数量多，人口自然增长与老龄化矛盾较严重，劳动力供养压力略大；渝东地区人口密度为 246 人/km^2，远高于全国人口密度（143 人/km^2），略低于重庆市的人口密度（385 人/km^2），其中渝东北的长江沿岸是人口密集区（图 7.6）。

重庆直辖以来，渝东地区经济发展较快。截至 2016 年，地区生产总值达到 3012.186 亿元，第一产业、第二产业、第三产业均得到显著提升，其中第三产业增长最快最明显，所带来的经济效益最佳。近年来，渝东地区推进农村改革和农业结构调整，开州、云阳、丰都、巫溪等区县充分利用自身资源优势，抓住市场机遇，促进农业生产和二、三产业逐步迈入生态化、特色化、综合化道路，有效促进了农村经济平稳发展。

渝东地区交通道路、电力及通信等基础设施一直处于滞后状态，近年来由于国家的扶持实现了快速增长。渝东地区公路网密度、公路货运量、邮电通信实现巨大飞跃，交通距离时间大幅缩短（图 7.7），但相对于其他地区，仍然没有形成配套完全、功能完善的基础设施体系。

整体而言，渝东地区是典型的生态环境脆弱区，同时经济社会发展严重滞后明显，农村面积大，相对贫困人口多；是一个典型的农业地区。渝东地区村落产业结构单一、农民纯收入低且增长慢，“三农”问题突出。如何根据渝东地区村落人地系统特点，因地制宜、科学合理地组织引导乡村良性有序发展，是有效地解决“三农”问题、统筹城乡统筹发展、构建和谐美丽村落所面临的一项重要紧迫任务。

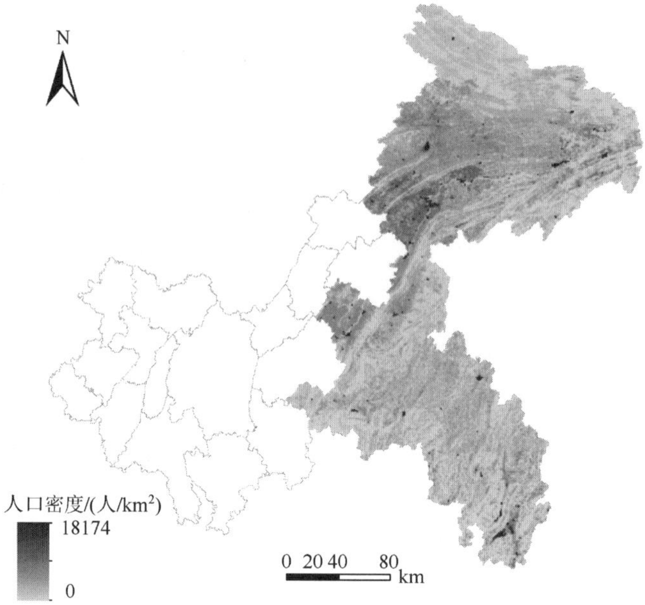

图 7.6　渝东地区人口密度分布图

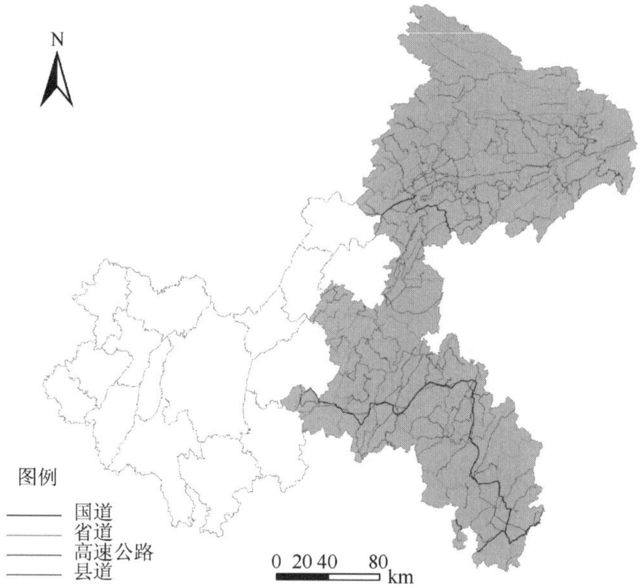

图 7.7　渝东地区道路交通分布图

二、渝东地区村落人地系统耦合协调性研究方法

1. 评价指标体系构建与数据来源

基于人地系统内涵的认识，村落人地系统是指特定区域内村落资源环境与人类经济

社会活动相互作用、相互影响而耦合形成的人地关系系统。本书将村落人地系统划分为村落环境和村落发展两大子系统（王超超等，2015）。在遵循科学性、客观性、均衡性和可操作性的基础上，建立村落人地系统评价指标体系。村落环境和村落发展两个子系统为一级评价指标，其中村落环境子系统包含资源和环境 2 个大类共 8 个指标，村落发展子系统包含社会、经济和人口 3 个大类共 12 个指标，两大指标体系共 20 个原始指标（表 7.2）。资料分别来源于相应年份的《重庆市统计年鉴》以及渝东地区各县域统计年鉴与统计公报。

表 7.2　人地系统协调性指标体系

目标层	系统层	子系统层	指标层
村落人地系统协调度	村落环境（0.376）	资源（0.531）	森林覆盖率（0.227）
			人均水资源量（0.217）
			人均耕地面积（0.327）
			土地产出率（0.229）
		环境（0.469）	农用化肥施用强度（0.216）
			单位播种面积农药施用量（0.254）
			环保支出所占比（0.233）
			空气质量达标天数（0.297）
	村落发展（0.624）	社会（0.307）	医卫人员指数（0.200）
			农村用电量（0.237）
			乡村从业人员数（0.266）
			社会公共服务投入（0.297）
		经济（0.345）	第三产业产值比重（0.190）
			农村居民家庭人均纯收入（0.198）
			农业商品率（0.374）
			农业总产值（0.238）
		人口（0.348）	人口密度（0.280）
			在校学生数（0.225）
			第一产业从业人员比重（0.260）
			人口自然增长率（0.235）

2. *研究方法*

1）层次分析方法（AHP）

为了消除数据的指标正负影响及数量级的不同而造成的误差，采取极差标准化方法对数据进行标准化处理，并对逆向指标进行变向处理。由于渝东地区村落环境与村落发展之间的复杂非线性关系，采用熵技术支持下的层次分析方法（AHP）来确定各项指标的权重（方创琳和毛汉英，1999；陈明星等，2009）。计算公式为

$$\alpha_j = V_j W_j \Big/ \sum_{j=1}^{n} V_j W_j \tag{7.1}$$

式中，α_j 为熵技术对 AHP 法修正后的指标权重；W_j 为采用 AHP 法求出的指标权重；V_j 为熵技术下第 j 项指标的信息权重。AHP 法与熵值法计算公式详见参考文献（徐建华，2002；乔标等，2006；唐宏等，2009）。计算得到的指标权重见表 7.2。

2）耦合协调度模型和耦合协调指数

设正数 $x_1, x_2, x_3, \cdots, x_m$ 为描述村落环境的 m 个指标，正数 $y_1, y_2, y_3, \cdots, y_n$ 为描述村落发展的 n 个指标。

$$f(x) = \sum_{j=1}^{n} a_j x_j \,, \quad g(y) = \sum_{j=1}^{n} b_j y_j \tag{7.2}$$

式中，a_j、b_j 为各项的权重；x_j 和 y_j 均为标准化与变向后的数据，根据式（7.2），计算出渝东地区各年村落环境质量指数 f（x）和村落经济发展指数 g（y）。

借鉴耦合指数模型（彭涛等 2004；马丽等，2012），构建渝东地区村落环境与村落发展的耦合度。具体计算公式为

$$C = \left\{ \frac{f(x) \times g(y)}{\left[\dfrac{f(x) + g(y)}{2} \right]^2} \right\} \tag{7.3}$$

式中，C 为渝东地区村落环境与村落发展的耦合度，取值为 0～1，C 越大，表明二者耦合性越好，即二者越协调（孙东琪等，2013；关伟和许淑婷，2014）。本书借鉴刘耀彬和宋学峰（2005）的研究成果，对耦合度（C）的类型划分如下：①当 $C=1$ 时，人地系统达到良性共振耦合，系统之间及各要素之间将趋向新的有序结构发展；②当 $C=0$ 时，人地系统耦合度最小，系统及内部各要素之间无关联，系统呈现无序发展状态；③当 $0<C\leqslant 0.3$ 时，人地系统处于低水平的耦合，此时村落发展水平较低，生态环境承载能力较强，生态环境能够承载经济发展所带来的后果；④当 $0.3<C\leqslant 0.5$ 时，人地系统处于中等水平的耦合，此时经济发展进入快速发展时期，需要资金、丰富的资源和充足的劳动力作为支撑，生态环境承载能力下降；⑤当 $0.5<C\leqslant 0.8$ 时，人地系统处于中高水平的耦合，此时在经济发展的基础上有更多资金可以用来修复生态环境，经济发展和生态环境开始良性耦合；⑥当 $0.8<C<1$ 时，经济发展在质和量的方面均得到很大提升，经济发展与生态环境建设进入高水平耦合阶段。f（x）代表渝东地区村落环境指数；g（y）代表渝东地区村落发展指数；k 为调节系数，$k\geqslant 2$，人地系统为两个体系，故 $k=2$。为了进一步揭示村落环境与村落发展的耦合协调度，引入耦合协调指数（毕国华等，2017）。计算公式为

$$T = \alpha f(x) + \beta g(y) \tag{7.4}$$

$$D = \sqrt{CT} \tag{7.5}$$

式中，T 为人地系统综合指数；D 为村落环境与村落发展的协调度；C 为渝东地区村落环境与村落发展的耦合度；α、β 是耦合协调指数的权系数，$\alpha=0.4$，$\beta=0.6$；f（x）代表渝东地区村落环境指数；g（y）代表渝东地区村落发展指数。D 值为 0～1，值越大表明村落环境与村落发展的耦合协调性越好，反之则越差。在借鉴相关文献基础上采用中值分段

法对村落环境与村落发展的耦合度与耦合协调度阶段进行划分（马丽等，2012）。

3）相对发展指数

耦合协调指数模型能够评价渝东地区村落环境与村落发展的耦合协调水平，但难以评价二者的相对发展状况，为此引入相对发展指数模型。计算公式为

$$K = g(x) / f(x) \tag{7.6}$$

式中，K 为相对发展系数；$g(x)$ 和 $f(x)$ 分别代表渝东地区村落发展指数和村落环境指数。参考现有研究成果（毕国华等，2017），结合研究区实际情况，对耦合协调度 D 值划分 3 种类型，综合耦合协调指数及相对发展指数的计算结果，对渝东地区村落环境与村落发展的耦合协调发展类型及级别进行判定（表 7.3）。

表 7.3 村落环境与村落发展耦合协调发展类型与级别

协调度指数	相对发展指数	协调类型	协调级别	状态
	$0<K\leqslant 0.8$		Ⅰ	村落发展滞后于村落环境，二者高度拮抗
$0\leqslant D<0.4$	$0.8<K\leqslant 1.2$	拮抗	Ⅱ	村落发展同步于村落环境，二者低度拮抗
	$K>1.2$		Ⅲ	村落发展超前于村落环境，二者高度拮抗
	$0<K\leqslant 0.8$		Ⅳ	村落发展滞后于村落环境，二者低度磨合
$0.4\leqslant D<0.6$	$0.8<K\leqslant 1.2$	磨合	Ⅴ	村落发展同步于村落环境，二者高度磨合
	$K>1.2$		Ⅵ	村落发展超前于村落环境，二者低度磨合
	$0<K\leqslant 0.8$		Ⅶ	村落发展滞后于村落环境，二者低度协调
$0.6\leqslant D\leqslant 0.7$	$0.8<K\leqslant 1.2$	协调	Ⅷ	村落发展同步于村落环境，二者高度协调
	$K>1.2$		Ⅸ	村落发展超前于村落环境，二者低度协调

三、渝东地区村落人地系统发展水平分析

运用式（7.1）和式（7.2），测算村落环境与村落发展子系统发展水平（表 7.4），并通过两大子系统各维度发展程度比较（表 7.5），深入考察人地系统内部结构，在此基础上，测算渝东地区人地系统发展水平综合得分（表 7.6），以此整体把握渝东地区村落人地系统发展状况。

（一）村落环境与发展两大子系统发展水平

1. 村落环境子系统发展水平

由表 7.4 可知，渝东地区村落环境发展水平整体提升明显。渝东地区村落环境指数由 2004 年的 0.179 提升到 2016 年的 0.307，实现 71.51%的增长。其中，渝东南由 2004 年的 0.173 提升到 2016 年的 0.285，增长了 64.74%，渝东北由 2004 年的 0.183 提升到 2016 年的 0.324，增长了 77.05%，从渝东北和渝东南两大区域看，均实现了 60%以上的增长率，保持年均 5%的增长率，意味着 2004～2016 年渝东地区，环境得到较大改善，森林覆盖

率提高，土地集约利用程度提高，从单纯追求 GDP 增长到更加注重环境保护与可持续发展。

从各区县村落环境指数看，2004 年排名前三的区县分别为城口县（0.258）、彭水县（0.217）、奉节县（0.213），后三位分别为丰都县（0.125）、秀山县（0.130）、开州区（0.135）；2016 年排名前三的区县分别为万州区（0.391）、开州区（0.374）、丰都县（0.364），后三名分别为城口县（0.263）、巫溪县（0.269）、彭水县（0.271），前后三位排名变动幅度较大。2004 年城口县、彭水县等在渝东地区中由于经济发展滞后，工业发展相对落后，经济结构原始单一，环境破坏程度小，故生态较好，村落环境指数得分高，经济较为发达的开州区、丰都县在追求经济发展过程中环境问题未合理解决，工业发展对当地生态环境造成一定程度的破坏，造成区县环境指数得分低，经过近 13 年发展，经济相对发达地区在注重经济增长和产业结构优化升级的同时也注重生态环境的保护，区域生态环境质量大幅度提升，故而出现 2016 年经济发达区县（万州区、开州区、丰都县）环境指数得分排名前三的现象。

表 7.4　村落发展与村落环境指数

区县	村落环境指数				村落发展指数			
	2004 年		2016 年		2004 年		2016 年	
	得分	排名	得分	排名	得分	排名	得分	排名
渝东南	0.173	12	0.285	11	0.192	12	0.289	12
黔江区	0.139	14	0.291	10	0.175	14	0.299	9
武隆区	0.191	5	0.293	9	0.212	9	0.295	10
石柱县	0.183	7	0.301	8	0.203	10	0.279	14
秀山县	0.130	16	0.278	12	0.224	8	0.304	8
酉阳县	0.180	9	0.274	14	0.184	13	0.263	16
彭水县	0.217	2	0.271	15	0.153	16	0.292	11
渝东北	0.183	8	0.324	5	0.252	6	0.345	5
万州区	0.174	11	0.391	1	0.378	1	0.474	1
开州区	0.135	15	0.374	2	0.356	2	0.456	2
丰都县	0.125	17	0.364	3	0.258	5	0.273	15
城口县	0.258	1	0.263	17	0.086	17	0.152	17
云阳县	0.166	13	0.321	6	0.261	4	0.375	4
奉节县	0.213	3	0.335	4	0.320	3	0.423	3
巫山县	0.206	4	0.277	13	0.199	11	0.321	6
巫溪县	0.188	6	0.269	16	0.160	15	0.287	13
渝东地区	0.179	10	0.307	7	0.226	7	0.321	7

2. 村落发展子系统发展水平

由表 7.4 可知，渝东地区村落发展水平整体呈上升趋势。渝东地区村落发展指数由

2004 年的 0.226 增加到 0.321，增长了 42.04%，其中渝东南由 2004 年的 0.192 增加到 2016 年的 0.289，增幅为 50.52%，渝东北由 2004 年的 0.252 增加到 2016 年的 0.345，增幅为 36.90%。明显渝东南的增幅（50.52%）要高于渝东北（36.90%），且渝东北低于渝东地区（42.04%）。原因在于渝东南地区近些年发展生态旅游取得很大成效，主要以秀丽的自然山水、独特的历史文化、浓郁的民族风情，逐渐发展成为全国知名的旅游热点地区，进而带动了整个渝东地区的经济发展。

从各区县村落发展水平看，排名前三位的区县（万州区＞开州区＞奉节县）2004 年和 2016 年保持不变，2004 年排名后三位的区县分别为城口县（0.086）、彭水县（0.153）、巫溪县（0.160），2016 年则是城口县（0.152）、酉阳县（0.263）、丰都县（0.273），城口县村落发展水平始终处于最末位，后两位排名变动幅度较大。其中，彭水县村落发展指数以 90.85%的增幅排在首位，其次是巫溪县（79.38%）和城口县（76.74%），城口县作为重庆市经济发展最末端和最穷困的区县，经济增长严重滞后，但从村落发展指数增幅（76.74%）看，仍有很大提升空间。

3. 两大子系统各维度发展水平比较

在分析了渝东地区村落环境与村落发展两大子系统发展水平及区域差异基础上，需要进一步考察两大子系统的内部结构。根据各维度得分测算结果，可得到不同年份渝东地区及各子区域社会、经济、人口、资源、环境的得分均值（表 7.5）。总体而言，在 5 个维度中，2004 年社会（0.125）＜经济（0.133）＜人口（0.170）＜资源（0.211）＜环境（0.250），2016 年社会（0.163）＜经济（0.185）＜人口（0.214）＜资源（0.254）＜环境（0.312），社会得分最低，2016 年各维度均有较大幅度提升。因而，渝东地区是社会制约型区域，不过，近年来伴随着国家和当地政府对渝东地区社会公共服务及基础设施的大力投资，社会制约效益已大大减弱。

渝东地区人地系统中社会发展因素制约比较明显，但不同区域各维度发展仍存在一定的差异，如 2004 年渝东南为人口因素制约型区域。此外，各区县在不同时期的主要制约因素也有差异。如 2004 年秀山县环境（0.124）＜人口（0.126）＜经济（0.131）＜社会（0.157）＜资源（0.210），环境为主要制约因素，2016 年则是社会（0.168）＜环境（0.212）＜经济（0.219）＜人口（0.220）＜资源（0.229），社会为主要制约因素。城口县在 2004 年的主要制约因素为人口（人口＜经济＜社会＜资源＜环境），2016 年则为经济（经济＜人口＜社会＜资源＜环境）。云阳县 2004 年的主要制约因素为经济（经济＜社会＜资源＜人口＜环境），2016 年则为社会（社会＜经济＜资源＜环境＜人口）。

表 7.5　渝东地区人地系统各维度得分值

区县	2004 年					2016 年				
	社会	经济	人口	资源	环境	社会	经济	人口	资源	环境
渝东南	0.121	0.117	0.110	0.230	0.215	0.152	0.180	0.159	0.278	0.267
黔江区	0.140	0.106	0.075	0.233	0.126	0.152	0.130	0.093	0.249	0.183

续表

区县	2004年					2016年				
	社会	经济	人口	资源	环境	社会	经济	人口	资源	环境
武隆区	0.105	0.140	0.144	0.174	0.310	0.107	0.156	0.191	0.230	0.366
石柱县	0.082	0.115	0.183	0.277	0.191	0.103	0.174	0.215	0.326	0.213
秀山县	0.157	0.131	0.126	0.210	0.124	0.168	0.219	0.220	0.229	0.212
酉阳县	0.154	0.092	0.089	0.194	0.270	0.184	0.186	0.115	0.286	0.316
彭水县	0.088	0.120	0.043	0.290	0.269	0.197	0.212	0.123	0.348	0.311
渝东北	0.128	0.144	0.210	0.198	0.274	0.170	0.188	0.251	0.239	0.342
万州区	0.256	0.237	0.231	0.254	0.193	0.359	0.308	0.234	0.278	0.222
开州区	0.177	0.214	0.288	0.127	0.221	0.214	0.224	0.325	0.163	0.318
丰都县	0.139	0.198	0.256	0.131	0.191	0.188	0.296	0.354	0.187	0.246
城口县	0.100	0.029	0.011	0.307	0.357	0.112	0.049	0.072	0.339	0.442
云阳县	0.123	0.106	0.272	0.135	0.294	0.140	0.142	0.317	0.212	0.306
奉节县	0.152	0.182	0.251	0.192	0.357	0.212	0.244	0.275	0.234	0.392
巫山县	0.044	0.137	0.190	0.208	0.276	0.068	0.164	0.214	0.224	0.410
巫溪县	0.034	0.046	0.181	0.230	0.301	0.066	0.076	0.216	0.272	0.399
渝东地区	0.125	0.133	0.170	0.211	0.250	0.163	0.185	0.214	0.254	0.312

（二）人地系统整体发展水平分析

由表7.6可知，渝东地区人地系统综合指数是整体提升的，由2004年的0.207提升到2016年的0.315，增长了52.17%，其他子区域人地系统整体发展水平较2004年均有所提高。

渝东南地区综合指数由2004年的0.200提升到2016年的0.297，增长了48.50%。渝东南地区增长最快的区县为黔江区，增长了 83.85%，其次是彭水县和秀山县，分别增长了58.66%、58.06%。渝东北地区综合指数由2004年的0.221提升到2016年的0.354，增长了60.18%。渝东北地区增长最快的区县为巫溪县，增长了63.74%，其次是云阳县和开州区，分别增长了58.48%、57.84%。

从各区县综合指数看，各区县人地系统整体水平提升明显。2004 年综合指数排名前三的区县为万州区（0.296）、奉节县（0.277）、开州区（0.268），2016年排名前三的区县为万州区（0.441）、开州区（0.423）、奉节县（0.388），排名保持相对不变，综合指数提升明显；增长排名前三的区县为黔江区、巫溪县、彭水县，分别由2004年的0.161、0.171、0.179增长到2016年的0.296、0.280、0.284，增长率稳定在55%以上，增长势头强劲。

综上所述，2004～2016 年渝东地区人地系统整体发展水平得到提升，表明渝东地区村落发展质量提高与生态环境改善得以良好对接，经济发展水平不断提升的同时生态环境保护效果更加明显，逐步实现村落发展水平与村落环境质量的协调发展。

表 7.6　渝东地区人地系统综合指数

区县	2004 年		2016 年		增长率/%	排名
	综合指数	排名	综合指数	排名		
渝东南	0.200	12	0.297	13	48.50	11
黔江区	0.161	16	0.296	9	83.85	1
武隆区	0.204	8	0.294	10	44.12	15
石柱县	0.195	10	0.288	12	47.69	13
秀山县	0.186	11	0.294	11	58.06	7
酉阳县	0.182	13	0.267	16	46.70	14
彭水县	0.179	14	0.284	14	58.66	4
渝东北	0.221	4	0.354	5	60.18	3
万州区	0.296	1	0.441	1	48.99	12
开州区	0.268	3	0.423	2	57.84	6
丰都县	0.205	7	0.309	7	50.73	9
城口县	0.155	17	0.196	17	26.45	17
云阳县	0.223	5	0.353	4	58.30	5
奉节县	0.277	2	0.388	3	40.07	16
巫山县	0.202	9	0.303	8	50.00	10
巫溪县	0.171	15	0.280	15	63.74	2
渝东地区	0.207	6	0.315	6	52.17	8

四、渝东地区村落人地系统耦合协调性分析

（一）人地系统耦合度

运用式（7.3）计算得到 2004 年、2016 年渝东地区整体、区域（渝东南、渝东北）及各县域的耦合指数，2004 年耦合指数值在 0.56250～0.99976 变动，2016 年耦合指数在 0.86204～0.99998 变动（表 7.7），表明渝东地区人地系统耦合水平不断提高。

1. 人地系统耦合水平逐渐提高

1）整体层面

2004 年渝东地区耦合指数为 0.87829，2016 年为 0.98010，增长率为 11.59%。2004 年渝东地区 71.4%的区县耦合指数在 0.800 以上，2016 年全部区县的耦合指数都在 0.800 以上，系统耦合度提升显著，反映出渝东地区村落发展较好地兼顾了生态环境承载能力，对土地开发利用强度的控制和使用效率增强。两大区域人地系统耦合指数也在提高，渝东南耦合指数由 2004 年的 0.96131 增长到 2016 年的 0.99819，实现 3.84%的增长，渝东南在 2004 年、2016 年均处在高耦合水平。渝东北则由 2004 年的 0.81602 提升至 0.96653，实现 18.44%的增长，增长率明显高于渝东南（3.84%）。

2）县域层面

2016 年与 2004 年比较，绝大部分区县耦合指数呈增长态势。开州区以 54.21%的增长率居于首位，其次是城口县（53.25%）和万州区（31.68%）。区县间耦合变化差异较为突出，巫山县和酉阳县耦合指数出现小幅下降，分别下降了 1.02%、0.06%，近些年随着交通、通信等基础设施建设力度加大，经济增长加快，生态环境对经济发展有一定制约，耦合水平出现微弱下滑，但仍处于高耦合水平（0.98920、0.99916）。

表 7.7　渝东地区人地系统耦合指数及排名

区县	2004 年		2016 年		增长率/%	排名
	耦合指数	排名	耦合指数	排名		
渝东南	0.96131	7	0.99819	4	3.84	11
黔江区	0.97388	6	0.99963	2	2.64	12
武隆区	0.99458	4	0.99998	1	0.54	14
石柱县	0.99464	3	0.99712	7	0.25	15
秀山县	0.86395	12	0.99601	8	15.29	6
酉阳县	0.99976	1	0.99916	3	−0.06	16
彭水县	0.94106	8	0.99722	6	5.97	9
渝东北	0.81602	13	0.96653	15	18.44	5
万州区	0.74550	15	0.98167	11	31.68	3
开州区	0.63586	16	0.98057	12	54.21	1
丰都县	0.77336	14	0.95960	16	24.08	4
城口县	0.56250	17	0.86204	17	53.25	2
云阳县	0.90345	10	0.98800	10	9.36	8
奉节县	0.92102	9	0.97323	14	5.67	10
巫山县	0.99940	2	0.98920	9	−1.02	17
巫溪县	0.98709	5	0.99790	5	1.10	13
渝东地区	0.87829	11	0.98010	13	11.59	7

2. 人地系统耦合类型的空间差异

据渝东地区人地系统耦合指数和各区县村落发展指数，可将渝东地区 14 个区县划分为 7 种耦合类型：①高度耦合-村落中等发展质量型；②高度耦合-村落中低发展质量型；③高度耦合-村落低发展质量型；④高度耦合-村落极低发展质量型；⑤中度耦合-村落中低发展质量型；⑥中度耦合-村落低发展质量型；⑦中度耦合-村落极低发展质量型。

2004 年渝东地区县域主要为高度耦合-村落极低发展质量型，占渝东地区总面积的 38.37%，有 5 个区县为高度耦合-村落极低发展质量型（巫溪县、巫山县、彭水县、黔江区、酉阳县），5 个区县为高度耦合-村落低发展质量型（云阳县、石柱县、武隆区、秀山县、奉节县），2个区县为中度耦合-村落中低发展质量型（万州区、开州区），1个区县为中度耦合-村落低发展质量型（丰都县），1个区县为中度耦合-村落极低发展质量型（城口县）。

2016年渝东地区则主要为高度耦合-村落中等发展质量型和高度耦合-村落低发展质量型，占渝东地区总面积的74.44%。其中，渝东南地区主要以高度耦合-村落低发展质量型为主，占渝东地区总面积的42.17%，渝东北则以高度耦合-村落中等发展质量型为主，占渝东地区总面积的32.27%。数量上，6个区县为高度耦合-村落低发展质量型（石柱县、丰都县、武隆区、彭水县、黔江区、酉阳县），4个区县为高度耦合-村落中等发展质量型（开州区、万州区、巫溪县、奉节县），3个区县为高度耦合-村落中低等发展质量型（云阳县、巫山县、秀山县），1个区县为中度耦合-村落极低发展质量型（城口县）。

2016年与2004年比较，渝东地区耦合度明显提高，村落发展质量也在整体提升，在加强村落环境有效保护的同时，村落发展质量也逐步提高，高度耦合-村落中等发展质量型县域数量增加、范围扩大，主要归因于这些区县交通基础设施不断完善，经济进一步发展的同时，生态环境建设也在有序推进，村落发展对区域生态环境的压力呈现减小之势。

（二）人地系统耦合协调性

运用式（7.5）、式（7.6）计算得到渝东地区人地系统协调指数和相对发展指数，并据此划分人地系统耦合协调类型（表7.8），从而明确渝东地区人地系统耦合协调状态与趋势。

1. 人地系统耦合协调度的时空演变

从时序变化看，渝东地区人地系统协调指数总体呈上升趋势。2004年和2016年渝东地区人地系统协调指数均值分别为0.422和0.554，提升了31.28%。从各区县耦合指数变化看，渝东地区各区县耦合协调度均稳步上升，但提升幅度有明显差异。2016年与2004年比较，提升幅度较大的前5个区县为开州区、万州区、城口县、黔江区、丰都县，提升幅度分别为56.71%、39.94%、39.44%、37.50%、36.91%；提升幅度较小的5个区县为巫山县、石柱县、奉节县、酉阳县、武隆区，提升幅度分别为21.99%、21.64%、21.58%、21.04%、20.53%。从空间变化看，2004年、2016年渝东地区人地系统耦合协调度均具有明显的空间差异。总体而言，渝东北耦合协调度比渝东南地区高，而且渝东北两极分化比较明显，既有高值中心，又有低值中心，内部差异较大。2004年形成以奉节县为中心（0.505）的高值区，大致沿巫山县—奉节县—云阳县—万州区—石柱县—武隆区呈带状分布，同时，又形成以城口县（0.295）为代表的低值“塌陷区”，渝东南低值区则主要集中在丰都县、黔江区、秀山县；2016年则形成以开州区和万州区为中心（0.658、0.644）的高值区，城口县（0.411）仍为低值“塌陷区”，其次较低的区县为酉阳县、巫溪县、彭水县。

2. 人地系统耦合协调类型的时空差异

根据测算的耦合协调指数和相对发展指数，结合表7.3可将渝东地区耦合协调程度划分为拮抗、磨合、协调3种类型，并结合相对发展指数将每种类型再细分为滞后、同步、超前3种状态，因此得到Ⅰ级、Ⅱ级、Ⅲ级、Ⅳ级、Ⅴ级、Ⅵ级、Ⅶ级、Ⅷ级、Ⅸ级9个协调级别（表7.8）。

表 7.8　渝东地区人地系统耦合协调测算结果

区县	2004 年			2016 年		
	协调指数	相对发展指数	级别	协调指数	相对发展指数	级别
黔江区	0.395	1.259	Ⅲ	0.544	1.027	Ⅴ
武隆区	0.450	1.110	Ⅴ	0.542	1.007	Ⅴ
石柱县	0.440	1.109	Ⅴ	0.536	0.927	Ⅴ
秀山县	0.401	1.723	Ⅵ	0.541	1.094	Ⅴ
酉阳县	0.427	1.022	Ⅴ	0.517	0.960	Ⅴ
彭水县	0.410	0.705	Ⅳ	0.532	1.077	Ⅴ
万州区	0.470	2.172	Ⅵ	0.658	1.212	Ⅷ
开州区	0.412	2.637	Ⅵ	0.644	1.219	Ⅷ
丰都县	0.398	2.064	Ⅲ	0.545	0.750	Ⅳ
城口县	0.295	0.333	Ⅰ	0.411	0.578	Ⅳ
云阳县	0.449	1.172	Ⅴ	0.591	1.168	Ⅴ
奉节县	0.505	1.502	Ⅵ	0.614	1.263	Ⅸ
巫山县	0.449	0.966	Ⅴ	0.548	1.159	Ⅴ
巫溪县	0.411	0.851	Ⅴ	0.528	1.067	Ⅴ
均值	0.422	1.359	Ⅵ	0.554	1.036	Ⅴ

由此可知，2004 年渝东地区处于拮抗、磨合类型的区县数量分别为 3 个和 11 个，分别占渝东地区区县总数的 21.43%、78.57%；2016 年渝东地区处于协调、磨合类型的区县数量分别为 3 个和 11 个，分别占渝东地区区县总数的 21.43%、78.57%，表明 2004 年和 2016 年渝东地区总体上以磨合类型为主。进一步分析渝东地区耦合协调类型发现，2004 年渝东地区耦合协调类型有 5 个级别，即拮抗Ⅰ级、拮抗Ⅲ级、磨合Ⅳ级、磨合Ⅴ级、磨合Ⅵ级，其对应区县个数分别为 1 个、2 个、1 个、6 个、4 个，2016 年耦合协调类型则有 4 个级别，即磨合Ⅳ级、磨合Ⅴ级、协调Ⅷ级、协调Ⅸ级，其对应区县个数分别为 2 个、9 个、2 个、1 个，因此，2004 年和 2016 年，渝东地区耦合协调类型主要处于磨合Ⅴ级。2004 年处于滞后、同步、超前 3 种状态的区县个数分别为 2 个、6 个、6 个，2016 年则分别为 2 个、11 个、1 个，78.57%的区县在不同耦合协调类型下村落发展与村落环境处于同步状态（图 7.8），渝东地区人地系统协调性增加。

从耦合协调类型空间分布看，2004 年渝东地区拮抗Ⅰ级仅有城口县，拮抗Ⅲ级包括丰都县、黔江区，磨合Ⅳ级仅有彭水县，磨合Ⅴ级包括巫山县、巫溪县、云阳县、石柱县、武隆区、酉阳县，磨合Ⅵ级包括万州区、开州区、奉节县、秀山县，2016 年则没有拮抗型区县，城口县和丰都县由拮抗型发展为磨合Ⅳ级，万州区、开州区、奉节县由磨合型发展为协调型，其中万州区、开州区为协调Ⅷ级，奉节县为协调Ⅸ级，处于磨合Ⅴ级的区县范围扩大，呈连片分布，且集中分布在渝东南地区的石柱县、武隆区、彭水县、黔江区、酉阳县、秀山县，以及渝东北的巫溪县、巫山县、云阳县。反映出渝东地区耦合协调类型由拮抗型到磨合型逐渐在走向协调型，耦合协调程度逐步提高。

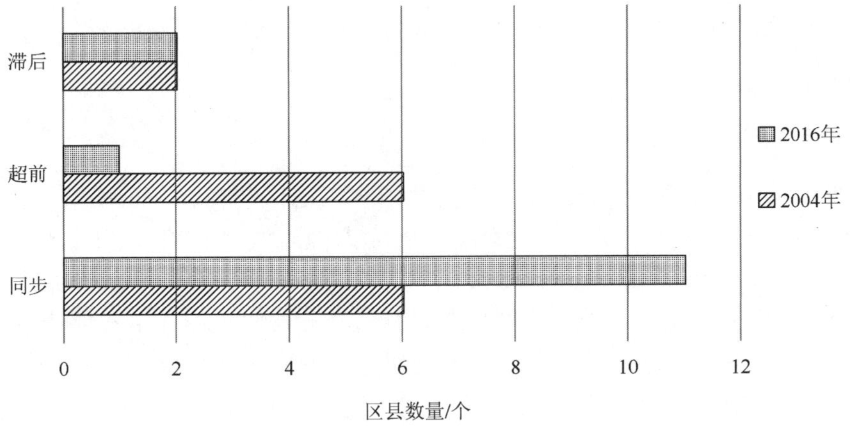

图 7.8　渝东地区耦合协调相对发展状况

五、渝东地区村落人地系统评价结论与协调方向

（一）基本结论

（1）渝东地区村落环境和村落发展两大子系统的发展水平仍较低但提升明显。村落环境和村落发展两大子系统的发展指数仍在 0.4 以下，但 2016 年较 2004 年分别增长 71.51%和 42.04%，其中，渝东南地区两大子系统发展指数的增幅均在 50%以上。两大子系统各维度发展比较中等，社会维度得分最低（2004 年 0.125，2016 年 0.165），因此，渝东地区人地系统受社会发展制约更明显，而且不同区域各维度的作用存在明显差异。

（2）渝东地区人地系统综合发展水平仍处低位但有明显提高。人地系统综合发展指数由 2004 年的 0.207 提升到 2016 年的 0.315，水平较低，但 13 年间增长了 52.58%，而且各区域人地系统整体发展水平均有提高，渝东南和渝东北分别增长了 54.50%、52.80%，区县中黔江区增长最快，达 84.18%。

（3）渝东地区人地系统耦合度处于高度耦合水平。2004 年渝东地区耦合指数为 0.87829，2016 年为 0.98010，增长 11.59%，2004 年 71.4%的区县耦合指数超过 0.800，2016 年全部区县的耦合指数均在 0.800 以上，人地系统耦合度不断提高。人地系统耦合发展呈现 7 种类型，2004 年以高度耦合-村落极低发展质量型的县域为主，占渝东地区县域总数的 38.37%，2016 年高度耦合-村落中等发展质量型和高度耦合-村落低发展质量型的县域占渝东地区县域总数的 74.44%，耦合程度不断提高。

（4）渝东地区人地系统耦合协调性不断增强。从时序看，人地系统耦合协调度由低水平向高水平演进，2004 年、2016 年人地系统协调指数均值分别为 0.422 和 0.554，提升了 31.28%。从空间看，具有明显差异性，2004 年形成以奉节县为中心（0.505）的带状高值区，即巫山县—奉节县—云阳县—万州区—石柱县—武隆区，2016 年则形成开州区（0.658）和万州区（0.644）高值区，城口县（0.411）为低值“塌陷区”。渝东地区人地系统耦合协调类型主要为磨合Ⅴ级，但 2016 年与 2004 年比较，2004 年有 3 县为拮抗型而无协调型，

2016年无拮抗型，且3个县步入协调型，同时，有78.57%的区县属于村落发展与村落环境同步发展状态。

（二）人地系统协调方向

（1）加快经济社会发展与生态文明建设。渝东地区村落环境和村落发展两大子系统及综合发展水平均处低水平，人地系统耦合度高但属低水平耦合。因此，首先必须充分利用各地区资源优势、发挥要素比较优势，加快经济社会发展，不断提高经济社会发展水平，实现脱贫消贫、全面小康、乡村振兴目标；与此同时，加强生态环境建设，不断提高GGDP、GEP，增强生态功能，实现生态文明、美丽乡村建设目标，使渝东地区人地系统逐步迈入高发展水平下的高度耦合。

（2）进一步加强人地系统的耦合协调发展。近十年来，渝东地区人地系统耦合协调性虽有所增强，但目前仍以磨合型为主，协调型较少，整体协调性仍比较低。因此，在全面推进经济社会发展的基础上，各地区必须重视人地协调，各县域应因地制宜找准人地协调方面的差距，补短板，促进经济社会发展与生态环境发展协同共进。渝东地区是生态敏感区、生态脆弱区、三峡水库生态屏障带、国家重点生态功能区，同时也是重庆经济发展滞后区，因此，如何提高资源、要素效率和效益、产业选择与结构优化、基础与公共服务设施建设的适宜性和有序性、人口转移路径选择的合理性、发展新动能转换、加强生态建设与环境保护、增强生态环境承载能力和人地系统可持续发展力是渝东地区未来发展面临的重要任务。

第三节　川渝滇黔地区村落宜居性与村落分布适应性分析

川渝滇黔地区位于东经97°31′～110°11′，北纬21°08′～34°19′，地跨四川盆地及盆周山地、横断山脉、云贵高原、川西北高原。该地域地形地貌复杂，包括四川盆地及其周边山地、云贵高原的中高山地和川西高原山地。研究区气候类型多样，包括亚热带季风气候、热带季风气候、高原高山高寒气候及立体气候；地带性植被包括常绿阔叶林、中山针阔混交林、亚高山针叶林、高山灌丛和草甸、热带雨林和季雨林；河流大都属于长江、澜沧江、怒江、红河、伊洛瓦底江、珠江水系的上游地带。研究区自然灾害比较频繁，包括山洪、洪涝、霜冻、冰雪等气象灾害和滑坡、崩塌、泥石流等地质灾害，以及由于喀斯特地貌广泛分布和人类活动影响，水土流失和石漠化较严重。自然环境对人类生产、生活、居住、生存等方面具有重要影响，是人居环境宜居性的重要约束因素，因此，自然环境始终影响着村落的空间分布。探讨村落分布与人居环境宜居性的适应关系对于村落调整优化、协调乡村人地关系具有主要的现实意义。

一、数据来源与研究方法

（一）数据来源与处理

（1）三省一市 90m×90m 栅格单元 DEM 从中国科学院计算机网络信息中心地理空间数据云获得，用于提取地形起伏度和中国河流、河网数据集。

（2）中国气象背景数据集（湿度数据）、中国 2015 年年降水量空间插值数据集、中国 2015 年年平均气温空间插值数据集和 2015 年中国土地利用现状遥感监测数据来源于中国科学院资源环境科学数据中心（http://www.resdc.cn），空间分辨率为 1km×1km。

（3）中国省级 2015 年归一化植被（NDVI）数据集来源于国家地球系统科学数据共享平台（http://www.geodata.cn/），空间分辨率为 1km×1km。

（4）在 ArcGIS10.0 支持下，对上述数据进行几何校正、裁剪镶嵌、矢量化、重分类等处理，运用栅格计算器，建立研究区地形、土地利用、植被、温度、湿度和降水量为 1km×1km 栅格单元的人居环境宜居性基础数据库；并基于中国科学院资源环境科学数据中心（http://www.resdc.cn）提供的 2015 年中国土地利用类型空间分布图，提取川渝滇黔村落斑块分布数据。

（二）研究方法

（1）地形起伏度模型。地形起伏度可有效反映研究区地形变化和地貌特征，是评价人居环境宜居性必不可少的重要指标。本书采用封志明（2008）提出的地形起伏度模型：

$$\mathrm{RDLS}=\left\{[H(\max)-H(\min)]\times[1-P(A)/A]\right\}\Big/500 \tag{7.7}$$

式中，RDLS 为地形起伏度；H（max）和 H（min）分别表示研究区内海拔的最高值与最低值，m；A 为区域总面积，km^2；P（A）为区域内的平地面积，km^2。

（2）温湿指数模型。采用温湿指数综合考虑温度和湿度对人体舒适度的影响，分析气候宜居性。计算公式为

$$\begin{aligned}&\mathrm{THI}=T-0.55\times(1-f)(T-58)\\&T=1.8t+32\end{aligned} \tag{7.8}$$

式中，THI 为温湿指数；T 为月平均华氏温度，℉；t 为月平均气温，℃；f 为空气月均相对湿度，%。THI 小于 50 时，体感偏凉；THI 为 50～75 时，体感舒适；THI 大于 75 时，表明气候不宜居，体感偏热（肖晶晶等，2017）。

（3）水文指数模型。水文条件是自然环境的重要组成部分，对经济、人口、社会和居住等产生深刻影响。因此，采用封志明等提出的水文指数模型计算得到水文指数：

$$\mathrm{WRI}=\alpha P+\beta W_a \tag{7.9}$$

式中，WRI 为水文指数；P 为标准化年降水量；W_a 为标准化水域面积（邓神宝和张青年，2014）；α 为年均降水量权重，取值 0.5；β 为水域面积比例的权重，取值 0.5（周莉和任志远，2011）。

（4）地被指数模型。土地覆被宜居性通常采用土地利用类型和归一化植被指数（NDVI）两个核心指标表示。参照生态环境部生态环境评价标准，结合研究区土地覆被实际情况（何静，2011），构建地被指数模型：

$$\mathrm{LT}_i=\left(\sum_{1}^{25}L_i\times G_i\right)\Big/G,\ \ i=1,2,\cdots,25$$

$$LCI = (QLT_i \times QNDVI)/2, \quad i = 1,2,\cdots,25 \tag{7.10}$$

式中，LT_i 为土地利用类型指数；L_i 为该区域内的第 i 种土地利用类型；G_i 为研究区内第 i 种土地利用类型的面积（匡文慧等，2006）；G 为区域总面积；LCI 为地被指数，QLT_i 和 QNDVI 分别为采用极差标准化方法得到的标准化后的土地利用类型指数和植被指数。各用地类型的权重依据相关参考文献（刘彦随和陈百明，2002；蔡运龙和李军，2003）进行计算。

（5）人居环境指数模型。基于地形起伏度、温湿指数、水文指数和地被指数，结合研究区的基本情况，建立宜居性综合评价模型，即人居环境指数模型：

$$HEI = \alpha \times NRDLS + \beta \times NTHI + \chi \times NWRI + \sigma \times NLCI \tag{7.11}$$

式中，HEI 为人居环境指数，介于 0～100；NRDLS 为标准化地形起伏度；NTHI 为标准化温湿指数；NWRI 为标准化水文指数；NLCI 为标准化地被指数；α、β、χ、σ 分别为 4 个分指数所对应的标准化后的权重（娄胜霞，2011；谢晓议等，2014）。

（6）核密度分析法。可有效表示研究区内地物的空间集聚与分散状况（殷嘉迪等，2017）。采用由 Silverman 提出的 KDF 密度分析法对村落空间分布特征进行分析。在 ArcGIS10.0 空间密度分析功能的支持下对川渝滇黔的村落数据进行核密度估计。表达式为

$$\lambda(s) = \sum_{i=1}^{n} \frac{1}{\pi r^2} \phi(d_{ij} / r) \tag{7.12}$$

式中，$\lambda(s)$为地点 s 处的核密度估计值；n 为样本数；r 为带宽；$\phi(d_{ij}/r)$为点 i 与点 j 间距离的权重。被估计点的核密度值越高，其周围的估计核密度越大。

二、川渝滇黔地区村落宜居性评价

（一）单因子评价结果

根据前述计算模型进行人居环境单因子宜居性评价，包括地形宜居性、气候宜居性、水文宜居性、地被宜居性。结果显示，研究区地形起伏指数值为–0.120～1.670，地形起伏度较大，中部和西部为地形起伏度高值区，东北部为低值区，高低悬殊差异显著；温湿指数为 12～76，高值区集中在东部和南部以及东南；水文指数为 0.062～0.913，低值区集中在西北部高原山地区和东南部云贵高原区，高值区集中在东部及南部、东南部边缘地区，东部四川盆地地区少部分低值零星点状分布。地被指数值为–0.041～0.655，低值区集中在西北部，高值区集中在四川盆地及其周边山地区，以及南部、东南部的边缘地区，整体分布现状为高低值相间分布。

（二）人居环境宜居性综合分析

1. 宜居性空间分异总体态势

依据地形起伏度指数、温湿指数、水文指数和地被指数，采用人居环境指数模型计算得到人居环境指数为 14～62，值越高，越适宜人类居住生活。

人居环境指数低值区主要集中在西北部的川西高原及周边山地地区，该地区地势起伏

大，海拔高，相对落差大，气候为高山高原气候，降水少，水文条件差，空气稀薄，辐射大，植被稀疏，NDVI 值低，有大面积的不可开发的未利用土地和高山草甸，地被指数低，人居环境宜居性较差。

高值区分布在四川盆地及其周边山地地区、西南部及云贵高原周边区域和长江流域。四川盆地及其周边山地地区由于地势相对平坦开阔，气候冬暖夏热，降水充沛，水文条件好，气候舒适期长，植被繁茂，NDVI 值高，土地利用方式主要为耕地、林地、建设用地，宜居性较好。西南部及云贵高原周边区域由于受季风影响，降水较充足，且地势相对平缓，植被生长茂盛，此外该区域为长江流域上游地区，水系众多，支流发达，河网密度高，如澜沧江、怒江，土壤肥沃，人居适宜度高。

中西部高低值相间分布，高值区零星分布在平行岭谷的槽谷地带、部分过渡地带，低值区则出现在高山峻岭和地势陡峻的区域，云贵高原地区地形崎岖，峰岭众多，喀斯特地貌分布广泛，地表缺水，山间坝子由于地势相对平坦，方便土地开发利用，更易于人类生存居住，综合来看，宜居性较高，但可利用开发土地面积有限，生态较脆弱。

2. 宜居性分级及区域差异

借鉴相关研究（袁贝贝，2010；李云强等，2011），根据人居环境指数（HEI）将研究区村落宜居性分为高度宜居、比较宜居、一般宜居、临界宜居和不宜居 5 个等级，其分级标准、各宜居等级的分布面积及比例见表 7.9。

表 7.9　村落宜居性分级及特点

宜居性分级	面积/km^2	比例/%
不宜居区（14≤HEI≤27）	146827.58	13.02
临界宜居区（27<HEI≤35）	186400.89	16.53
一般宜居区（35<HEI≤41）	351992.80	31.22
比较宜居区（41<HEI≤46）	319925.22	28.38
高度宜居区（46<HEI≤62）	122369.26	10.85

三、川渝滇黔地区村落空间分布特征

（一）村落空间分布基本格局

基于研究区村落斑块的空间分布状况，运用 ArcGIS10.0 中的 Kernel Density 功能计算研究区村落核密度值，绘制出村落核密度分布图，揭示村落空间分布基本格局。研究区村落密集带大致沿长江一带分布，主要集中在四川盆地及其周边山地，尤其以川东地区的广元市、巴中市、达州市和重庆的万州区村落分布最为密集。高值区为 0.0441～0.1171 个/km^2，低值区为 0～0.0041 个/km^2，整体表现为东部密集、南部较密集、西北部稀疏的空间特征。研究区的重庆城口县和巫溪县、四川广汉市、贵州桐梓县等 12 个区县是村落高度密集的区域；重庆万州区、四川泸西县、云南腾冲市、贵州瓮安县等144个区县为低值区。整体来看，村落分布具有大范围稀疏、小范围集中的特点，并呈现出自西向东增加的趋势。

（二）各地形因子影响下村落分布特征

以地形因子为切入点，从DEM数据中提取6个地形因子（高程、坡角、坡向、地表粗糙度、剖面曲率、平面曲率）作为研究指标（张晖等，2009），系统分析村落分布与地形要素之间的关系。运用ArcGIS软件对研究区地形因子分布与村落斑块分布进行叠加分析，得到不同地形因子分级梯度上的村落分布现状（表7.10）。

表 7.10　村落分布特征

地形因子	地形位	村落斑块数量/个	数量百分比/%
高程/m	0～500	1488	15.90
	500～1000	3132	33.47
	1000～1500	2436	26.03
	1500～2000	1645	17.58
	2000～2500	593	6.34
	＞2500	64	0.68
坡角/(°)	＜5	2501	26.73
	5～14	3838	41.01
	15～24	2256	24.11
	25～34	654	6.99
	35～44	102	1.09
	＞45	7	0.07
坡向	N	889	9.50
	NE	1220	13.04
	E	1415	15.12
	SE	1488	15.90
	S	1253	13.39
	SW	1110	11.86
	W	980	10.47
	WN	1003	10.72
地表粗糙度	1～1.1	8554	91.42
	1.1～1.2	659	7.04
	1.2～1.3	109	1.16
	＞1.3	36	0.38
剖面曲率/(°)	0～5	8851	94.59
	5～10	501	5.35
	＞10	6	0.06
平面曲率/(°)	0～10	2681	28.65
	10～20	2259	24.14
	20～30	1418	15.15
	30～40	1086	11.61
	40～50	962	10.28
	50～60	770	8.23
	＞60	182	1.94

由表7.10中不同地形位下村落斑块数量统计数据可得，高程上，500～1000m村落斑块数量最多为3132个，其分布有随着海拔的增加而递减的趋势；坡角上，村落主要分布在5°～14°的缓坡上，以及小于5°的平坡和15°～24°的斜坡地带；坡向上，东南坡向村落

斑块数量最多，占总数量的15.90%，其次是东坡；在地表粗糙度上，村落斑块数量在1～1.1的区域内最多为8554个，占总数量的91.41%；在剖面曲率上，村落斑块数量在0°～5°的区域内最多为8851个，占总数量的94.58%；在平面曲率上，村落斑块数量在0°～10°的区域内最多为2681个，占总数量的28.65%，其次是10°～20°的区域，村落斑块数量为2259个，占总数量的24.14%。由此可见，研究区村落主要分布在中低地形位上，斑块数量均有随各地形因子分级梯度的增大而减少的趋势。

四、川渝滇黔地区村落宜居性与村落分布的适应性及其调整建议

（一）村落宜居性与村落分布的适应关系

借助ArcGIS对研究区人居环境宜居性分布图与村落斑块进行叠加分析，得到研究区各级自然宜居区与村落斑块分布的对应关系见表7.11。

表7.11　村落宜居性与村落分布的关系

宜居性分级	面积/km^2	比例/%	村落斑块/个	村落斑块占比/%	村落斑块面积/km^2	村落斑块面积占比/%
不宜居区（14≤HEI≤27）	146827.58	13.02	725	7.74	31.79	7.41
临界宜居区（27＜HEI≤35）	186400.89	16.53	1075	11.49	53.39	12.45
一般宜居区（35＜HEI≤41）	351992.80	31.22	2693	28.78	132.86	30.97
比较宜居区（41＜HEI≤46）	319925.22	28.38	3189	34.08	137.88	32.14
高度宜居区（46＜HEI≤62）	122369.26	10.85	1676	17.91	73.05	17.03

（1）不宜居区的村落分布。不宜居区面积为146827.58km^2，占研究区总面积的13.02%，基本分布在研究区西北部川西高原地区，主要集中在甘孜州和阿坝州；村落斑块数量有725个，村落斑块面积为31.79km^2，村落分布较为稀疏。该类型区域地形条件复杂，多高山峡谷，沼泽、草甸面积广，生态支撑与恢复能力极为脆弱，自然生态系统保护相当重要，为生态移民迁出区，原则上不能进行大规模开发，限制对生态环境有破坏作用的开发活动。

（2）临界宜居区的村落分布。临界宜居区面积为186400.89km^2，占研究区总面积的16.53%，村落斑块数量为1075个，村落斑块面积为53.39km^2。该类型区主要分布在横断山区东南边缘区域及河谷地带，以及云贵高原中部地区，村落布局具有一定的数量和规模。此类型区山地垂直变化明显，气候复杂多样，喀斯特地貌广布地区地表干旱缺水，区域生态脆弱，土地开发利用限制较明显，人类大规模开发活动颇具约束性。

（3）一般宜居区的村落分布。一般宜居区面积为351992.80km^2，占研究区总面积的31.22%，村落斑块数量为2693个，村落斑块面积为132.86km^2；分布地区包括云贵高原一带中低山区、四川盆地向青藏高原东缘的过渡地带及盆心部分地区，地势相对低缓，气候和地被等自然因素的低度限制，水文条件受一定限制，属于一般适宜人类常年生活和居住的地区，村落斑块数量分布较多，自然生态与人类活动基本协调。

（4）比较宜居区的村落分布。比较宜居区面积为 319925.22km^2，占研究区总面积的 28.38%，村落斑块数量为 3189 个，村落斑块面积为 137.88km^2；主要分布于四川盆地外缘地带及黔东地区和滇南地区，地形、气候、水文和地被等自然条件组合相对适宜，耕地较充足，适合农事活动，属于中等适宜人类常年生活和居住的地区，人口分布较为密集，也是村落斑块分布最多的区域。

（5）高度宜居区的村落分布。高度宜居区面积为 122369.26km^2，占研究区总面积的 10.85%，村落斑块数量为 1676 个，村落斑块面积为 73.05km^2；该类型区地势平坦，植被覆盖度高，区域自然环境条件高度接近于人居适宜环境，人类活动具有得天独厚的自然优势，人口分布密集，此类区域经济相对发达，适合城镇化建设，城市化水平较高，故村落斑块分布密集而数量相对较少。

（二）村落宜居性与村落分布适应性评价结论及村落优化建议

1. 基本结论

（1）川渝滇黔地区村落空间分布格局总体呈现出东部和中部密集，南部、西部和西北部相对稀疏的特征。村落密集带大致沿长江一带分布，主要集中在四川盆地及其盆周丘陵和低山区，而中高山区、高原区呈现大范围稀疏，小范围集中的特点。

（2）川渝滇黔地区特殊地形条件对村落分布具有明显约束作用。高程 500～1000m 和 1500～2000m、坡角 0°～5°和 5°～15°、东和偏东坡向、地表粗糙度 1～1.1、剖面曲率 0°～5°、平面曲率 0°～10°的地区，为村落分布的优势地形位。村落斑块数量随着高程、坡度、地表粗糙度、剖面曲率、平面曲率的升高或增加而呈现降低趋势。

（3）川渝滇黔地区村落宜居性空间差异明显。川渝滇黔地区人居环境指数为 14～62，自然环境宜居性以四川盆地及其盆周地区、西南部及云贵高原周边区域和长江流域较好、西北部的川西高原及周边山地地区较差，中西部出现高低值相间分布的现象。川渝滇黔地区村落以一般宜居和比较宜居为主，占 59.59%，不宜居占 13.02%，临界宜居占 16.35%，高度宜居占 10.85%。

（4）川渝滇黔地区村落分布与宜居性的适应性不尽合理。从村落斑块数量看，7.75%的村落斑块分布在不宜居区，11.49%的村落斑块分布在临界宜居区，62.86%的村落斑块分布在一般宜居区和比较宜居区，17.91%的村落斑块分布在高度宜居区。村落斑块分布与村落宜居性总体匹配度较高，但局部地区村落分布与宜居性的矛盾也比较突出，如在海拔高于 2500m、坡度大于 45°的区域仍有村落分布，不宜居区和临界宜居区的村落斑块面积占 19.56%，这说明研究区村落分布需要进行调整优化。

2. 村落优化建议

（1）结合区域资源环境基础，加强村落建设规划与监督管理，推动川渝滇黔相对宜居区村落高质量发展。川渝滇黔地区相对宜居区面积较广，为村落分布的主要地区，整体自然条件较具优势但小范围差异明显，需结合区域宏观、微观复杂地域环境下村落发展优势趋向及合理承载力，扬长补短，基于人地适宜视角优化解决土地利用方式与强度、镇乡规模层次及空间结构等问题，从村落内外部挖掘乡村可持续发展潜力，加强发达与较落后的地域之间的网络联动，推动村落“人-地-业”生态复合系统高质量协调发展。

（2）调整优化村落布局规划，加快改善不宜居区和临界宜居区的村落人居质量，提升村落生态安全。局部地区村落分布与宜居性矛盾比较突出，亟待推进生态、资源、社会等多维度区域评估，明确村落人地系统状况及限制因素、潜在风险，科学调整、完善村落布局规划与发展定位，如生态风险警戒地区加快实施生态移民与环境保护工作，具生态恢复优势且基于可行技术有条件提升宜居性的地区适当考虑推进生态经济村落建设，分区调节促进区域人与自然和谐共生，提升村落生态人居质量。

（3）加强不同尺度区域人居环境宜居性评价，有序推进村落建设优化进程，系统提升村落宜居质量。西南地区村落分布现状与宜居性评价反映了村落布局与自然环境的基本关系，结合区域复杂脆弱生态环境、多元社会与文化、经济欠发达等实情，因地制宜实施水利工程建设、自然灾害预警防治机制、社会政策引导等多层面配套举措，缓解自然生态环境承载压力，并推进乡村地域社会文化、人地适应的发展方式等内源驱动举措，实现村落各要素及地域系统持续和谐共生。

第四节　城口县村落分布与村落宜居性的适应性分析

一、城口县概况

渝东北地区所在的秦巴山集中连片特困地区（简称“片区”）跨豫、鄂、川、渝、陕、甘六省市，由于片区生态环境脆弱、地形条件复杂，曾是国家扶贫开发攻坚战的主战场（杜鹰，2012）。城口县坐落于秦巴山腹地，受复杂地形地貌、地质条件制约，公路建设成本高，通行能力不足，县境海拔为466～2675m，村落高一深山分布集中且缺少规划指导。持续扶贫30多年，该县生产生活方式传统的面貌还未根本扭转，相对于重庆其他县城而言，城口仍处于相对贫困状态。鉴于此，以城口县23个乡镇为例，基于地形起伏度、地被、温湿状况和水文特征（焦贝贝等，2013），结合GIS空间分析方法，研究村落及人居环境宜居性的空间差异，以期探寻人居环境优化的方向，为秦巴山贫困地区美丽乡村建设、生态环境改善和乡村可持续发展提供科学基础和实践依据。

城口县位于我国二、三阶梯交界的大巴山腹地，地处渝、川、陕三省（市）交界处，可东入巫溪出三峡、西出万源连西南、南连万州通重庆、北通安康达西北，是连接川陕渝三地政治、经济、文化的交通重镇。城口辖区面积3296km^2，全县海拔为466～2675m，地势北部较高，南部次之，中部较低。城口县地形地貌特征可以划分为三类（邓洪平，2015）：海拔1000m以下的山体下部低山河谷区、海拔1000～2000m中山区、海拔2000～2700m的峰丛台地区。截至2016年底，城口县共辖23个乡镇，常住人口19.6万人，是集革命老区、生态脆弱区、集中连片贫困区于一体的特殊地区。

二、数据来源与研究方法

（一）数据来源与预处理

（1）2015 年城口县 1∶25 万县级行政区划和 30m×30m 栅格大小的 DEM，数据来源于地理空间数据云。

（2）2015 年城口县 1∶25 万农村居民点分布和 1km×1km 栅格大小的城口县 2015 年土地利用现状和 NDVI，数据来源于国家地球系统科学数据共享平台（司莉和毕小琴，2014）。

（3）气象数据来源于 2016 年重庆市 34 个气象站点数据，温度、湿度和降水量数据运用反距离权重法进行空间内插，用城口县行政矢量边界掩膜提取得到城口县温度、湿度和降水量数据。

（4）在 GIS 技术的支持下，对系列数据进行矢量数据栅格化、投影变换、影像裁剪等处理，建立地形、土地利用、植被、温度、湿度和降水量为 1km×1km 栅格单元的人居环境基础数据库。

（二）研究方法

1. 村落空间分布研究方法

（1）核密度分析法同式（7.12）。

（2）空间热点探测分析。空间热点探测分析通过计算事件发生频率并准确探测热点区域。因此，运用空间热点探测分析法检测村落在局部区域的冷热状况，直观反映村落分布的集聚状况。表达式为

$$G_i^*(d)=\frac{\sum_{j=1}^{n} wij(d)xj}{\sum_{i=1}^{n} x_i} \tag{7.13}$$

式中，$w_{ij(d)}$为空间权重矩阵；x_i和x_j分别为i和j所在观测位置经过标准化后的属性值（王朝辉等，2012）。$G_i^*(d)$为局域关联指数，为了便于分析，对$G_i^*(d)$进行标准化处理，即$Z(G_i^*)=[G_i^*-E(G_i^*)]\big/\sqrt{\mathrm{Var}(G_i^*)}$。其中：$E(G_i^*)$和$\mathrm{Var}(G_i^*)$分别为$G_i^*$的期望值和方差。

2. 人居环境宜居性评价方法

人居环境是一个复杂的社会-经济-生态系统，借鉴已有研究成果（封志明等，2008；邓文莲，2013；程淑杰等，2015；魏伟等，2012）的思想和方法，选用地形起伏度模型［式（7.7）］、地被指数模型［式（7.10）］、温湿指数模型［式（7.8）］和水文指数模型［式（7.9）］4 个生态指标构建人居环境指数模型，分别通过计算得到研究区地形起伏度图［图 7.9（a）］、地表覆被状况［图 7.9（b）］、温湿指数［图 7.9（c）］、水文指数［图 7.9（d）］，对城口县人居环境宜居性进行评价。

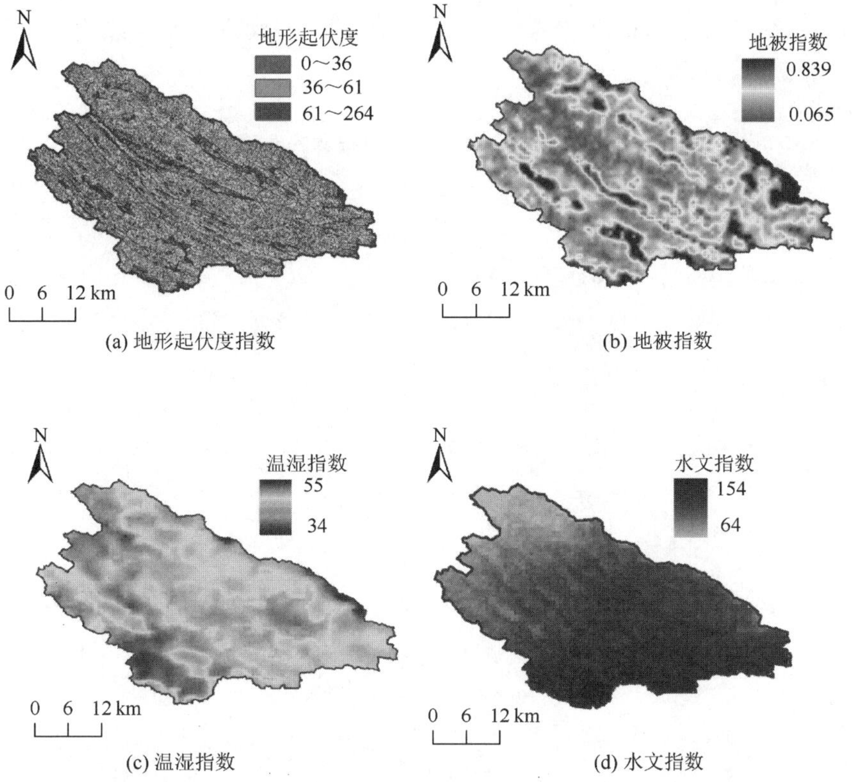

图 7.9　各参评因子状况

三、城口县村落空间分布特征

（一）村落空间分布基本格局

运用核密度分析法表示区域内村落的密度分布特征。根据核密度公式计算出城口县村落核密度值，运用 ArcGIS 中 Kernel Density 功能，可绘制出村落核密度分布图。城口县境内有一条大致沿西北—东南走向的村落高密集带。村落核密度值存在显著的空间差异性，高值区为 3.333～5.417 个/km^2，低值区为 0～0.769 个/km^2，整体上表现出“西部、南部和中部密集，东部和北部较稀疏”的空间特征。研究区西部和南部的双河镇、周溪乡、明通镇和鸡鸣乡是村落高密度集中的区域，因该区域多处于山体下部河谷地带，地势平坦开阔；从高密度带往东和往北方向村落密度逐渐降低；村落稀疏区则集中于东部和北部地区，因该区域位于海拔 2000m 左右的峰丛台地地区，地势崎岖陡峻。综上，城口县村落密度整体上呈现出由西向东、由南向北降低的特点。

（二）地形影响下的村落空间分布特征

1. 村落数量特征

地形因子作为自然环境中最基础的影响因子，对村落分布有着最直接的影响（焦贝贝等，2013）。将地形因子与村落数据叠置分析，得到不同地形因子分级梯度上的村落数量分布情况（表 7.12）。

表 7.12　地形特征与村落分布关系

地形因子	地形位	数量/个	百分比/%	地形因子	地形位	数量/个	百分比/%
高程/m	466～800	307	5.07	地表粗糙度	1～1.1	4448	73.50
	800～1500	3868	63.91		1.1～1.2	1061	17.53
	1500～2000	1722	28.45		1.2～1.3	338	5.58
	2000～2675	155	2.56		1.3～1.4	118	1.95
坡角/(°)	0～10	494	7.81		＞1.4	87	1.44
	10～20	1824	28.82	平面曲率/(°)	0～20	3235	53.45
	20～30	2714	42.89		20～40	1649	27.25
	30～40	1039	16.42		40～60	591	9.77
	＞40	257	4.06		＞60	577	9.53
坡向	N	279	4.61	剖面曲率/(°)	0～10	2611	43.14
	NE	1320	21.81		10～20	1626	26.87
	E	643	10.63		20～30	799	13.20
	SE	565	9.34		30～40	541	8.94
	S	904	14.94		＞40	475	7.85
	SW	1150	19.01	地表切割深度/m	0～10	1013	16.74
	W	661	10.92		10～20	2960	48.91
	NW	529	8.74		20～30	1581	26.12
地表起伏度/m	26～59	3932	64.98		40～50	79	1.31
	60～80	417	6.89		50～60	14	0.23
	＞80	107	1.77		＞60	13	0.21

由表 7.12 可知，村落数量在不同地形位上存在显著差异。高程上，分布在 800～1500m 的沿河山体下部低山河谷区的村落最多，占村落总量的 63.91%；其次为 1500～2000m 的中山区；466～800m 的低山区分布较少；海拔高于 2000m 的峰丛台地区城镇数量分布最少，仅占村落总量的 2.56%。坡角上，村落数量集中分布在 10°～20°、20°～30°和 30°～40°，分别占村落总量的 28.82%、42.89%和 16.42%，有 4.06%的村落所在地区坡度大于 40°。坡向上，NE 方向村落数量分布最多，占村落总量的 21.81%，SW 方向次之，占村落总量的 19.01%。地表起伏度上，在 26～59m 的范围有 64.98%的村落分布。地表粗糙度上，在 1～1.1 的范围有 4448 个村落，占村落总量的 73.50%。平面曲率上，村落集中分布在 0°～20°的地区，占村落数量的 53.45%。剖面曲率上，村落集中分布在 0°～10°和 10°～20°的地区，分别占村落总量的 43.14%和 26.87%。地表切割深度上，在 10～20m 的地区有 48.91%的村落分布。可见，城口县村落分布主要是在中山地形位上，并呈现出随地形因子分级梯度增大而降低的趋势。

2. 村落空间聚散特征

基于乡镇尺度，以村落数量为变量，依据空间热点探测分析计算得到村落聚散的冷热点分布。村落分布的热点聚集区仅有双河镇，“孤岛”分布的特征明显，该区域地处沿河山麓—低山河谷区，地势平坦，村落集聚现象明显。村落聚集次热点区包括沿河乡、庙坝镇、周溪乡、蓼子乡、修齐镇、厚坪乡和东安镇等乡镇，在空间上自西向东呈带状分布。村落分布次冷点区包括城区（葛城街道、复兴街道）、龙田乡、高燕镇、高观镇、明通镇、鸡鸣乡、咸宜乡和明中乡等乡镇，其中龙田乡、高燕镇、高观镇因临近城区，土地利用方式以城镇建设用地为主，故村落分布较少；在空间上城区、龙田乡和高燕镇小片集聚，明通镇、鸡鸣乡、咸宜乡和明中乡连片集聚。村落分布冷点区包括左岚乡、高楠乡、巴山镇、坪坝镇、北屏乡、岚天乡、河鱼乡和治平乡等乡镇，该区域山高坡陡，森林覆盖率高，不可开发区域较多，故村落分布稀疏；在空间上左岚乡、高楠乡、巴山镇和坪坝镇连片集聚，北屏乡、岚天乡和河鱼乡小片集聚，治平乡呈“孤岛”分布，因治平乡处于城口县的高山区，平均海拔950m，森林资源丰富，人烟稀少，村落稀疏。综上可见，城口县村落聚散状况以带状延伸、片状聚集和“孤岛”零星分布为主要特征。

四、城口县村落宜居性空间分异特征

采用本章第三节村落人居环境适宜性评价方法，得到城口县的人居环境指数。城口县的人居环境指数为6.22～94.08，高值分布在中部和西部，从高值区往东和往南逐渐减少。参考已有划分方法（付博，2011；郭渠等，2016；郝慧梅和任志远，2009；韩书成和濮励杰，2010）并结合地域特征，依据人居环境指数将城口县划分为不适宜区、临界适宜区、一般适宜区、较高适宜区、高度适宜区 5 类。人居环境宜居性分区与现状的村落数量见表 7.13。

表 7.13　城口县村落人居环境宜居性评价统计

适宜性分级	面积/km^2	占总面积的比例/%	村落数量/个	占村落总数的比例/%
不适宜区（6≤HEI≤26）	422	13.92	994	16.45
临界适宜区（26＜HEI≤35）	873	28.80	2045	33.84
一般适宜区（35＜HEI≤44）	886	29.23	1941	32.12
较高适宜区（44＜HEI≤54）	601	19.83	805	13.32
高度适宜区（54＜HEI≤94）	249	8.22	258	4.27

不适宜区，面积为422km^2，占县域总面积的13.92%，村落数量为994个，占村落总数的16.45%；空间上集中分布于高楠乡、北屏乡、河鱼乡、东安乡和明中乡等乡镇。该类型区生态因子限制作用较大，山高坡陡，地质灾害频发，多属国家空间管制的核心区域，原则上不能进行大规模开发。

临界适宜区，面积为 873km^2，占县域总面积的 28.80%，村落数量为 2045 个，占村落总数的 33.84%；空间上集中分布于左岚乡、龙田乡、岚天乡、高观镇、厚坪乡、治平乡、庙坝镇、周溪乡、明通镇和鸡鸣乡等乡镇。该类型区平均海拔在 1500m 左右，土地开发利用限制性大，不宜大规模建设用地。

一般适宜区，面积为 886km^2，占县域总面积的 29.23%，村落数量为 1941 个，占村落总数的 32.12%；空间上集中分布于沿河乡、双河镇、蓼子乡和咸宜乡等乡镇。该类型区地势低缓，环境优美，村落数量分布较多，适宜人类居住。

较高适宜区，面积为 601km^2，占县域总面积的 19.83%，村落数量为 805 个，占村落总数的 13.32%；空间上集中分布在巴山镇、坪坝镇和高燕镇等乡镇。该类型区地势平缓，城市化水平相对较高，适宜人类居住生活。

高度适宜区，面积为 249km^2，占县域总面积的 8.22%，村落数量为 258 个，仅占村落总数的 4.27%，空间上集中分布在城口县中心城区周边和修齐镇等乡镇。该类型区多处沿河山体下部的低山河谷区，经济相对发达，适宜城镇化建设。

五、城口县村落分布与村落宜居性适应度及调整方向

（一）村落分布与人居环境宜居性匹配特征

以人居环境宜居性评价为基础，结合村落分布现状，做出人居环境指数与村落分布关联图（图 7.10）。城口县人居环境指数与村落数量之间呈倒 U 形分布关系。人居环境指数为 6～35，村落数量呈上升趋势；人居环境指数在 35 左右，村落数量达到峰值，之后趋于下降；人居环境指数在 70 左右村落数量降至最小值；人居环境指数与村落数量之间呈倒 U 形分布十分明显，其中，人居环境指数为 30～40，村落数量分布最多，集聚程度最高。倒 U 形分布的原因主要是高度适宜区多位于城镇化较高的中部城区及附近区域，中

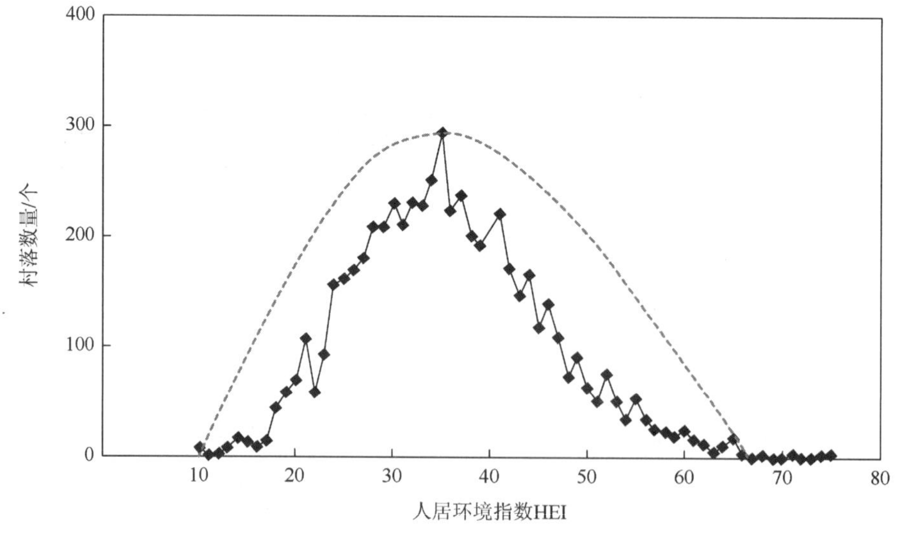

图 7.10　人居环境指数与村落数量的倒 U 形关系

部城区及附近区域以城镇建设用地为主，村落数量比较少；不适宜区和临界适宜区多位于“山高、坡陡、闭塞”之地，自然条件限制性作用十分明显，不适宜村落大规模分布，村落数量也较少。

（二）村落分布与村落宜居性评价结论与村落调整方向

1. 基本结论

（1）城口县西部、南部和中部为村落相对密集区，东部和北部为稀疏区；密集区多处于山麓河谷地带，地势相对平坦开阔；稀疏区多位于海拔 2000m 左右的峰丛台地区，地势崎岖陡峻；村落密度整体上呈现由西向东、由南向北降低的特点。

（2）村落数量分布与地形关系密切。在高程 800～1500m、坡角 20°～30°、坡向东北和西南方向、地表起伏度 26～59m、地表粗糙度 1～1.1、平面曲率 0°～20°、剖面曲率 0°～10°、地表切割深度 10～20m 的地区，为村落优势地形位。

（3）城口县村落聚散状况以带状延伸、片状聚集和“孤岛”零星分布为主要特征。村落聚集热点区双河镇“孤岛”特征明显，村落聚集次热点区在空间上自西向东呈带状分布，村落分布次冷点区、冷点区在北部和南部连片分布，冷点区治平乡呈“孤岛”分布。

（4）城口县村落人居环境宜居性呈现中部最好、西部次之、南部和东部较差的空间分异特征，以临界适宜性和一般适宜性为主，占总面积的 58%，不适宜的占 14%，适宜性高的占 28%。

（5）城口县村落人居环境指数与村落数量之间呈倒 U 形分布关系，人居环境指数在 26～44 区间内村落分布最为集中。其中，16.5%的村落分布在不适宜区，66%的村落分布在临界适宜区和一般适宜区，17.5%的村落分布在较高适宜区和高度适宜区。可见，村落分布与村落人居环境宜居性程度在空间上不完全匹配，有必要进行村落的调整优化。

2. 村落布局调整建议

（1）结合人居环境宜居性评价，加强城口县村落建设总体规划，科学指导乡村振兴和村落建设发展实践。

（2）调整优化现状村落布局，改善和加强人居环境建设。城口县有相当部分的村落处于高海拔、大坡度、地表扭曲程度大、阴坡和半阴坡的区域，人居环境不适宜和临界适宜区的村落约占 50%。因此，应结合人居环境宜居性对现有村落分布进行调整优化，并针对性地加强村落人居环境建设。

（3）加强西南地区人居环境评价与村落规划建设，大力推进美丽乡村建设进程。村落是人类在长期的生产生活实践过程中与自然、社会等诸多因素相互适应、相互作用而形成的。在特殊的自然和社会因素的驱使下，城口县村落分布呈现特有的空间特征，一定程度上也反映了秦巴山区等类似地区村落空间分布的共同特点。加强村落的人居环境宜居性评价，并以此为基础，科学规划、调整优化村落布局，能有序推进人居环境与生态文明建设。

参 考 文 献

毕宝德，2001. 土地经济学[M]. 北京：中国人民大学出版社.

毕国华，杨庆媛，刘苏，2017. 中国省域生态文明建设与城市化的耦合协调发展[J]. 经济地理，37（1）：50-58.

蔡运龙，李军，2003. 土地利用可持续性的度量——一种显示过程的综合方法[J]. 地理学报（2）：305-313.

曹利军，周大杰，席玉英，2000. 区域可持续发展综合模型框架研究[J]. 数量经济技术经济研究（4）：64-67.

陈明星，陆大道，张华，2009. 中国城市化水平的综合测度及其动力因子分析[J]. 地理学报，64（4）：387-398.

程淑杰，朱志玲，白林波，2015. 基于 GIS 的人居环境生态适宜性评价——以宁夏中部干旱带为例[J]. 干旱区研究，32（1）：176-183.

邓洪平，2015. 重庆大巴山国家级自然保护区生物多样性[M]. 北京：科学出版社.

邓神宝，张青年，2014. 基于 GIS 的广东省人居环境自然适宜性评价[J]. 中山大学学报（自然科学版），53（1）：127-134.

邓文莲，2013. 基于 Hopfield 神经网络的西安地区地被指数评价分析[J]. 计算机应用与软件，30（8）：242-245.

杜鹰，2012. 认清形势 把握规律 扎实工作 巩固和发展区域协调发展的好势头[J]. 中国经贸导刊（4）：5-8.

方创琳，2004. 中国人地关系研究的新进展与展望[J]. 地理学报（S1）：21-32.

方创琳，毛汉英，1999. 区域发展规划指标体系建立方法探讨[J]. 地理学报（5）：410-419.

方创琳，徐建华，2001. 西北干旱区生态重建与人地系统优化的宏观背景及理论基础[J]. 地理科学进展（1）：21-28.

封志明，唐焰，杨艳昭，等，2008. 基于 GIS 的中国人居环境指数模型的建立与应用[J]. 地理学报，63（12）：1327-1336.

付博，2011. 基于 GIS 和遥感的长春市宜居性环境评价研究[D]. 长春：吉林大学.

关伟，许淑婷，2014. 辽宁省能源效率与产业结构的空间特征及耦合关系[J]. 地理学报，69（4）：520-530.

郭渠，李永华，孙佳，等，2016. 秦巴山区的生态旅游气候资源——以重庆城口县为例[J]. 山地学报，34（1）：54-62.

郭友钊，2003. 岩石物性块体及其地质应用[M]. 北京：地质出版社.

韩书成，濮励杰，2010. 基于供给约束与需求的土地开发适宜性空间分异研究——以江苏省为例[J]. 长江流域资源与环境，19（3）：262-267.

郝慧梅，任志远，2009. 基于栅格数据的陕西省人居环境自然适宜性测评[J]. 地理学报，64（4）：498-506.

何静，2011. 基于栅格数据的重庆市人居环境自然适宜性评价[D]. 重庆：西南大学.

黄瑞芬，2009. 环渤海经济圈海洋产业集聚与区域环境资源耦合研究[D]. 青岛：中国海洋大学.

焦贝贝，石培基，刘春芳，等，2013. 黄土高原低山丘陵区农村居民点分布与地形因子关系研究——以兰州市七里河区为例[J]. 资源科学，35（8）：1719-1727.

匡文慧，张树文，侯伟，等，2006. 三江平原宝清县土地利用变化图谱分析[J]. 中国科学院研究生院学报（2）：242-250.

李云强，齐伟，王丹，等，2011. GIS 支持下山区县域农村居民点分布特征研究——以栖霞市为例[J]. 地理与地理信息科学，27（3）：73-77.

廖克，1992. 关于地球表层动态机制与人地系统调控的研究[J]. 地球科学进展（1）：28-33.

刘凯，2017. 生态脆弱型人地系统演变与可持续发展模式选择研究[D]. 济南：山东师范大学.

刘彦随，陈百明，2002. 中国可持续发展问题与土地利用/覆被变化研究[J]. 地理研究（3）：324-330.

刘耀彬，宋学锋，2005. 城市化与生态环境耦合模式及判别[J]. 地理科学（4）：26-32.

刘振国，吕苑鹃，2014. 我国拟划国土空间开发“三条底线”[J]. 国土资源通讯（2）：6.

娄胜霞，2011. 基于 GIS 技术的人居环境自然适宜性评价研究——以遵义市为例[J]. 经济地理，31（8）：1358-1363.

陆大道，2002. 关于地理学的“人-地系统”理论研究[J]. 地理研究（2）：135-145.

罗昆燕，周国富，2011. 喀斯特地区城乡生态经济复合系统耦合机制及对策——以贵州省黔西南州为例[J]. 中国生态农业学报，19（4）：925-931.

马丽，金凤君，刘毅，2012. 中国经济与环境污染耦合度格局及工业结构解析[J]. 地理学报，67（10）：1299-1307.

马世骏，王如松，1984. 社会-经济-自然复合生态系统[J]. 生态学报（1）：1-9.

毛汉英，余丹林，2001. 环渤海地区区域承载力研究[J]. 地理学报（3）：363-371.

苗泽华，高志华，2009. 基于复合生态系统的工业企业生态工程理论研究[J].生态经济（7）：109-113.

彭涛，徐刚，夏大庆，2004. 三峡库区地质灾害发展趋势及其减灾对策[J]. 山地学报（6）：719-724.
乔标，方创琳，黄金川，2006. 干旱区城市化与生态环境交互耦合的规律性及其验证[J]. 生态学报（7）：2183-2190.
乔家君，2005. 区域人地关系定量研究[J]. 人文地理（1）：81-85.
水利部，中国科学院，中国工程院，2010. 中国水土流失防治与生态安全（总卷）[M]. 北京：科学出版社.
司莉，华小琴，2014. 我国科学数据共享平台的服务效能分析[J]. 图书馆工作与研究（4）：24-26.
孙东琪，张京祥，张明斗，等，2013. 长江三角洲城市化效率与经济发展水平的耦合关系[J]. 地理科学进展，32（7）：1060-1071.
孙鸿烈，郑度，姚檀栋，等，2012. 青藏高原国家生态安全屏障保护与建设[J]. 地理学报，67（1）：3-12.
唐宏，杨德刚，乔旭宁，等，2009. 天山北坡区域发展与生态环境协调度评价[J]. 地理科学进展，28（5）：805-813.
王炳春，2007. 论中国农地资源安全[D]. 哈尔滨：东北农业大学.
王超超，李孝坤，谢玲，等，2015. 重庆三峡库区乡村聚落人地系统协调性评价[J]. 水土保持研究，22（4）：298-304.
王朝辉，陆林，方婷，等，2012. 世博建设期上海市旅游住宿产业空间格局演化[J]. 地理学报，67（10）：1423-1437.
王孔敬，2011. 三峡库区退耕还休政策绩效评估及后续制度创新研究[D]. 北京：中央民族大学.
王黎明，毛汉英，2000. 我国沿海地区可持续发展能力的定量研究[J]. 地理研究（2）：156-164.
王永莉，2008. 主体功能区划背景下青藏高原生态脆弱区的保护与重建[J]. 西南民族大学学报（人文社科版）（4）：42-46.
王振健，邓良基，张世熔，等，2004. 成都平原主要水耕人为土土系的划分研究[J]. 土壤通报（3）：241-245.
魏伟，石培基，冯海春，等，2012. 干旱内陆河流域人居环境适宜性评价——以石羊河流域为例[J]. 自然资源学报，27（11）：1940-1950.
乌兰，2007. 我国煤炭矿区可持续协调发展研究[M]. 北京：经济管理出版社.
吴传钧，1991. 论地理学的研究核心——人地关系地域系统[J]. 经济地理（3）：1-6.
吴传钧，2008. 人地关系地域系统的理论研究及调控[J]. 云南师范大学学报（哲学社会科学版）（2）：1-3.
吴文恒，牛叔文，郭晓东，等，2006. 中国人口与资源环境耦合的演进分析[J]. 自然资源学报（6）：853-861.
肖晶晶，李正泉，郭芬芬，等，2017. 浙江省人居环境气候适宜度概率分布分析[J]. 气象与环境科学，40（1）：120-125.
谢晓议，曾咺，李军，2014. 基于移动窗口法和栅格数据的重庆市人居环境自然适宜性评价[J]. 长江流域资源与环境，23（10）：1351-1359.
熊德平，2009. 农村金融与农村经济协调发展研究[M]. 北京：社会科学文献出版社.
徐建华，2002. 现代地理学中的数学方法[M]. 北京：高等教育出版社.
杨杨，2008. 土地资源对中国经济的“增长阻尼”研究[D]. 杭州：浙江大学.
殷嘉迪，雷国平，乐容潮，等，2017. 三江平原农村居民点时空格局演变——以富锦市为例[J]. 水土保持研究，24（6）：300-304，312.
于伯华，吕昌河，2011. 青藏高原高寒区生态脆弱性评价[J]. 地理研究，30（12）：2289-2295.
袁贝贝，2010. 基于 WebGIS 的城镇人居环境多维统计方法研究和应用[D]. 青岛：中国海洋大学.
袁榴艳，杨改河，冯永忠，2007. 干旱区生态与经济系统耦合发展模式评判——以新疆为例[J]. 西北农林科技大学学报（自然科学版）（11）：41-47.
张大勇，2009，土地资源有效利用与生态平衡发展研究——以北京密云县为例[D]. 北京：中国地质大学.
张晖，王晓峰，余正军，2009. 基于 ArcGIS 的坡面复杂度因子提取与分析——以黄土高原为例[J]. 华中师范大学学报（自然科学版），43（2）：323-326.
张洁，李同昇，王武科，2010. 渭河流域人地关系地域系统耦合的关联分析[J]. 干旱区资源与环境，24（7）：34-39.
张青峰，吴发启，王力，等，2011. 黄土高原生态与经济系统耦合协调发展状况[J]. 应用生态学报，22（6）：1531-1536.
周莉，任志远，2011. 基于 GIS 的人居环境自然适宜性研究——以关中一天水经济区为例[J]. 地域研究与开发，30（3）：128-133.
Han R，Zhao M，2012. Dynamics of the Coordination of Economy-Society and Resource-Environment in Shandong Peninsula，China[J]. Chinese Journal of Population Resources and Environment，10（3）：62-71.
Odum H T，1983. Systems Ecology [M]. New York：John Wiely&Sons.
Romer D，1996. Advaned Macroeconomics[M]. New York：McGraw-Hill.

第八章　西南地区典型乡村地域村落空间优化模式

乡村振兴是实现“两个一百年”奋斗目标的必然要求，美丽乡村建设是深入贯彻习近平新时代中国特色社会主义思想和党的十九大精神、落实《中共中央国务院关于实施乡村振兴战略的意见》（中发〔2018〕1号）的重要举措。乡村振兴、美丽乡村建设道路具体怎么走？突破口又在哪里？如何落地实施？西南地区乡村振兴如何推进？本章基于西南地区乡村发展基础、村落演变客观规律，探寻村落空间优化的导向模式与实施路径。

第一节　村落空间优化的目标与原则

一、村落空间优化目标

以习近平新时代中国特色社会主义思想和习近平同志对推进生态文明建设的指导思想和总体要求为指引，立足西南地区乡村发展地理基础与资源环境生态实际，遵循乡村与村落人地系统演进客观规律，坚持协调共生、绿色发展、保护优先的发展理念，因地因时制宜地推动乡村人口与产业适度集聚，构建起村落与自然和谐发展、村落与产业协同发展、村落功能协调互促的村落发展格局，推动西南地区村落空间优化，促进村落人地系统持续发展，实现乡村全面振兴。

二、村落空间优化原则

1. 人与自然和谐共生

深入贯彻落实节约优先、保护优先、自然恢复为主的生态文明建设总体方针，统筹村落空间生态化治理，注重村落人地系统协调发展，严守生态保护红线，以绿色发展引领村落空间优化。

2. 乡村振兴战略引领

准确把握乡村振兴战略的背景和深刻内涵，挖掘乡村生产、生活、生态等多种功能和价值，统筹推进村落经济、社会、文化和生态文明建设，注重村落空间优化的关联性和协同性，整体统筹，典型带动，协调推进。

3. 因地制宜，适度集中

准确把握不同类型村落的特色和差异性，做好顶层设计，因势利导，根据不同地域类型分类推进、典型带动，体现特色，做到一村一策，不急于求成，不搞“一刀切”，循序渐进推动村落空间优化。

村落发展中应禁止无序扩张、满天星式的散乱布局，提高土地利用效率，减少管理成本，提高公共基础设施布局率；同时，应充分利用空置房，避免侵占良田，造成生态环境破坏。因此，村落适度集中布局，加强中心村建设十分必要。

4. 城乡统筹发展

坚决破除村落优化机制弊端，充分发挥政府作用，推动城乡要素自由流动、平等交换，推动村落空间优化与新型工业化、信息化、城镇化、农业现代化融合发展。

5. 产业带动，综合推进

村落优化必须以经济发展为基础，通过发展区域主导产业，做大做强主导产业，增强区域经济实力，实现农业增效、农民增收、民生改善，使农民有能力、有意愿改变居住条件，否则新农村建设将无法落实。同时，在乡村经济发展大前提下，通过政府、企业、农民的协同，积极推进农村基础设施、公共服务设施建设，探索出一条以主导产业发展带动乡村经济快速发展，从而促进乡村聚落空间优化的新路。

6. 保护耕地，节约集约用地

坚持保护耕地的原则，严格控制占用耕地，并坚持耕地占补平衡制度，保证耕地数量与质量。建立和完善土地控制标准，严格控制建设用地规模，统一规划基础设施建设，建立节约、集约利用土地的长效机制，盘活存量建设用地，充分利用荒山等未利用土地，减少耕地的占用。

7. 有利生产，方便生活

村落是乡村居民生产和生活的聚集点，具有多种功能，因此村落布局应按照有利生产，方便生活的原则，有针对性地布局基础设施和公共服务设施，做到因地制宜、合理统筹。村民居住点应尽量靠近耕作区布局，注意自然地理条件的制约，选择海拔高度适宜、水土光热资源丰富、土质岩层坚固、交通便利、自然地质灾害发生率低的地区，尽量避免铁路、公路穿越其间，以保证安全，防止空气、土壤、水质污染，利于乡村居民更好地生产和生活。

8. 因时制宜，循序渐进

西南地区各区域由于地理环境、人文条件、发展阶段的差异，乡村发展水平参差不齐，村落发展，因而其优化不可能一蹴而就。针对区域乡村发展的不均衡性，必须依据村落发展实际、产业发展状况、经济发展水平、农民意愿等，因时制宜、循序渐进推进村落空间优化。对于条件具备的地区应不失时机地推动村落调整优化，条件不具备的地区，应更多地关注和致力于解决农民现时的基本利益问题，认真落实“三农”各项政策，加强乡村公共事业、社会保障等方面的建设，促进乡村经济社会的发展，逐步推进村落调整优化。

第二节　典型乡村地域村落空间优化模式及实施路径

遵循乡村发展、村落演变一般规律和村落空间优化原则，借鉴国内外村落发展的成功经验，紧密结合西南地区各乡村地域的实际，从驱动村落空间发展的主导因素出发，构建起“地域背景—驱动力—优化导向模式—实施路径—适宜地域—典型案例”的人地协调型村落优化发展研究框架体系。核心思想是依据主导驱动因素兼顾其他驱动因素合力推动乡村及村落经济发展、社会进步、人居环境改善，而乡村经济发展与人民收入水平提高成为驱动村落生产、生活、人居环境优化发展的基础力量。

一、自然生态环境约束与保护驱动——村落搬迁撤并模式

（一）模式内涵

西南地区各地域的自然条件差异明显，横断山区、大巴山区、武陵山区、川西高原、乌蒙山区、滇黔桂石漠化区等集中连片特困地区生态脆弱、自然灾害频发、自然环境较恶劣，人类生产、生活、生存适宜度较低，甚至部分地区不适宜人类活动，同时许多地区又是我国重要的生态屏障区，需进行生态修复和保护，这些地区应减少人类活动干扰，实行生态搬迁、降低村落人口与村落分布密度和规模成为必然。

中共中央、国务院印发的《乡村振兴战略规划（2018—2022年）》中指出：对位于生存条件恶劣、生态环境脆弱、自然灾害频发等地区的村庄，因重大项目建设需要搬迁的村庄，以及人口流失特别严重的村庄，可通过易地扶贫搬迁、生态宜居搬迁、农村集聚发展搬迁等方式，实施村庄搬迁撤并，统筹解决村民生计、生态保护等问题。

对于搬出地来说，有利于当地生态环境的保护、自然灾害的治理，生态系统的修复；对于搬入地来说，生产生活条件一般比较好，搬迁带来了村落人口数量与结构的变化，住房、居住环境和基础设施建设得到加强，同时推动了村落合并、人口及文化融合，对村落优化发展产生积极影响；对于搬迁农民来说，易地搬迁，不仅可以摆脱原先居住环境的制约，改善自身的生存环境，还能够提高家庭的经济收入，提升生活水平；对于搬入地原住人口来说，由于形成乡村新聚集点，基础与公共服务水平提高，乡村经济社会发展注入新的活力，村落整体发展水平必然大大提高，从而提升生活质量（图8.1）。

（二）实施路径

1. 政府主导，做好搬迁安置整体规划

各级政府依据国家政策，加强乡村基层调研，从乡村及村落基础条件、生态脆弱性、自然灾害状况、区位交通状况、住房条件、生产水平、人口状况等方面，实事求是、综合统筹地做好做实搬迁撤并规划。

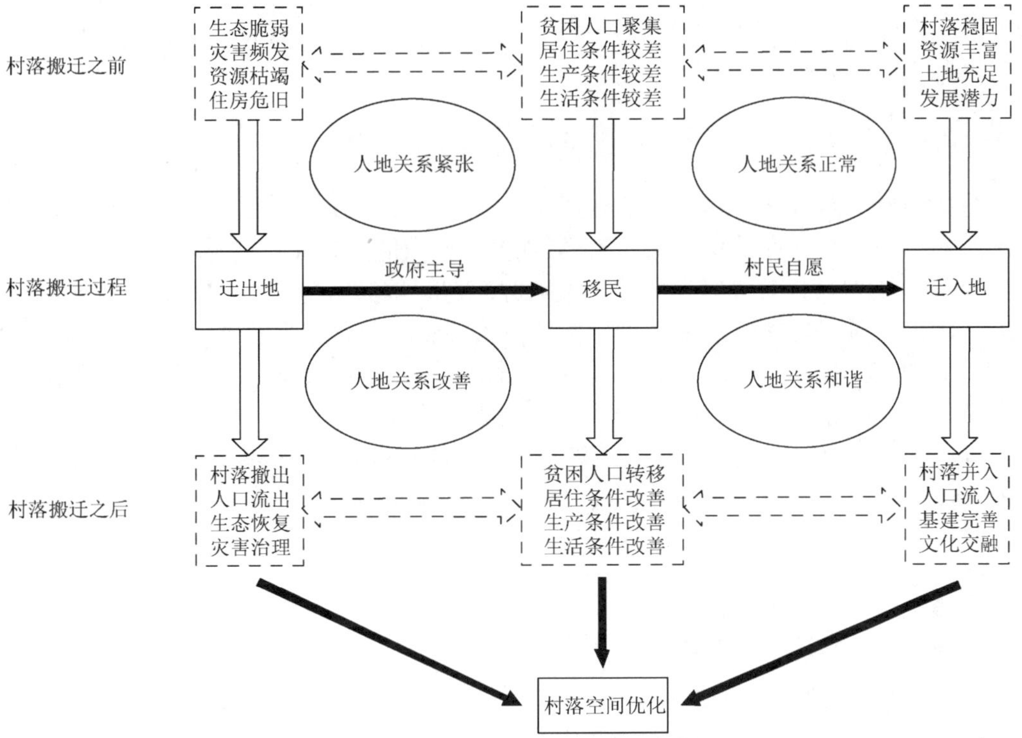

图 8.1　生态约束与保护驱动——村落搬迁撤并模式

搬迁撤并及安置的实施应由政府部门主导，制定合理并优惠移民的政策，给予搬迁住房补贴等经济支持，组织各方面力量参与实施（陶少华，2018）。政府根据具体需要搬迁的人口、村落现状，以及地方资源禀赋等，采取因人因地制宜的安置方式，实行就地就近集中安置为主，推行县城安置、乡镇安置、中心村安置的梯度安置模式，合理规划新建或扩建居民点、住房样式及功能，注重居住点及建筑与环境、文化的协调，生产区与生活区的协调，同时注重与现代农业园区和乡村旅游景区建设发展相结合，加大与搬迁移民生活息息相关的基础设施的建设力度，并与新型城镇化、工业化相结合，解决搬迁移民就业问题与后续生计发展，与重大项目建设相结合，推动搬迁地经济发展。

2. 政府加强引导，做好搬迁动员工作

在实施搬迁前，需提前征求迁出地群众意见和建议，并将实施生态搬迁的意义、村落优化美化、加快乡村发展的精神传达到位，在村民自愿的基础上，由本人提出申请，让村民自愿搬迁、主动搬迁、及时搬迁，这是成功实施易地搬迁的前提。

3. 迁出与迁入村落后续工作同步推进

在实施生态搬迁的同时，积极推进迁出地退耕还林、生态恢复、保护区管理、灾害治理等工作，减少人类活动对生态环境的进一步影响；更要注重迁入乡村与村落交通基础设施建设、公共服务设施建设、环境治理等，以村落搬迁撤并为契机，提升人居环境和人民生活质量，实现村落整体优化发展。

4. 着力解决移民就业，保障民生不断进步

村落搬迁撤并后，村民搬迁到新的村落，生产生活会发生一些改变，加之美丽乡村建设、乡村绿色发展和产业结构优化的需要，地方基层政府必须注意引导村民参与到新生产、生活中去，着力解决迁入乡村发展、迁移村民持续生计问题，这是村民安居乐业的前提（陈琛等，2018）。依托迁入、并入乡村的优势，将移民就业和产业发展结合，根据村落所处地区实际，结合资源、生态、环境、区位、市场、劳动力等要素，发展耕作、养殖、农副产品加工、乡村旅游服务等生产活动，同时注重保障和改善民生，实现基本公共服务均等化，加大农村社会保障力度，推进乡村教育和医疗事业改革，实现迁入与并入村落的生产、生活、生态和谐，乡村稳步繁荣发展、村民安居乐业目标。

（三）模式适应地域及案例

1. 生态环境承载力限制型地域

1）主要地域类型

西南地区多山地、丘陵，地形崎岖不平，一些位于高海拔、深山老林、石漠化及水土流失严重的地区，由于历史原因，仍然分布有许多村落，村落生态与区位条件差、交通通达性差，资源环境与生态严重制约着村落发展、人类生产生活和生存，加之部分地区经过长期开发，生态破坏严重，迫切需要停止人类活动的干扰，需要加强生态修复、恢复与保护，这些地区必须进行生态搬迁、扶贫搬迁，以实现生态保护与人民脱贫致富。主要包括Ⅰ、Ⅲ、Ⅴ、Ⅶ、Ⅷ、Ⅸ、Ⅹ等乡村地域类型中的部分村落。

2）典型案例

（1）四川省苍溪县部分村落。苍溪县原是国家级贫困县，一些村落深处条件恶劣的偏远山区，远离集镇，且交通不便、基础设施落后，村民居住分散。因此，苍溪县政府对这些地区群众实施易地扶贫搬迁，建设集中安置区（点）148 个。通过实施易地搬迁，让搬迁群众人均住上 25m^2 砖混结构的安居房。安居房的地理位置、抗灾能力、人居环境等都有极大改善。村民通过发展规模种养业、劳务输出、门店经商、商贸流通、工厂做工等多种渠道增加收入。改扩建联网农村道路，新建耕作道、塘库、集中供水设施，配套建设标准化卫生室、综合服务社、农家书屋以及幼儿园等公共服务设施，复垦原居住地宅基地，同时通过在迁出地实施退耕还林、天然林保护，促进乡村的生态恢复与保护（李汀，2016）。

（2）云南省永善县马楠苗族彝族乡部分村落。马楠苗族彝族乡位于永善县中部，原本森林资源丰富，百姓安居乐业。20 世纪中后期由于大炼钢铁，建木炭厂，使得森林遭到严重破坏，气候条件日趋恶劣；至 80 年代后期，随着人口增加，生态破坏更为严重，有农户为了生计而随意伐木、挖药材、烧木炭卖，森林植被遭到大面积破坏。出于生态保护以及农村扶贫脱贫需要，永善县政府组织实施生态搬迁，将迁入地规划建设在思茅和江城，

为移民分配住房、土地，发放炊具、口粮等生产和生活资料。多数移民被安排在思茅的茶场，从事茶叶种植，另外部分移民安排到甘蔗基地从事甘蔗种植（文冰等，2005），从而实现再就业。

2. 自然生态脆弱与环境恶劣约束型地域

1）主要地域类型

该模式主要适合海拔较高、地形起伏较大的地区，这些地区受自然灾害的影响较大，且多以山地灾害为主，村民的生产和生活受到明显影响，就地进行村落优化发展无法得到保障，只能实施易地搬迁撤并。主要包括Ⅱ、Ⅳ、Ⅴ、Ⅶ、Ⅷ、Ⅸ、Ⅹ等乡村地域类型的村落。

2）典型案例——重庆市丰都县江池镇横梁村

江池镇是重庆市丰都县东部繁荣的边贸集镇，地处武陵山区方斗山脉，呈“三山夹两坝”地形，海拔800～1300m，其下辖的横梁村人均年收入约6000元，原属市定贫困村。横梁村参加高山生态搬迁、村组撤并、集中居住的人口以遭受滑坡灾害、原居住危房的农户为主，全村农户居住危旧房的占80%。丰都县通过招商引资、财政扶贫等投入资金7500余万元，在横梁村建设巴渝新居30户，改造危旧房45户，建筑面积31000m^2，新建住房建筑结构为砖混结构，集中居住新居的自来水、电、公共厕所齐全，使其成为丰都县高山生态搬迁撤并扶贫示范点。横梁村通过搬迁撤并，并依托丰富的旅游资源、气候与生态、独特区位（地处丰都、石柱和忠县及省县道交汇处）等优势，大力发展乡村生态旅游、夏季避暑休闲。同时妥善安置搬迁村民，组建合作社大力发展肉牛和其他绿色产业实现村民就业，2015年横梁村组建肉牛合作社2个，存栏肉牛400头，建设高山无公害蔬菜种植基地300亩，主要种植糯玉米、萝卜、茄子，建设猕猴桃种植基地200亩，亩产值达2万元。

二、资源禀赋约束驱动——村落转型与合并调整模式

（一）模式内涵

西南地区的部分地区受自然资源禀赋约束或长期不合理开发利用导致资源衰退，这类地区村落的发展方式需转变，改变资源利用方式实现转型发展是这些地区乡村或村落可持续发展的必然选择。我国大部分耕地资源集中分布在北方，南方地区的耕地资源仅占全国的36%左右，在我国西南地区，山地、丘陵、高原地形特征显著，山高坡陡，加之亚热带气候的影响，温暖湿润，水土流失严重的地区基岩多裸露，导致许多地区土地资源、水资源、森林资源等比较匮乏，制约了这些区域农业发展水平的提高和乡村发展（王克林等，1998）。

以滇桂黔石漠化区为例，该地区部分土地已失去农业利用价值，一些海拔较高地区的村落饮水困难，还有一些地区长期存在不合理的资源开发利用方式，过樵过牧、过度开垦、乱砍滥伐等人为因素也加剧了资源紧张，导致资源约束型乡村与村落发展十分缓慢。这些地区的乡村必须转变发展方式、村落必须进行合并调整或改造迁建，部分村落可以与近邻资源优越的村落合并，部分村落应转变资源利用方式，提高资源利

用效率，推动产业结构升级，发展山地立体农业、发展循环经济，建设资源节约型乡村社区等，改善村民生产与生活条件，不断推动村落空间调整、推进村落更新改造、促进村落自然生态恢复（图 8.2）。

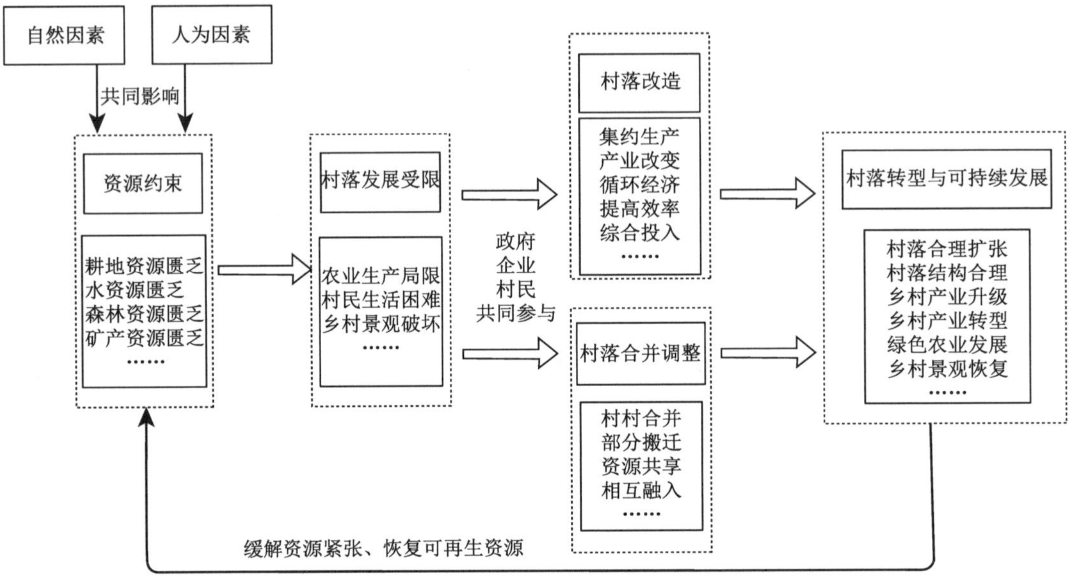

图 8.2　资源约束驱动——村落转型与合并调整模式

（二）实施路径

1. 加强资源开发利用与保护规划，并加强监管

各级政府应加强资源开发利用的统一规划与监管，使其有序化。城镇化过程中，城镇化发展对土地资源的需求日益增长，应合理控制建设用地规模，保护耕地；严格控制资源密集型产业发展，防止对生物、水资源等的过度开发；对于长期不合理开发造成资源枯竭或生态破坏的地区，应建立保护区重点保护；政府加强监管，避免对乡村资源和生态环境造成进一步的不良影响。

2. 大力提高资源利用率，倡导节约型乡村社区建设

西南地区人地矛盾较为突出，资源开发应走集约节约道路。着力适用技术的创新与推广应用，不断提高水、土、生物资源利用率，高效集约利用资源（王克林等，1998）。推广农业新技术，提升农村科技水平，倡导建立节水型乡村社区，如石漠化水资源约束区、高海拔地区，从生产、生活两方面，合理配置水资源，节约集约利用水资源，同时注意保障用水安全。

3. 发挥涉农企业带动作用，推动资源全产业链发展，加快产业结构升级

在资源约束日趋明显的乡村地区，通过政策和金融途径加强对涉农企业的支持和吸

引力度，加快资源密集型产业升级或转型；发掘并围绕优势资源，推进特色农副产品加工业发展，建立深加工和产品销售，打通产业链，将资源比较优势转化为经济竞争优势；依靠科技进步，发展循环型产业、绿色产业，建立高效、清洁、可持续产业体系；利用本地条件发展乡村旅游业等服务业。

4. 政府、企业、村民共同参与，资源合理利用与保护，推进美丽村落建设

村民是资源开发的直接参与者和利益方，资源合理高效开发利用村民受益，资源环境恶化村民受害，在资源约束的困境下，必须同时发挥政府、企业、村民的合力作用，政府引导，吸引企业加入，村民主动参与，做好乡村转型发展与村落合并调整和改造工作，共同建设生产集约、生活节约的新型村落。

（三）模式适应地域及案例

1. 土地资源禀赋约束型地域

1）主要地域类型

该模式适应的地域主要为山地、丘陵分布区，以及受城镇化快速发展扩张影响的乡村地区。这些地区的土地资源或是被建设占用，或是开发利用难度大，导致村落的耕地资源匮乏，因此，需要进行村落转型发展和合并调整，这一模式适宜西南地区大部分乡村地域的村落发展。

2）典型案例——贵州省沿河土家族自治县中界镇孙家村

贵州省沿河土家族自治县中界镇孙家村距离县城 13km，地处乌江流域，山势陡峭，山地石漠化明显，水土流失显著，是贵州省“八山一水一分田”的典型地域。全村耕地约 400 亩，荒山、荒坡约 800 亩，林地约 2000 亩，土地、耕地资源十分紧缺。土地资源的约束和微薄的收入使得村民们主动进行村落的改造和转型，通过流转土地、整治荒山荒地、建立育苗基地、引进农企等途径，建设孙家村山地生态立体农业种植基地，海拔较低的山坡种植空心李，树下种植白及，高海拔天然林种植铁皮石斛等，使原本受土地、耕地资源限制，生活相对贫困的村民通过发展村落山地立体农业而脱贫致富。孙家村居民人均年收入已过万元（杨云，2017）。

2. 水资源禀赋约束型地域

1）主要地域类型

该模式适应的地域主要是喀斯特发育的滇桂黔石漠化区，村落所在地区属碳酸盐岩裂隙众多、洞穴发育、千沟万壑、水土易流失的山地与丘陵地形，也是引水困难、海拔较高的村落类型。主要包括Ⅰ、Ⅱ、Ⅲ、Ⅳ、Ⅴ、Ⅶ、Ⅷ、Ⅸ、Ⅹ等乡村地域类型的村落。

2）典型案例——广西百色田阳县巴别乡大录村

大录村位于滇桂黔石漠化区，水资源匮乏，过去由于生活生产供水不足，农民种植水果连年歉收，近年来，田阳县精准实施了一批农田水利、农村安全饮水、防洪保供水、高效节水灌溉等项目和工程，建立泵站、水渠汇集水资源，灌溉农田，修建水库，保障调节

蓄水能力。截至2017年底，农业高效节水灌溉利用率超过90%，每亩蔬菜可净增收千元以上；强化防洪排涝综合整治，提升农村防洪能力，整治河道、修建排水涵管和蓄水池，对坡耕地进行整治、水库除险加固，改善农村水资源供给条件。供水和水质问题得到解决，脐橙等特色产品规模种植扩大，促使村民收入显著提高（周仕兴和马妮娅，2018），推动了村落环境逐步改善。

3. 森林资源禀赋约束型地域

1）主要地域类型

该模式适应的地域包括长期依赖森林资源开发、过度樵采、乱砍滥伐导致森林资源枯竭的地区，以及水土流失严重的石漠化地区，这些地区森林资源总量不足或更新缓慢，村落较为封闭且社会经济滞后，涉及Ⅰ、Ⅲ、Ⅵ、Ⅶ、Ⅷ、Ⅸ、Ⅹ等乡村地域类型的村落。

2）典型案例——云南文山壮族苗族自治州西畴县部分村落

西畴县位于云南省东南部，地形地貌复杂多样，以峰丛、峰林谷地为主，石漠化以中轻度为主，人均耕地面积500m^2。近年来，实行封山育林、植树造林等措施，恢复森林植被，提高森林覆盖率，防止水土流失，实施山地梯级治理与开发，同时通过修建水利设施，解决农田灌溉问题，建设沼气池、蓄水池，推广沼气等新型能源代替薪柴；通过石漠化综合治理、森林恢复与保护、产业转型等一系列措施推进乡村和村落同步优化发展（王雪，2017）。

三、农业产业化与现代化驱动——村落向心集中扩展模式

（一）模式内涵

西南地区乡村农业经济长期占据着农村经济的主体地位，因此，在部分地区实行农业产业化与现代化发展对村落演变具有重要作用。这些区域可依托村落所在地域的农业特色优势资源，按照生态经济化和经济生态化方向进行合理开发，强化第一产业发展，并积极推进农村二、三产业发展和产业融合发展，提高农业产业化与农业现代化水平，将资源优势转变为经济优势，促进农村产业结构变革，带动农村其他事业发展，从而促进村落健康发展。

中共中央、国务院印发的《乡村振兴战略规划（2018—2022年）》中指出：要加快农业现代化步伐，坚持质量兴农、品牌强农，深化农业供给侧结构性改革，构建现代农业产业体系、生产体系、经营体系，推动农业发展质量变革、效率变革、动力变革，持续提高农业创新力、竞争力和全要素生产率。西南地区有独特的地理优势条件，山地、平原、丘陵、高原、盆地均有分布，许多地区有丰富的农业自然资源作为支撑，气候、光照条件好，水网密布，且劳动力资源充足，有36个少数民族集中分布于此地区，适宜发展多功能型农业（赫修贵，2012）。可依靠特色农业资源优势，通过政策支持、资本投入、科技带动等途径，发展特色农业、生态农业、立体农业、观光农业等，促进农业产业化和现代化发展，提高农业生产率、农产品质量，壮大农村经济，提高农民收入，从而带动经济社会发展。通过推进村落基础设施和公共服务设施建设，打造和谐田园村落，改善人居环境，吸

引部分外来乡村居民梯度迁移，村落空间由内向外扩张、村落格局优化，村落居民生活水平提升，村落生产、生活空间持续优化（图 8.3）。

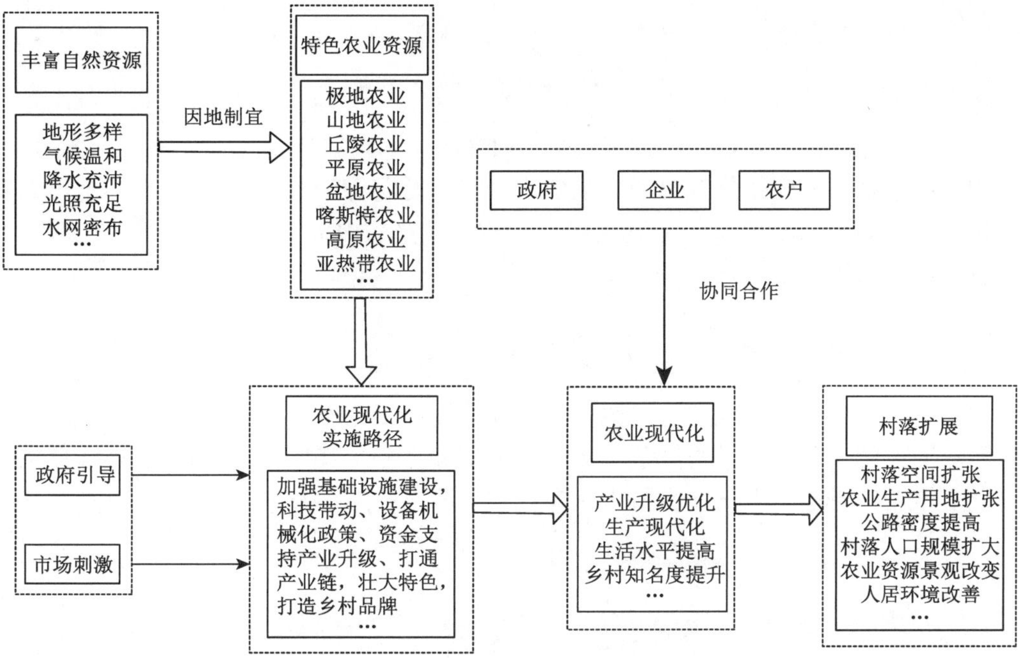

图 8.3　农业产业化与现代化驱动——村落向心集中扩展模式

（二）实施路径

1. 加强基础设施建设，夯实农业发展基础

加强交通基础设施建设以及农田水利设施建设。在国道、省道和县道基础上，延伸覆盖乡镇、村组的道路建设，完善乡村道路运输网络，改善运输条件，为农产品输出和农业现代化设施应用提供基础条件。同时，优选适宜地域建设一批中小型水利设施，加强农田灌溉设施建设，提高水资源利用率，合理调节用水，增强抗灾、减灾能力，稳定或增加旱涝保收农田面积，为乡村发展打下良好基础。

2. 适度引进农业技术和农业现代化设备，提高农业生产水平

通过新型育种技术、检测技术、化肥农药减量增效技术、农业废弃物资源化利用等技术的引进，提高西南地区农业生产的潜力和效率；引进现代化机械设备，进行规模化生产，提高农业生产效率和质量，加强农民技术培训，使其掌握新型设备的使用方法、吸收现代管理经验、树立现代农业发展理念，持续提升农业生产水平。

3. 多方参与，协同合作推进现代农业发展

各级政府扎实落实惠农政策，鼓励发展农业生产；国家、社会资金倾斜支持农业和农

村发展；鼓励企业、集体、村民共同参与，合力推进农业产业和现代化发展。如“政府＋企业＋农户”“合作社＋农户”“企业＋基地＋农户”等组织模式，充分激发各方主体参与生产积极性，形成国家、集体、企业、农户共同参与，相互依存、协同合作，持续推动农业产业化与现代农业发展的新格局。

4. 延伸产业链，推动农村产业结构优化

农业现代化不仅是农业生产的现代化，农业生产、农产品加工、农产品包装、农产品销售与推广都是农业现代化发展的组成部分，通过吸收、引进、创新农业生产技术，实现规模化经营、农产品深加工及产品包装与运销服务，延长农业产业链，提高农产品附加值，推进乡村经济水平稳步增长。

5. 因地制宜发挥特色优势，打造农业品牌

立足并挖掘本地资源优势，按照市场需求，发展特色农业，打造“一村一品”，塑造乡村和农业品牌，形成规模与竞争优势（王国敏和罗静，2010），并借力农村互联网、信息化发展推向市场，扩大产品吸引力，实现农业和农村持续发展。

（三）模式适应地域及案例

1. 生态农业及产业化发展型地域

1）主要地域类型

农业发展依赖的自然条件和农业生物资源有一定优势，并有一定农业发展基础的地区都适宜发展生态农业。山地、丘陵、平原、高原地区均适宜，适度多样化的自然条件如复杂的地形和气候条件，有利于农业生产与多样化经营。基于西南地区各地多样化的、各具特色的地理条件，所有类型的乡村地域都适宜发展生态农业。

2）典型案例

（1）云南省迪庆州香格里拉市小中甸镇和平村。和平村地处小中甸镇东南，截至2016年有乡村人口3220人，从事第一产业人数1507人，人均耕地2.6亩。长期以来，畜牧业饲养规模小、牲畜混群、品种退化严重、畜群结构不合理、加工技术落后、品种单一、开发利用率低、产品产量少，远远不能满足市场发展的需要。2013年由村里6户牧民合作成立拉斯恩牦牛养殖合作社，专门从事牦牛生态健康养殖、牦牛高端肉品加工销售，走专业化和生态化生产、产业化经营的养殖道路，强化了牦牛资源的利用与开发，村民收入显著提高，村落社会、经济发展水平也有明显提升（王小小，2018）。

（2）四川省泸州市叙永县马岭镇清凉洞村。马岭镇位于叙永北面，永宁河、古宋河贯穿全镇。镇辖境内为深丘区，西南面多为山区，最高海拔1034m，最低海拔400m左右，土壤肥沃，适宜种植优质稻米，竹林密布，有较大规模的珍稀植物——桫椤，全镇气候温和，年降雨量在1200mm左右。清凉洞村户籍人口1800～1900人，600户，常住人口1200人，外出人口1100人左右。近年来，清凉洞村加强山地农业开发，海拔较低处种植糯稻，饲养肉猪；海拔稍高处引进种植广西龙眼、柑橘、血橙，并加强水利设施建设，拓展村道，

发展规模化经营；海拔高处发展林竹产业，并就近在乡镇进行林竹加工，通过做纸浆等产品增加产品附加值。通过山地梯度式开发，清凉洞村各类产业发展的面积从 2000 年的 6.3km^2 扩展到 2018 年的 8.9km^2。

2. 观光休闲农业发展型地域

1）主要地域类型

观光休闲农业适合交通和区位条件较好、基础设施建设相对完善、相对开放且临近城镇周边的村落，便于观光者的出行，乡村人口具有一定规模，有一定教育水平层次的人才，能够服务于观光农业的建设与发展。主要包括Ⅰ、Ⅱ、Ⅲ、Ⅳ、Ⅵ、Ⅷ、Ⅹ等乡村地域类型的村落。

2）典型案例——云南省曲靖市罗平县

罗平县位于滇、桂、黔三省区交界处，曾是国家级贫困县，村落空间、经济、社会等方面水平均较差。罗平县依托山水景观、民族风情、历史文化和多依河、鲁布革峡谷、九龙瀑布、金色油菜花海等旅游资源，举办文化旅游节。罗平县油菜观光农业从业人员达两万多人，同时带动了当地其他产业的发展（杨天沛等，2012）。罗平县的许多村落得益于观光农业的发展，村民经济收入水平得到提高，村落经济、社会发展提升明显，村落空间优化扩展、人居环境明显改善。

四、特色优势资源利用驱动——村落适度扩展模式

（一）模式内涵

西南地区地理环境复杂多样，地形起伏变化大，气候温润，土壤植被丰富多样。因此，这些地区可以凭借自身地理环境条件和人文资源优势，依托地形地貌、气候、土壤、能矿、乡村自然景观、民族文化、民风民俗等特色资源，围绕农业资源、能矿资源、旅游资源的开发，建立各具特色的主导产业，同时，围绕主导产业和资源综合利用，发展第一、二、三产业，优化产业结构。通过对资源的综合开发利用，推动乡村经济持续发展，促进特色产业发展。通过特色农业资源的开发，优化农业产业结构；通过特色能矿资源开发，促进乡村工业发展；通过特色旅游资源的开发，推动乡村服务业发展，同时根据市场的需求和政策的调整，选择适当的特色资源开发，从而整体推进乡村三大产业优化和融合发展，实现村落产业结构的优化，推动村落适度扩展（图 8.4）。

（二）实施路径

1. 依托特色资源，探索产业发展路径

西南地区区域资源禀赋丰富多样且差异明显，各地需根据地方资源，挖掘和发挥自身优势，并根据市场需求和自身发展条件，在保证不破坏生态环境的前提下，摸索出适合乡村持续发展的产业。

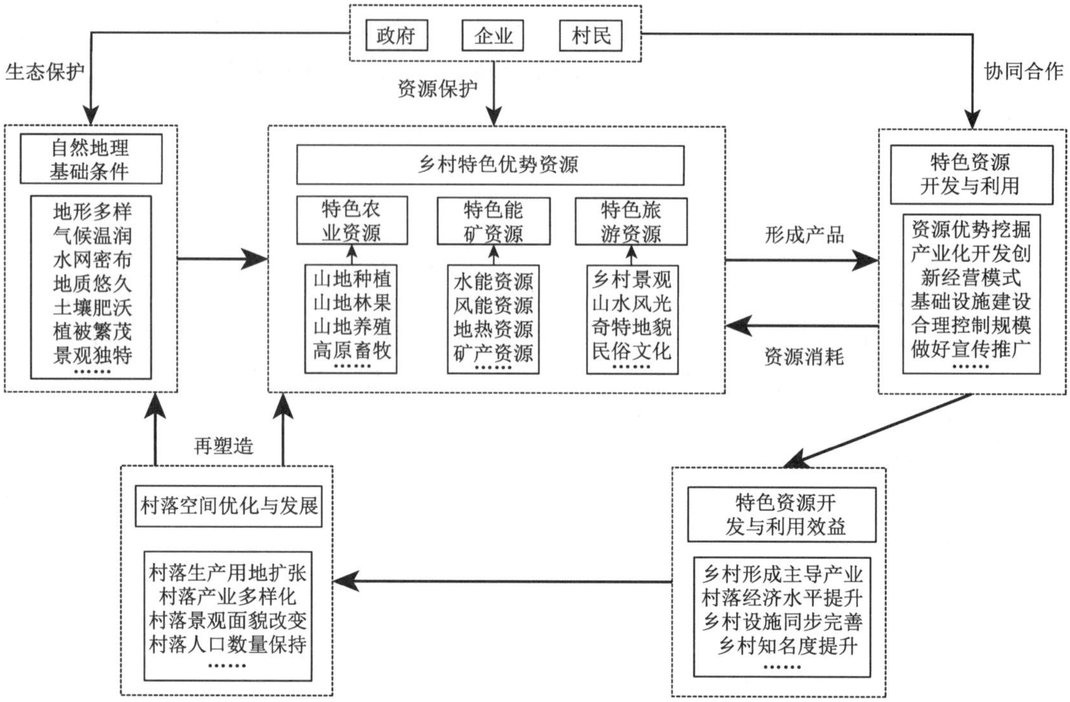

图 8.4　特色优势资源驱动——村落适度扩展模式

2. 强化产业化发展，提升附加值

特色资源开发不应仅仅停留在对资源的开采和利用上，还必须推进产业化发展，做好产品深加工，打通产业链，打造乡村品牌，形成特色主导产业，打造“一村一品”，推动农村产业升级，这也是农业现代化的要求。

3. 完善基础设施建设，做好配套

建设好水利工程等农业基础设施，助力于农业特色资源开发；建设好交通物流运输网络，助力于能矿资源开发；建设好村道、农村客运、服务配套设施，助力于特色旅游资源的开发。

4. 加强政府、企业、农户间合作

通过政府的政策以及财政支持、企业的商业开发、村民的经济发展需求，三者之间达成特色资源开发协议，加强协同合作，构造“政府 + 企业 + 村民”的合作形式，共同进行乡村特色资源的开发和利用。

5. 注重保护生态，避免过度开发

注意对乡村资源的保护，区分好可再生资源和不可再生资源，明确各地区资源利用的范围和规模，合理利用可再生资源，限制开发利用不可再生资源，避免因过度开发导致逆效应，成为“昙花一现”式的发展，遏止村落资源数量和环境质量下降。

（三）模式适应地域及案例

1. 特色农业资源开发型地域

1）主要地域类型

该模式适合发展基础较薄弱、经济较落后但自然生态环境优良地区的村落。该类村落因地形、土壤、气候等自然条件差异，具有独特的自然地理条件优势，可以发展优势各异的特色农业。主要包括Ⅰ、Ⅱ、Ⅲ、Ⅳ、Ⅵ、Ⅷ、Ⅸ、Ⅹ等乡村地域类型的村落。

2）典型案例——重庆市奉节县草堂镇

草堂镇位于奉节县，海拔 160～1630m，是典型的立体气候。该镇光热资源充足，降水充沛，盛产脐橙。脐橙一直是草堂镇的特色产业，是群众主要的收入来源。2008 年草堂镇七里村成立奉节县草堂脐橙种植专业合作社，主要经营脐橙种植，通过进行山地农业资源开发，种植脐橙，每年产量高达 13700t，依托这一特色农业资源开发打通产业链，建立了产业园和种植基地。该镇的农业生产建设用地在空间上有了大面积的扩张，草堂镇村民的收入也有了显著提高。

2. 特色能矿资源开发型地域

1）主要地域类型

进行能矿资源开发的村落需具有独特优势的自然条件，如地形起伏大、降水充沛的地区适合水能资源梯级开发，气压梯度力差异大的地区进行风力发电场站建设，光照充沛的地区发展太阳能发电产业等。独特地质构造形成矿产资源富集地，且交通条件有一定基础的村落，可以进行矿产资源开发与加工。各乡村地域类型的村落均有涉及。

2）典型案例——贵州省毕节市威宁县么站镇岔河村

岔河村地处么站镇东南，2016 年国家电投集团在么站镇实施“农光互补”项目，采用“农业种植＋光伏发电”模式，利用当地高海拔低产旱地和荒地，采用高支架和大间距布置光伏阵列，进行光伏发电，同时，支架下的土地种植经济作物，占用土地采取租赁方式，保障农民通过土地流转获得一定收入。电站投产后，3/4 的土地仍由村民种植，种植蔬菜、花卉等，可以避免杂草生长，防止遮挡光伏板，节省了除草支出，也保证了发电效率。通过发电项目带动，岔河村村民实现稳收增收（马新和周成勇，2018）。

3. 特色旅游资源开发型地域

1）主要地域类型

旅游资源开发模式主要适合有奇特自然景观、美丽乡村景观、独特民族民俗文化且交通条件较为便利，村落基础设施建设比较完善，距离城镇较近的村落。主要包括Ⅰ、Ⅳ、Ⅴ、Ⅵ等乡村地域类型的村落。

2）典型案例——广西贺州市富川瑶族自治县富阳镇虎头村

虎头村位于富阳镇的龟石水库旁，过去是一个贫困的小渔村，为谋求村落发展，当地依托水库这一自然环境优势，打造“七彩乡村”，村民成立合作社，开起了农家乐，同时对虎头村民居进行 3D 彩绘，建成一批旅游基础设施，吸引了大批游客，开展观光、休闲、餐饮等服务活动，带动了乡村其他产业发展，使虎头村成了新兴生态旅游村，村民收入显著提高，居住条件和生活环境也得到了改善（沈泉池，2018）。

五、乡村旅游需求驱动——村落转型发展模式

（一）模式内涵

乡村旅游是现代乡村转型发展的新模式，将农业和旅游业进行结合，是一种新型的产业形式（郭焕成和韩非，2010）。西南地区的乡村田园景观丰富，民俗风情多样，乡村生态环境优美，乡村农庄特色鲜明，具有丰富的旅游资源，且城镇居民休闲度假需求量大，通过发展乡村旅游，有利于调整农村产业结构，带动二三产业的发展，促进农村剩余劳动力就业，丰富城乡之间信息、技术、观念的交流，促进城乡协调发展，深入保护农业文化和生态环境，实现农业可持续发展（郭焕成，2010）。乡村旅游主要包含的类型有田园观光、生态农庄、民俗风情游、休闲度假等，通过发展旅游，推进乡村道路交通等基础设施建设，完善乡村社会公共服务的供给，使西南地区的村落得到合理建设以及适度扩展，乡村的产业从以农业主转向农业与旅游业相结合的新模式，可代替一些容易产生污染的乡村产业，走绿色、协调、可持续发展之路。同时，乡村旅游的发展也能够带动乡村农业、农产品加工业、乡村服务业等其他产业的发展。因此，乡村旅游需求驱动村落的转型发展可达到村落区位优化、村落人居环境改善、村民生活水平提高的村落空间优化目的（图 8.5）。

（二）实施路径

1. 生态文明引领乡村旅游规划

依托村落田园景观、生态环境、民俗文化、特色建筑等资源，科学合理地进行乡村旅游规划和布局，遵循保护乡村环境、生态和谐、以人为本的原则，修缮改造民居、治理村落卫生环境，打造乡村文化、生产、生态与村落现代化相结合的乡村旅游社区。

2. 开发丰富多样的乡村旅游产品

乡村旅游产品开发是乡村进行旅游发展的关键一步，通过打造特色乡村景观、村落民俗馆、乡村民宿、农家乐、美食品尝、农事体验、水果采摘、户外露营、文化表演等丰富的乡村旅游产品，吸引不同需求的旅游人群。

3. 建设完善基础与公共服务设施

发展乡村旅游，必须建立完善的基础和公共服务设施，尤其在经济、社会发展较为落后的西南地区，更需要加强基础和公共服务设施建设，修建、拓宽道路，完善村落现代化的基础设施建设，如公共厕所、分类回收垃圾箱、停车场、消防设施等，提供现代化的公共服务，如通信信号全覆盖、互联网、无线网络、文化教育、卫生服务等，从整体上提升乡村旅游服务的档次。

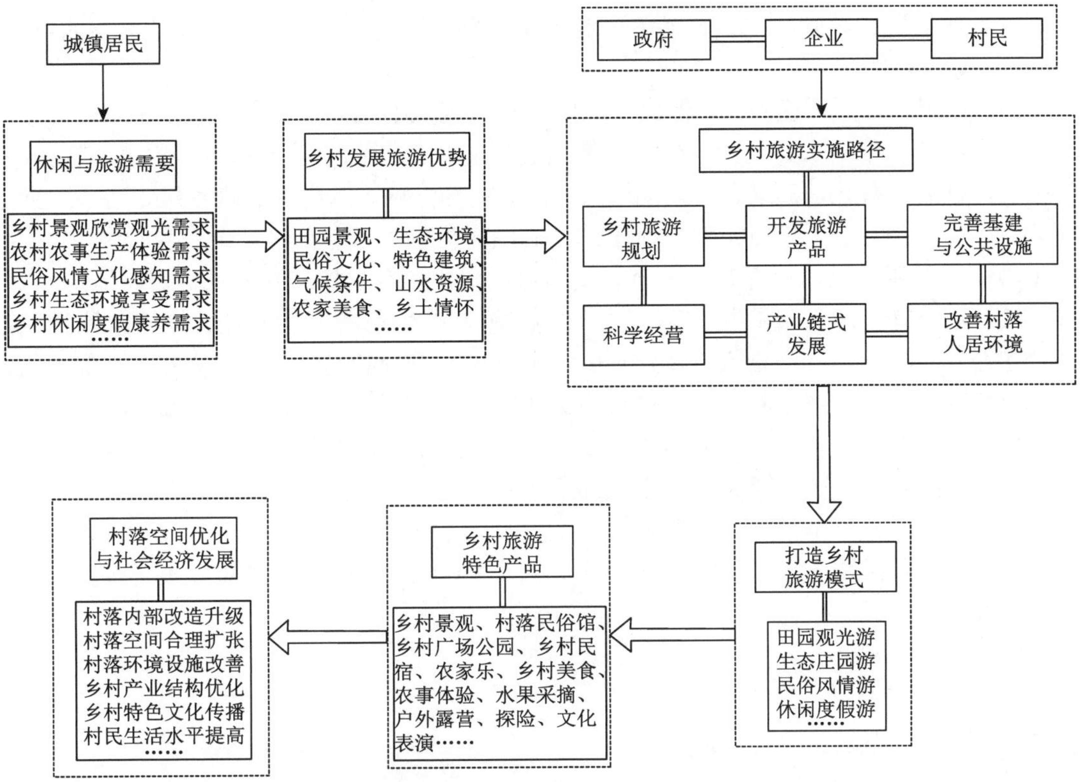

图 8.5　乡村旅游需求驱动——村落转型发展模式

4. 科学经营，打造乡村旅游品牌

以现代服务理念经营旅游产业，提供优质的服务，做好旅游产品的营销，结合互联网，做好线下、线上的经营，加强宣传，推广特色乡村旅游，打造乡村旅游品牌，吸引更多旅游者。

5. 政府、企业与村民合力打造乡村旅游产业链

乡村旅游除可以直接推动村落建设、经济水平提升，还可以带动乡村其他产业发展，发挥政府乡村发展战略及乡村旅游发展政策，吸引企业投资、村民参与建设与服务，推动农业、农产品加工业和服务业结合，延长产业链，实现三大产业融合发展，满足乡村旅游者吃、住、行、游、购等多种需求，增加乡村旅游业附加值（张建和李世泰，2015）。

（三）模式适应地域及案例

1. 田园休闲观光旅游发展型地域

1）主要地域类型

田园观光模式适合低山、中低山、丘陵地区，且海拔适中、气候温润、无重大自然灾害、区位与交通条件较好，且邻近城镇周边的村落。此类村落较为开放，有大面积的乡村

田园景观作为发展基础。主要包括Ⅰ、Ⅱ、Ⅲ、Ⅳ、Ⅵ、Ⅷ、Ⅹ等乡村地域类型的村落。

2）典型案例

（1）云南省保山市隆阳区。保山市隆阳区进行观光农业园建设，引导传统农业转型为休闲观光农业，推出农业观光、休闲娱乐、传统文化等特色旅游产品，以“菜、花、果”为核心，打造“云花、云果、云菜”三大名片。由花卉区、水果区、蔬菜区、智慧农业示范区、优质粮食生产区和田园特色村庄共同构成有机整体，将农业生产与乡村旅游、传统文化、科技创新、科普教育充分融合，使得农业文化和乡村旅游共同推进。

（2）云南省曲靖市富源县大河镇白马村陶源溪谷生态庄园。大河镇位于富源县城南部，白马村 2000 年户籍总人口约 7300 人；总户数约 1800 户，常住人口约 5000 人，2018 年户籍总人口约 7830 人，总户数约 2020 户，常住人口约 4000 人。陶源溪谷生态庄园，位于大河镇白马村内，距县城约 10km。农庄包含农业观光、餐饮、科普教育、农事体验、农产品销售、娱乐休闲等特色项目及配套设施，以特色水果和花卉种植为主，种有黄桃、梨、苹果、车厘子等，长期提供赏花、水果采摘等服务，近年来带动白马村约 400 名村民就业，乡村经济水平得到显著提升，乡村的其他产业也得到同步发展（曹振华和邓成斌，2018）。

2. 乡村休闲度假区发展型地域

1）主要地域类型

该模式适合村落环境优美、气候适宜、冬暖夏凉的山地丘陵地区，且邻近城市周边，交通通达性好的村落。主要包括Ⅰ、Ⅱ、Ⅲ、Ⅳ、Ⅵ、Ⅷ、Ⅹ等乡村地域类型的村落。

2）典型案例——贵州省遵义市桐梓县九坝镇

九坝生态度假区占地近 $50km^2$，绿化率达 80%以上，可容纳 8 万人左右。九坝镇积极与政府协同，修建水厂、电站和天然气站，规划建设仿古商业街，打造避暑小镇，满足业主和游客的日常生活需求，包括超市、农贸市场、餐饮、社区医院等，配备羽毛球场、篮球场等多种运动场所。围绕度假区，当地居民通过开设农家乐、私营百货、种植养殖、农产品生产与销售等获得经济收益。当地乡镇通过开发建设酒店和商品房，发展服务业，吸纳农村劳动力，促进了当地村民的就业。

六、基础与公共服务设施建设驱动——村落升级扩展模式

（一）模式内涵

西南地区许多地域的村落由于受地形等自然地理劣势影响，相对于平原地区，村落基础设施条件较差，社会公共服务体系不健全，因此必须推进抓重点、补短板工作，坚持软、硬结合，加大支持最薄弱乡村地区基础设施建设领域的补短板力度，同时重视乡村公共服务设施的建设。

通过推进乡村道路建设和道路网络优化，改善农村水利、电力设施，建设文化卫生教育设施，提升信息化网络设施覆盖度，保障社会公共服务的供给等，从而全面提升村落空

间优化和民生条件的改善。村道的修建不仅可以方便村民的出行和生产，更重要的是打通了村内与外界联系的渠道，信息、技术、资金等流通更为便捷，水利、电力设施的建设和升级，也提高了农业生产的效率。文化卫生教育设施的修建则保障了村民接受教育和享受福利的权利，信息化网络则为乡村搭建了与社会、市场交融的大平台，农村教育事业、公共卫生服务、农村养老制度的完善也能提升村民的生活质量。因此，随着道路交通等基础设施及教育、医疗等公共服务设施的建设和完善，村落道路干线、生产设施、生活设施、公共服务等不断升级，沿路干线、生产空间、生活空间不断扩张，强化村落与外部的联系，从而推动村落区位逐渐优化，环境改善，实现村落的改造、升级，村落空间的不断优化（图 8.6）。

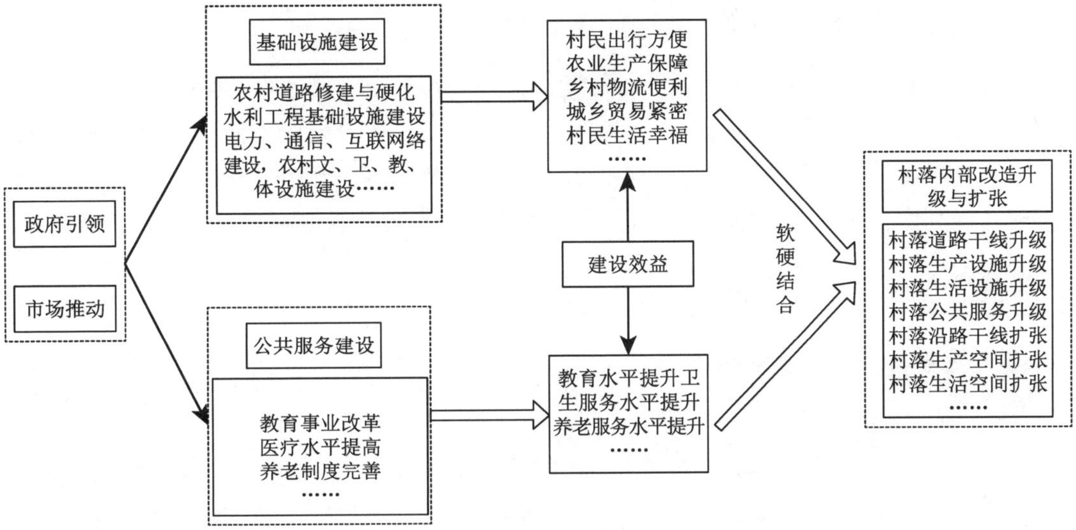

图 8.6　基础与公共服务设施建设驱动——村落升级扩展模式

（二）实施路径

1. 加强乡村道路建设，改善交通贸易物流条件

全面推进“四好农村路”建设，加强和完善村道建设，对老旧泥路、土路进行硬化，提高道路质量，实现村村通、社社通、户户通，建立长期道路管理与养护制度，鼓励发展乡镇公交，联通城镇，方便村民基本出行，提高乡村道路密度，建立农村基础物流网络，打通乡村地区贸易、邮政、快递、运输的通道。

2. 建设新型农村水利基础设施网络

因地制宜，修建大、中、小型水利设施，鼓励农业生产实行节约型灌溉系统，并加强河流的治理，修建水库调节水源与水库整修加固除险结合，保障农业灌溉生产用水安全。

3. 升级农村电力、通信、互联网络

保障村民用电和通信网络，加快农村电网改造升级，推进生物质热电联产等清洁工程，

推广绿色节能产品。提高通信网络覆盖度，加强通信基站、电信宽带网络建设，鼓励宽带入户等。

4. 加强设施建设，推进农村文化教育事业发展

依据村落基础条件和人口规模，合理规划布局农村图书室、文化体育设施、文化广场、中小学校，进行标准化建设，保证设施的质量和水平，逐步实现全民覆盖，鼓励全民读书、全民健身；改善乡村中小学校基本办学条件，引进高水平骨干教师人才，提升乡村教学质量，推进高中教育普及，加强中小学双语教育，提高村民综合文化素质水平。

5. 完善农村医疗卫生服务、养老设施及制度建设

依据村落基础条件和人口规模，合理规划布局乡镇医院、卫生所，医疗卫生服务上普及农村医保，引进先进医疗设备，提高医疗水平，为村民建立健康档案，长期关注村民健康问题；落实农村养老制度，构建以民为本的养老服务体系，建立医疗与养老相结合的养老机构，提高农村地区养老服务能力，使农村老人的终老问题得到妥善解决。

（三）模式适应地域及案例

1. 交通基础设施建设型地域

1）主要地域类型

该模式适合乡村发展基础较为薄弱，交通较为封闭、通达性差的经济落后地区的村落。通过交通物流基础设施建设来弥补区位劣势，推动乡镇、建制村道路硬化，拓宽主要行车干道，增设安全防护设施等道路配套设施，健全农村客运体系，打通城乡客运干线，建立物流配送网点，覆盖建制村，促进村落基础设施与人居环境建设。主要包括Ⅰ、Ⅲ、Ⅵ、Ⅶ、Ⅷ、Ⅸ、Ⅹ等乡村地域类型的村落。

2）典型案例——四川省甘孜藏族自治州甘孜县

甘孜县位于甘孜藏族自治州北部，近年来，该县制定了交通先行、争创全省“四好农村路”等实施方案。2015 年以来，该县积极建设通乡公路、通村公路、乡村牧道等，建成县、乡级客运站、农村招呼站，开通城乡公交专线，目前已基本实现通乡通村，四通八达的农村道路建设为农村居民出行和乡村产业发展提供了便利（王云汉，2018）。

2. 基础与公共服务配套设施建设型地域

1）主要地域类型

该模式适合经济发展较为落后的村落。这类村落本身经济条件差，农村基础设施十分欠缺，农村发展潜力不足，应由政府财政与民间资本、村民自筹资金结合，完善乡村基础设施建设，包括农村水、电、网等生活基础设施，中小学、村镇医院（卫生所）、村体育场所、文化读书室等农村卫教文体社会设施，以及生态保护设施等，改善乡村生产、生活、生态环境。主要包括Ⅰ、Ⅲ、Ⅵ、Ⅶ、Ⅷ、Ⅸ、Ⅹ等乡村地域类型的村落。

2）典型案例

（1）四川省广元市旺苍县五权镇大垭村。五权镇位于旺苍县东北部高山峡谷地区，生产生活全靠肩挑背磨，刀耕火种，原始且粗放。近年来，大垭村强力推进基础配套设施建设，硬化村社道路 20km，人畜饮水改造 220 户，农网改造 218 户，架设光纤 7km，完成规范化党群服务中心、文化院坝、村卫生站、文化室和“三网合一”通信基站建设，新建集中与分散供水点，安装人畜饮水管道，贫困户危旧房改造 43 户，村篮球场、便民健身器械一应俱全。基础设施的建设，使群众的生产生活条件快速改善，同时带动了村农业产业的升级和集体经济的稳步增长，大垭村也从信访矛盾突出的“问题村”蜕变为各项工作优秀的“先进村”（代蕊和马文，2018）。

（2）贵州省黔东南州麻江县。麻江县位于贵州省中部，清水江上游，近年来在社会公共服务设施建设方面做了大量工作，在教育事业方面，实现宽带网络校校通、多媒体教学资源班班通，教育现代化进程加快。在社会保障方面，启动实施了居民养老保险制度，城乡居民养老保险参保率达 98%以上，建立农村高龄老人补贴制度。在卫生计生事业方面，推进县公立医院改革，加大乡镇卫生院的建设投入，设施和诊疗水平不断提升，村级卫生室实现全覆盖，通过乡村基础与社会公共服务设施的建设，村落的区位和内部空间结构得到不断优化。

七、文化传承与保护驱动——特色村落建设与保护模式

（一）模式内涵

乡村不仅是乡村居民生产、生活的场所，更是中国传统文化重要的载体，具有丰富的文化底蕴。乡村文化是乡村发展的基础和核心，体现在精神和物质生活的方方面面，乡村传统建筑、服饰、风俗习惯、饮食、传统工艺、民俗节日、民间传说等均体现出乡村文化的多样性（刘正阳，2018）。西南地区村落发展历史悠久，有浓厚的乡村文化底蕴，且少数民族众多，民俗风情多样，包括传统村落的农耕文化、特色村落的艺术文化、古村落的历史文化、民族村落的民俗文化等。通过特色文化村落建设，将民族、民俗文化打造成乡村文化品牌；同时注重对古建筑、古村落的保护，增强乡村文化吸引力。特色文化村的建设改善了村落物质与文化景观，古村落保护使乡村传统文化与文化景观得以延续，更可将旅游与特色文化村落建设与保护结合，发展乡村旅游产业、乡村文化产业，优化乡村产业结构，提高村民收入，改善乡村人居环境，从而推动村落空间优化（图 8.7）。

（二）实施路径

1. 保护性利用传统文化

乡村传统文化、民俗文化是我国传统文化的精髓，尤其在西南地区，自然、民族的差异使其拥有丰富的特色乡村文化，深入挖掘各地区村落文化蕴含的农耕文化、建筑文化、民俗文化，是探索传统物质文化与传统、民俗风情等非物质文化的传承保护途径。

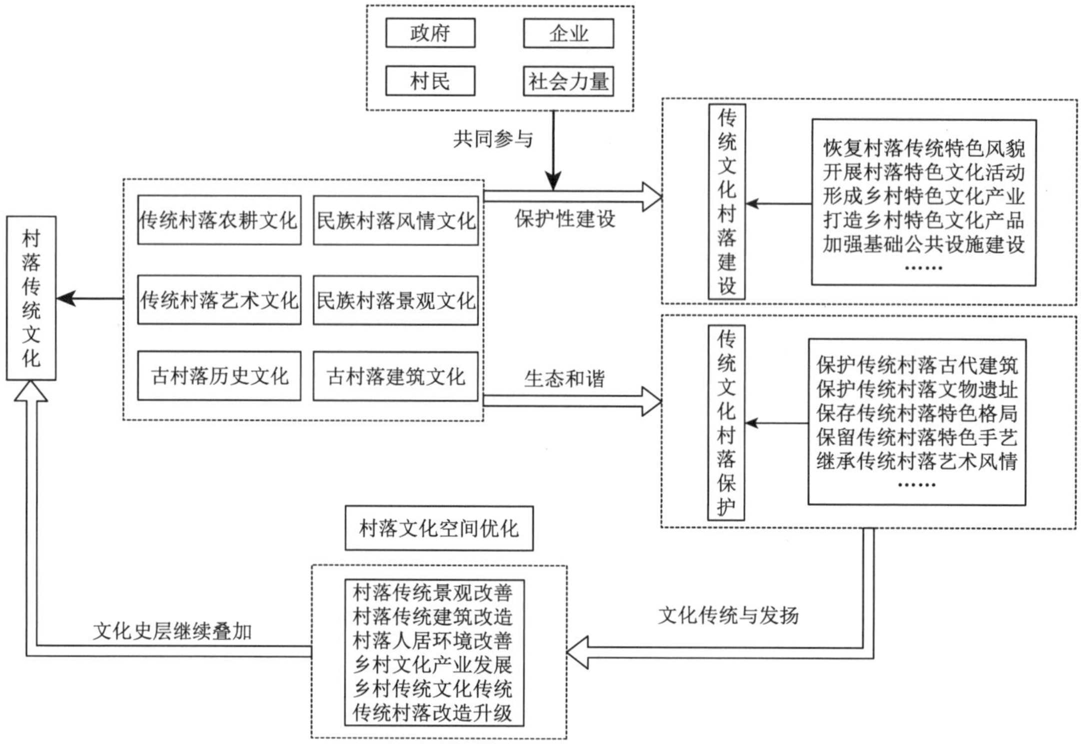

图 8.7　文化传承驱动——特色村落建设与保护模式

2. 重构乡村文化生态

挖掘乡村特色文化符号，盘活地方和民族特色文化资源，保护乡村原有建筑风貌和村落格局，把民族民间文化元素融入乡村建设，重塑诗意闲适的人文环境和田绿草青的居住环境，重现原生田园风光和原本乡情乡愁。地方政府应联合村民、企业家、文化工作者共同投身乡村文化建设。

3. 发展乡村特色文化产业

结合村落的特色民俗、民族、历史文化资源，打造乡村特色文化产品，形成具备一定吸引力的特色文化产业，并可结合乡村旅游弘扬与传承乡村特色文化，还可生产具有民俗文化特色的传统工艺产品，形成品牌优势，促进乡村文化产业的发展。

4. 政府、开发者、村民共同参与

政府颁布村落保护性政策和提供财政支持，加强对村落的管理，加以制度实施；企业进行特色民俗村落打造开发建设，突出地方村落文化特色，与二、三产业结合，打造文化产业链；村民投入劳动力、住宅等资源参与特色民俗村的建设和传统古村落的保护，从而推动村落传统文化的传承与发展。

5. 传承传统文化风貌与改善人居环境并进

建设和恢复体现村落传统文化的建筑，还原其特色风貌，建立传承风土人情的文化活动场所，设立村文化展览室，整体上营造村落传统文化传承的氛围，同时进行危旧住房的维护、翻修，治理村落卫生环境等，改善村落人居环境，打造出文化特色鲜明、卫生环境干净整洁的村落面貌。

（三）模式适应地域及案例

1. 民俗文化村落发展型地域

1）主要地域类型

该模式主要适合少数民族集中分布、村落历史悠久、传统民俗文化浓厚、民族特色文化特征显著的少数民族聚居村落，乡村劳动力充足，区位交通条件较好，科学规划布局建设民俗文化风情村，既保留乡村传统民俗和民族文化特色，又能够带动村落民居保护和空间布局优化、基础设施与人居环境改善，主要包括Ⅰ、Ⅲ、Ⅳ、Ⅴ、Ⅶ等乡村地域类型的村落。

2）典型案例

（1）贵州省黔东南州黎平县双江乡黄岗村。黄岗村地处双江乡东南部，为典型的纯侗族村寨，建寨已有800年历史。黄岗村坐落在深山里，保存和延续着上千年传统生产生活习俗，最隆重的节日为“祭天节”和“抬官人节”，民族节日文化特色显著。寨内有古粮仓群，近年已被列入世界文化遗产预备名单，在各级地方政府支持下，黄岗村修建了鼓楼群、风雨桥、戏台、表演楼等民族风情建筑及步道硬化、消防、饮用水等基础设施，吸引了众多游客前往参观，村落的保护和发展同步进行。

（2）重庆市黔江区小南海镇新建村土家十三寨。土家十三寨距黔江主城区约30km，聚居生活着200多户近1000名土家族人。在建筑风格上，以木质结构为主，布局由品字形、四合院等形式组成，有全吊、半吊型吊脚楼等多种样式（何治江，2016）。2008年以前，十三寨交通闭塞，居民生活贫困，传统建筑老化，缺乏维护资金，非遗传承乏力，缺乏传承人，基础设施落后，人居环境差。2008年，黔江区总投资2800万元，对十三寨实施民俗村项目建设，对十三寨统一进行规划建设、管理运营，持续举办山歌比赛、摆手舞比赛、村庆晚会，向外推宣十三寨，与旅行社签订合约、与学校联系研学旅行业务等，促进村民收入与生活水平的不断提高和村落功能优化。

2. 古村落保护与复旧建设型地域

1）主要地域类型

该类型适合村落年代久、具有特色的传统古建筑和传统技艺突出的村落，西南地区各地域类型都存在这类村落，因此，各地均有适应这种发展模式的村落。

2）典型案例——四川省阿坝州理县桃坪乡桃坪羌寨

桃坪乡桃坪羌寨始建于公元前111年，有世界上保存最完整的羌族古建筑群，是国家级重点文物保护单位。桃坪羌寨是一个古城堡，除了满足居民日常生活需求外，还具备战争防御功能，极具研究意义和保护价值。2016年，当地政府实施桃坪羌寨传统村落保护和发展项目一期工程，新建公共厕所，推进地质灾害及人居环境整治工程。通过桃坪村落保护与整治一期项目的实施，改善了羌寨内部的公共设施、人居环境卫生和水土保持设施，提高了村寨整体形象，增加了羌寨的观赏性和游客旅游的舒适度，既促进了传统文化传承发展，又推动了旅游业和经济与文化事业的进一步发展。

八、政策驱动——村落改扩建模式

（一）模式内涵

国家政策对于乡村的建设和发展有着重大的意义和深远的影响，尤其是西南地区的乡村，受自然地理条件和区位的影响，其先天发展条件较差、发展滞后，村落社会、经济水平低下，村落空间有序性差，村民素质水平不高，村落自身发展潜力不足。因此，国家和地方政府通过实施差异化政策来进行调控，对发展不足或发展面临困难的乡村给予政策支持，必然伴随各种投入的增加，从而推动乡村与村落发展。在乡村振兴战略的大背景下，对于村落的政策支持主要有两个方面，一是对于相对贫困的乡村地区，继续通过资金倾斜、扶持村落改造等方式进行精准扶贫，消减乡村贫困；二是对于村落发展面临的各类问题，如乡村发展不充分、乡村地区优势潜力发挥局限等，通过美丽乡村建设、生态建设等项目支持，解决乡村“两不愁三保障”面临的突出障碍，旨在消减乡村贫困，同时可以推动乡村持续发展，实现美丽乡村梦。因此，通过国家及地方政府的针对性扶持政策和乡村发展项目支持，聚焦“三农”发展，加强乡村基础建设、完善政策支持，保障乡村居民基本生产与生活条件，促进经济发展，带动村落发展与空间优化，改善村落区位条件、人居环境，提高乡村居民生活质量（图8.8）。

（二）实施路径

1. 精准落实扶贫战略，巩固脱贫成果

实现全面小康的目标最重要的就是补齐乡村贫困这个“短板”，国家制定精准扶贫战略和加大倾斜性投入，地方政府也不断完善政策措施，精准落实农村低保和各项惠农政策，注重解决村民生计问题，物质脱贫与精神文化脱贫一起抓，避免贫困村民“等、靠、要”，实现持续稳定脱贫、巩固脱贫成果。

2. 加大基础设施建设力度

乡村基础设施的落后是西南地区农村发展滞后的主要原因，通过交通道路、农业水利工程、乡村振兴战略、农村水电气设施等建设，加强政策补贴，提高农村生产力水平，改善村民的生产与生活条件。

3. 完善社会公共服务供给

一些村落的村民人均年收入较高，乡村基础设施条件具有一定的发展水平，但从美丽乡

村建设的要求看，乡村基础与社会公共服务的供给还不完善，乡村“软实力”较弱，应通过改善乡村中小学办学条件、提高教育水平、提高医疗水平、完善社会保障制度、提供乡村金融服务等，提高村民满意度，保证村民的生产生活需求，提升乡村社会公共服务水平。

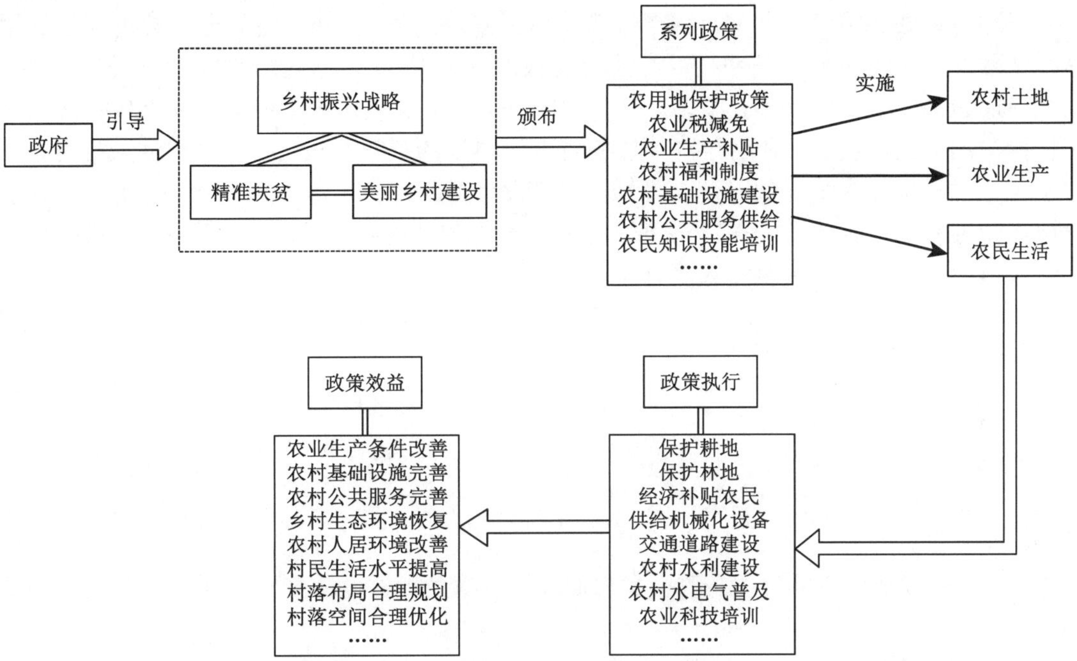

图 8.8　政策驱动——村落改扩建模式

4. 强化乡村产业可持续发展

通过政府政策引导与支持，改善农业生产条件，打通农业生产、加工、销售的产业链，提高附加值，推进产业配套设施的建设，增强乡村产业在市场的竞争力，由政府主导，发挥资源环境优势，打造乡村品牌，吸引外部主体与要素，强化乡村生态产业发展，实现乡村可持续发展。

5. 加强村落生态建设，改善人居环境

美丽乡村建设必须注重村落生态保护与建设，改善人居环境。通过制定保护性政策与制度，限制和管控乡村土地开发，建立生态保护区，同时注重农村生产垃圾处理和污染治理，对农村生活垃圾进行分类收集、处理等，切实改善乡村生产、生活环境。

（三）模式适应地域及案例

1. 扶贫开发建设型地域

1）主要地域类型

该模式适合自然地理条件恶劣，区位、交通条件差，经济严重滞后的村落。该类村落

自身发展能力差，经济与社会发展滞缓，需由政府扶持、企业支持、集体与村民主动参与，通过完善基础设施、合理配置乡村资源、增强社会公共服务供给能力，改善村落生产与人居环境，推动村落发展，主要包括Ⅱ、Ⅲ、Ⅶ、Ⅷ、Ⅸ、Ⅹ等乡村地域类型的村落。

2）典型案例——广西壮族自治区百色市隆林各族自治县德峨镇三冲村

三冲村地处德峨镇西北部，属于高寒山区，三冲村下辖 19 个自然屯，曾为深度贫困村，贫困发生率约 30%。三冲村以产业为引领，以贫困户精准脱贫为总抓手，因地制宜，结合当地条件发展茶叶种植，形成一整套生产—加工—销售的产业链，通过流转农民土地间接使贫困户获得收益。利用帮扶单位的资金为村里的基础建设、产业发展注入活力，成立了 3 个以村集体为主导的养殖合作社。宣传教育资助相关政策，帮助相对贫困的家庭子女申请就读补助，通过“扶志”“扶智”推动乡村振兴，同时完善村屯道路硬化基础建设、加强村容村貌整治，提高乡村人居环境质量。

2. 美丽乡村建设型地域

1）主要地域类型

建设社会主义新农村、美丽乡村战略的实施，为西南地区广大村落的发展提供了良好契机。主要通过完善乡村路、水、电、气、厕等基础设施建设和改造升级，优化乡村产业结构、促进农业产业化发展，完善乡村文、教、医、养、社保等社会公共服务，整治农村生态环境，保障村民生活环境，改善乡村面貌。美丽乡村建设适合研究区内所有地域类型的村落。

2）典型案例——重庆市彭水苗族土家族自治县润溪乡白果村

润溪乡白果村过去基础设施建设滞后，乡村经济与社会发展缓慢，村民收入低水平是常态，缺乏致富经验。近年来，政府加大资金投入，在当地发展现代烟草产业，硬化村道，完善入户路建设，整治土地，建设烟田配套水池和气象站等基础设施，合理布局与规划，高海拔地区进行现代化烟草种植和生产，低海拔地区种植马铃薯，推进农民培训、农技推广、农村清洁工程等项目，如今白果村的面貌焕然一新，村民收入也显著提高。

九、科技进步驱动——科技村建设模式

（一）模式内涵

科学技术是农业生产、农村发展、村落进步的重要推动力，在现代农业生产中，新型机械化农业生产设备是农业生产的物质基础，新型育种技术、养殖技术和加工技术是农业生产的活力源泉。2018 年，农业农村部在《乡村振兴科技支撑行动实施方案》中提出通过提升科技水平，提升农业竞争力，推动农村生态环境改善，促进农业、农村发展变革，支撑引领乡村全面振兴和农业农村现代化，并提出要打造 1000 个乡村振兴科技引领示范村。西南地区乡村基础设施条件差，农业发展的主要瓶颈在于缺乏农业现代化设施和新型农业生产适用技术，生产方式比较传统而且不利于生态良性循环，农业产业化发展水平不

高、速度缓慢。在农业和农村发展中应不断利用现代技术，增强科技对农业与农村发展的推动作用，加强清洁高效农业生产、农村生态建设、村落生态建设，实现乡村农业产业化、现代化和绿色发展，提高乡村居民收入水平，改善村落生产生活环境，从而推进村落经济社会持续发展和人居空间优化（图 8.9）。

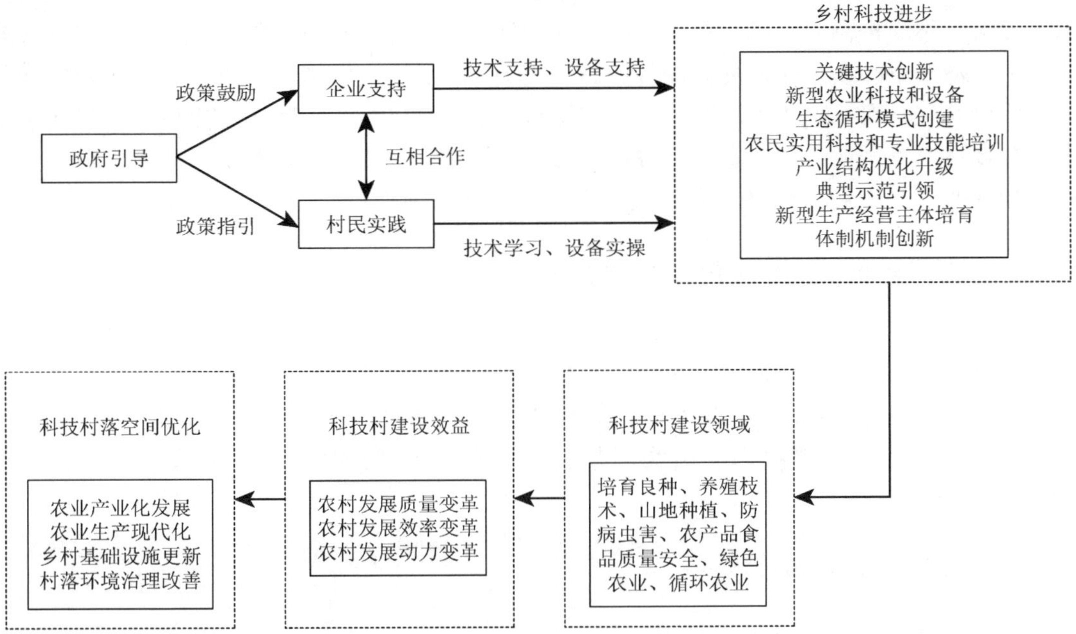

图 8.9　科技引领驱动——科技村建设模式

（二）实施路径

1. 吸引和培育具有创新意识和技能的人才

培育思想开放、具有一定科学文化水平的中青年农业大户、家庭农场经营者、农场实用技术带头人等，作为实施科技引领的主体；同时，各级政府用好激励政策鼓励能人返乡下乡创业，使这些新生力量敢于利用新思想、新技术、新理念、新经验引领乡村发展。

2. 加强农业新技术与新设备研发及推广

针对西南地区部分乡村地域农业发展质量不高、特色不显的问题，应对症下药，在培育良种、防病虫害、农产品食品质量安全、绿色农业、循环农业等领域研发新技术、新设备，并加快新技术、新设备的空间转移速度，从而持续推进农业产业化与现代化发展。

3. 普及农业实用技术，强化从业者专业技能培训

实现科技引领农业发展、打造科技村不是只靠技术和设备本身能够实现的，需要加强对农业生产者在生产实用技术、专业技能上的培训，提高其知识技能水平，培养村民的创

新意识和合作精神，将科技引领带动村落建设的效益带给每个参与农村发展与农业生产的村民本身。

4. 发挥科技对农村三大产业融合的引领作用

政府支持与相关科研院所形成合力，加强农业技术创新，促进农村第一、二、三产业融合发展，不断提高农产品质量，扩大市场，优化产业结构。如依靠科技革新，开发农业新产品，提高产品质量；研发新设备提高生产效率，大力发展农产品深加工，开发多样化特色农业加工产品，促进乡村第二产业的发展；发展乡村旅游、农产品销售、“互联网＋农业”等乡村第三产业；并依靠科技进步，加强农村生态与人居环境建设。三大产业协调发展、繁荣兴旺且美丽的新乡村必将成为人们的向往之地。

5. 加强农业新型技术的集成示范和推广应用

以市场为导向，依托农业科技园区，集成农业科技成果及应用示范。以此为基础，因地制宜推宣农业新品种、新技术，如高效环保肥料、饲料、兽药、疫苗、机械设备等，大力推广绿色高效的新型山地耕种技术、山地畜牧养殖技术、病虫防治技术、节能减排技术、清洁生产技术、废物回收利用技术等，持续发挥科技对农业与农村发展的支撑作用。

（三）模式适应地域及案例

1. 产业升级与融合发展型地域

1）主要地域类型

该模式适合有一定的农业发展条件、自然地理环境条件好、村落社会经济水平较高，且有适度规模人口的村落。通过农业技术带动，引进现代新型设备，发展现代农业，建立现代化农业种养基地，进行集约化高效生产，推进农业精深加工和营销，融合三大产业，提高农村生产效率，促进乡村发展与村落建设。主要适于Ⅰ、Ⅱ、Ⅲ、Ⅳ、Ⅵ、Ⅷ等乡村地域类型的村落。

2）典型案例——广西百色市隆林各族自治县新州镇水洞村

水洞村深处山林之中，只有一条较为狭窄的盘山公路通达，交通较为不便。2012 年前，村民以种植玉米为主，经济收入少，贫困现象十分严重。2013 年，水洞村村民开始种桑养蚕，引进新型技术发展农业生产以改变贫困落后面貌，并与广西嘉莉茧丝绸有限责任公司合作，采取“公司＋基地＋农户”的模式，带动村民种桑养蚕。近年来，为提高农户的种桑养蚕技术水平，促进农民增收，镇政府组织举办种桑养蚕技术培训，为蚕农普及种桑养蚕实用技术，解决种植与养殖上的难题（戴洪昌，2018）。如今已经实现规模化种植，通过改良的种桑技术，25 天就可以采摘新桑叶，并已经引进新型养蚕设备实施自动化养蚕。在水洞村种桑养蚕基地的示范带动下，该镇其他 9 个村也开始科技化种桑养蚕，目前已成为该镇的主导产业，科技带动产业发展促进集体经济发展、人民致富，推动了村落的发展进步。

2. 农业绿色化发展型地域

1）主要地域类型

《乡村振兴科技支撑行动实施方案》中指出，在生态承载力不高、不合理利用导致的资源环境问题严重、自然地理条件较差的地区，通过科技引领，以绿色和生态为导向，围绕农业集约化生产、生态保护协调发展，大力推进农业绿色生产，结合资源保护、环境治理、生态恢复进行科技创新，提升科技创新水平，建设农业绿色发展新模式。应鼓励与引导农民使用有机肥，进行农业清洁生产，农牧结合，农作物废弃物资源回收利用，加强节能减排技术创新和普及，实现生产污染的无害化处理；做好绿色生产的标准化示范，推动乡村绿色产品销售，实现生产、生活、生态的协调，推动乡村持续发展。该模式主要适合Ⅱ、Ⅳ、Ⅶ、Ⅷ、Ⅸ、Ⅹ等乡村地域类型的村落，也适合其他类似乡村地区实施。

2）典型案例——云南省大理白族自治州南涧彝族自治县

南涧彝族自治县位于云南省西部，近年来，南涧县着力打造红大绿色烟叶品牌，走绿色发展之路。结合全县农业产业结构调整，优化烤烟产业布局，实行“烟—粮”作物间作与合理轮作，同时利用新技术降低烟地土壤重金属、化肥、农药残留。施农家肥，增加土壤养分，改良土壤性状，提高土壤肥力。在烤烟绿色防控核心区，推广烟蚜茧蜂生物防治技术，减少化学农药使用量，提升烟叶安全与品质，利于绿色防控，保护当地生态环境。用“低碳·绿色”理念发展生态优质南涧红大高端特色烟叶，实现南涧烤烟产业高质量发展（饶华松，2018）。

十、区位与人口驱动——村落撤并调整模式

（一）模式内涵

西南地区的村落在市、区县、乡镇中的区位（与道路的临近度和村落人口规模）对村落发展演变有重要的影响。靠近城镇地区、人口规模较大、劳动力充足的村落，受城镇化的辐射作用比较明显，城市反哺乡村效应也较大，或是处在某区域的中心、与周围地区联系密切的村落，其村落的规模、劳动力数量、空间布局、基础设施建设水平均较高；而远离城镇、处在偏远地区的村落，与周围地区的交流不便，其村落的规模、劳动力数量、空间布局、居住条件、基础设施水平均较低。因此，村落优化发展中，可充分利用区位条件较好、人口规模较大的优势村落，实行以城带乡、以城带村、城乡结合推进村落发展，或重点建设中心村，以乡带村、以村带村，以此带动村落发展，并吸引辐射周边较为落后的村落；对于区位条件较差、人口规模小、外出人口多的村落，加强空心村整治，通过村落撤并，在行政区划上进行调整。对于这两类村落，其重点无疑是加强基础设施、公共服务设施建设和相关政策支持，优化乡村资源配置和村落空间调整，缩小城乡之间、村落之间的差距（图 8.10）。

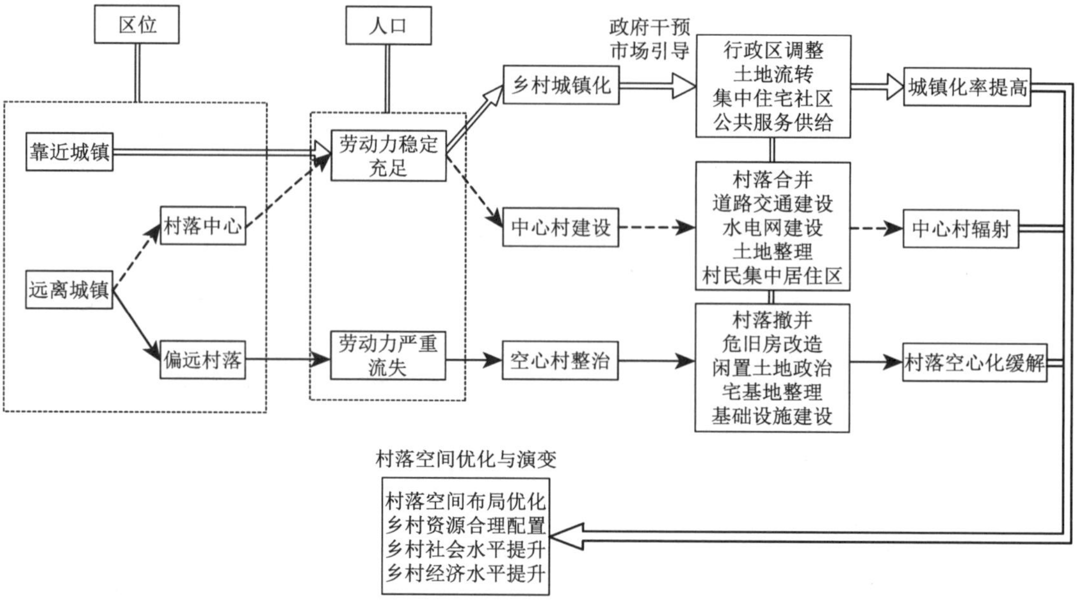

图 8.10　区位与人口驱动——村落撤并调整模式

（二）实施路径

1. 适度建设集中居住区，集约高效利用土地

区位、人口与土地的关系极为密切，尤其是西南地区因地形复杂，受土地资源与建设用地约束，许多村落人地关系紧张，人地矛盾突出，优质土地资源紧缺。城市近郊的乡村受城镇化影响，城市建设用地不断向乡村蔓延。许多乡村地区，由于人口大量外流，一些土地被闲置、荒废。因此，必须节约、集约利用土地，城郊地区建立居民集中住宅区，加强“村”改“居”进程；人口外流乡村地区也应建立村民集中安置点，建设新型乡村社区，并加强土地整理、治理，推进土地资源的适度规模化高效利用。

2. 优化资源配置，促进要素流动畅通

政府干预和市场导向结合，以市场化为主要手段，推动资源、生产资料、技术、劳动力、资本、信息等要素，在乡村、城乡、区域之间合理配置，尽可能实现均等化配置，实现农业生产资料、技术、劳动力、资本、网络信息资源等在城乡、区域、乡村之间的流动畅通。

3. 依据村落区位条件，因地制宜选择产业方向

随着城市的极化-扩散作用，近城郊区乡村并入城镇行政区，实现一体化发展，这些区域依托区位优势，花卉和蔬菜种植、农副产品生产与加工、乡村旅游、生态服务等成为产业发展方向。受城市化影响比较弱的分散型村落，可以适度合并，并选择区位条件较好的村落建设中心村，发展特色农业和集镇贸易，为周边农村提供服务。对于人口流失严重

的边远地区，可以进行村落撤并，建设宜居新村，集中力量整治空心村、废弃屋，发展特色农业，并进行适度规模经营。

4. 加强基础设施建设，增强公共服务供给能力

处在城郊地区的乡村的基础设施已经较为完善，要进一步提高社会公共服务的供给，实现与城镇同步，避免只有乡村土地城镇化，而缺乏乡村城镇化后村民应均等享有的社会公共服务。对于中心村而言，主要建设好与周边村落的道路交通、通信物流等，增强中心村与周边村落的联系，对于空心村，整治过程中完善好村落内部的基础设施建设和提高社会公共服务水平并进。

5. 妥善安置搬迁村民，解决村民生计问题

对于村落进行撤并的搬迁村民，要对其进行妥善的安置，保证住房、保证生产，通过分配土地、推荐就业、鼓励创业等解决村民生计问题，同时注重加强生产技术和实用技能指导，提高村民在新环境下的生存力和竞争力。

（三）模式适应地域及案例

1. 中心村建设型地域

1）主要地域类型

该模式适合区位条件较好、自然环境条件较好、位置比较优越、道路状况较好、交通便利、经济发展基础较好的村落。政府通过调研规划，根据区位和人口条件，集中力量，选择建设中心村，归并周边村落，完善道路交通等基础设施建设，提高村落公共服务供给水平，增强村落的吸引力，从而优化资源配置，实现乡村繁荣发展的目标。主要包括Ⅰ、Ⅱ、Ⅲ、Ⅳ、Ⅵ、Ⅷ、Ⅹ等乡村地域类型的村落。

2）典型案例——贵州省黔南州三都水族自治县

三都水族自治县位于黔南州东南部，当地结合村庄整治规划全覆盖，根据人口、土地、交通、水电、通信、教育、医疗等因素，合理编制中心村布局规划。结合生态移民、易地扶贫、危房改造等项目，引导居住在高寒山区、偏远地区、地质灾害多发区，以及居住分散、人口密度小、远离集镇或交通干线的贫困居民向中心村集中，以“整村推进”的方式着力对民族特色中心村寨进行建设，中心村建设以来，全县乡村建设取得显著成效，村民生产和生活水平提高，住房条件和生活环境也有明显改善。

2. 乡村城镇化发展型地域

1）主要地域类型

该模式主要适合西南地区中心城镇近郊的村落、乡镇、乡村集镇周围村落。在城镇化带动影响下，村落基础设施完善、公共服务供给水平高、产业结构转型和优化明显、村民收入来源多、村民思想理念比较开放。首先规划好乡村用地和城镇建设用地，然后充分利用城镇的资金、市场、技术等资源，促进乡村产业发展，引导村落空间布局，大力改善住

房条件、生产与生活条件，建设集中住宅区，完善社会公共服务，进行社区化管理。各乡村地域类型符合条件的村落均可采用该模式。

2）典型案例——四川省巴中市南江县东榆镇跃进村

跃进村过去是贫困村，但靠近南江县城，车程仅 10km，村落环境较好，森林覆盖率达 60%，村内经济作物发展有一定基础。2010 年，在政府带领下，对跃进村进行扶贫改造，2012 年依靠种植花草、水果建设城郊新型旅游度假村，宜居宜业新农村变成现实，建成新型社区，将居住区、公共服务区、产业区“三区分离”，科教文化、卫生保健、商业网点设施齐全，统筹规划建设路、房、水、电、气、通信等基础设施和教育、文化、卫生、产业等公共服务设施。其中，乐居家园已实现 2000 人集中居住，同时利用小河职中职教资源，积极开展建筑、沼气、电焊等技能培训，就地转移劳动力 400 多名，一些村民生产方式改变，农民工月收入可达 3000 元以上。

3. 空心村整治型地域

1）主要地域类型

该模式适合西南地区中以中山、高山为主的乡村地区，地理位置偏远、交通不便、区位条件较差、劳动力严重流失、经济发展水平低下的空心村落，尤其适宜山区村落。这些村落自然地理条件较差，长期以来村落经济与社会发展水平较低，青壮年劳动力多流失到城市或发达乡村地区，村内人口老少化问题严重，乡村的土地多闲置，宅基地无法得到合理利用，空宅多，导致村落空废化严重，村落发展严重受阻，急需进行改造。主要包括Ⅳ、Ⅶ、Ⅷ、Ⅸ、Ⅹ等乡村地域类型的村落。

2）典型案例——云南省大理白族自治州宾川县金牛镇蔡甸村

蔡甸村过去水电路基础条件差，房屋破旧，乡村劳动力多外出务工，人口流失严重，闲置宅基地近 20 个，是典型的“空壳村”。2015 年，蔡甸村大力整治“空心村”，对零星空闲土地、农户宅基地进行收储，拆除老村危房，拆除老化电路。同时，统一规划村内土地，合理布局公共设施，提高土地利用率。利用老村搬迁后留下的空壳村资源，对老村和后山进行开发，建设葡萄生产示范园和酿酒酒庄，围绕生态酒庄建设农家乐，把“空心村”改造成为生态庄园，兼备休闲旅游和特产开发功能。

十一、“互联网＋”驱动——互联网村建设模式

（一）模式内涵

随着现代信息技术、网络技术的发展，信息化、网络化已经或正在深刻影响现代社会发展。20 世纪 90 年代以来，信息技术与互联网技术在城市地区不断普及，并对社会生产、生活产生重大影响，让城市地区尝尽了运用互联网发展经济、服务生活的甜头，而乡村地区的信息网络应用却一直“默默无闻”。过去西南贫困地区的村落通信基础设施建设落后，宽带、电子通信普及率较低，乡村信息化、网络化建设滞后，近几年才逐渐建立和推广应用，然而覆盖面仍比较局限。在“互联网＋”发展的时代背景下，“互联网＋农业”“互

联网＋乡村”理念使乡村智慧农业、智慧乡村发展大有可为，可以通过网络扶贫，大力建设乡村通信基站、普及4G移动网络、宽带光纤网络等，有条件的地区可以试点运用5G网络、无人机运输，使乡村快速获取城市及跨区域的产品、市场、要素等各种信息，实现城乡信息互通共享，乡村地区则可根据市场信息灵活地调整产业、产品发展策略，并提升乡村公共服务供给水平。同时，充分利用淘宝、京东、拼多多等电商平台，发展农村电子商务，使城市工业产品、服务产品、资本、市场需求与乡村农副产品、生态服务功能、乡村旅游及乡愁体验产品实现双向互通，既满足城乡市场需求，也促进乡村繁荣发展。“互联网＋农产品”“互联网＋乡村旅游”“互联网＋乡村体验”“互联网＋乡村生态功能产品”都大有可为。通过“互联网＋”发展带动村落道路交通建设、物流网络建设、农村产业升级优化、公共服务完善等，从而推动村落经济、社会发展水平提高，村落空间调整与人居环境优化（图8.11）。

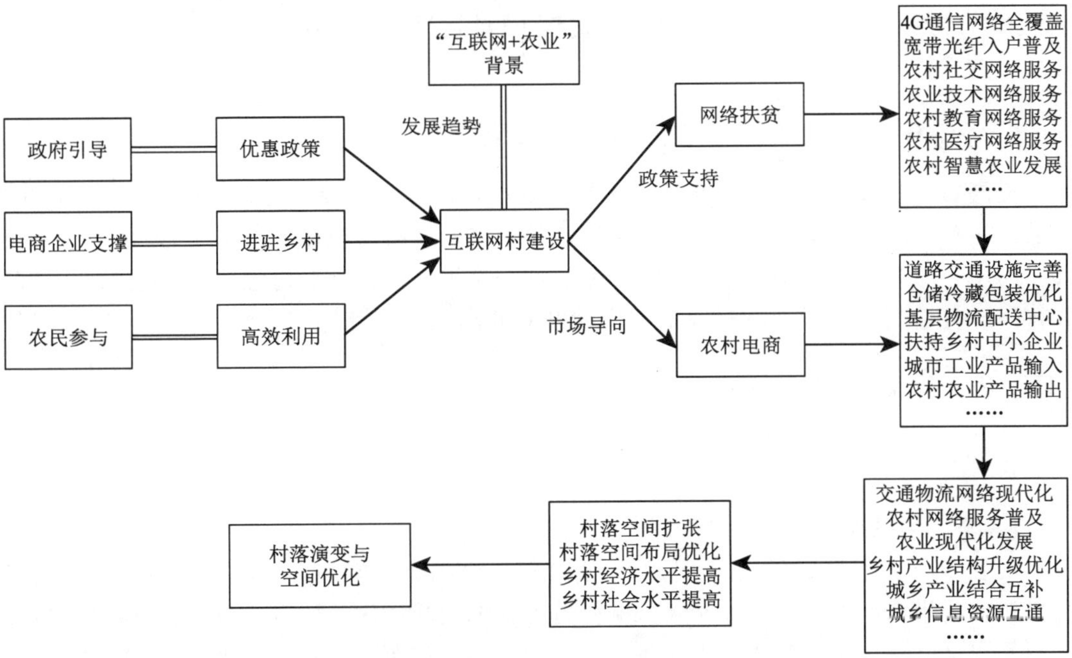

图8.11　“互联网＋”驱动——互联网村建设模式

（二）实施路径

1. 健全移动通信与宽带光纤等设施，完善信息网络覆盖

健全乡村通信基站，普及推广手机移动4G网络，做到全村覆盖，完善广播电视设施，落实乡村宽带光纤入户工作，政策上给予优惠，支持办理网络套餐、购置互联网终端，同时提升网络运行速度，普及乡村无线网络。

2. 加强交通与仓储等设施建设与优化，完善物流网络

完善的信息网络是互联网村建设的基础条件，通达的物流网络是互联网村建设的重要

条件。新建、拓宽乡村道路，增加乡村公路网密度，建立健全农村农产品的仓储、冷藏、包装等设施，建设基层物流配送中心，构建高效便捷的农村物流网络。

3. 依托信息与网络优势，发展智慧农业

充分利用网络和信息资源，结合市场导向，将互联网、物联网技术运用到传统农业和村民日常生活中，通过现代化的移动电子平台，对农业的生产过程进行控制和监测，通过现代信息技术，实现智能化生产、智慧化运营乡村系列产业。

4. 普及互联网应用及功能服务，提高村民技能和文化水平

开发扶贫移动应用程序，运用于社交、农业技术、教育、医疗、电商等领域，推广网络电视等视频服务，提供信息服务，做好“互联网＋教育”，普及学校的网络设施，推广远程教育应用，建设“互联网＋健康扶贫”，推动远程医疗、在线医学普及乡村，从而提高农民的身体素质和文化素质。

5. 加强与电商的合作，打通农产品全产业链

提高农产品质量，打造农产品品牌是基础。同时村民积极参与，与电商合作，完成农产品的生产、加工、运输、营销、品牌推广等工作，完善农村电子商务平台服务，带动一批乡村中小微企业、农民合作社、农村家庭作坊发展，并做好农村电子商务在当地的宣传和推广，打造完整的农产品产业链，实现产品的高效生产和输出。

（三）模式适应地域及案例

1. 农村网络扶贫发展型地域

1）主要地域类型

工业和信息化部 2018 年提出：到 2020 年，全国要基本实现贫困村宽带网络全覆盖。在乡村地区推进高速、低成本网络服务，满足农民生产和生活的基本需求，农村相对贫困人口利用互联网、远程教育和医疗等基础公共服务，实现家庭稳定增收致富。Ⅲ、Ⅶ、Ⅷ、Ⅸ、Ⅹ等乡村地域类型的村落，急需通过网络扶贫，改善生产、生活条件，促进乡村繁荣致富。

2）典型案例——四川省凉山彝族自治州普格县五道箐乡洛果村

洛果村是一个全彝族村，村内相对贫困问题严重，近年来，普格县实施网络覆盖工程、网络信息服务工程。目前，洛果村村内网络信号实现全覆盖，移动终端用户、有线宽带用户、网络电视用户数量均有显著增加。此外，村内开设农民网校，对村民进行手机、电脑、网络等基础知识培训，提供种养殖技术、农村金融、农民就业等网络查询服务。乡卫生院 2018 年开通连接省、州医院的远程医疗系统。五道箐乡中心校通过与企业的合作，建设远程教育平台，实现互联网多媒体教学设备全覆盖，村内教育、医疗水平有了显著提高，洛果村生产、生活、居住条件明显改善，经济社会发展水平走在自治州乡村发展的前列（王波，2018）。

2. 农村电子商务发展型地域

1）主要地域类型

该模式适合具有特色产业优势，具有乡村品牌竞争力，区位、交通、通信、互联网等有一定基础条件的村落。主要包括Ⅰ、Ⅳ、Ⅴ、Ⅵ、Ⅲ、Ⅶ、Ⅷ等乡村地域类型的村落。

2）典型案例——贵州省安顺市平坝区高峰镇王家院村

王家院村位于平坝区东部，距县城15km，距贵阳55km，是个多民族村，主要民族有汉族、苗族。村内主要发展葡萄种植产业，2015 年由村两委主导，成立王家院村水晶葡萄专业合作社，从事葡萄生产、加工、销售，后期建立月亮湾葡萄生态园，注册了高峰山牌水晶葡萄商标，统一品牌，并大力推宣，提升产品名气；在政府的帮扶下，成立网店和微店，村内设立中国邮政、农村淘宝等现代化电商物流机构。自从销售走电商渠道以来，村民的葡萄远销广州、广西、深圳、湖南、香港等地，极大地拓宽了农民的销售渠道。同时，村民也通过电商网络购置生产设备、种子、肥料及家电、生活日用品等。王家院村依托自然资源、发展特色产业，大力推进电商发展，促进了乡村经济发展，劳动村内基础设施和社会公共服务设施不断完善，促进人口集聚，村民收入和生活质量也明显提高，一个现代新型村落逐渐显现。

参 考 文 献

安和平，2012. 破解土地资源约束探索贵州山地特色城镇化途径[A]//中国科学技术协会，重庆市人民政府. 山地城镇可持续发展专家论坛论文集[C]. 北京：中国建筑工业出版社，76-81.

白聪霞，陈晓键，2016. 传统村落保护的研究回顾与展望[J]. 华中建筑（12）：21-24.

曹振华，邓成斌. 2018. 大河乡村旅游受热捧[N]. 曲靖日报，2018-7-27（4）.

陈琛，顾雪莲，刘艳梅，2018. “生态”与“脱贫”并重的扶贫生态移民实践与思考——以贵州湄潭永兴镇为例[J]. 生态经济（中文版）（2）：134-139.

代蕊，马文，2018. 脱贫攻坚，让“问题村”变为“先进村”——旺苍县五权镇大垭村脱贫攻坚纪实[N]. 广元日报，2018-12-26（B4）.

戴洪昌，2018. 新州镇：种桑养蚕技术进村 助推群众脱贫致富[EB/OL]. http://www.gxbszx.gov.cn/news_view.php?id=102712，2018-9-27/2020-7-19.

葛军献，杨坤，2015. 隆林各族自治县新州镇水洞村种桑养蚕基地见闻[EB/OL]. http://www.gxcounty.com/jingji/fzdt /20150527/107196.html，2015-5-27/2020-7-19.

郭焕成，2010. 我国休闲农业发展的意义、态势与前景[J]. 中国农业资源与区划，31（1）：39-42.

郭焕成，韩非，2010. 中国乡村旅游发展综述[J]. 地理科学进展（12）：1597-1605.

何治江，2016. 黔江少数民族特色村寨市场化研究[J]. 河北旅游职业学院学报，21（2）：26-31.

赫修贵，2010. 中国特色农业现代化模式探讨[J]. 学术交流（5）：53-56.

李汀，2016. 易地扶贫搬迁开发的实践与探索——以四川省苍溪县为例[J]. 当代县域经济（5）：45-47.

刘佳骏，2014. 我国资源约束问题与对策研究[J]. 改革与战略（9）：39-42.

刘正阳，2018. 乡村文化的传承与保护[J]. 人民论坛（21）：130-131.

骆世明，2009. 论生态农业模式的基本类型[J]. 中国生态农业学报，17（3）：405-409.

马新，周成勇，2018. 贵州威宁：农光互补发电助力百姓精准脱贫[EB/OL]. http://travel.china.com.cn/txt/2018-11/23/content_74202227.htm，2018-11-23/2020-7-19.

饶华松，2018. 绿色发展提升南涧烤烟品质[EB/OL]. http://www.zgnj.gov.cn/njxrmzf/c102089/201812/141b12baa24e 43d39567f03 acb986cdc.shtml，2018-12-10/2020-7-19.

沈泉池，2018. 富川县：山水文化“串”出乡村脱贫[EB/OL]. http://www.gxxczx.com/fzdt/201811/2407.html，2018-11-28/2020-7-19.

苏维词，2012. 滇桂黔石漠化集中连片特困区开发式扶贫的模式与长效机制[J]. 贵州科学，30（4）：1-5.

孙垚飞，黄春晓，2018. 农村基本公共服务配置的反思与建议[J]. 规划师（1）：106-112.

陶少华，2018. 基层政策视阈下民族地区生态移民的现实困境与优化路径——基于渝东南民族地区的调查研究[J]. 西南民族大学学报（人文社科版）（10）：203-207.

王宝刚，2014. 加快推进贵州农业现代化对策研究[D]. 贵阳：贵州财经大学.

王波.四川省普格县：网络扶贫开创村民新生活[EB/OL]. http://politics.gmw.cn/2018-10/26/content_31836359.htm，2018-10-26/2020-7-19.

王国敏，罗静，2010. 我国西部特色农业现代化道路的实现模式——以城乡二元结构的基本特征为视角[J]. 农村经济（4）：6-9.

王京海，张京祥，2016. 资本驱动下乡村复兴的反思与模式建构——基于济南市唐王镇两个典型村庄的比较[J]. 国际城市规划，31（5）：121-127.

王克林，刘新平，章春华，1998. 资源约束型贫困地区农业产业化战略研究[J]. 中国农业资源与区划（6）：58-62.

王小小，2018. 云南迪庆藏族自治州生态农业发展模式研究[D]. 昆明：昆明理工大学.

王雪，2017. 石漠化地区农村扶贫模式探究——基于滇桂黔三省区比较[J]. 现代交际（24）：64-66.

王云汉，2018. 甘孜县：建好“四好农村路”奋力脱贫奔小康[EB/OL].http://www.zgjtb.com/sichuan/2018-09/12/content_212552.htm，2018-9-12/2020-7-19

文冰，宋媛，张体伟，等，2005. 生态移民的搬迁形式研究——云南永善县马楠乡案例分析[J]. 生态经济（1）：27-31.

闫永，刘志峰，韩玉勇，2007. 农村发展循环经济的新模式——生态农庄[J]. 安徽农业科学，35（30）：9717-9718.

杨天沛，吴进明，李茂萱，2012. 罗平县油菜观光农业旅游发展探析[J]. 当代经济（3）：84-85.

杨云，2017. 山地“生态立体农业”助石漠化山村变“产业村”[EB/OL]. http://www.chinanews.com/cj/2017/08-25/8314064.shtml，2017-8-25/2020-7-19.

云南保山新闻网.云南保山隆阳区着力打造万亩生态观光农业园[EB/OL].http://yn.xinhuanet.com/marketing/2018-04/26/c_137138961.htm.

张建，李世泰，2015. 新型城镇化背景下的乡村旅游发展路径研究[J]. 发展研究（6）：49-53.

周青松，2013. 润溪乡白果村入选农业部“美丽乡村”创建试点[EB/OL]. http://chongqing2.mofcom.gov.cn/article/sjdixiansw/201312/20131200428266.shtml，2013-12-17/2020-7-19.

周仕兴，马妮娅，2018. 乡村振兴，水利先行[EB/OL]. http://epaper.gmw.cn/gmrb/html/2018-01/07/nw.D110000gmrb_20180107_1-03.htm，2018-1-7/2020-7-19.

第九章　西南地区村落空间优化的推进措施

2017年10月，党的十九大报告坚持问题导向，正视当前我国农业农村发展的阶段性特征和面临的突出问题，明确提出“实施乡村振兴战略”，充分体现了我国乡村发展的理论、实践和制度创新（朱泽，2018）。村落空间优化是美丽乡村建设、乡村振兴的重要载体，是统筹城乡发展的重要路径，是乡村结构重组和乡村城镇化的手段之一。由于不同地区自然条件、经济社会发展程度有差异，各地居民思想观念意识也不尽相同，应该根据当地具体情况采取科学的措施进行村落空间优化，坚持政府主导、农民主体、政策推动和市场运作的方式，因地制宜、循序渐进地进行。

西南地区在实施乡村振兴战略时，应当创新乡村振兴理念，积极探索乡村和村落建设的理念创新、机制创新、规划创新、生态环境建设创新、保障支撑创新，加快推动各乡村地域乡村发展与村落优化建设，通过对乡村发展、村落空间优化、美丽乡村建设的指引和管控，形成有利于协调互动的城乡结构，为西南地区的城乡互动发展、乡村充分发展、城乡相对平衡发展创造条件。

第一节　村落空间优化理念创新

《乡村振兴战略规划（2018—2022 年）》中指出，实施乡村振兴战略，美丽的乡村建设是题中之义，必须要创新村落空间优化理念，加快推进农业和农村现代化。因此，要推动西南地区村落空间优化，首先应当创新优化理念。

一、村落发展应以理念创新为先导

根据国内外专家学者关于乡村的定义，乡村空间主要指乡村地区居民居住、农业生产、村落设施等在内的广大乡村地区用地的空间布局（章莉莉等，2010）。因此，村落空间优化就是在乡村振兴的基础上，开展乡村及村落规划顶层设计，合理配置村落基础设施，推进村落人口适度集中居住、产业适度规模集聚发展，切实提高乡村人居环境质量，形成合理的、美丽的、人地协调的村落空间（占世良，2009）。

党的十九大从国家战略的高度提出的乡村振兴战略，对全球范围内在现代化进程中普遍存在的乡村衰落现象，进行了强有力的回应，也为西南地区的乡村空间优化指明了方向。

西南地区的村落发展应当以新发展理念为核心，创新村落空间优化理念，通过村落空间优化的指引和管控，把乡村振兴各个领域的投入和建设活动统一起来，高质量建设有利于城乡协调发展的乡村体系。

二、坚持村落空间优化新理念

在我国实施乡村振兴战略的大背景下，西南地区村落迫切需要以新的村落空间优化理念，科学的规划来引领高质量的发展，实现西南地区乡村的全面振兴。

（一）从乡村建设到乡村发展

在工业化社会，乡村地理空间的主要产业特征是农业强调其农业农村属性，即从事农业生产的人群在特定地域空间的聚集，城乡鸿沟明显。但是在后工业化阶段，乡村空间的地域价值则在于其与工业化催生的城市不一样的自然环境、文化、风景、历史传承与社会人际关系。习近平总书记提到“望得见山，看得见水，记得住乡愁”所强调的也是乡村地域的特色空间要素（官锡强，2015）。因此，实施乡村振兴战略，核心就在于提升乡村的空间价值，优化乡村与村落的空间属性。

基于此，可以从空间认知形成新的乡村空间优化理念，对西南地区乡村完成从传统的农村建设向后工业化社会乡村发展的转变，跳出农业、农村、农民的传统认知，关注这个乡村空间在社会主义现代化进程中的价值，赋予乡村更多创新的可能，推进西南地区乡村走向更加广阔的天地。

（二）以乡村产业兴旺为重点

“产业兴旺”是乡村振兴战略的核心和基础，是实现农民增收、农业发展、农村繁荣的关键所在，也是乡村空间优化发展的核心。对乡村空间认识的转变可以推进乡村地区原有经济体系的转变，而乡村地区尤其是相对贫困乡村要实现居民增收，建立现代化经济体系，乡村产业的发展是重中之重。因此，乡村的发展不仅需要农业经济提质增效，还需要通过农副产品加工、休闲、旅游等非农经济的发展来增加农产品的附加值和乡村地域的价值，因此，更需要立足于乡村空间开拓发展思路。

西南地区乡村多处于封闭、半封闭的中高山及高原区，在我国现代化进程中，乡村产业、传统文化、社会发展存在不同程度的停滞甚至相对衰退，乡村发展、乡村振兴难度较大。其中产业发展状况尤其明显，乡村振兴的困境也在于产业的振兴发展，因此，注重产业振兴是必然选择，可以有选择、因地制宜地推进西南地区乡村产业的振兴，通过调整优化农业产品结构、产业结构和空间布局，建设有特色、有规模的产业带和产业区，加强第一、二、三产业融合发展，积极探索建立地域特色鲜明的乡村发展与村落空间发展模式。

第二节　村落空间优化机制创新

西南地区乡村振兴战略的落地实施，高质量的体制机制是乡村各项事业蓬勃发展的基础。要推进西南地区乡村振兴，需要加强乡村与村落地域空间优化的体制机制创新。

一、创新城乡融合发展机制

党的十九大报告提出实施乡村振兴战略和区域协调发展战略，既凸显了缩小城乡和区域差距、加快推进城乡融合发展的重要意义，又为西南地区的乡村发展、城乡融合发展指明了方向。在实施乡村振兴战略的大背景下，西南地区应建立健全相应的体制机制和政策体系，制定激励政策，以实现城乡之间及各乡村地域之间要素、人员资源的优化配置，不断提高乡村发展能力。

（一）合理配置城乡土地资源

一是推进乡村土地的适度规模经营。加快有条件乡村的农用土地向种田大户、家庭农场流转，这将有利于推进农业规模经营，增加留守村民的农业收入，同时土地流转资金也可作为迁居村民的社会保障或创业启动资金；二是在有条件的地区加快建立城乡统一的建设用地市场。通过实施乡村土地整治和城乡建设用地增减挂钩，在保证留守村民农用耕地的前提下，允许乡村集体依法以出租、入股等多种形式参与开发经营，通过土地资源的高效利用，让农民共享农用地转用增值的利益。

（二）促进城乡人力资源合理流动

一是推进西南地区乡村剩余劳动力有序流转。积极培训乡村居民及迁居农民就业技能，进一步支持农民工回乡创业，培育新型职业农民；二是引导城市各类人才向有条件发展的贫困乡村流动。各省市自治区可以成立由省、市主要领导担任组长的乡村人才工作领导小组，建立乡村人才发展基金，针对乡村出台相关政策，鼓励、吸引大量优秀农业经营、农村管理人才和专业技术人才到乡村发展，并以此培育发展乡村专业性人才市场，实现乡村人力资源合理配置。

（三）加大城乡发展的投资力度

一是推动乡村投资来源的多元化。在公共财政投入进一步向农村地区倾斜的同时，吸引城市资金和外资共同参与乡村的振兴发展，大力支持乡村农业科技产业化，加快推进乡村的现代化；二是针对资源丰富、生态环境好的乡村，创造条件加大招商引资力度，引进资金、技术、人才带动农村产业发展，以新的思路措施带动农村的经济增长。

案例一：贫困村“三变”改革探索实践

西南地区乡村通过制度创新、政策创新，可以有效激活山区“沉睡”的资产，提高农业生产组织效率，实现贫困乡村资源要素的价值最大化。

贵州省安顺市平坝区塘约村总面积 5.7km^2，耕地面积 4881 亩，921 户，总人口 3393 人。2013 年，塘约村还是贵州省最贫困的村之一，村民人均收入只有 3786 元，只占贵州省平均水平的 70%，贫困户 138 户 600 人（贵州省委政研室联合调查组，2017）。

> 为推动全村脱贫，塘约村于 2014 年 7 月成立了综合改革办公室，以合股联营的方式推动村落治理改革。经过 2 年的发展，实现了全村追赶跨越、全面小康的奇迹。
>
> 安顺“塘约经验”主要有三个方面：一是狠抓农村产权制度改革，围绕土地问题开展土地承包经营权、林权等七权同确，市场化乡村资源，壮大集体经济，增加农民收入；二是狠抓农业经营改革，围绕乡村产业增收问题开展合股联营，让农民获得持续稳定的收益；三是狠抓乡村治理综合改革，优化党的领导下的乡村治理结构，组织带领群众艰苦创业、抱团发展。

二、加快健全乡村治理机制

随着我国乡村经济社会结构的深刻变化，西南地区乡村受现代化的冲击更大，乡村的封闭性被打破，当前西南地区乡村治理理念、治理方式、治理水平仍不适应新时代乡村振兴的需要，迫切需要不断完善乡村治理机制。

（一）完善乡村行政管理制度

一是合理精简西南贫困地区行政层级和机构。通过适度调整乡村行政区划规模与层次，达到精简机构、减少审批项目，简化审批程序、提高行政效率的目的，实现贫困区基层政府向服务型政府转变。二是适度推动乡村地区行政区划调整。可以将人口较多、条件适宜的行政村逐步改为居民管理委员会，实行城市管理体制，有效提升贫困村农民的当家做主意识及参与乡村发展治理的积极性。

（二）支持民间力量参与乡村治理

近年来，我国乡村地区民间社会组织不断发育成长，成为乡村经济社会事务管理中一支重要的补充力量：一是各种农民专业合作社，在组织农民开展乡村产业发展、发展公共事业等方面发挥了重要作用；二是农村的乡贤理事会、扶贫组织、技术协会等，积极运用经济手段凝聚农民，把农民纳入各种组织并帮助他们得到实惠。如广东省云浮市在自然村成立的乡贤理事会，由乡村的经济文化领域成功人士组成，功能是协商自然村发展大计、筹措资金、推动自然村环境和文化建设、改善维护村庄日常管理。有的乡贤理事会利用“公司 + 乡贤理事会 + 农户”的合作模式发展高效生态农业。

三、遵循乡村演进发展规律

2018 年 7 月，习近平总书记对实施乡村振兴战略作出了重要指示，并要求各地以实干促振兴，遵循乡村发展客观规律，规划先行，推动乡村振兴不断取得新成效（宋大威，2017）。因此，西南地区在乡村振兴实施过程中，要立足实际，遵循乡村演进客观规律，有序推进乡村发展。

西南地区乡村发展情况千差万别，川西高原、滇西山区、滇桂黔石漠化区、四川盆地周边等各类乡村发展的基础不尽相同，其乡村空间优化要遵循乡村发展规律，因地制宜、精准施策，扎实推进美丽宜居乡村建设。重点包括三个方面：一是坚持科学规划、注重质量、从容建设；二是遵循各类乡村自身发展规律，注重地域特色，充分挖掘乡村自然与文化特质、民族特色资源，保护好乡村的林草、溪流、山丘、传统民居、物质与非物质文化等特色资源与景观；三是加强规划引领，实现有序推进。要坚持规划先行，树立多规合一理念，统筹考虑乡村产业发展、人口布局、村落布局、公共服务、土地利用、生态环境保护等。

四、创新反贫困模式体制机制

按照党中央总体部署，2020 年要实现贫困人口全部脱贫而且要稳定脱贫，逐步实现乡村振兴。西南地区乡村分布范围广、相对贫困人口多、反贫困难度大。因此，西南地区增强了紧迫感和主动性，以创新精神探索反贫困模式，完善体制机制，加快推进了反贫困与乡村振兴的步伐。

（一）创新反贫困的思路

以创新精神推进西南乡村地区反贫困进程，首先要有正确的思路，坚持从实际出发，遵循乡村发展规律，完善规划；分类指导，找准突破口，做到宜农则农、宜林则林、宜乡村旅游则发展乡村旅游，发挥乡村比较优势，使乡村地区发展建立在自身有利条件的基础上。

基于此，西南乡村地区可以按照产业扶贫、体现特色、选准项目、延伸链条、形成优势，进而实现扶贫转型升级的思路，重点支持相对贫困乡村发展生态粮油、健康蔬菜、特色畜禽等村民能直接参与、直接受益、稳定增收的产业项目（刘丽敏，2016）。或者启动乡村电商、乡村旅游、康养产业等新兴业态扶贫模式，在相对贫困人口集中的县域建设电子商务产业基地，发展特色生态农业，挖掘乡村旅游、康养产业资源，帮助乡村农户获得稳定的增收致富项目。

（二）实施精准化扶贫

以创新精神推进西南地区反贫困步伐，还要千方百计做到精准识别、差异化实施。因此，西南地区各类村落建设要在资金使用、措施到户等方面实施精准化政策（龙萍等，2016）。

基于此，西南乡村地区坚持精准反贫困与村落空间优化协调推进，统筹贫困乡村的一体化发展。如实施精准改善条件反贫困，在易地搬迁过程中，按照政府引导、群众自愿的原则，对高山高原区、石漠化区等生存条件恶劣地区的村落采取就近搬迁安置、跨区域安置、新建县级产业园区安置等模式。

（三）坚持精细化管理

以创新精神推进西南地区反贫困进程，还要加强精细化管理，把反贫困的各类资源和要素配置好、利用好，确保工作取得实效。基于此，西南地区进一步加强对相对贫困人口的识别建卡和动态管理，完善进退机制。同时，建立精准反贫困监测评估体系，加强监测和评估，确保反贫困项目的效益。深入了解乡村类型差异、相对贫困特点和原因，采用大数据手段，提高数据采集、处理、分析能力。

案例二：乡村特色产业链的科学选择

西南地区可以根据乡村资源环境优势，突出发展特色种养业，夯实致富主渠道。同时，着力抓好产业覆盖、科技兴农、龙头带动等关键环节，促进特色种养业增产增效、群众增收致富。

莼菜被誉为“水中人参”，曾作为G20峰会的主打菜让嘉宾飨食，全世界仅我国的重庆市石柱县、杭州市，韩国、日本等极少数地区有少量栽培。

位于三峡库区的重庆石柱土家族自治县曾是国家扶贫开发重点县，该县自1991年开始发展莼菜种植业，但一直以销售原材料为主，多数通过贴牌“西湖莼菜”外销日本等国，附加值较低。为做大莼菜特色产业、延伸产业链，推进产业扶贫，近年来石柱县在黄水镇万胜坝村、冷水镇八龙村和枫木乡双塘村实施莼菜基地环境连片整治。当前石柱县已建成全球最大的莼菜生产基地，其产量占全国莼菜总产量的六成以上，年产值达2亿元。

目前，石柱县正利用农业资源，结合美丽乡村建设，优化全县乡村发展，分别在大黄水板块、城郊板块、沿江板块、高山板块等片区建设了万亩莼菜观光园、高山伏淡季水果特色产业园、万亩佛手基地、千亩早熟水果观光园等特色产业园，打造出休闲农业“四大板块”，实现了一、二、三产业融合发展。

第三节　村落空间发展规划创新

村落空间发展规划是基础，但规划又往往最容易被忽视，资源怎么开发利用、产业如何发展、村落怎么布局才能适应人们生产生活需要、社会事业怎么配套、基础设施怎么完善等都需要有一个长远、系统的规划。目前，乡村发展过程最大的问题就是规划不到位，造成了发展的无序化。“只见新房，不见新村”“在城市中建新乡村，又把乡村建成城市”。城市近郊的乡村，区位优势明显，重点突出建设新村；离城市较远的乡村，也盲目照搬城市近郊乡村发展模式，造成与实际需要的矛盾。城市和乡村差异较大，完全是两个空间、两个概念，二者的功能和定位是不一样的，其规划也具有特殊性，如果规划不能顺应乡村体系和内部空间整合重构的要求，及时、有效地规划和优化乡村居民点布局，就难以避免乡村基础设施和社会建设效益低下的局面，必将造成各类资源的严重浪费，农民生活质量难以提高。

当前，我国中西部地区很多乡村存在生态环境破坏与农业用地快速流失等生态环境问题，同时，空心化导致乡村丧失了应有的活力，乡村文化加速衰落；村落空间作为承担乡村经济社会发展的空间载体，其空间格局也面临着重构问题（唐承丽等，2014）。因此，如何适应乡村人口流失和村落衰落变化的新形势，优化村落整体发展空间，也是新常态下乡村振兴过程中急需解决的问题之一。要促进西南地区村落体系、人居环境渐进优化发展，需要规划创新，通过因地制宜、近中远期统筹、初中高级渐进安排，系统分类编制空间规划并严格执行，逐步引导各区域乡村居民适度集中居住，加强各地域中心村镇建设，优化村落空间格局，以达到节约土地资源、优化村落结构、提高乡村基础设施和公共服务设施的利用效率，逐步实现乡村全面振兴。

一、村落空间功能整合

乡村振兴战略的重点在于明确乡村现代农业发展基础上的多功能拓展与产业关联，在此背景下，西南地区乡村首先应全面整合乡村功能，集约空间利用，增加空间活力，使乡村成为“既合理开发土地资源，又满足人类发展需求”的多功能复合新型宜居区。

一是根据西南地区乡村实际，在完善功能分区基础上的功能多维指标评价体系，促进城乡功能协同耦合；二是按照“村落空间重构—产业比较优势形成—人口和人气集中—区域村落稳定—发展秩序完善—乡村振兴”的方式，根据不同乡村的实际，分阶段、分步骤、分领域开展村落的空间整合。

二、村落空间结构优化

西南地区村落体系空间结构优化，需要以提升村落体系的协调性为目标，促进村落与城镇、村落与集镇以及村落之间的互动交流，有序引导乡村人口向乡镇所在地、中心村、产业发展聚集区集中，构建稳定、协调、可持续的村落发展体系。

一是有效组织村落体系空间形态，点线面相结合组织优化。西南地区乡村空间由于山地、高原、河流等交错分布，导致乡村中有呈点状分布的农业点、村镇、景区等，有沿着河流、山谷、公路形成的线状村落空间，有农田、村落连片形成的面状空间等。因此，西南地区乡村的空间优化应点、线、面结合，整合村落体系功能等级结构，梳理体系、合理布局，有重点有一般、有集聚有分散，有步骤地实现村落空间有机发展。

二是差异化推进村庄发展，打造复合型空间体系。根据村落规模、形态，分类推进西南村落空间优化建设：探索在资源禀赋好、生态环境友好的地区建设示范引领型村落；在具备特色资源、产业基础较好的地区打造特色发展型村落；在产业发展基础弱、生活条件差、空心化比较严重的地区改造提升村落空间；对于不具有保留价值的空心村则进行搬迁撤并，村落搬迁撤并坚持与新型城镇化、农业现代化相结合，在新建村落、小城镇、产业园区、旅游景区等适宜区域安置。

“小组微生”是成都市在新农村综合体建设过程中对村落空间发展模式的新探索。“小规模聚居、组团式布局、微田园风光、生态化建设”是源于成都市的村落空间优化创新。这种模式既适宜于平原，也适宜于西南地区的众多丘陵和山区旧村落改造，具有广泛的适应性。应使之与村落改造行动结合起来，作为西南地区村落空间优化创新的典型模式推广。

案例三："小组微生"村落空间发展模式

2012 年，四川省成都市在新农村综合体建设过程中，探索出了"小组微生"村落空间优化模式，在村落优化体制机制上实现了突破创新。

四川省成都市"小组微生"模式村落空间特征如下。

（1）"小规模聚居"。合理控制新建村落规模，一般以 50～300 户为宜，统一设计不同的村落户型，建设"紧凑型、低楼层、川西式"特色民居。

（2）"组团式布局"。合理利用森林、水系、山体及农田，基于农民生产生活半径，由多个大小不等的村落组合成为新村。

（3）"微田园风光"。对于相对集中的民居，规划出具有"小菜园""小果园"的前庭后院，保持房前屋后具有田园风光的村落风貌。

（4）"生态化建设"。利用村落原有地形地貌，保护村落农田、水体等生态资源，延续川渝乡村特色，体现村落特点。

三、构建乡村康旅产业园区

我国人口老龄化程度的加深、城市环境的天然弊端和乡村特殊的资源环境，决定了乡村旅游和康养产业在实现乡村繁荣振兴中具有得天独厚的优势，乡村可以为康旅业开拓新的发展空间，成为新常态下乡村经济的新增长点。作为扶贫的核心和重点，乡村康旅产业将有效促进西南地区乡村扶贫工作的有效开展，从而带动西南地区村落空间优化整合。因此，可以大力支持西南地区具有自然、人文环境资源以及有支柱性产业的村落发展乡村康旅产业，建设乡村康旅产业园区。

一是科学编制乡村康旅扶贫规划，各类乡村地域要将乡村康旅扶贫规划与土地利用总体规划、乡村建设规划、易地扶贫搬迁规划等规划有效衔接；二是加强乡村康旅基础设施建设，集中精力建设好康旅扶贫重点村基础和公共服务设施，完善乡村康旅服务体系；三是加强乡村康旅宣传营销，根据实际加大对乡村康旅村落的宣传推介，通过电商平台、节庆推广、主题活动等载体，开展乡村康旅扶贫公益宣传；四是推动金融机构支持乡村康旅，积极探索景区带村、创业农民、"企业（合作社）＋农户"等信贷政策，引导科技银行等金融机构提供成本低、期限长的信贷支持，带动乡村实现增收；五是开展反贫困模式创新推广行动，探索景区带村、"企业（合作社）＋农户"等多种类型的旅游反贫困新模式，鼓励每个 3A 级以上旅游景区"一对 *N*"带动周边乡村发展。

"田园综合体"模式是《中共中央、国务院关于深入推进农业供给侧结构性改革加快培育农业农村发展新动能的若干意见》（中发〔2017〕1 号）中首度提出的，是集农业发展示范、乡村旅游建设、宜居宜业康养、农民增收标杆为一体的现代农业综合形态（姜长云，2017）。西南地区乡村要实现创新发展，应因地制宜探索综合聚居模式，可以借鉴"田园综合体"，探索多元化的村落聚居新模式。重庆忠县的"三峡橘乡田园综合体"模式取得了较好成效。

案例四：三峡橘乡田园综合体

2017年5月，重庆市成为全国首批开展田园综合体试点建设的18个省区市之一。随后，忠县“三峡橘乡田园综合体”，凭借柑橘特色产业，成为首批国家级试点项目之一（赵童等，2017）。

三峡橘乡位于忠县东部，长江北岸，离忠县县城18km，为长江边的一个大型孤岛，规划总面积55.38km^2。近年来，忠县构建了特色柑橘产业链，采取“公司＋专业合作社＋基地＋农户”四位一体的模式，建立了标准化、现代化的柑橘基地果园。

忠县“三峡橘乡田园综合体”试点项目以“中国橘城·三峡橘乡·田园梦乡”为定位，构建柑橘全产业链，建设成为“生态旅游＋高科技柑橘园”的特色旅游景点。

四、创新村落生态产业模式

产业兴旺是乡村振兴的基础，西南地区乡村可以结合乡村流通服务业特别是农产品电子商务的发展、休闲农业和乡村旅游，用金融、互联网、大数据、大健康等新理念新工具去创新适应新时代的发展模式。

一是推动村落产业融合。以特色农业发展为基础，推进以乡村特色农产品加工为代表的第二产业，以休闲观光农业、特色旅游业为代表的第三产业发展，进而达到农业增效、农民增收和村落繁荣的目的。

二是发展村落新产业新业态。一方面，以农村金融创新撬动村落经济发展，加快建立多层次、广覆盖、可持续、竞争适度、风险可控的现代农村金融体系。另一方面，充分利用“互联网＋”和大数据手段，进行预售数据分析，做到预见性地生产，发展特色电子商务产业，建设不同类型乡村电子商务基地，加上智慧物流业、互联网金融的支持，根据市场的需求与村落当地特点，有目的和有针对性地发展特定产业。

第四节　村落空间优化环境支撑

建立良好的村落生态环境是乡村与村落空间优化的前提和基础。基于此，西南地区可以按照“尊重意愿、保留风貌、突出特色、节约资源、保护生态”的原则，加强村落生态环境治理，加快村落生态环境建设，提升西南地区村落公共服务设施水平，有效实现西南地区村落的规范、有序、可持续发展。

一、加强村落生态环境治理

党的十八大以来，党中央高度重视乡村地区环境整治，2017年10月党的十九大报告再次明确要求开展乡村人居环境整治行动。2018年2月，中办、国办印发了《农村人居环境整治三年行动方案》，对乡村环境整治工作提出新要求（乔金亮，2018）。

西南地区受历史条件和经济发展环境的制约，导致各类乡村政府公共财政对乡村的投入长期不足，乡村人居环境整治的欠账较多。因此，西南地区村落生态环境治理也将是个长期过程，从群众反映最强烈、需求最迫切的突出问题入手，可根据地理条件、经济水平和农民期盼，先着力于村落生活垃圾和村容村貌提升等重点领域，再依次推动乡村山水、林田、路房、景观的整体改造。

二、优化村落生态环境管理

乡村环境综合整治是推进生态文明建设、实施乡村振兴战略的重要内容，更是改善乡村环境质量，优化乡村人居环境，提升农民生活幸福指数的重要手段。西南地区在加强村落生态环境治理的同时，还应优化村落生态环境管理。一是要明确县域、乡镇等地方政府的责任，每个区县、乡镇成立村落生态环境管理小组，由区县、乡镇主要领导担任组长，建立村落人居环境管护的长效机制；二是建立完善西南地区基础设施与公共服务设施建设、乡村特色生态产业发展、乡村康旅产业发展的体制机制，并加强实施管理。

三、稳步推进乡村住房建设改造

与中东部地区相同，西南地区乡村居民住房在现代化的钢筋、水泥、混凝土的影响下，设计越来越单一，片面谋发展的乡村建设及农村土坯房改造正逐步遗弃乡村民居原有特色。因此，作为乡村振兴的重要载体，乡村居民住房建设改造在美丽乡村建设中的角色非常重要（桑春等，2016）。西南地区应立足乡村实际，坚持改旧为主、建新为辅，并引导乡村住宅向布局合理、功能完善、特色鲜明、节能环保方向发展。

一是在村落规划建设中着力进行民居风貌管控，重点对村落原有民居屋顶、外立面等进行风貌改造，形成整体美观、风貌突出，又具有区域特色的民居；二是强化民居建设管控，新建房屋严格按照村落民居规划进行，严格控制民居规格和建筑风格，突出区域村落特色和地域民族特点；三是开展大学、建筑设计院特色建筑设计下乡，依据村落的地域风貌、习俗、民族特色等，按照“一村落一特色样式”编制设计西南地区乡村住房建设标准图集，改善区域乡村民居整体风貌。

四、强化村落基础与公共服务设施配套

西南乡村地区还应强化村落基础设施配套建设，加快推进通村组道路、入户道路、道路绿化及垃圾处理站等公共设施建设。

一是加快推进西南地区尤其是发展滞后明显地区通村（组）道路建设，加快推进入户道路建设，努力形成“畅安舒美”的通行环境；二是实施乡村饮水安全巩固提升工程，让群众喝上干净、卫生的饮用水；三是加快推进乡村电网改造升级，完善村落公共照明设施，实现村落主要街道和公共活动场所夜晚有照明；四是加强村落通信设施建设，对村落信号盲区进行全面摸排，统一规划建设移动信号基站，推动光纤信号进村入户。

第五节　村落空间优化保障创新

西南地区的乡村发展、村落空间优化，形成城乡发展互动协调、城乡居民共享优越的乡村空间，离不开有效的体制机制保障。基于此，西南地区乡村空间优化还应充分发挥政府作用，强化组织领导，健全政策供给和保障体系，推动西南地区形成美丽、安居、高效的村落空间结构。

一、完善村落空间优化组织领导

实施西南地区村落空间优化战略，首先要强化组织领导。只有不断强化组织领导，打造从上到下的协同发展机制，才能创造西南地区乡村空间优化发展新局面。

一是各级党委、政府要加强组织领导，将乡村空间优化作为相关领导干部任期乡村振兴建设责任制重要内容纳入考核；二是要健全村落空间优化工作领导协调机制，县域各级党委、政府主要领导将村落空间优化作为乡村振兴重点工作亲自抓，强化县域、乡镇村落空间优化行动的统一领导和部门协作，形成工作合力；三是建立和完善地方各级人民政府村落空间优化绩效评价体系和考核奖惩制度，将其作为乡村振兴重点工作落实目标责任；四是采取工作检查、群众满意度电话调查和第三方现场核查的形式，以县域为对象，对承担村落空间优化职责的部门和乡镇进行评估评价。

二、加强“三农”工作队伍建设

习近平总书记在党的十九大报告中指出，必须始终把解决好“三农”问题作为全党工作重中之重。因此，打造“三农”工作队伍是当前推动乡村振兴战略的关键所在，也将推动西南地区村落空间优化的队伍建设。

一是建设服务于县域的“高级教育机构”。以县域为服务对象，筹建扎根于县乡、服务于乡村发展的高等教育机构，如职业技术学院、中等职业技术学校等，因地制宜建立研究基地、实践基地，降低农民接受高等教育和职业培训的成本，有针对性地培育大量的乡村建设领域人才，并进行特色职业培训。

二是培育壮大乡村新乡贤队伍。实施乡村新乡贤培育工程，引导县域、市域、省域的老党员、老干部、人大代表、退伍军人、经济文化能人等群体回原籍辅助乡村振兴工作，推动新乡贤扎根本土为西南地区乡村及村落优化发展做贡献。

三、增强村落空间优化规划引领

党的十九大明确提出“建立健全城乡融合发展体制机制和政策体系”。这是近20年的中央文件中首次提出“城乡融合发展”的概念。具体来说，就是要充分发挥规划的引领调控作用，创新规划理念，突出问题导向。基于此，西南地区乡村要进一步统筹村落空间规划管理，根据划分的乡村类型，实行全域规划，为优化村落空间布局、节约利用土地提供科学引导。

一是基于村民最关心的问题开展规划编制，切实解决好乡村居民最关心的规划方面问题，不断提高村落空间的民生保障水平和公共服务水平。

二是充分体现以人民为本的理念，着力形成以村民自治为主、部门管理指导为辅、政府统筹协调管控的新机制，让乡村成为城乡人民向往的美丽家园。

四、强化村落空间优化法治保障

2018年，“建设法治乡村”作为乡村振兴的重要任务，首次出现在中央一号文件中（张汉娜，2018）。“建设法治乡村”为我国的乡村振兴战略提供了坚实的法治保障。当前，西南地区部分乡村优化没有规划依据，或仍停留在旧规划上，加之在以往的规划管理中，由于管理没完全到位，村级违章房也较普遍，一定程度上可能会影响下一步整体村落空间优化战略的实施。

基于此，西南地区乡村要结合实际做好村落空间优化规划：一是要全面宣传贯彻执行《中华人民共和国城乡规划法》，执行中实现凡违反该法的建设一律依法强制拆除，肃清乡村建设障碍；二是做好乡村发展顶层设计，完善县域、镇（乡）域城乡规划和村落规划的编制工作，并与县域、镇（乡）域土地利用总体规划相衔接，并基于村落实际开展规划，着重体现乡村特色。

五、营造村落空间优化良好氛围

西南地区村落空间优化工作中，还应凝聚全党全社会强大合力，营造村落空间优化良好氛围：一是加强西南地区村落空间优化战略有关政策宣传，引导广大农村群众投身到村落空间优化战略中，营造“人人参与，全民支持”的良好氛围；二是广泛宣传中共中央、国务院关于乡村发展与村庄建设的方针政策，关注特殊地区乡村及村落发展的区域政策措施，以及西南五省市区乡村及村落优化发展的典型成功案例；三是基于大数据手段开展西南地区村落空间优化监测，并组织高端乡村振兴智库，开展乡村及村落优化发展的政策研究与咨询服务。

参 考 文 献

官锡强，2015. 基于乡愁文化的我国新型城镇化可持续发展[J]. 广西城镇建设（8）：40-48.

贵州省委政研室联合调研组，2017.“塘约经验”带给我们什么启发[EB/OL]. http://news.youth.cn/jsxw/201707/t20170703_10210792.htm，2017-7-3/2020-7-19.

贾敬敦，2014. 全面深化农村改革 创新驱动“三农”发展[J]. 中国农村科技（1）：4.

姜长云，2017. 以推进农业供给侧结构性改革为主线是新牌好牌[J]. 中国发展观察（4）：15-17.

刘丽敏，2016. 顺应精准扶贫新常态构建精准扶贫新生态[J]. 中共石家庄市委党校学报，18（6）：41-44.

龙萍，曾静，杨莉，2016. 四川藏区精准扶贫内涵、难点及对策[J]. 科技经济导刊（36）：252.

乔金亮，2018. 打好乡村振兴第一仗[N]. 经济日报，2018-5-23（4）.

桑春，刘晨，王树春，等，2016. 新型城镇化进程中的美丽乡村环境改造研究——以上海崇明庙镇联益村为例[J]. 上海城市规划（5）：122-128.
沈华栋，2018. 加强规划引领，助推乡村振兴[N]. 新华日报，2018-5-13（6）.
宋大威，2017. 攀西地区精准脱贫对策研究[J]. 经济研究导刊（17）：24-26.
唐承丽，贺艳华，周国华，等，2014. 基于生活质量导向的乡村聚落空间优化研究[J]. 地理学报，69（10）：1459-1472.
谢玲，李孝坤，任秋爽，等，2017. 西南地区贫困乡村地域类型划分及减贫对策研究[J]. 农业现代化研究，38（5）：818-826.
占世良，2009. 统筹城乡规划实现城乡互融[J]. 城乡建设（3）：66.
张汉娜，2018. “法治乡村”保障乡村振兴战略[N]. 中国城市报，2018-2-12（19）.
章莉莉，陈晓华，储金龙，2010. 我国乡村空间规划研究综述[J]. 池州学院学报，24（6）：61-67.
赵童，彭光灿，李耀辉，2017. 忠县乡村振兴蓝图渐展[N]. 重庆日报，2017-11-27（7）.
朱泽，2018. 以乡村振兴战略推进农业农村现代化[EB/OL]. http://theory.people.com.cn/n1/2018/0706/c40531- 30130052.html，2018-7-6/2020-7-20.
朱志宏，2016. 统筹城乡改革试验的新突破[J]. 中国经贸导刊（13）：35-36.